中国现代图书馆先驱
戴志骞研究

郑锦怀 著

中国海洋大学出版社
·青岛·

图书在版编目（CIP）数据

中国现代图书馆先驱戴志骞研究/郑锦怀著. 一青岛：中国海洋大学出版社，2017.12

ISBN 978-7-5670-1577-7

Ⅰ.①中… Ⅱ.①郑… Ⅲ.①戴志骞—人物研究

Ⅳ.① K825.41

中国版本图书馆 CIP 数据核字（2017）第 230399 号

出版发行	中国海洋大学出版社
社　　址	青岛市香港东路 23 号　　　　邮政编码　266071
出 版 人	杨立敏
网　　址	http://www.ouc-press.com
电子信箱	1922305382@qq.com
订购电话	0532-82032573（传真）
责任编辑	王明舜　邵成军　　　　　　　电　话　0532-85902533
印　　制	日照报业印刷有限公司
版　　次	2017 年 12 月第 1 版
印　　次	2017 年 12 月第 1 次印刷
成品尺寸	170 mm × 230 mm
印　　张	22.75
字　　数	410 千
印　　数	1—1000
定　　价	39.00 元

目 录

上编

生平考察

第一章

导 论

第一节 戴志骞研究现状暨本书缘起

在中国近现代图书馆学史与图书馆事业史上，戴超(戴志骞)绝对是一个无法回避、不能不谈的重要人物。

早在1923年，英国人伍海德(H. G. W. Woodhead)所编英文版《中华年鉴(1923年版)》(*The China Year Book 1923*)的"名人录"("Who's Who")部分就列有"TAI CHIH-CHIEN,(Tse-chien Tai)(戴志骞)"词条[①]。此后,《中华年鉴(1929—1930年版)》(*The China Year Book 1929-30*)[②]、《中华年鉴(1935年版)》(*The China Year Book 1935*)[③]的"名人录"("Who's Who")部分也均列有"TAI CH'AO 戴超"词条。1936年,上海密勒氏评论报社(The China Weekly Review)编印的英文版《中国名人录(第五版)》(*Who's Who in China. Biographies of Chinese Leaders*(*Fifth Edition*))同样列有"Tai Tse-chien (Tai Chi-chien)"词

[①] Woodhead, H. G. W. *The China Year Book 1923*[M]. London: G. Routledge & Sons, 1923: 894. 另：伍海德所编 *The China Year* 为连续性出版物，一般被译为《中国年鉴》。但是，我们发现，*The China Year Book 1921-2*(Tientsin: Tientsin Press, Limited, 1921)一书的封面印有"中华年书"字样，而 *The China Year Book 1924-5*(Tientsin: Tientsin Press, Limited, 1924)及之后各个版本的封面则印有"中华年鉴"字样。此处取后者。

[②] Woodhead, H. G. W. *The China Year Book 1929-30*[M]. Tientsin: Tientsin Press, Limited, 1929: 978.

[③] Woodhead, H. G. W. *The China Year Book 1935*[M]. Shanghai: The North-China Daily News & Herald, Ltd., 1935: 404.

条①。1937 年,日本外务省情报部编纂的日文版《现代中华民国"满洲帝国"人名鉴》(《現代中華民國"滿洲帝國"人名鑑》)亦列有"戴超(志骞)"词条,可惜将"骞"误印成"謇"②。值得注意的是,在前述全部五个词条当中,戴志骞的图书馆生涯占据了最重的份量(详见本书下编)。因此,基本上可以肯定,戴志骞是由于他在图书馆管理与图书馆学研究方面取得的成就而进入中国名人之列的。

中国图书馆学界同样较早地就已经认可了戴志骞取得的成就与作出的贡献。1930 年 3 月,宋景祁等人合作编辑、上海图书馆协会出版的《中国图书馆名人录》(又名《中国图书馆界人名录》)一书就列有专门词条,较为详细地介绍了戴志骞的求学经历、工作履历与著述成果③。

1931 年 11 月,杨家骆在编撰《中国图书大辞典》期间完成的副产品《图书年鉴》(上、下册)由中国图书大辞典编辑馆出版。1933 年 7 月,中国图书大辞典编辑馆推出《图书年鉴(一九三三年份)》(上、下册)。1935 年 3 月,词典馆(中国图书大辞典编辑馆与中国学术百科全书编辑馆合组)推出《图书年鉴》(第四版,上、下册)。该书上册为"中国图书馆事业志",下分"中国图书大辞典述略""全国图书馆概况""图书事业法令汇集"与"全国出版家一览"四编;下册为"新书总目提要",分总类、哲学、语文学、文学论著、创作文学、翻译文学、艺术论著、教育、自然科学、应用技术、社会科学、经济、政治法律与历史地理 14 类介绍历年出版的图书。其中,上册第三编"全国图书馆概况"在介绍清华大学图书馆时以较大篇幅介绍了戴志骞的履历④。

1949 年 10 月以后,戴志骞先往香港,后又赴阿根廷定居,从此远离了中国图书馆界。不过,他至今仍然活在当代中国学人尤其是图书馆学人的心中。麦群忠与朱育培主编的《中国图书馆界名人辞典》(1991)⑤、徐友春主编的《民国人物大辞典》(1991)⑥、周家珍编著的《20 世纪中华人物名字号辞典》

---

① *Who's Who in China. Biographies of Chinese Leaders* (*Fifth Edition*) [M]. Shanghai: The China Weekly Review, 1936:217.

② [日] 外务省情报部. 现代中华民国"满洲帝国"人名鉴[M]. 东京:东亚同文会,1937:303-304. 另:所谓的"满洲帝国"是非法的。

③ 宋景祁. 中国图书馆名人录[M]. 上海:上海图书馆协会,1930:161-162.

④ 杨家骆. 图书年鉴(上册·中国图书馆事业志)(四版)[M]. 南京:词典馆,1935:(第三编 全国图书馆概况)246-247. 另:《图书年鉴》各个部分均单独编排页码。

⑤ 麦群忠,朱育培. 中国图书馆界名人辞典[M]. 沈阳:沈阳出版社,1991:645.

⑥ 徐友春. 民国人物大辞典(下)[M]. 石家庄:河北人民出版社,1991:1597.

(2000)^①、周川主编的《中国近现代高等教育人物辞典》(2012)^②等重要工具书均列有专门词条介绍戴志骞的生平事迹。戴志骞的历史贡献与学术成就逐渐得到认可,被当代学人称为"现代图书馆学专家"^③。

与此同时,戴志骞的早期著述也开始受到关注。2002年,戴志骞的《图书馆学术讲稿》(节录)与《图书馆员职业之研究》被收入叶继元主编的《南京大学百年学术精品·图书馆学卷》一书中^④。2004—2005年,中国图书馆学会主编了"中国图书馆百年系列丛书",其中的《百年文萃 空谷余音》选录了戴志骞的《图书馆学术讲稿》的部分内容,并冠以新题名《论美国图书馆》^⑤。2014年,国家图书馆出版社将戴志骞的《图书馆学术讲稿》与蔡莹的《图书馆简说》合为一册,重新排印,列入"20世纪中国图书馆学文库"^⑥。这些无疑是对戴志骞图书馆学术成就的最大肯定与褒扬。

大概是由于戴志骞晚年去国离乡的缘故,与其相关并留存下来的档案资料似乎不多,很多还被深藏起来,普通研究者难以接触、整理和利用。这就导致学界对戴志骞的认识与了解始终处于一个错漏常存但不断增订的状态。多位研究者一直努力挖掘与戴志骞相关的第一手中外文档案资料,以期更加准确地呈现其生平全貌。但是,直到2010年5月,韦庆媛,这位来自戴志骞曾经工作过的清华大学图书馆的图书馆史研究专家,才首次发表了一篇考察戴志骞生平成就的专门论文《图书馆学家戴志骞的激情与无奈》(载《大学图书馆学报》2010年第3期)。在这篇论文中,韦庆媛介绍了戴志骞从图书馆管理者到大学管理者再到银行高管的工作履历,及其对中国图书馆事业发展与图书馆学研究的贡献,同时还顺带介绍了他的第二任夫人戴罗瑜丽的若干情况^⑦。她高度评价了戴志骞,指出:"戴志骞先生是我国早期图书馆学家,是二十世纪中国新图书馆运动的主要倡导者,为我国早期图书馆事业的发展做出了重要贡献。"^⑧同年12月,韦庆媛又

---

① 周家珍. 20世纪中华人物名字号辞典[M]. 北京:法律出版社,2000:112.

② 周川. 中国近现代高等教育人物辞典[M]. 福州:福建教育出版社,2012:660. 另:此处将"志骞"误写成"志骞".

③ 麦群忠,朱育培. 中国图书馆界名人辞典[M]. 沈阳:沈阳出版社,1991:645.

④ 叶继元. 南京大学百年学术精品·图书馆学卷[C]. 南京:南京大学出版社,2002:151-160.

⑤ 中国图书馆学会. 百年文萃 空谷余音[C]. 北京:中国城市出版社,2005:27-30.

⑥ 蔡莹,戴志骞. 图书馆简说·图书馆学术讲稿[M]. 北京:国家图书馆出版社,2014.

⑦ 韦庆媛. 图书馆学家戴志骞的激情与无奈[J]. 大学图书馆学报,2010(3):21-25.

⑧ 韦庆媛. 图书馆学家戴志骞的激情与无奈[J]. 大学图书馆学报,2010(3):21.

在《戴志骞新图书馆思想与实践》(载《图书馆》2010 年第 6 期)一文中介绍了戴志骞的图书馆思想及相关实践活动。她从戴志骞的著述中总结出"两半球论"与"六要素说",并且分析了戴志骞在推动新图书馆运动发展与创建图书馆专业团体方面作出的贡献①。她指出,戴志骞"是中国早期图书馆专业组织优秀的组织者和领导者",其"思想在今天仍然具有积极意义"②。2014 年 3 月,韦庆媛又在其独撰的《戴志骞研究史料辨析》(载《大学图书馆学报》2014 年第 2 期)一文中充分利用《中国银行行史资料汇编》《卞白眉日记》等此前未曾用过的重要史料,对戴志骞的早年求学情况,在圣约翰大学、清华学校的任职经历,两次赴美留学以及在中国银行的工作经历等,进行了较为系统的梳理,对以往研究成果中的错漏或含糊之处加以订正与补遗③。

受韦庆媛的启发与影响,笔者开始致力于考察戴志骞的生平事迹与历史贡献。2011 年 7 月,笔者独撰的《戴志骞生平与图书馆事业成就考察》(载《中国图书馆学报》2011 年第 4 期)首先介绍了戴志骞在上海圣约翰大学就读与工作,北上清华学校,两次赴美留学,南下国立中央大学,最后转战银行业等履历;然后考察了戴志骞与中国现代图书馆界的紧密联系,包括参加或发起成立多种图书馆专业团体,传播图书馆学知识等;最后则介绍了戴志骞的著述成就④。遗憾的是,笔者当时刚刚涉猎图书馆学人研究,缺乏经验,而且手头掌握的档案资料又十分有限,所以文中出现了一些相当低级的错误表述。2013 年 1 月,顾烨青、笔者与曹海霞三人合作完成的《探究图书馆学家戴志骞转行与归宿之谜——戴志骞生平再考》(载《大学图书馆学报》2013 年第 1 期)一文以数种新挖掘出的重要中英文史料为基础,对戴志骞的若干生平史实进行订正、增补,包括指出戴志骞其实是因病才辞去国立中央大学副校长一职,以及他与妻子戴罗瑜丽于 1951年移居阿根廷,至 1963 年逝世等⑤,但文中仍存错漏。

2013 年 5 月,笔者成功申请到教育部人文社会科学研究青年基金项目"戴志骞外文著述整理、翻译与研究"(项目编号:13YJC870034),课题组成员包括长

① 韦庆媛. 戴志骞新图书馆思想与实践[J]. 图书馆,2010(6):58-61.

② 韦庆媛. 戴志骞新图书馆思想与实践[J]. 图书馆,2010(6):60.

③ 韦庆媛. 戴志骞研究史料辨析[J]. 大学图书馆学报,2014(2):111-117.

④ 郑锦怀. 戴志骞生平与图书馆事业成就考察[J]. 中国图书馆学报,2011(4):115-122.

⑤ 顾烨青,郑锦怀,曹海霞. 探究图书馆学家戴志骞转行与归宿之谜——戴志骞生平再考[J]. 大学图书馆学报,2013(1):116-122.

期合作伙伴顾烨青、刘宇、郑永田等人。课题组通过各种途径,努力在国内外挖掘第一手档案资料,力图推陈出新,更加全面、细致、准确地呈现戴志骞的生平活动与历史功绩。至今,课题组已经在图书馆学领域的重要刊物上发表了多篇相关论文。2014年4月,笔者独撰的《戴志骞对清华图书馆的历史贡献》(载《国家图书馆学刊》2014年第2期)从馆藏建设、馆舍建设与人才建设三方面介绍了戴志骞对清华学校图书馆发展作出的令人嘱目的贡献①。2014年7月,笔者与顾烨青合撰的《戴志骞与中美图书馆专业团体关系考略》(载《图书馆论坛》2014年第7期)考察了戴志骞与美国图书馆专业团体的结缘,及其对中华教育改进社图书馆教育委员会、北京图书馆协会、中华图书馆协会等图书馆专业团体的创设与发展做出的功绩②。

此外,2016年6月,在徐跃权教授的指导下,东北师范大学硕士研究生董玥以《戴志骞图书馆学思想研究》通过答辩,获得硕士学位。目前所见,这是国内外第一篇专门探究戴志骞生平与思想的学位论文。董玥结合历史方法、文献调查法和比较法等,梳理了戴志骞的主要经历,介绍了他在图书馆学领域的著述情况,并且对其图书馆学思想进行了总结。董玥着重指出,戴志骞图书馆学思想的核心就是将图书馆视作一个以"读者便利"为中心、以教育为目的、兼有娱乐作用的社会机构③。

除了以上这些专论,另有若干论文涉及戴志骞的方方面面。2007年,吴稌年在其《论"新图书馆运动"的宣传期》(载《图书馆》2007年第1期)一文中介绍了戴志骞为北京高等师范学校(以下简称"北京高师")暑期图书馆讲习会编译全部讲义的贡献④。2011年9月,刘亮、付敏与杨玉麟合撰的《20世纪新图书馆运动的重新审视与评价》(载《江西图书馆学刊》2011年第5期)也介绍了戴志骞对于推动新图书馆运动作出的贡献⑤。2012年2月,平保兴在其撰写的《16位图书馆学者事略与著述考录》(载《山东图书馆学刊》2012年第1期)一文中简要介

---

① 郑锦怀. 戴志骞对清华图书馆的历史贡献[J]. 国家图书馆学刊, 2014(2): 100-106.

② 郑锦怀, 顾烨青. 戴志骞与中美图书馆专业团体关系考略[J]. 图书馆论坛, 2014(7): 135-141, 134.

③ 董玥. 戴志骞图书馆学思想研究[D]. 长春: 东北师范大学, 2016: Ⅰ.

④ 吴稌年. 论"新图书馆运动"的宣传期[J]. 图书馆, 2007(1): 35.

⑤ 刘亮, 付敏, 杨玉麟. 20世纪新图书馆运动的重新审视与评价[J]. 江西图书馆学刊, 2011(5): 1-4.

绍了戴志骞的求学、工作与著述情况 ①。2013 年 8 月,韦庆媛所撰《清华大学图书馆初创时期的几个关键问题述证》(载《国家图书馆学刊》2013 年第 4 期)的第五小节"图书馆第二任主任戴志骞毕业学校及任职时间"对戴志骞两次留美的相关情况进行了梳理与辨析 ②。2013 年 9 月,笔者在《中国现代图书馆学人对美国汉学的 3 种贡献》(载《图书馆建设》2013 年第 9 期)一文中指出,戴志骞首次留美期间曾在《留美学生月报》(*The Chinese Students' Monthly*)发表《中国书目250 种》("250 English Books on China"),并为该刊编辑了几期"最近涉华文献介绍"("Recent Literature on China")栏目 ③。2015 年 4 月,郑丽芬在其《筚路蓝缕先驱之路——试论我国第一代图书馆学人留美经历》(载《图书馆论坛》2015年第 4 期)一文中述及戴志骞首次赴美攻读图书馆学的途径、动因与过程 ④。2015年 11 月,笔者独撰的《戴罗瑜丽生平及其在华图书馆事业成就考察》(载《图书馆论坛》2015 年第 11 期)以最新查获的中英文史料为基础,介绍了戴志骞的妻子戴罗瑜丽的生平概况,尤其是她为中国现代图书馆事业作出的贡献,同时也旁及戴志骞的若干情况 ⑤。

2016 年 12 月,韦庆媛与邓景康主编的《戴志骞文集》(上、下册)由国家图书馆出版社正式出版。该书可谓是戴志骞史料的集大成之作,汇编了当前所能找到的戴志骞的绝大部分中英文著述,涵盖图书馆学、教育管理与银行事业三个领域,并附其英文著述(英文书目除外)的中文译文。书中所收《戴志骞先生传略》一文是韦庆媛在《图书馆学家戴志骞的激情与无奈》《戴志骞新图书馆思想与实践》与《戴志骞研究史料辨析》三文的基础上结合最新挖掘到的档案资料增订而成的,颇有一些新发现、新观点 ⑥。可惜的是,该文从头到尾未以任何形式(如脚注、尾注)标注文献出处,而且未能充分挖掘戴志骞在圣约翰大学求学与工作期

① 平保兴. 16 位图书馆学者事略与著述考录[J]. 山东图书馆学刊, 2012(1):52.

② 韦庆媛. 清华大学图书馆初创时期的几个关键问题述证[J]. 国家图书馆学刊, 2013(4):79-80.

③ 郑锦怀. 中国现代图书馆学人对美国汉学的 3 种贡献[J]. 图书馆建设, 2013(9):29-30.

④ 郑丽芬. 筚路蓝缕先驱之路——试论我国第一代图书馆学人留美经历[J]. 图书馆论坛, 2015(4):27-28.

⑤ 郑锦怀. 戴罗瑜丽生平及其在华图书馆事业成就考察[J]. 图书馆论坛, 2015(11):112,113-120.

⑥ 韦庆媛. 戴志骞先生传略[C]// 韦庆媛,邓景康. 戴志骞文集(上). 北京:国家图书馆出版社, 2015:1-15.

间的档案资料,导致相关介绍仍然存在错漏。

从学术史的角度来看,随着更多中外文史料的挖掘、整理与利用,学界对戴志骞生平活动、学术成就与历史贡献的认识与了解愈发深入。一方面,订正了以往对戴志骞其人其事的错误介绍;另一方面,也增补了以往未曾掌握的戴志骞生平事迹。但是,这些成果要么是篇幅有限、容量太小的工具书词条,要么是零散而不成体系的单篇论文,甚或只是寥寥几笔的顺带介绍。简言之,由于史料获取渠道并不顺畅,学界在挖掘、整理与利用戴志骞相关史料(尤其是他在中国银行工作期间及其移居阿根廷以后的档案资料)方面做得不够,对他的认识也还远远称不上全面、细致、准确。这恰恰就是本书的写作缘起。

本书主要以史料学为指导,通过e-考据、实地调查、档案挖掘等途径,从国内外各大机构搜集到大批第一手史料,包括中英文著述、学籍档案、往来信函、新闻报道等,再对其进行整理、解读、辨析与研究。全书分为生平考察、个案研究与史料译编三大部分,点面结合,首次比较全面、深入、细致而准确地呈现了戴志骞的家庭背景、求学经历、工作履历与历史贡献,力争对中国近现代图书馆学人研究有所推进、有所带动、有所启发。

第二节　戴志骞个人情况简介

限于篇幅,本节仅对戴志骞的名号、家庭情况、少年时代的求学经历等略作考察与介绍,其余则详见以后各章。

一、戴志骞的中英文姓名与字号

戴超,又名"戴丙庚"[①],字志骞或子骞,后以字行,称"戴志骞"或"戴子

---

① 圣约翰大学. 圣约翰大学1906至1908年学生成绩报告单存根(沈楚臣——袁连)[B].
上海:上海档案馆(全宗号:Q243,馆编档号:Q243-1-1094);董朴垞. 瑞安文史资料第十九辑·孙诒让学记(选)[M]. 香港:香港天马图书有限公司,2000:289;张棡. 杜隐园诗文辑存——张震轩选集之一[M]. 香港:香港出版社,2005:16,137.

骞"①。他也曾被误写成"戴自骞"②"戴志谦"③"戴志謇"④"戴季骞"⑤等。

当前尚不清楚戴志骞从何时起开始使用英文名,但应当是在他于1904年首次入读圣约翰学校(圣约翰大学)之后。这是因为,圣约翰学校是一所教会学校,聘请了许多外籍教师以及具有留学经历的中国籍教师,校园内普遍使用英文,中国学生需要取个英文名,以方便相互交流。目前所见,戴志骞原名"戴超"的对应英文音译为"Tai Ch'ao"⑥或"Tai Tsao"⑦,但很少使用;"戴志骞"三字的英文音译则有多种变体。

至迟在1909年2月再入圣约翰大学就读时,戴志骞开始使用"Te Tschieh"这个英文名⑧,简写为"T. C. Tai"⑨。到了1910年9月,其英文名已经改

---

① 陶行知. 中华教育改进社第二届年会筹备情形及各组事务报告[M]//陶行知. 陶行知全集(第1卷). 成都:四川教育出版社,2005:461-462.

② 文昊. 我所知道的金融巨头[C]. 北京:中国文史出版社,2006:139.

③ 上海市档案馆. 陈光甫日记[M]. 上海:上海书店出版社,2002:230.

④ [日]外务省情报部. 现代中华民国"满洲帝国"人名鉴[M]. 东京:东亚同文会,1937:303-304;周川. 中国近现代高等教育人物辞典[M]. 福州:福建教育出版社,2012:660.

⑤ 皖省教育考察团昨抵沪[N]. 申报,1934-11-24(14).

⑥ Woodhead, H. G. W. *The China Year Book 1929-30*[M]. Tientsin:Tientsin Press, Limited,1929:978;Woodhead, H. G. W. *The China Year Book 1935*[M]. Shanghai:The North-China Daily News & Herald, Ltd.,1935:404.

⑦ 检索自 www.familysearch.org。

⑧ St. John's University. *Catalogue of the Officers and Students of St. John's University (February 1909-July 1909) and Rules and Regulations*[M]. Shanghai:North-China Daily News & Herald,1909:51.

⑨ St. John's University. *Catalogue of the Officers and Students of St. John's University (February 1909-July 1909) and Rules and Regulations*[M]. Shanghai:North-China Daily News & Herald,1909:13.

为"Tai Chih-chien"①,简写为"C. C. Tai"②。1914 年,《中华教育年鉴(1914)》(*The Educational Directory of China 1914*)曾将其英文名写作"Tai, Ts-chien"③,但仍然简写为"C. C. Tai"④。此外,在校期间,他曾在一次获得金牌的演讲中自称"Tai Ts-chi"⑤,但这极可能是印刷错误。1916 年出版的《清华年报 1916》(*The 1916 Tsinghuapper*)显示,戴志骞的英文名为"Tse-Chen Tai"⑥。同年出版的《清华学校信息公告(1915 年 9 月—1916 年 9 月)》(*Tsing Hua College Bulletin of Information No. 3 (September 1915-September 1916)*)也将戴志骞的英文名印成"Tse-Chen Tai"⑦。

在其首次赴美留学期间,戴志骞的英文名写成"Chih-chien Tai"⑧或者"Tse-

---

① St. John's University. *Catalogue of the Officers and Students of St. John's University (September 1910-July 1911) and Rules & Regulations*[M]. Shanghai:North-China Daily News & Herald, 1910:41.

② St. John's University. *Catalogue of the Officers and Students of St. John's University (September 1910-July 1911) and Rules & Regulations*[M]. Shanghai:North-China Daily News & Herald, 1910:12; St. John's University. *Catalogue of the Officers and Students of St. John's University (September 1911-July 1912) and Rules & Regulations*[M]. Shanghai:North-China Daily News & Herald, 1911:13; St. John's University. *Catalogue of the Officers and Students of St. John's University (September 1912-July 1913) and Rules & Regulations*[M]. Shanghai:North-China Daily News & Herald, 1912:13; St. John's University. *Catalogue of the Officers and Students of St. John's University (September 1913-July 1914) and Rules & Regulations*[M]. Shanghai:North-China Daily News & Herald, 1913:13.

③ The Education Directory of China Publishing Co. *The Educational Directory of China 1914*[M]. Shanghai:The Education Directory of China Publishing Co., 1914:30.

④ The Education Directory of China Publishing Co. *The Educational Directory of China 1914*[M]. Shanghai:The Education Directory of China Publishing Co., 1914:61.

⑤ 韦庆媛. 戴志骞研究史料辨析[J]. 大学图书馆学报, 2014(2):111-117.

⑥ Tsing Hua College. *The 1916 Tsinghuapper*[M]. Peking:Tsing Hua College, 1916:7.

⑦ Tsing Hua College. *Tsing Hua College Bulletin of Information No. 3 (September 1915-September 1916)*[M]. Peking:Tsing Hua College, 1916:8.

⑧ Thirty-Second Annual Report of the New York State Library School, from August 1, 1917 to July 31, 1918[J]. *University of the State of New York Bulletin*, 1918(673):8-12.

chien Tai"[1],但均简写成"T. C. Tai"。而且,"Chih-chien Tai"经常写成"Tai, Chih-chien","Tse-chien Tai"经常写成"Tai, Tse-chien","T. C. Tai"经常写成"Tai, T. C. "。

1925 年,《中国名人录(第三版)》(*Who's Who in China. Containing the Pictures and Biographies of China's Best Known Political, Financial, Business and Professional Men* (*Third Edition*))将其英文名写为"Tai, Chi-Chen"[2]。1936 年,《中国名人录(第五版)》将其英文名写成"Tai Tse-chien (Tai Chi-chien)"[3]。上海档案馆收藏的一份手写的《圣约翰大学 1895 至 1920 年毕业校友录》亦将戴志骞的英文名写成"Tai Chih-chien (Tai Tse-chien)"[4]。

总体看来,戴志骞的英文名通常写成"Tse-chien Tai"与"Chih-chien Tai",二者的对应缩写形式均为"T. C. Tai"。为行文统一与表述方便起见,后文除非直接引用原文,否则一律称之为"戴志骞"。

---

① Tai, Tse-chien. 250 English Books on China[J]. *The Chinese Students' Monthly*, 1919, 14(3):210-216; Tai, Tse-chien. 250 English Books on China[J]. *The Chinese Students' Monthly*, 1919, 14(4):272-282; Tai, Tse-chien. 250 English Books on China[J]. *The Chinese Students' Monthly*, 1919, 14(5):359-362; Tai, Tse-chien. 250 English Books on China[J]. *The Chinese Students' Monthly*, 1919, 14(6):409-412.

② Directory of American Returned Students[M]// *Who's Who in China. Containing the Pictures and Biographies of China's Best Known Political, Financial, Business and Professional Men* (*Third Edition*). Shanghai: The China Weekly Review, 1925:19.

③ Who's Who in China. *Biographies of Chinese Leaders* (*Fifth Edition*)[M]. Shanghai: The China Weekly Review, 1936:217.

④ 圣约翰大学. 圣约翰大学 1895 至 1920 年毕业校友[B]. 上海:上海档案馆(全宗号:Q243,馆编档号:Q243-1-1031). 另:《圣约翰大学 1895 至 1920 年毕业校友录》是上海档案信息公共服务平台开放档案一站式查询系统提供的档案题名,但原档封面标注的题名实为《圣约翰大学校友录(一)1895—1920》。

二、戴志骞的生卒情况

目前所见,中外学界大多称戴志骞生于 1888 年[①],却未具体到月、日。庆幸的是,美国爱荷华大学研究生院(Graduate College, University of Iowa)[②]编印过一本 1925—1926 学年该校硕博士学位申请人资料汇编,内含六页与戴志骞相关的内容,尤其是一份应当是由戴志骞本人提供的个人简历。这份简历提到,戴志骞生于"February 27, 1888"[③],也就是"1888 年 2 月 27 日"。稍后不久,跟戴志骞亦师亦友的约翰·博因顿·凯泽(John Boynton Kaiser)在其为戴志骞正式出版的博士学位论文撰写的导论中也沿用了这个说法[④]。

众所周知,在古代中国,人们一般使用皇帝年号、天干地支加上农历月日的混合体来标示日期。直到辛亥革命胜利后的 1912 年,中华民国政府才开始采用公历,但同时使用中华民国纪年。人们传统上还是使用农历来标记某个人的出生日期,家谱与族谱等谱牒资料当中尤其如此。随着时代变迁,农历生日记法遇上了新问题。比如,晚清以来,许多中国人公费或自费前往西方国家留学深造,但西方普遍采用公历,所以他们在填写入境登记表或入学登记表等资料的时候

---

① Woodhead, H. G. W. *The China Year Book 1923*[M]. London: G. Routledge & Sons, 1923: 894; Woodhead, H. G. W. *The China Year Book 1929-30*[M]. Shanghai: The North-China Daily News & Herald, Ltd., 1930: 978; Woodhead, H. G. W. *The China Year Book 1935*[M]. Shanghai: The North-China Daily News & Herald, Ltd., 1935: 404; *Who's Who in China. Biographies of Chinese Leaders*(*Fifth Edition*)[M]. Shanghai: The China Weekly Review, 1936: 217; [日] 外务省情报部. 现代中华民国"满洲帝国"人名鉴 [M]. 东京: 东亚同文会, 1937: 303-304; Lowe, Chuan-hua. *Notable Books on Chinese Studies: An Updated, Annotated, and Topical Bibliographic Guide*(*2nd and enl. ed.*)[M]. San Francisco: House of Overflowing Felicities, 1988: 64; 徐友春. 民国人物大辞典(下)[M]. 石家庄: 河北人民出版社, 1991: 1597; 周家珍. 20 世纪中华人物名字号辞典[M]. 北京: 法律出版社, 2000: 112; 刘国铭. 中国国民党百年人物全书(下)[M]. 北京: 团结出版社, 2005: 2446.

② 该大学的官方正式校名为"The State University of Iowa",直译即"爱荷华州立大学",但日常生活中一般称"爱荷华大学"(The University of Iowa)。正文除非直接引用,否则一律称之为"爱荷华大学"。

③ University of Iowa. *Programs Announcing Candidates for Higher Degrees*(*July 1, 1925 to July 1, 1926*)[M]. Iowa City: University of Iowa Press, 1926. 另: 该书是美国爱荷华大学研究生院编辑的一本 1925—1926 学年该校硕博士学位申请人资料,没有页码。其中,与戴志骞相关的部分共有六页,第六页即为戴志骞的简历。

④ Kaiser, John Boynton. Introduction[M]//Tai, Tse-chien. *Professional Education for Librarianship*. New York: The H. W. Wilson Company, 1925: 1.

就不得不为自己填写一个公历生日。这样一来,又出现了两种情况。一种是通过细查历书,并将农历和公历对照,从而核定其公历生日并一直沿用。另一种则是未加对照、转换,直接就将农历生日充当公历生日。比如,钱存训生于农历己酉年十二月初一,亦即公历 1910 年 1 月 11 日,但他后来出国时护照上填写的出生日期却是 1909 年 12 月 1 日,此后也一直以此为准[①]。显然,钱存训是直接将其农历生日直接充作其公历生日。

戴志骞与凯泽均未说清楚"1888 年 2 月 27 日"这个日期到底是怎么一回事。这样一来,就存在着两种可能。其一,戴志骞已在其简历中将其农历生日转为公历生日。也就是说,戴志骞生于公元 1888 年 2 月 27 日,亦即清光绪十四年(农历戊子年)正月十六。其二,戴志骞直接将其农历生日充作其公历生日。也就是说,戴志骞生于清光绪十四年(农历戊子年)二月二十七日,即公元 1888 年 4 月 8 日。不过,戴志骞于 1924 年 8 月 22 日乘坐"杰弗逊总统号"(S. S. President Jefferson)从上海出发,至 9 月 7 日抵达美国华盛顿州西雅图市。在其入境登记表上,他的年龄填写为 36 岁零 5 个月。由此推算,戴志骞就是出生于清光绪十四年(农历戊子年)二月二十七(公元 1888 年 4 月 8 日)。只不过,他赴美留学时直接就将其农历生日写成是他的公历生日了。

至于戴志骞的逝世日期,长期以来少有人知。学界或称其"生卒年不详"[②],或不标明其卒年,而只写"1888— "[③]"1888—? "[④]。2013 年 1 月,顾烨青、笔者与曹海霞以戴罗瑜丽于 1963 年 4 月 23 日写给凯泽的信件为依据,推断戴志骞的逝世时间应当是在 1963 年 1 月 1 日至 4 月 23 日之间[⑤],但这个时间跨度仍然很大。跟戴志骞在中国银行共事多年、相交莫逆的卞寿孙(字白眉)从两人的另外一个同事姚崧龄的来信中得知"志骞于三月初在阿根廷逝世"[⑥],但他仍不清楚戴志骞的具体逝世日期。1988 年,美籍华人学者骆传华(Chuan-hua Lowe)在其《中国学研究书目提要(增订二版)》(*Notable Books on Chinese Studies*(*2nd and enl. ed.*))的"中国对图书馆学的贡献"("Chinese Contributions to Library

① 钱存训. 留美杂忆:六十年来美国生活的回顾[M]. 合肥:黄山书社,2008:5.

② 麦群忠,朱育培. 中国图书馆界名人辞典[M]. 沈阳:沈阳出版社,1991:645.

③ 徐友春. 民国人物大辞典(下)[M]. 石家庄:河北人民出版社,1991:1597.

④ 周家珍. 20 世纪中华人物名字号辞典[M]. 北京:法律出版社,2000:112;周川. 中国近现代高等教育人物辞典[M]. 福州:福建教育出版社,2012:660.

⑤ 顾烨青,郑锦怀,曹海霞. 探究图书馆学家戴志骞转行与归宿之谜——戴志骞生平再考[J]. 大学图书馆学报,2013(1):119.

⑥ 卞白眉. 卞白眉日记(第四卷)[M]. 天津:天津古籍出版社,2008:214.

Science")一章中简要介绍了戴志骞的生平,称他于 1950 年退休后移民阿根廷,至 1963 年 3 月 19 日在布宜诺斯艾利斯逝世 [1]。2016 年 6 月 24 日,当时在哈佛大学访学的中山大学资讯管理学院博士生肖鹏在哥伦比亚大学珍本与手稿图书馆(Rare Book & Manuscript Library,Columbia University)收藏的"纽约州立图书馆学校档案(1887—1967)"中查到并复制了一批戴志骞档案,其上用铅笔写着"Died 3/19/63"(1963 年 3 月 19 日逝世)(详见图 1-1)。这无疑印证了骆传华的说法。

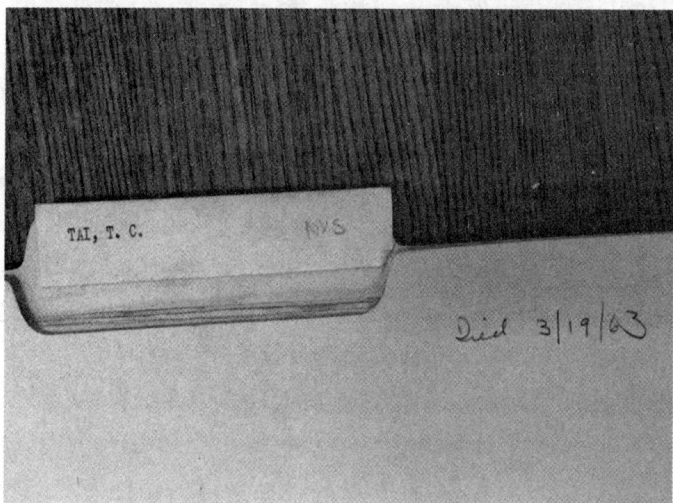

图 1-1　哥伦比亚大学珍本与手稿图书馆收藏的戴志骞档案

综上所述,戴志骞于公元 1888 年 4 月 8 日出生,至 1963 年 3 月 19 日逝世。

三、戴志骞的籍贯

此前,学界一般认为戴志骞的籍贯是"江苏青浦" [2],也有学者将其具体到乡

---

[1] Lowe, Chuan-hua. *Notable Books on Chinese Studies*:*An Updated, Annotated, and Topical Bibliographic Guide*(*2nd and enl. ed.*)[M]. San Francisco:House of Overflowing Felicities, 1988:65.

[2] 中国科学社. 中国科学社社员分股名录[M]. 上海:中国科学社,1933:89;戚再玉.上海时人志[M]. 上海:展望出版社,1947:224;姚崧龄. 中国银行二十四年发展史[M]. 台北:传记文学出版社,1983:105;徐友春. 民国人物大辞典(下)[M]. 石家庄:河北人民出版社,1991:1597;周家珍. 20 世纪中华人物名字号辞典[M]. 北京:法律出版社,2000:112;孙大权. 中国经济学的成长——中国经济学社研究(1923—1953)[M]. 上海:上海三联书店,2006:408.

镇一级,称之为"江苏青浦珠溪镇"[①],也就是现在的上海市青浦区朱家角镇[②]。但这类说法仍不够准确。

在戴志骞自己提供的个人简历与凯泽的介绍中,他的籍贯为"Chuchiakoh, Kiangsu, China"[③]。后两个英文单词十分简单,回译成中文即"江苏,中国"。至于第一个英文单词"Chuchiakoh",有学者将其回译为"珠溪镇"[④],但这显然是误译。那么,"Chuchiakoh"到底应当回译成什么呢?

在此,有必要简单回顾一下珠溪镇(朱家角镇)的发展历史。早在三国时期,该地就已经形成村落。宋、元时,该地渐渐形成一个集市,称"朱家村"。到了明万历年间,该地发展成为江南地区著名的商贸集镇,称"珠街阁"(或作"朱街阁"),又称"珠溪"等,尤以布业繁荣而著称,号称"衣被天下"。到了明末清初,该地的米业发展迅猛,再次带动了百业兴旺。[⑤]清嘉庆年间,该地定名为"珠里",或称"朱家角镇""珠街镇""珠溪"等[⑥]。清末民国时期,该地通常称为"珠街阁镇"[⑦]。

"Chuchiakoh"的读音跟"珠溪""珠里""珠街镇"等差异太大,不必再行细究。据英国来华传教士兼汉学家艾约瑟(Joseph Edkins)编撰、美华书馆(Presbyterian Mission Press,即 American Presbyterian Mission Press)于 1869 年出版的《上海方言字汇》(*A Vocabulary of the Shanghai Dialect*),在上海方言里,

---

① 韦庆媛. 图书馆学家戴志骞的激情与无奈[J]. 大学图书馆学报,2010(3):21;韦庆媛. 戴志骞新图书馆思想与实践[J]. 图书馆,2010(6):58.

② 韦庆媛. 图书馆学家戴志骞的激情与无奈[J]. 大学图书馆学报,2010(3):21;郑锦怀. 戴志骞生平与图书馆事业成就考察[J]. 中国图书馆学报,2011(4):115-116;顾烨青,郑锦怀,曹海霞. 探究图书馆学家戴志骞转行与归宿之谜——戴志骞生平再考[J]. 大学图书馆学报,2013(1):119.

③ University of Iowa. *Programs Announcing Candidates for Higher Degrees(July 1, 1925 to July 1, 1926)*[M]. Iowa City:University of Iowa Press, 1926;Kaiser, John Boynton. Introduction[M]// Tai, Tse-chien. *Professional Education for Librarianship*. New York:The H. W. Wilson Company, 1925:1.

④ 韦庆媛. 戴志骞研究史料辨析[J]. 大学图书馆学报,2014(2):112.

⑤ 朱家角概况[EB/OL]. [2014-07-26]. http://zhujj. shqp. gov.cn/gb/special/node_2251. htm.

⑥ 周郁滨. 珠里小志[M]. 上海:上海社会科学院出版社,2005:1.

⑦ 汪祖绥,金咏榴,戴克宽,等. 光绪青浦县志·民国青浦县续志[M]. 上海:上海书店,1991:682-684.

"家"记为"kia"①"kiá"②或"ká"③（但在更为通行的威妥玛–翟理斯拼音法中，"家"通常记为"chia"）；"角"记为"koh"④；"街"记为"ká"⑤；"阁"记为"koh"⑥。由此可见，"Chuchiakoh"应当是"朱家角"的译音。因此，戴志骞的籍贯是江苏青浦县朱家角镇，即今上海市青浦区朱家角镇。

朱家角位于青浦西南部淀山湖畔，地处江、浙、沪交界地带，为青浦、昆山、松江、吴江、嘉善五地毗邻之中心。其境内横有淀浦河，纵有朱泖河，不仅直通黄浦江，也与太湖水系相通，水运航道四通八达，所以被誉为"上海威尼斯"⑦。民国时期，当地更与苏州、松江、嘉兴、芦墟、同里、青浦、周庄、昆山、章堰、陆家巷、沈巷、葑澳塘、金泽、章练塘、七宝、白鹤江、赵屯桥等地均有轮船、航船或划船往来，水上交通极其便利⑧。

由于朱家角具有如此优越的地理条件，戴志骞才有机会走出家门，走进上海这个东方大都市，在那里求学、工作，后来又得以北上清华，然后两次奔赴美国深造，学习当时西方最为先进的图书馆学理论知识与管理经验，并将其引入中国，为中国现代图书馆事业与图书馆学的萌芽和发展作出了不可磨灭的贡献。

四、戴志骞的家庭背景

关于戴志骞的家庭背景，可供利用的资料极其有限，尤其是未能查获相关的地方史志、谱牒等。庆幸的是，张棡的诗文中留下了几条线索。张棡（字震轩，号

---

① Edkins, J. *A Vocabulary of the Shanghai Dialect*[M]. Shanghai：Presbyterian Mission Press, 1869：36.

② Edkins, J. *A Vocabulary of the Shanghai Dialect*[M]. Shanghai：Presbyterian Mission Press, 1869：97.

③ Edkins, J. *A Vocabulary of the Shanghai Dialect*[M]. Shanghai：Presbyterian Mission Press, 1869：36, 124.

④ Edkins, J. *A Vocabulary of the Shanghai Dialect*[M]. Shanghai：Presbyterian Mission Press, 1869：2, 4, 31, 50, 58, 86, 101, 119, 130, 132, 134.

⑤ Edkins, J. *A Vocabulary of the Shanghai Dialect*[M]. Shanghai：Presbyterian Mission Press, 1869：120.

⑥ Edkins, J. *A Vocabulary of the Shanghai Dialect*[M]. Shanghai：Presbyterian Mission Press, 1869：39, 109.

⑦《图行世界》编辑部. 中国最美 100 个古镇古村（全彩攻略增强版）[M]. 北京：中国旅游出版社，2011：30.

⑧ 汪祖绶，金咏榴，戴克宽，等. 光绪青浦县志·民国青浦县续志[M]. 上海：上海书店，1991：682–684, 712–713.

真侠），温州瑞安汀田人，是晚清、民国时期在浙江温州瑞安一带颇有影响的士绅与教育家，终生献身于教育事业，曾在瑞安公立中学堂等处执教40余年。他曾在瑞安公立中学堂跟戴志骞共事过一段时间，两人之间交情颇深，故而其记述具有较高的可信度。

张棡在"光绪卅三年四月廿五日"（公历1907年6月5日）"代戴丙庚教习撰，仿音乐教科书中亡国恨之曲"撰述了一首《述志谣三阕》。该诗作全文如下：

"珠溪旧儒门，藐哉小子身。蹉跎悔髫龄，所学不如人。文字研英伦，约翰许问津。祇自恐驽钝末传薪，高堂两慈亲，期望非常殷。尺璧惜分阴，莫负好青春。

莫负好青春，须储席上珍。帛书受聘征，漫游瓯江滨。七尺昂藏身，束缚苦难伸。倒不如乘槎赋远行，大陆揽其新，钟听自由音。旗建独立厅，永为大国民。

愿为大国民，教育贵精神。科学撷其英，通译舌根清。团体有良朋，晨夕乐嘤鸣。问何时大海舒潜鳞，万里奋鹏程，宏恩答君亲。名姓播寰瀛，方不虚此生。"[1]

由张棡的这首诗作可以知道，戴志骞出身于朱家角（珠溪）的一个旧式文人家庭（"旧儒门"）。童年时代（"髫龄"），他虚度光阴（"蹉跎"），书读得不好（"所学不如人"）。

1930年5月4日，张棡拟就《挽青浦戴志骞之翁造梁先生夫妇仙逝》一联，内容如下："青春哲嗣，幸乡校与同游，廿年追溯徽音，礼述趋庭，能使诸生咸悦服；白首偕庄，真家门之乐事，千里忽传邮讯，诗吟涉屺，定知吾友倍心酸。"[2] 同日，张棡又赋诗一首，题为《闻旧友江苏青浦戴志骞丁内外艰之信赋诗唁之》："剡溪千里隔音尘，几席何年得再亲。幸我儿曹承训诲，伤君定省失昏晨。刘樊偕化知无憾，圣德传经羡有人。远道生刍迟吊唁，临风一掬泪沾巾。"并且注明："君封翁造梁先生年登古稀又六，旧秋与令堂先后仙逝。"[3] 由上可见，戴志骞父亲的名字（或别号）为"造梁"。戴志骞之母姓沈，生年不详[4]。1929年秋天（"旧秋"），66岁（"年登古稀又六"）的戴造梁与沈氏二人先后过世。

迄今未能查到戴志骞父母的其他情况，如戴造梁的求学历程、从业情况、家庭经济状况等等，殊为遗憾。不过，1897年8月14日，《申报》（总第8738号）第九版刊登了一份"六月初一至十九日第念次清单"，亦即社会各界人士的捐款清

---

① 张棡. 杜隐园诗文辑存——张震轩选集之一 [M]. 香港：香港出版社，2005：16.

② 张棡. 杜隐园诗文辑存——张震轩选集之一 [M]. 香港：香港出版社，2005：347.

③ 张棡. 杜隐园诗文辑存——张震轩选集之一 [M]. 香港：香港出版社，2005：163.

④ 韦庆媛. 戴志骞先生传略 [C]// 韦庆媛，邓景康. 戴志骞文集（上）. 北京：国家图书馆出版社，2016：1.

单。其中，"十八日寿康堂吴隐名氏洋一百元戴造梁摩兜坚室无名氏三户各洋十元"。[1] 这位"戴造梁"在农历六月十八日（公历 1897 年 7 月 17 日）捐了十个大洋，其经济状况似乎还不错。可惜没有其他资料证明这位"戴造梁"就是戴志骞之父。

五、戴志骞的婚育情况

戴志骞一生中有过两次婚史。关于戴志骞的第一次婚姻，可供利用的资料极少。至今仍不清楚戴志骞第一任妻子的姓名、生卒情况、家庭背景、结婚时间与地点等关键信息。目前只知道她与戴志骞育有一儿两女。这可以在黄炎培的日记中找到佐证。黄炎培与戴志骞同为成志会会员，二人相交甚深。1933 年 5 月 22 日（星期六），成志会在杭州澄庐召开年会。当晚，黄炎培介绍成志会的具体工作计划，并"戏制会员年龄及子女人数调查表"。这张调查表显示，戴志骞时年 46 岁，育有一个儿子、两个女儿。[2]

对于戴志骞的一儿两女，当前所知有限。据称，其子名叫戴士明[3]，生平不详。

戴志骞的大女儿姓名与生平均有待后续查考。不过，卞白眉在其日记中提到，1947 年 1 月 5 日，"志骞大令媛出阁"[4]。"大令媛"指大女儿，"出阁"即出嫁。如若卞白眉所记无误，那么戴志骞的大女儿就是在 1947 年 1 月 5 日这一天出嫁的。

戴志骞的小女儿名叫戴士琛，当前可见的记载稍多。据 1916 年 5 月 17 日（星期三）《清华周刊》第 77 期的报道："图书室管理员戴志骞先生于星期五新添一女。"[5] 由此推算，戴志骞小女儿出生于 1916 年 5 月 12 日（星期五）。

2008 年，陈怡在其新浪博客[6]上分三篇发表了《桂老师口述记录》一文。2012 年，她又根据《桂老师口述记录》撰成《桂碧清：昙花开时，我通知你来看花》一文正式发表[7]。两种资料的具体表述稍有不同，但基本上可以相互印证，而

---

① 六月初一至十九日第念次清单[N]．申报，1897-08-14(9)．

② 黄炎培．黄炎培日记·第4卷(1931.6—1934.11)[M]．北京：华文出版社，2008：172-173．

③ 韦庆媛．戴志骞先生传略[C]//韦庆媛，邓景康．戴志骞文集(上)．北京：国家图书馆出版社，2016：2．

④ 卞白眉．卞白眉日记(第三卷)[M]．天津：天津古籍出版社，2008：61．

⑤ 弄瓦有喜[J]．清华周刊，1916(77)：21．

⑥ 陈怡的新浪博客网址为：http://blog.sina.com.cn/heddycy．

⑦ 陈怡．桂碧清：昙花开时，我通知你来看花[C]//上海女子研究中心．幸福康乃馨——上海女性成才的心路历程．上海：上海大学出版社，2012：212-213．

且均提到了戴志骞一家。这是因为,在 1911—1913 年及 1915—1928 年间,桂碧清的父亲王芳荃曾两度在清华学堂(清华学校)执教[1]。这与戴志骞在清华学校工作的时间基本重合。因此,桂碧清自然有机会认识并了解戴志骞一家。

桂碧清生于"1917 年阴历二月初二"[2],也就是公历 1917 年 2 月 23 日。她回忆称:"我 6 岁的时候,清华还既没有幼儿园,也没有小学、中学。……我也被送到城里英国人办的小学、中学都有的完校笃志学校去念书。""一年以后,梅贻琦的太太和当时清华教务长何林(音译)的太太合办了一个幼儿园,是在清华一进门拐弯不远的一幢小洋房里。起初,幼儿园的孩子不够,我妈妈特别讲面子,就把我也凑数凑进了。""当时清华图书馆的戴馆长的前任太太是个中国人,去世后留下三个孩子,一男两女,其中的两个女孩和我们姐妹关系很好。老三戴士琛和我同班"[3]。由此可知,戴志骞与第一任妻子确实育有一儿两女,其中的二女儿名叫戴士琛,在三个小孩当中排行第三。戴士琛与桂碧清同班,两人的年龄应当相近。如此判断,戴士琛确实就是 1916 年 5 月 12 日出生的那个女孩。

桂碧清没有说清楚她所说的"6 岁"是实岁还是虚岁。如果是实岁,那么她入读幼儿园的时间为 1924 年。如果是虚岁,那么她则是于 1923 年入读幼儿园。不过,1923 年 3 月 30 日出版的《清华周刊》总 275 期报道:"幼稚园成立 本校教职子弟,日益增多,为保育起见,各教职员家属已着手组织一幼稚园并已请定王姓女教员一名,担任管理教导之责。至地点则暂在学务处前唐孟伦先生住宅云。"[4] 如此看来,桂碧清与戴士琛应当是于 1923 年 3 月入读幼儿园。

此外,戴士琛还可能是上海大夏大学毕业生[5],据称于 1942 年 10 月在上海结婚[6]。

关于戴志骞的第二次婚姻,掌握的资料相对较多。据查,戴志骞的第二任夫人是挪威人,英文名叫"Julie Rummelhoff"(音译为"茱莉•鲁梅尔霍夫"),后取有中文名"戴罗瑜丽"。1917—1918 学年,两人同在纽约州立图书馆学校攻读

① 王存诚. 韵藻清华:清华百年诗词辑录(上)[C]. 北京:清华大学出版社,2011:44.

② 桂老师口述记录(一)[EB/OL]. [2008-05-15]. http://blog.sina.com.cn/s/blog_4dbfe-f410100a48k.html.

③ 桂老师口述记录(一)[EB/OL]. [2008-05-15]. http://blog.sina.com.cn/s/blog_4dbfe-f410100a48k.html.

④ 幼稚园成立[J]. 清华周刊,1923(275):19.

⑤ 张德龙. 大夏大学建校七十周年纪念[M]. 上海:上海大夏大学校友会,1994:260.

⑥ 韦庆媛. 戴志骞先生传略[C]// 韦庆媛,邓景康. 戴志骞文集(上). 北京:国家图书馆出版社,2016:14.

图书馆学。大概就是在此期间,两人陷入情网。1919 年夏,戴志骞返回中国,而戴罗瑜丽则回到挪威。1922 年 1 月左右,戴罗瑜丽辞职,不远万里来到中国,于 4 月 26 日[①]与戴志骞在上海结婚,证婚人是世界基督教学生同盟(World Student Christian Federation,或译"世界基督教学生会")的穆德博士(John R. Mott)[②]。两人婚后似乎未曾生育,所以戴罗瑜丽待戴士琛等人极好,总是把他们打扮得漂漂亮亮[③]。1947 年 4 月 26 日,两人迎来了银婚纪念日,邀请了不少同事与朋友共同庆祝[④]。1948 年 1 月 6 日,戴罗瑜丽获准正式加入中国国籍[⑤],但改称为"戴卢菊丽"[⑥]。

六、朱家角的教育事业与戴志骞的早年求学情况蠡测

经济对教育与文化具有重大影响。随着朱家角日渐繁华,当地的教育事业也得以发展起来。据考察,明清时期,朱家角就设有社学、淀湖书院、沈氏义塾、王氏义塾等[⑦]。这使得朱家角文风日盛,可谓文儒荟萃、人才辈出。据不完全统计,明清两代,朱家角共出进士 16 人、举人 40 多人[⑧],另外还有许多名流、学者,如明代高官陆树声与陆树德兄弟、清代书法家沈荃、学者王昶、数学家席淦、报业巨子席裕福、商务印书馆创始人夏瑞芳、小说家陆士谔等[⑨]。他们无疑给包括戴志骞在内的朱家角当地民众树立了学习的榜样,指引了奋斗的方向。

值得注意的是,1851 年,青浦知县林德泉等人在朱家角雪葭浜发起建立了珠溪书院,后被毁,1869 年重修,1875 年扩建。珠溪书院拥有 575 亩田地,其田

---

① 卞白眉. 卞白眉日记(第三卷)[M]. 天津:天津古籍出版社,2008:74.

② 韦庆媛. 图书馆学家戴志骞的激情与无奈[J]. 大学图书馆学报,2010(3):24.

③ 桂老师口述记录(一)[EB/OL]. [2008-05-15]. http://blog.sina.com.cn/s/blog_4dbfe-f410100a48k.html.;陈怡. 桂碧清:昙花开时,我通知你来看花 [C] // 上海女子研究中心. 幸福康乃馨——上海女性成才的心路历程. 上海:上海大学出版社,2012:213.

④ 卞白眉. 卞白眉日记(第三卷)[M]. 天津:天津古籍出版社,2008:74.

⑤ 韦庆媛. 戴志骞先生传略 [C] // 韦庆媛,邓景康. 戴志骞文集(上). 北京:国家图书馆出版社,2015:14.

⑥ 详见《戴志骞文集》上册卷首登载的戴卢菊丽入籍文件。

⑦ 江南古镇:朱家角 [EB/OL]. [2014-05-04]. http://www.shtong.gov.cn/node2/node71994/node72081/node72097/index.html.

⑧ 江南古镇:朱家角 [EB/OL]. [2014-05-04]. http://www.shtong.gov.cn/node2/node71994/node72081/node72097/index.html.

⑨ 古镇名人名士 [EB/OL]. [2014-05-04]. http://www.shtong.gov.cn/node2/node71994/node72081/node72097/node72144/userobject1ai77695.html.

租收入颇丰。每月,书院将田租收入的一部分用来举行"赛文"。所谓"赛文",就是书院备有专门试卷,由当地人士索卷应试,收齐后由学院评判名次,并给以不同数量的奖金。当时,不少清寒学子就以参加赛文所得奖金来贴补家用。这也间接地激励他们发奋学习,努力提高自己学识。光绪年间,珠溪书院还租借朱家角东市蓝坊张姓房屋(即后来的仲姓住宅)设立义学,招收清贫家庭的子弟免费入学①。1905年,珠溪书院改为公立珠溪两等小学堂②,即为朱家角第一所新式小学③。此外,1883年,朱家角天主堂大堂创建了一所小学,供教会儿童读书、读经④;1908年与1909年,公立重振两等小学堂与私立一隅两等小学堂分别创办⑤。

根据戴志骞于1916年填写的纽约州立图书馆学校入学申请书,1894—1901年,他在家中跟随私塾先生学习中文;1898—1901年,他在家中跟随私塾先生学习英语;1901—1903年,他在珠溪书院(Z-Hsi Middle School)求学两年⑥。此外,凯泽在介绍戴志骞时指出:"戴(志骞)先生早年所受教育包括对中国典籍与史册的研习,这在当时的中国十分平常。因为当时中国处在清王朝的统治之下,他志

---

① 珠溪书院与民间藏书[EB/OL].[2014-05-04]. http://www.shtong.gov.cn /node2/ node71994/node72081/node72097/node72144/userobject1ai77694. html.

② 上海市青浦区教育局. 青浦教育志[M]. 上海:文汇出版社,2006:52.

③ 汪祖绶,金咏榴,戴克宽,等. 光绪青浦县志·民国青浦县续志[M]. 上海:上海书店,1991:682-684,712-713.

④ 上海市青浦县县志编纂委员会. 青浦县志[M]. 上海:上海人民出版社,1990:766.

⑤ 汪祖绶,金咏榴,戴克宽,等. 光绪青浦县志·民国青浦县续志[M]. 上海:上海书店,1991:682-684,712-713.

⑥ 感谢中山大学特聘副研究员肖鹏博士慷慨提供了哥伦比亚大学珍本与手稿图书馆所藏"纽约州立图书馆学校档案(1887—1967)"(New York State Library School Records 1887-1967, Series III: 1992 Box 68)中的戴志骞档案。肖鹏博士于2016年6月24日到哥伦比亚大学珍本与手稿图书馆查档,并通过拍照的方式复制了相关档案,可惜部分文件有点模糊,无法准确识别。这些档案中含有戴志骞本人填写的一份纽约州立图书馆学校入学申请书,其上贴有一张便签,分五行打印如下英文:"Application of"、"Tai, T. C."、"Rec. 1 July 1917"、"Deficiencies"、"Accepted 5 July 1917"。另:1925年6月,戴志骞在爱荷华大学申请博士学位时也提供了一份简历,其中却称他在1894—1903年间全部是"由私塾先生们指导"(Under private tutors)。具体参见:University of Iowa. *Programs Announcing Candidates for Higher Degrees*(*July 1, 1925 to July 1, 1926*)[M]. Iowa City: University of Iowa Press, 1926.

在参加科举考试。"①

戴志骞的父亲戴造梁本身就是一位旧式文人,所以不大可能另外聘请一位私塾先生到家中坐馆。可以推想,1894—1901 年,戴志骞在家中由其父亲自启蒙,主要是学习《三字经》《百家姓》《千家诗》《千字文》之类的蒙学经典。在此期间,1898—1901 年,戴志骞在家中加学了英语。这是否表明,戴造梁本人,或者他的某位亲戚,略通英语,所以能够在家中引领戴志骞入门?

1901—1903 年,戴志骞则应当是进入珠溪书院就读。在那里,他主要研读四书五经之类的儒家典籍,以应对科举考试。不过,在上海开埠之后,由于西学东渐,一些书院也开始教授新学,开设英语、算学、几何等课程②,珠溪书院应当亦是如此。所以,1901—1903 年间,戴志骞得以继续学习英语③。到了光绪三十一年(1905 年),清政府正式废除了科举制度,戴志骞多年努力也就没有了用武之地,但也并非毫无用处。一方面,其国学根底已经相当扎实,这可以从他后来发表的颇具文采的各类中文长短文章当中略窥一斑。另一方面,其英语初步入门,所以他才能进入圣约翰学校(圣约翰大学)这所十分注重英语教学的教会学校继续求学。

七、朱家角的教会事业与戴志骞的宗教信仰

作为最早对外开放的通商口岸之一,上海自然而然地成为西方传教士的活动中心之一。天主教与基督教的许多差会都派人来到上海传教,朱家角也被纳入他们的活动范围之内。据考察,朱家角天主堂于 1860 年就已经建成,初为小堂;1883 年,扩建为大堂,取名为"耶稣升天堂",在全上海范围内都颇有影响;1909 年,另建钟楼,与大堂互不相连,称为"中西混合式大堂"④。此外,朱家角天主堂还于 1906 年下设朱家角朱家村堂,当时即拥有教徒 85 人,后曾易名为"多默宗教堂"⑤。

此外,1882 年,英国传教士李思伦白(John Lamben Rees)将基督教引入青

---

① Kaiser, John Boynton. Introduction[M]// Tai, Tse-chien. *Professional Education for Librarianship*. New York: The H. W. Wilson Company, 1925: 2.

② 上海通志编纂委员会. 上海通志(第七册)[M]. 上海:上海社会科学院出版社,2005:4827.

③ 参见戴志骞于 1917 年 6 月填写的纽约州立图书馆学校入学申请书。

④ 上海市青浦县县志编纂委员会. 青浦县志[M]. 上海:上海人民出版社,1990:766.

⑤ 上海市青浦县县志编纂委员会. 青浦县志[M]. 上海:上海人民出版社,1990:765.

浦;1887 年,"易容显光堂"在青浦建立①。1909 年,中华圣公会珠溪分堂在朱家角镇建成,隶属于易容显光堂,拥有教徒 46 人;卫理公会松江教区也在朱家角镇建立了牧区教堂,拥有教徒 150 人②。

前引这些资料表明,晚清以降,朱家角成为天主教与基督教的传教范围,其宗教氛围十分浓厚。在这种环境之下,戴志骞后来成为一名教徒显得再正常也不过了。从各种文献来看,戴志骞信仰的应当是基督教(新教),而不是天主教。比如,1922 年 4 月,戴志骞在上海与第二任妻子戴罗瑜丽结婚之时,证婚人为世界基督教学生会会长穆德博士③。又如,戴志骞名列美国来华传教士兼历史学家贝德士(Miner Searle Bates)所辑《中国基督徒名录》当中④。

那么,戴志骞究竟于何时成为一名基督教徒的呢? 1919 年 10 月,《中国基督徒留学生杂志》(*The Chinese Students' Christian Journal*)第 6 卷第 1 期"学生世界"("The Student World")栏目提到:"戴志骞先生在今夏举办的北田夏令会上接受了基督教信仰,现任北京清华学校图书馆馆长。"此处所谓"北田夏令会"(the Northfield conference)指的是每年夏天在马萨诸塞州北田(Northfield, Mass.)举办的夏令会,旨在推动学生信仰复兴与宣教运动。1919 年的北田夏令会于 6 月 20 日至 30 日举办。据载,大约 120 名中国学生参加了此次北田夏令会。后来为戴志骞与戴罗瑜丽证婚的世界基督教学生会会长穆德博士为中国学生做了一个题为《如何使用你的意志力》("How to Use Your Will Power")的演讲,余日章(David Z. T. Yui)也做了一个极有启发的演讲。余日章演讲结束后,包括戴志骞在内的八个中国学生起立,宣称他们决定归依基督。在夏令会即将结束的一个星期天下午,他们接受了洗礼⑤。查万年历可知,戴志骞等人接受洗礼的这个星期天正是 1919 年 6 月 29 日。因此,戴志骞直到 1919 年 6 月 29 日才正式受洗,成为一名真正的基督教徒。

① 上海市青浦县县志编纂委员会. 青浦县志[M]. 上海:上海人民出版社,1990:766.
② 上海市青浦县县志编纂委员会. 青浦县志[M]. 上海:上海人民出版社,1990:767.
③ 韦庆媛. 图书馆学家戴志骞的激情与无奈[J]. 大学图书馆学报,2010(3):24.
④ 贝德士辑. 中国基督徒名录[C]// 章开沅,马敏. 社会转型与教会大学. 武汉:湖北教育出版社,1998:423.
⑤ The Student World[J]. *The Chinese Students' Christian Journal*, 1919, 6(1):35-37.

第二章

入圣约翰求学

第一节　圣约翰大学小史

1842 年 8 月 29 日,在第一次鸦片战争中战败的清政府与英国在南京签订了丧权辱国的不平等条约——《中英南京条约》,规定广州、福州、厦门、宁波与上海开放为通商口岸[①]。

1843 年 10 月 8 日,中英两国政府签订了《通商附粘善后条款》(即《中英虎门条约》),规定清政府地方官员与英国领事会同商定英国人在通商口岸租地建屋的区域[②]。这其实就是英国设立租界的最早的法律依据。

1843 年 11 月 8 日,英国驻上海首任领事巴富尔(George Balfour,或译"贝尔福")来沪[③]。1843 年 11 月 17 日[④],上海正式宣布开埠。巴富尔与上海道台宫慕久举行了多次谈判,双方达成了租界辟地协议。

1845 年 11 月 29 日,宫慕久以告示的形式公布了双方之间达成的辟设英

---

① 岑德彰. 上海租界略史[M]. 上海:劝业印刷所,1931:13-14.

② 吴圳义. 上海租界问题[C]. 台北:正中书局,1981:10-11.

③ 岑德彰. 上海租界略史[M]. 上海:劝业印刷所,1931:15.

④ 岑德彰. 上海租界略史[M]. 上海:劝业印刷所,1931:1. 另:也有文献称上海在 1843
年 11 月 14 日宣布正式开埠. 具体参见:Pott, F. L. H. *A Short History of Shanghai*[M].
Shanghai:Kelly & Walsh,1928:12.

租界的协议,即《上海租地章程》①,或称《租界章程》②《土地章程》③,英文名为
"Land Regulation"。该章程共含 23 款,规定了租界的范围、租地方法、租地范围
内所建房屋的用途、道路修筑、租界内设机构及治安管理等内容④。上海英租界由
此形成。

其后,美国、法国等列强也先后在上海开辟租界。租界的开辟与扩充改变
了上海的发展方向,使之逐渐成为中国对外开放的"重要窗口"。越来越多的传
教士被吸引到上海,上海也因此成为基督教在华传播的中心。其中,美国圣公
会(The Protestant Episcopal Church in the United States of America)于 1844 年任
命文惠廉(Rev. William Jones Boone)为该会中国布道区第一任主教。文惠廉于
1845 年 6 月 17 日抵达上海,上海从此成为美国圣公会在华传教的大本营⑤。

为了培养本土传教助手,吸引更多中国人成为信徒,文惠廉及之后的几任
美国圣公会中国布道区主教,如韦廉臣(Alexander Williamson)、施约瑟(Samuel
Isaac Joseph Schereschewsky)等,都非常重视教会教育。1846 年,文惠廉在苏州
河北岸王家码头创办了一所男塾,叫做"崇信义塾"⑥,即为美国圣公会在华教会
教育的先声。其后,美国圣公会又在上海各地先后创办了大大小小几十所学校,
包括圣约翰大学的前身培雅书院(Baird Hall)和度恩书院(Duane Hall)。不过,这
些学校的办学层次较低,且时断时续,无法发挥太大的作用。在吸收了多年传教
经验与教训的基础上,施约瑟认为有必要再创办一所教会大学,以开启在华传教
的新纪元⑦。

1876 年 12 月 1 日,返回美国的施约瑟正式向美国圣公会提出其在中国创
办一所教会大学的计划⑧。这份计划在美国圣公会内部传播开来,并且得到了美
国圣公会费城教区主教威廉·培根·斯蒂文斯(William Bacon Stevens)与纽约教

① 吴志伟. 上海租界研究[M]. 上海:学林出版社,2012:1.

② 岑德彰. 上海租界略史[M]. 上海:劝业印刷所,1931:1.

③ 姚远. 上海公共租界特区法院研究[M]. 上海:上海人民出版社,2011:16.

④ 姚远. 上海公共租界特区法院研究[M]. 上海:上海人民出版社,2011:16.

⑤ 徐以骅. 上海圣约翰大学(1879—1952)[M]. 上海:上海人民出版社,2009:5.

⑥ 郑登云. 中国近代教育史[M]. 上海:华东师范大学出版社,1994:71.

⑦ 徐以骅. 上海圣约翰大学(1879—1952)[M]. 上海:上海人民出版社,2009:5-6.

⑧ Muller, James Arthur. *Apostle of China*, *Samuel Isaac Joseph Schereschewsky*(*1831-1906*)
[M]. New York & Milwaukee: Morehouse Publishing Co.,1937:107.

区主教 H. 波特神父(Rev. H. Potter)等人的大力支持①。

但是,当时美国面临着经济危机,而美国圣公会也出现了财政赤字,无法向施约瑟提供足够的资金支持。于是,施约瑟到处演讲募捐。比如,1877 年 3 月 17 日,施约瑟就在费城发表演讲,呼吁在中国建立一所教会大学。这份演讲词后来以《施约瑟神父呼吁筹款在中国建立一所教会大学》("The Rev. Dr. Schereschewsky's Appeal for Funds to Establish a Missionary College in China")为题,刊登在同年 6 月出版的美国圣公会布道部机关刊物《差传精神》(*The Spirit of Missions*)第 42 卷 6 月号上,产生了很大的影响。施约瑟指出:"从教会诞生之初开始,教育一直就是传播基督教的一个重要媒介。……依我看来,(没有教育这种工具而)想在中国人这样一个民族中传播基督教,是极不明智之举。因为,很少有异教国家像中国这样,文化与国民生活如此息息相关。关于这一点,只需指出他们的典籍之浩瀚、他们对知识的追求及对文人的推崇就足以证明了。……我们越是了解中国的情形,越是研究中国的人民,并衷心希望他们迅速皈依,我们就越深信,最能在中国基督化的伟业中发挥作用的人必定是受过良好教育的中国本土牧师。他们将以本土牧师才拥有的权威和力量去宣传福音。而我们所提议创办的大学,无疑将成为吸引中华帝国各地青年,并将其置于基督教与基督教文明的影响之下的最有效的手段。"②

---

① Muller, James Arthur. *Apostle of China, Samuel Isaac Joseph Schereschewsky*(*1831-1906*)[M]. New York & Milwaukee: Morehouse Publishing Co., 1937: 108.

② Schereschewsky, Samuel I. J. The Rev. Dr. Schereschewsky's Appeal for Funds to Establish a Missionary College in China [J]. *The Spirit of Missions*, 1877, 42(6): 307-308. The original text is as follows: (From the earliest days of the Church, education has been an important agent in the propagation of Christianity... it seems to me that our endeavor to propagate the Christian religion among such a people as the Chinese(without it), would be most unwise, for among heathen nations there are few where literature is so identified with the national life. It is only necessary as a proof of this to refer to the vastness of their literature, and the profound respect that is accorded to the pursuit of learning and literary men...Again, the better one is acquainted with the state of things in China, and the more one studies the Chinese people with an heartfelt desire for their speedy conversion to Christianity, the more strongly one is convinced that the most effective agency that can be employed in carrying on the great work of evangelizing that nation, must be thoroughly-trained native Ministers, who shall go forth to proclaim the Gospel with a might and power which only a native Ministry can possess. A college such as the one proposed would be undoubtedly the most efficient means of attracting Chinese young men from all parts of the Empire, and bringing them under the influence of our Christian religion and Christian civilization.

通过在美期间的募捐与筹款,以及返回中国之后的种种努力,施约瑟终于筹到了建校经费,校址选在上海西郊极司非而路(Jessfield Road,即今长宁路)梵王渡一带,校名则确定为"圣约翰书院"(St. John's College)。1879 年 4 月 14 日,圣约翰书院举行奠基仪式;同年 9 月 1 日,举行开学典礼①。

圣约翰书院的首批学生共 39 人,大多是教友,均为免费生,"衣服饮食书籍文具,悉由学校供给。"② 1880 年 2 月 3 日,圣约翰书院就在《申报》发布招生广告,称:"如欲来院肄业者,须十四岁以上;四书完全,每月只取修膳、书纸笔墨洋六元;衣服铺盖,童生自备。再,书院规模,每日早晚并礼拜日到堂诵经,其奉教与否,各自专主,并不相强。"③ 也就是说,圣约翰书院很快就不局限于仅仅招收教友,而是将招生对象扩展到教外人士,只不过后者需要自备日常用品,并交纳少量膳食与书本费。这一决策成为圣约翰书院得以迅速发展的重要原因。

圣约翰书院建校之初,施约瑟提倡白话(官话)教学,但因学校地处上海,吴语方言盛行,白话教学推广不力④。至 1881 年 10 月 28 日,应在上海经商的部分广东商人的要求,圣约翰书院添设英文部⑤,共招收 12 名学生,每生每月缴交膳学费八元⑥。

1884 年,圣约翰书院停办英文科,却极力在预科提升英文教学的份量,每日各开半天的中文、英文课程⑦。"后来各科用英文教授,增加学校声誉不少。……学校政策,渐趋向于教授英文一方面。"⑧ 从此,英文教学逐渐成为该校一而贯之的传统与特色。这也是圣约翰毕业生大多具有较高英文水平,能够出洋留学深造,并在各个领域取得显著成就的重要原因。

继施约瑟之后,小文惠廉(William Jones Boone, Jr.)、卜舫济(Francis Lister

---

① 徐以骅. 上海圣约翰大学(1879—1952)[M]. 上海:上海人民出版社,2009:7-8.

② 圣约翰大学自编校史稿[J]. 档案与史学,1997(1):6. 另:也有记载称圣约翰书院的首批学生为 46 人. 参见:徐以骅. 上海圣约翰大学(1879—1952)[M]. 上海:上海人民出版社,2009:8.

③ 徐以骅. 上海圣约翰大学(1879—1952)[M]. 上海:上海人民出版社,2009:8-9.

④ 圣约翰大学自编校史稿[J]. 档案与史学,1997(1):6.

⑤ 徐以骅. 上海圣约翰大学(1879—1952)[M]. 上海:上海人民出版社,2009:10.

⑥ 圣约翰大学自编校史稿[J]. 档案与史学,1997(1):6.

⑦ 圣约翰大学自编校史稿[J]. 档案与史学,1997(1):6.

⑧ 圣约翰大学自编校史稿[J]. 档案与史学,1997(1):7.

Hawks Pott,又称"卜芳济")等人先后执掌圣约翰书院,又有颜永京①等人从旁协助,群策群力,使得该校发展迅猛。其中,卜舫济的成绩最大。

卜舫济于 1886 年 11 月 18 日抵达上海,开始了他长达半个多世纪的在华传教与教育生涯。1888 年 6 月,卜舫济被委任为圣约翰书院的监院(或称监督,即校长)。其后,直到 1939 年为止,他一直担任圣约翰书院(圣约翰大学)的校长一职,是该校历史上任职时间最长、贡献最大的一位校长。

卜舫济厉行改革,力图使圣约翰书院从中学升格为名副其实的大学。1892年,圣约翰书院成立正馆(大学部,仅相当于专科层次),学校构建了三年正馆、四年备馆(中学或大学预科)的学制,规定"凡备馆四年毕业者,如在正馆续学三年,可以免费"。另外,学校还开办了两年制的圣教书馆(神学科)和三年制的医学馆(医科)②。

1896 年,圣约翰书院改组为"圣约翰学校",英文校名仍称"St. John's College"。其大学部得到美国圣公会布道部的确认,备馆与正馆分立,界限分明。这时,该校包括备馆(四年)、广学馆(即正馆,三年)、医学馆(四年)与圣教书馆(三年)四馆③。学校的学科体系日渐完备,不仅独步上海,也对中国东南地区高等教育的改革产生了深远影响。

1905 年,圣约翰学校申请在美国备案,将正馆学制改为四年,并进一步采用美国分科教学模式④。1905 年 12 月 30 日,根据美国哥伦比亚特区大学条例,哥伦比亚特区议会通过了圣约翰学校申请注册的法案,圣约翰学校注册成功,并从1906 年 1 月起正式改名为"圣约翰大学"(St. John's University),成为一所真正意义上的完全大学,其办学层次由专科升为本科⑤。从此以后,该校毕业生皆可授予学士学位。1907 年 2 月 1 日,圣约翰大学首次给 6 名毕业生颁发文科学士学位,即周诒春、严鹤龄、江虎臣、朱友渔、蒋柯亭与顾子仁⑥。

1913 年,圣约翰大学开始试办大学院(即研究生院),开展研究生教育。1918年 9 月,圣约翰大学大学院正式成立,使得该校成为中国第一所涵盖初中、高中、

---

① 颜永京(1838—1898),中国基督教圣公会早期华人牧师之一。他是武昌文华书院和上海圣约翰书院的开创者之一,更是教会教育界公认的华人领袖,在社会上影响很大。

② 徐以骅. 上海圣约翰大学(1879—1952)[M]. 上海:上海人民出版社,2009:17.

③ 徐以骅. 上海圣约翰大学(1879—1952)[M]. 上海:上海人民出版社,2009:18.

④ 徐以骅. 上海圣约翰大学(1879—1952)[M]. 上海:上海人民出版社,2009:20.

⑤ 徐以骅. 上海圣约翰大学(1879—1952)[M]. 上海:上海人民出版社,2009:25-26.

⑥ 圣约翰大学自编校史稿[J]. 档案与史学,1997(1):10.

大学与研究生教育的体系完整的大学①。

1937年抗日战争爆发后，圣约翰大学曾将学校迁往上海公共租界南京路，与沪江大学、东吴大学、之江大学组成上海联合基督教大学，但后来又于1940年迁回原校址。1947年，圣约翰大学向国民政府注册，成为最后一所向中国政府注册的教会大学。1950年12月，圣约翰大学正式宣布与美国圣公会脱离关系。1952年，圣约翰大学在全国院系调整中被拆散并入其他多所高校，主要包括华东师范大学、复旦大学和上海第二医学院（1985年改称上海第二医科大学，2005年并入上海交通大学，称上海交通大学医学院）等。

第二节　初入圣约翰

一、戴志骞的入学与毕业时间

1925年，戴志骞在他本人提供的简历中提到，其最早的正式求学经历是"Graduate St. John's Preparatory College, Shanghai, 1904-1907"②。凯泽也指出，戴志骞早年的求学经历包括："as a student at St. John's Preparatory College, Shanghai, from 1904 to 1907."③ "Preparatory College"一般译为"（大学）预科"，而"St. John's Preparatory College"似可译为"圣约翰学校预科"或"圣约翰大学预科"。因此，有学者认为，戴志骞"1904—1907年，就读于上海圣约翰大学预科"④。也有学者这样表述："1904—1907年，戴志骞在上海圣约翰学院（大学）完成了预科学习。"⑤当前所见，这些说法均不够准确。

前文已经指出，圣约翰书院于1896年改组为圣约翰学校，形成了三年正馆（大学部）、四年备馆（即中学或大学预科）的学制。1905年12月30日，圣约翰

---

① 徐以骅. 上海圣约翰大学（1879—1952）[M]. 上海：上海人民出版社，2009：28.

② University of Iowa. *Programs Announcing Candidates for Higher Degrees*（*July 1, 1925 to July 1, 1926*）[M]. Iowa City：University of Iowa Press，1926.

③ Kaiser, John Boynton. Introduction[M] // Tai, Tse-chien. *Professional Education for Librarianship*. New York：The H. W. Wilson Company，1925：2.

④ 顾烨青，郑锦怀，曹海霞. 探究图书馆学家戴志骞转行与归宿之谜——戴志骞生平再考[J]. 大学图书馆学报，2013（1）：119.

⑤ 韦庆媛. 戴志骞研究史料辨析[J]. 大学图书馆学报，2014（2）：112.

学校在美国哥伦比亚特区注册成功,从 1906 年 1 月 1 日起升格并改名为圣约翰大学。据载,在 1909 年以前,圣约翰书院(圣约翰学校、圣约翰大学)的每个学年均开始于春季而结束于冬季。到了 1909 年,为适应毕业生出洋求学的时间要求,圣约翰大学才将学年结束时间改在夏季。也正因为如此,在 1909 年冬季与夏季,圣约翰大学各有一批学生毕业。其中,夏季毕业者须在一学期内学完全年课程 ①。如此看来,戴志骞应当是于 1904 年春季入读圣约翰学校备馆(预科),至1907 年冬季从升格后的圣约翰大学备馆(预科)毕业。

不过,在中国传统文化中,春季指从立春到立夏的三个月时间,一般就是农历正月、二月、三月这三个月;冬季则指从立冬到立春的三个月时间,一般就是农历十月、十一月、十二月这三个月。"春季"与"冬季"形同对立,容易让人以为一个在年头、一个在年底。而且,每年各个节气对应的公历时间均有所不同,"春季"与"冬季"的时间跨度较大。如上表述显然不够严谨。那么,戴志骞具体于何时入学,又于何时毕业呢?

1904 年刊印的《圣约翰书院章程》含有一份"圣约翰书院院历(1904 年 3月至 1905 年 1 月)"。据之可知,这个学年横跨 1904 与 1905 两年,分为两个学期。第一学期于 1904 年 3 月 3 日(即农历正月十七日)正式开学,至 1904 年 7 月 14日(即农历六月初二)放暑假;第二学期则于 1904 年 9 月 6 日(农历七月二十七日)开学,至 1905 年 1 月 25 日(即农历十二月二十日)"给卒业凭照年假"②。可见,戴志骞应当是于 1904 年 3 月 3 日正式进入圣约翰学校备馆(预科)就读。

当前未能找到圣约翰大学 1907 年的校历,仅查到一条相关史料:"第一次受文科学士学位者计六人。周诒春、严鹤龄、江虎臣、朱友渔、蒋柯亭、顾子仁。时为一九〇七(光绪三十三年)二月一日。"③ 必须指出,此处的"一九〇七(光绪三十三年)二月一日"是公历 1907 年 2 月 1 日,因为这个日期即为农历十二月十九,正值冬季、年底。既然周诒春等六人在这个日期获颁文科学士学位,那么这一天应当就是圣约翰大学举行毕业典礼的日子,而戴志骞等备馆学生也就是

---

① 圣约翰大学大学生出版委员会. 圣约翰大学五十年史略(一千八百七十九年至一千九百廿九年)[M]. 上海:圣约翰大学,1929:21;圣约翰大学自编校史稿[J]. 档案与史学,1997(1):11.

② 圣约翰书院章程[C]// 朱有瓛,高时良. 中国近代学制史料(第 4 辑). 上海:华东师范大学出版社,1993:435-436. 另:此时,圣约翰书院早已改称圣约翰学校。

③ 圣约翰大学大学生出版委员会. 圣约翰大学五十年史略(一千八百七十九年至一千九百廿九年)[M]. 上海:圣约翰大学,1929:19;圣约翰大学自编校史稿[J]. 档案与史学,1997(1):10.

在此日正式毕业。这与圣约翰大学校友陈守庸（名权东）所说的"我于一九〇七年二月毕业于上海圣约翰大学"遥相呼应①。综上所述，戴志骞应当是于1907年2月1日从升格后的圣约翰大学备馆（预科）毕业的。

二、戴志骞所学课程

从1892年成立正馆（大学部）起，圣约翰书院（圣约翰学校、圣约翰大学）就开始实行中学斋与西学斋分立的办学模式，并且一直延续到民国中期②。

据1904年的《圣约翰书院章程》第五章"分斋分科及学级"："本院统分两斋：一、西学斋；一、中学斋。学级分正馆、备馆，西学正馆列三科：一、普通；一、道学；一、医学。"③同书第六章"课程门目"又规定："本院西学斋正馆分普通、道学、医学三科。其卒业期：普通科、道学科三年；医学科四年。备馆课程四年卒业，给予执照，为准入正馆之据。中斋正馆三年卒业，备馆四年，所给凭照，视西斋例分派学级，中西学两不牵混。（如西优中劣，则中学入备馆，西学入正馆，中优西劣，则中学入正馆，西学入备馆。）普通科第一年课程完毕后，欲兼治专科，核其学量，如统计每礼拜十五小时分数及格（以七十分以上为及格），准其兼习，则第三年终可得普通科卒业凭。嗣后纯习专科，可得专科卒业凭。"④可见，圣约翰学校（圣约翰大学）备馆仅分中学斋与西学斋，其下不再分科。

据1904年的《圣约翰书院章程》，当时圣约翰学校西学斋备馆与中学斋备馆的课程安排如表2-1与表2-2所示。

表2-1 1904年圣约翰学校西学斋备馆课程表⑤

第一年课程	备 注	第二年课程	备 注
《英文读本》（第一、第二本），薄拉克著		《英文读本》（第三、第四本），薄拉克著	
《地理志》（第一本），孟梯著		《地理志》（第二本），孟梯著	

① 陈守庸. 我所认识的孙诒让先生[C]// 中国人民政治协商会议浙江省温州市委员会文史资料研究委员会. 温州文史资料（创刊号）. 温州：中国人民政治协商会议浙江省温州市委员会文史资料研究委员会，1985：38.

② 熊月之，周武. 圣约翰大学史[M]. 上海：上海人民出版社，2007：85-86.

③ 圣约翰书院章程[C]// 朱有瓛，高时良. 中国近代学制史料（第4辑）. 上海：华东师范大学出版社，1993：437.

④ 圣约翰书院章程[C]// 朱有瓛，高时良. 中国近代学制史料（第4辑）. 上海：华东师范大学出版社，1993：437.

⑤ 圣约翰书院章程[C]// 朱有瓛，高时良. 中国近代学制史料（第4辑）. 上海：华东师范大学出版社，1993：438.

续表 2-1

第一年课程	备 注	第二年课程	备 注
《文法》(第一、第二本),纳司斐尔著		《中国史略》,卜舫济著	
		《文法》(第三本),纳司斐尔著	
拼法		拼法	
习字		习字	
默书		默书	
造句		造句	
《笔算数学》(华文自加法至诸等法完),狄考文著		《数学》(小数完),弥纶著	
《启悟初津》(华文),卜舫济著		《地理初桄》(华文),卜舫济著	
第三年课程	备 注	第四年课程	备 注
《格致读本》,孟梯著		《欧洲(中古、近世)史》,庞晤史著	
《地理志(大本)》,富莱著		《代数》,霍尔纳脱著	
《希腊史》,本内尔著		《身理学》,傅诺著	
《罗马史》,格拉等著		《化学》,雅哥著	
《数学》(上半部),弥纶著		《绝岛漂流记》	
《文法》(第四本上半),纳司斐尔著		汤晤勃浪学校之经历	
默书		《文法》(第四本下半),纳司斐尔著	
作文		《数学》(下半部),弥纶著	
		中西互译	
		华英翻译捷诀	
		作文	

表 2-2　1904 年圣约翰学校中学斋备馆课程表 [①]

第一年课程	备 注	第二年课程	备 注
蒙学课本三编		《孟子》	
国史启蒙问答		蒙学中国历史教科书	
《读书乐·经畲类》		高等小学国史教科书	
造句		书札	

---

① 圣约翰书院章程[C]// 朱有瓛,高时良. 中国近代学制史料(第 4 辑). 上海:华东师范大学出版社,1993:439.

续表 2-2

第一年课程	备　注	第二年课程	备　注
联字		文俗互译	
习字		作浅论	
默书		选读浅显传记文论	
圣教课		圣教课	
基督本记		基督譬喻略解	
第三年课程	备注	第四年课程	备注
《礼记》节读		《尚书》	
支那通史		近世史	
选读近世名人传记文论		选读近世名人传记文论	
书札		札记	
作论		作策论	
圣教课		圣教课	
《天国振兴记》		《备立夫国记》	

　　那么,戴志骞在圣约翰学校(圣约翰大学)就读的是西学斋备馆还是中学斋备馆呢?对此,未见明确记载。凯泽则介绍称:"戴志骞早年所受教育包括对中国典籍与史册的研习……"[①] 对比一下前引西学斋备馆与中学斋备馆的课程设置,再看戴志骞少年时所受的家学熏陶、在珠溪书院义学接受的儒学教育及其在瑞安公立中学堂承担的历史与文法课程,有理由相信,戴志骞当时乃是就读于圣约翰学校(圣约翰大学)中学斋备馆。按规定,圣约翰学校(圣约翰大学)备馆的学制为四年。不过,凭着他坚实的儒学基础、出众的天资与勤奋的学习态度,戴志骞仅仅用了三年的时间就顺利地完成了中学斋备馆学业。

　　值得注意的是,圣约翰学校(圣约翰大学)毕竟是一所教会大学,十分重视英文教学。正因为如此,其毕业生基本上都具有相当之高的英文水准,很多人后来都能够赴美留学,在不同学科领域取得更高层次的学位,并取得较大的学术成就。这也恰恰是戴志骞能够被瑞安公立中学堂聘为洋文(英文)教习的原因所在。

三、戴志骞所获荣誉

　　戴志骞在其简历中提到,他在 1907 年获"St. John's Alumni Medal for

---

① Kaiser, John Boynton. Introduction[M]// Tai, Tse-chien. *Professional Education for Librarianship*. New York: The H. W. Wilson Company, 1925: 2.

the best Oration"，又于 1907 年 6 月 获 得"Prince Pu's Medal for Excellent Scholarship"①。凯泽则称，戴志骞毕业之时获得了"the Prince Pu Medal for excellent scholarship and the St. John's Alumni Medal for the best oration"②。此前，有学者将其解读为"毕业时因成绩优异而获得溥伦贝子奖牌(Prince Pu Medal)，同时因演说最为出色而获得圣约翰校友奖牌(St. John's Alumni Medal)"③。也有学者将其解读为"毕业时以优异的成绩获得溥伦贝子奖牌(Prince Pu Medal)和圣约翰同门会(校友会)演讲金牌(St. John's Alumni Medal)"④。这两种译法均不够准确。

"Prince Pu"全称为"Prince Pulun"，或误写为"Prince Pu Lung"，确实就是晚清颇为有名的宗室溥伦贝子。1904 年 5 月⑤，溥伦一行在卜舫济等人的陪同下参观了圣约翰学校的实验室与博物馆，还跟几个学生做了亲切的交流，有力地提升了圣约翰学校在中国人心目中的地位与声誉⑥。为了纪念此行，溥伦特意向圣约翰学校提供了 100 面银牌(silver medal)⑦，英文称"Prince Pu Lun's Medal"⑧，有时误写成"Prince Pu Lung's Medal"⑨，中文则称"伦贝子奖牌"⑩。伦贝子奖牌旨在奖励学业出色的毕业生，所以其正面便镌刻有"圣约翰院优等生"字样与双龙相对图案，背面则刻有"光绪三十年钦差美国赛会正监督贝勒溥给奖"字样(详见图 2-1)。据北京清华学校于 1917 年编印的《游美同学录》，曾在上海圣约

① University of Iowa. *Programs Announcing Candidates for Higher Degrees*（*July 1, 1925 to July 1, 1926*）[M]. Iowa City: University of Iowa Press, 1926. 另："1907 年 6 月"这个时间应当是错误的，因为前文已经指出，戴志骞于 1907 年 2 月就已经从圣约翰大学毕业了。

② Kaiser, John Boynton. Introduction[M]// Tai, Tse-chien. *Professional Education for Librarianship*. New York: The H. W. Wilson Company, 1925: 2.

③ 顾烨青，郑锦怀，曹海霞. 探究图书馆学家戴志骞转行与归宿之谜——戴志骞生平再考[J]. 大学图书馆学报，2013(1): 119.

④ 韦庆媛. 戴志骞研究史料辨析[J]. 大学图书馆学报，2014(2): 111.

⑤ Prince Pu Lun's Medals at St. John's, Shanghai[J]. *The Spirit of Missions*, 1904, 69(8): 636.

⑥ Prince Pu Lun at St. John's College, Shanghai[J]. *The Spirit of Missions*, 1904, 69(7): 486-487.

⑦ Prince Pu Lun's Medals at St. John's, Shanghai[J]. *The Spirit of Missions*, 1904, 69(8): 636.

⑧ Prince Pu Lun's Medals at St. John's, Shanghai[J]. *The Spirit of Missions*, 1904, 69(8): 636. 北京清华学校. 游美同学录[M]. 北京: 北京清华学校，1917: 91.

⑨ 北京清华学校. 游美同学录[M]. 北京: 北京清华学校，1917: 29, 32.

⑩ 北京清华学校. 游美同学录[M]. 北京: 北京清华学校，1917: 29, 32, 91.

翰大学就读的何林一、辛耀庠与马国骥三人就都曾"以学绩得伦贝子奖牌"[①]。

PRINCE PU LUN'S MEDAL

"St. John's College: Exemplary Student"

"Prize presented by Prince Pu Lun, Ambassador to American Exposition and chief superintendent, in the thirtieth year of the Exemplary Kuang Hsu"

图 2-1　伦贝子奖牌[②]

　　至于"St. John's Alumni Medal",采用直译之法的话,确实应当译为"圣约翰校友奖牌"。但是,这种奖牌其实是由圣约翰书院(圣约翰学校、圣约翰大学)的校友联络组织出资设立的。这个校友组织正式成立于1900年1月20日[③],最初应当是叫做"联旧会"[④]。1910年,其名称似乎仍未改变,因为徐维荣在1910年1月出版的《约翰声》(St. John's Echo)上发表过《联旧会之缘起及其成绩》一文[⑤]。

---

① 北京清华学校. 游美同学录[M]. 北京:北京清华学校,1917:29,32,91.

② Prince Pu Lun's Medals at St. John's, Shanghai[J]. *The Spirit of Missions*,1904,69(8):637.

③ 徐以骅. 上海圣约翰大学(1879—1952)[M]. 上海:上海人民出版社,2009:128.

④ 徐以骅. 上海圣约翰大学(1879—1952)[M]. 上海:上海人民出版社,2009:24;圣约翰书院章程[C]// 朱有瓛,高时良. 中国近代学制史料(第4辑). 上海:华东师范大学出版社,1993:436.

⑤ 徐以骅. 上海圣约翰大学(1879—1952)[M]. 上海:上海人民出版社,2009:24.

大约在 1912 年,该会改称"同门会"①,1914 年起又改称"同学会"②。该会将总部(总会)设在上海,又在南京、杭州、宁波、汉口、长沙、北京、天津、香港及北美等地设立支部(支会),从而形成了一个范围广、影响大的圣约翰关系网③。

据查,圣约翰学校(圣约翰大学)一直都十分重视提升学生的演说与辩论水平。1898 年,圣约翰学校第一个学生社团组织、以"研求演说与辩论"为宗旨的大学英文文学辩论会成立,规定每月聚会两次,经常邀请学校教员或校外名人前来演讲,年终则会对演讲优秀的学生进行奖励④。1906 年以后,圣约翰大学将演说辩论传统进一步发扬光大,英文、国文演说交相辉映,辩论题目更加贴近现实⑤。

1904 年的《圣约翰书院章程》提到"联旧会酿资制金牌一面,赠与华文演说之最优者"⑥。《圣约翰大学堂章程汇录(西历一千九百十二年九月起至十三年七月止)》中提到"上海同门会支部酿资制金牌一面赠与华文演说之最优者 本学堂英文文学会制银牌一面赠与英文演说之最优者"⑦,"同门会酿资制金牌一面赠与华文演说之最优者 备馆生亦可比较"⑧。《圣约翰大学章程汇录(西历一千九百十三年九月起至十四年七月止)》亦称"上海同门会支部酿资制金牌一面赠与华文演说之最优者 本校英文文学会制银牌一面赠与英文演说之最优

---

① 圣约翰大学堂. 圣约翰大学堂章程汇录(西历一千九百十二年九月起至十三年七月止)[M]. 上海:上海美华书馆,1912:79-80,133;圣约翰大学. 圣约翰大学章程汇录(西历一千九百十三年九月起至十四年七月止)[M]. 上海:上海美华书馆,1913:77,106.

② 圣约翰大学. 圣约翰大学章程汇录(西历一千九百十四年九月起至十五年七月止)[M]. 上海:上海美华书馆,1914:90,117.

③ 徐以骅. 上海圣约翰大学(1879—1952)[M]. 上海:上海人民出版社,2009:128.

④ 上海圣约翰大学. 圣约翰大学四十年成绩志略[M]. 上海:上海圣约翰大学,1919:11.

⑤ 徐以骅. 上海圣约翰大学(1879—1952)[M]. 上海:上海人民出版社,2009:31.

⑥ 圣约翰书院章程[C]// 朱有瓛,高时良. 中国近代学制史料(第 4 辑). 上海:华东师范大学出版社,1993:443.

⑦ 圣约翰大学堂. 圣约翰大学堂章程汇录(西历一千九百十二年九月起至十三年七月止)[M]. 上海:上海美华书馆,1912:79-80.

⑧ 圣约翰大学堂. 圣约翰大学堂章程汇录(西历一千九百十二年九月起至十三年七月止)[M]. 上海:上海美华书馆,1912:133.

者"①"同门会醵资制金牌一面赠与华文演说之最优者　预科生亦可比较"②。《圣约翰大学章程汇录(西历一千九百十四年九月起至十五年七月止)》也提到"同学会上海支部醵资制金牌一面赠与华文演说之最优者　本校英文文学会制银牌一面赠与英文演说之最优者"③"同学会上海支部制金牌一面赠与华文演说之最优者　预科生亦可比较"④。由此可知,"St. John's Alumni Medal"其实是圣约翰大学联旧会(1912 年起称"同门会",1914 年起改称"同学会")上海支部出资制作的金牌,用以奖励每年在英文演说方面表现最为优秀的圣约翰学校(圣约翰大学)学生。据《游美同学录》所载,几个后来赴美留学的圣约翰校友在校期间都曾经因演讲出色而获得奖励。比如,李松涛"屡以演说作文得优奖""Awarded 1907 Prize for first place in English Essay Contest,1909;Alumni Prize for first place in Chinese oration,1910"⑤。又如,张福良"以国语演说得金牌奖""Awarded Alumni Gold Medal for best Chinese oration,St. John's University,1909"⑥。再如,严鹤龄"以演说得金牌奖""Awarded Alumni Medal for best Chinese oration,1902"⑦。综上所述,戴志骞在 1907 年获得的"St. John's Alumni Medal"应当译为"圣约翰大学联旧会金牌",或者通俗地称为"金牌奖"。

第三节　赴瑞安公立中学堂

　　1907 年 2 月 1 日,从圣约翰大学备馆中学斋毕业之后,戴志骞并未继续在圣约翰大学或转到其他大学攻读本科课程,而是应邀前往瑞安公立中学堂担任

① 圣约翰大学. 圣约翰大学章程汇录(西历一千九百十三年九月起至十四年七月止)
[M]. 上海:上海美华书馆,1913:77.

② 圣约翰大学. 圣约翰大学章程汇录(西历一千九百十三年九月起至十四年七月止)
[M]. 上海:上海美华书馆,1913:106.

③ 圣约翰大学. 圣约翰大学章程汇录(西历一千九百十四年九月起至十五年七月止)
[M]. 上海:上海美华书馆,1914:90.

④ 圣约翰大学. 圣约翰大学章程汇录(西历一千九百十四年九月起至十五年七月止)
[M]. 上海:上海美华书馆,1914:117.

⑤ 北京清华学校. 游美同学录[M]. 北京:北京清华学校,1917:35-36.

⑥ 北京清华学校. 游美同学录[M]. 北京:北京清华学校,1917:117.

⑦ 北京清华学校. 游美同学录[M]. 北京:北京清华学校,1917:211.

洋文（英文）教习，教授历史与文法课程。

对于戴志骞在瑞安公立中学堂的执教经历，长期以来都表述得相当简略，甚至有点模糊不清。1925 年，戴志骞在他自己提供的简历中仅称"Instructor in History and Grammar, Jui-An High School, Wenchow. 1907-1909"①，而凯泽也只是说"Mr. Tai taught history and grammar in the Jui-An High School, Wenchow, 1907 to 1909"②。"Jui-An High School, Wenchow"似可直译为"温州瑞安中学"。宋景祁编的《中国图书馆名人录》就称戴志骞"曾任温州瑞安中学英文教员"③，杨家骆所编《图书年鉴》在介绍戴志骞履历时也称其"曾任温州瑞安中学英文教员"④。但是，根据史料记载，温州瑞安中学的前身为瑞安学计馆（创办于 1896 年）与方言馆（创办于 1897 年）。两馆于 1902 年合并为"瑞安普通学堂"，1906 年改名为"瑞安公立中学堂"，1912 年定名为"瑞安县立初级中学校"，1942 年增设高中部而更名为"瑞安县立中学"，1955 年始称"瑞安中学"⑤。因此，戴志骞当时其实是在瑞安公立中学堂执教⑥，而不是所谓的"温州瑞安中学"。

关于戴志骞在瑞安公立中学堂的工作与生活，可以在张棡的日记中找到若干记载。张棡所遗日记起自 1888 年而终于 1940 年，内容十分丰富，是研究晚清民国时期温州地区社会、政治、经济与风俗民情的珍贵史料⑦。

查俞雄选编的《张棡日记》，张棡于 1907 年 3 月 11 日（星期一）写到："昨晚，洋文教习戴君丙庚偕永邑陈君守熊［庸］新自郡到堂。戴君系上海青浦县人，是约翰毕业生，今年甫十九岁，人极丰雅，中学堂今年订约则岁俸修金一千元，亦可谓厚聘矣。"⑧张棡本日日记在董朴垞所纂《瑞安文史资料第十九辑·孙诒让学

---

① University of Iowa. *Programs Announcing Candidates for Higher Degrees*（*July 1, 1925 to July 1, 1926*）[M]. Iowa City: University of Iowa Press, 1926.

② Kaiser, John Boynton. Introduction[M]// Tai, Tse-chien. *Professional Education for Librarianship*. New York: The H. W. Wilson Company, 1925: 2.

③ 宋景祁. 中国图书馆名人录[M]. 上海：上海图书馆协会，1930：161.

④ 杨家骆. 图书年鉴（上册·中国图书馆事业志）（四版）[M]. 南京：词典馆，1935：（第三编全国图书馆概况）246.

⑤ 阎振宇，宋大莉. 全国重点中学通览（第 1 卷）[M]. 北京：石油大学出版社，1996：408.

⑥ 顾烨青，郑锦怀，曹海霞. 探究图书馆学家戴志骞转行与归宿之谜——戴志骞生平再考[J]. 大学图书馆学报，2013（1）：119.

⑦ 沈不沉. 张棡日记：半部温州戏剧史[N]. 温州日报，2012-07-30（11）.

⑧ 张棡. 张棡日记[M]. 上海：上海社会科学院出版社，2003：122.

记(选)》中则略有不同:"廿七,晴。是日,中学堂本拟上课,奈昨晚洋文教习戴君丙庚偕永邑陈君守熊新自郡到堂,戴君系上海清浦县人,是(圣)约翰毕业生,今年甫十九岁,人极风雅,中学堂今年订约,则岁奉脩金大洋二千元,亦可谓厚聘矣。"① 除了戴志骞所得年薪数额外,两种版本所载内容基本相同。显然,戴志骞与陈守庸两人确实于1907年3月10日(星期天)夜间从温州来到瑞安公立中学堂。

陈守庸后来回忆称,他是由刘次饶②奉孙诒让之命亲赴上海礼聘而回的。毕业之前,圣约翰大学与南洋公学均有意聘请陈守庸。如果在上海任教的话,陈守庸就有可能获得较多的出国机会。因此,陈守庸最初婉言谢绝刘次饶的礼聘。刘次饶再三坚请,并将其薪酬由年薪800元提高为月薪120元。这使得陈守庸无法推托,于是答应回乡任教③。大概是在陈守庸的推荐之下,瑞安公立中学堂也聘请戴志骞为洋文(英文)教习。

不过,《圣约翰大学章程汇录(西历一千九百十三年九月起至十四年七月止)》与《圣约翰大学章程汇录(西历一千九百十四年九月起至十五年七月止)》都称陈守庸同时是1907年圣约翰大学的"西学正科卒业生"④与"中学正科卒业生"⑤。此处的"中学"是一个与"西学"相对的专有名词,而不是指"中学校"或"中学堂"。中学正科其实就是正馆中学斋,西学正科则是正馆西学斋。综合前文所述,陈守庸于1907年2月1日同时从圣约翰大学中学斋正馆与西学斋正馆(大学部)毕业。身为圣约翰大学备馆(预科)毕业生的戴志骞不大可能获得比正馆(大学部)毕业生陈守庸更高的薪酬。因此,从陈守庸所得月薪可以推断,戴志

---

① 董朴垞. 瑞安文史资料第十九辑·孙诒让学记(选)[M]. 香港:香港天马图书有限公司,2000:289.

② 刘绍宽(1867—1942),字次饶,号厚庄,近现代温州著名的教育工作者与社会活动家,曾在温州多所学校执教。所遗《厚庄日记》始于1888年而止于1942年,具有很高的史料价值。

③ 陈守庸. 我所认识的孙诒让先生[C]// 中国人民政治协商会议浙江省温州市委员会文史资料研究委员会. 温州文史资料(创刊号). 温州:中国人民政治协商会议浙江省温州市委员会文史资料研究委员会,1985:38.

④ 圣约翰大学. 圣约翰大学章程汇录(西历一千九百十三年九月起至十四年七月止)[M]. 上海:上海美华书馆,1913:133;圣约翰大学. 圣约翰大学章程汇录(西历一千九百十四年九月起至十五年七月止)[M]. 上海:上海美华书馆,1914:145.

⑤ 圣约翰大学. 圣约翰大学章程汇录(西历一千九百十三年九月起至十四年七月止)[M]. 上海:上海美华书馆,1913:143;圣约翰大学. 圣约翰大学章程汇录(西历一千九百十四年九月起至十五年七月止)[M]. 上海:上海美华书馆,1914:147.

骞的年薪不大可能是 2 000 块大洋,而应当只有 1 000 块大洋。不过,这在当时也已经算得上是高薪了。从中可见,瑞安公立中学堂当时亟需人才而又善待人才。

戴志骞与陈守庸到校次日(1907 年 3 月 11 日),因为中文教习傅翼臣跌伤请假,学堂未能开课。于是,学堂监督胡友松请学堂总理(校长)孙诒让在大堂向学生讲述学堂规则,各教习亦列席助讲。孙诒让讲完后,戴志骞、陈守庸、张棡等人也先后演讲,直到上午十一点才结束[①]。

尽管只在瑞安公立中学堂执教了大约两年的时间,但戴志骞跟张棡等同事相交颇深。1907 年 3 月 14 日(星期四),张棡到戴志骞宿舍闲谈,戴志骞谈及上海的戏剧演出与报载小说:"至戴教习房闲谈,戴君言:约翰书院诸生散学后均演戏剧,而上海汪君笑侬、及新菊花等演《潘烈士投海》,尤有声有色,观者为之下泪。戴君又言:现在时报馆中姓冷的所撰《火里罪人》小说极妙,近又撰《土里罪人》,皆写情小说之妙品也。"[②]从中可以看出,当时戴志骞对戏剧与小说似乎很感兴趣,颇有点文艺范。

1907 年 5 月 25 日(星期六),戴志骞在飞云阁宴请张棡等同事。对此,张棡在日记中写到:"同池君仲麟、陈君宗易到飞云阁,赴戴丙庚酒约,到则诸教习及林君养素已先坐饮,予三人至,各让坐乐饮。座中互谈本堂近来改订章程之谬,不知项申甫何如此浅见,乃轻听二竖子之播弄也。"[③]此处的"项申甫"即项崧(一名芳兰),1894 年中进士[④]。1897 年 2 月,项申甫与大哥项湘藻共同创办瑞安方言馆,开设西文、东文课程[⑤]。也就是说,项申甫其实是瑞安公立中学堂的创始人之一。1906 年,瑞安公立中学堂成立时,孙诒让任学堂总理(校长),项申甫任学堂副总理(副校长)。1908 年,孙诒让逝世,项申甫被推举继任浙江教育会会长[⑥]。

1907 年 5 月 26 日(星期日)下午,项申甫到张棡宿舍商议学堂章程事宜,遭到张棡与戴志骞的驳斥,只得故作谦虚,请教员们批评、指正。对此,张棡写到:

---

① 董朴垞. 瑞安文史资料第十九辑·孙诒让学记(选)[M]. 香港:香港天马图书有限公司,2000:289.

② 李子敏. 瓯剧史[M]. 北京:中国戏剧出版社,1999:78.

③ 张棡. 张棡日记[M]. 上海:上海社会科学院出版社,2003:123-124.

④ 政协瑞安市文史资料委员会. 瑞安文史资料 第 29 辑 瑞安旧联今读(上)[M]. 北京:中国文联出版社,2008:176.

⑤ 瑞安市地方志编纂委员会. 瑞安市志(下)[M]. 北京:中华书局,2003:1283.

⑥ 政协瑞安市文史资料委员会. 瑞安文史资料 第 29 辑 瑞安旧联今读(上)[M]. 北京:中国文联出版社,2008:176.

"下午项申甫至予房商议章程事,予与丙庚姑略驳几句,申甫乃故作谦抑,请各教习批改。三点钟后各教习均到,群称按日积分之事,非由定章程者先行试验,予等实不能奉行也。"①

1907年5月27日(星期一),张㭎写信一封,拟呈送项申甫,以表明自己不愿遵从新章程的态度,但戴志骞等人认为需联名呈送,不应只让张㭎一人出头:"八点钟写函一通,拟送呈项君申甫,表明自己之不遵新章也。旋各教习谓此函须联名送去为是,不得一人独任其怨也。"② 不过张㭎最终没有呈送此信,而是改而逐条批驳项申甫拟定的新章程③。

1907年6月13日(星期四),张㭎携戴志骞等三个同事到妙智寺游览,并在那里住了一夜,次日才返回学校④。妙智寺又名密印寺,俗称头陀寺,位于今温州瓯海区南白象乡头陀山麓,始建于五代后汉隐帝年间,现存寺宇则是重建于清顺治八年。对于此次游览经过,张㭎在其日记中描述甚详,具体如下:

"同戴、鲁、毛三君同游头陀寺晚宿客寮

五月初三

六点钟披衣起,遂到西书堂请戴、鲁、毛三君早起,七点钟早饭,饭后检点行装及游山茶具,登舟到帆游头陀山游妙智寺。甫抵寺而雨至。寺内知客僧钦贤者,系四都塘下人出家。于方丈后厅款接予等,极其亲切。茶点后,予等遂遍游寺内西方殿、大殿、罗汉殿、藏经阁诸处,知客僧启经橱出藏经与予等看,每部皆装以木箱,经本雕刻亦佳,信禅门之巨观也。又将西方殿喷水机器拨动,有两木雕小和尚手执磬锤,跪击木鱼、铜磬,极其巧妙。是晚寺内供伊处馔,颇丰洁可口。

五月初四

晨六点钟,予等尚未起床,知客僧即来叩门,盖此时诸僧已上堂课诵毕,斋供回房矣。按寺僧近日约有一百余名,去岁方丈大和尚谛闲已退位游沪,近来新主席者为能明和尚,年四十余,颇诚实,系乐清人。昨晚予同三位教习,在大殿见诸僧做晚堂课诵,各僧均披袈裟,齐宣梵呗,钟声和鸣,步武排列,井井有条。饭毕,予同戴、鲁、毛三君出山门外立大池边,看大赤鲤吞接食物,不下数百头,游泳扬鬐,极饶乐趣,驻观多时。更不须再作濠濮想矣。闻此池系一僧所凿,三年始成,纵横计广有十余丈,名曰千功池。池中所出之土,即以筑罗汉殿基址,信一举而

① 张㭎. 张㭎日记[M]. 上海:上海社会科学院出版社,2003:124.
② 张㭎. 张㭎日记[M]. 上海:上海社会科学院出版社,2003:124.
③ 张㭎. 张㭎日记[M]. 上海:上海社会科学院出版社,2003:124.
④ 张㭎. 张㭎日记[M]. 上海:上海社会科学院出版社,2003:126-127.

两得焉。"①

1907 年 10—11 月间，浙江提学使派杨子卿到温州视察学务。1907 年 11 月 7 日（星期四），杨子卿来到瑞安公立中学堂。学校组织师生在礼堂开演讲会。余崧舫、杨子卿、孙诒让、戴志骞、陈燕夫先后上台演讲。对此，张棡在其日记中写到："十月初二是日中学堂因杨视学来。于礼堂开演说会。四隅高等诸学生及中学生均到听讲，各教员亦列旁坐听。先上台宣告者为余君崧舫，次则杨视学上台演说，大旨谓学界不可分畛域，宜同心一致以振学务也。次则孙籕颐先生、戴教习志骞、陈教习燕夫。散场则由项君崧宣告，乃各人内。是日来堂听者不下八九百人，均肃静无哗，散会已十二下钟矣。"②

1907 年 6 月 5 日，张棡模仿当时音乐教科书中的"亡国恨"曲牌，代戴志骞创作了一首词，题为《述志谣三阕》。其内容如下：

"珠溪旧儒门，藐哉小子身。蹉跎悔髫龄，所学不如人。文字研英伦，约翰许问津。祇自恐驽钝未传薪，高堂两慈亲，期望非常殷。尺璧惜分阴，莫负好青春。

莫负好青春，须储席上珍。帛书受聘征，漫游瓯江滨。七尺昂藏身，束缚苦难伸。倒不如乘槎赋远行，大陆揽其新，钟听自由音。旗建独立厅，永为大国民。

愿为大国民，教育贵精神。科学撷其英，通译舌根清。团体有良朋，晨夕乐嘤鸣。问何时大海舒潜鳞，万里奋鹏程，宏恩答君亲。名姓播寰瀛，方不虚此生。"③

1908 年 1 月 2 日，张棡写了一首题为《留别》的长诗，其中有这么一句："曲台戴记也名家。"④此处的"戴"即为"青浦戴志骞丙庚"⑤。

1908 年 2 月 22 日，张棡到温州中学堂与陈宗易、刘次饶、石聘南等人商谈，最后决定受聘为该校文史教员⑥。张棡与戴志骞的同事生涯就此结束。但是，他们两人的缘分与情谊并未终结。多年之后，张棡依然对戴志骞印象深刻，不时想起其人其事。1929 年 6 月 26 日，张棡写诗一首，题为《怀戴志骞同事》，内容如下：

"冰雪聪明玉样姿，瑞中两载订相知。俄惊青浦征帆挂，未访剡溪梦毂驰。落月停云增怅望，春风化雨翕讴思。廿年阔别难重遘，何幸幺豚又拜师。

老去名山事业休，嫏嬛福地让君游。图书馆长头衔贵，大学英才眼福收。故

① 张棡. 张棡日记[M]. 上海：上海社会科学院出版社，2003：126-127.
② 张棡. 张棡日记[M]. 上海：上海社会科学院出版社，2003：129-130.
③ 张棡. 杜隐园诗文辑存——张震轩选集之一[M]. 香港：香港出版社，2005：16.
④ 张棡. 杜隐园诗文辑存——张震轩选集之一[M]. 香港：香港出版社，2005：16.
⑤ 张棡. 杜隐园诗文辑存——张震轩选集之一[M]. 香港：香港出版社，2005：17.
⑥ 张棡. 张棡日记[M]. 上海：上海社会科学院出版社，2003：131-132.

里莺花同选胜,异乡梧竹苦惊秋。谈经旧雨晨星散,喜有先生踞上流。"

张棡在诗后亲撰了六条注释文字,呈现了戴志骞的若干情况,颇有史料价值。其中一条如下:"君名丙庚,江苏清浦人,上海约瀚毕业生,年十九来任瑞安中学英文讲席。"①

1930年5月14日,张棡听说戴志骞父母过世,又撰诗一首,题为《闻旧友江苏青浦戴志骞丁内外艰之信赋诗唁之》,内容如下:"剡溪千里隔音尘,几席何年得再亲。幸我儿曹承训诲,伤君定省失昏晨。刘樊偕化知无憾,圣德传经羡有人。远道生刍迟吊唁,临风一掬泪沾巾。"②他还亲撰三条注释,其中提到"君封翁造梁先生年登古稀又六,旧秋与令堂先后仙逝"。③同日,他又拟定挽联一幅,题为《挽青浦戴志骞之翁造梁先生夫妇仙逝》:"青春哲嗣,幸乡校与同游,廿年追溯徽音,礼述趋庭,能使诸咸悦服;白首偕庄,真家门之乐事,千里忽传邮讣,诗吟涉屺,定知吾友倍心酸。"④这是目前所见仅有的两条与戴志骞父母有关的线索,极具价值。

第四节　再入圣约翰

一、戴志骞的入学与毕业时间

1925年,戴志骞自己提供的简历仅述及1909—1912年间他兼职管理圣约翰大学罗氏图书室的经历,而未提及其二次进入圣约翰大学求学之事⑤。同年,凯泽则指出,戴志骞于1909年再入圣约翰大学就读,至1912年获文学士(Bachelor of Arts,或译"文科学士""文学学士")学位⑥。据此,有学者提出:"1909年,他进入

---

① 张棡. 杜隐园诗文辑存——张震轩选集之一[M]. 香港:香港出版社,2005:137.

② 张棡. 杜隐园诗文辑存——张震轩选集之一[M]. 香港:香港出版社,2005:137.

③ 张棡. 杜隐园诗文辑存——张震轩选集之一[M]. 香港:香港出版社,2005:137.

④ 张棡. 杜隐园诗文辑存——张震轩选集之一[M]. 香港:香港出版社,2005:347.

⑤ University of Iowa. *Programs Announcing Candidates for Higher Degrees*（*July 1, 1925 to July 1, 1926*）[M]. Iowa City: University of Iowa Press, 1926.

⑥ Kaiser, John Boynton. Introduction[M]// Tai, Tse-chien. *Professional Education for Librarianship*. New York: The H. W. Wilson Company, 1925:2.

上海圣约翰大学就读,……1912年,他从圣约翰大学获得学士学位。"① 也有学者认为:"戴志骞1909年进入上海圣约翰大学学习,文理学院学制为三年,1912年毕业,获文科学士学位。"②

当前来看,1909—1912年这个时间段基本无误,但还不够具体、精确。查1909年2月字林西报社(North-China Daily News & Herald)印行的《圣约翰大学教职员与学生一览(1909年2—7月),附章程》(*Catalogue of the Officers and Students of St. John's University（February 1909-July 1909）and Rules and Regulations*),圣约翰大学于1909年2月9日开学③,而该校正馆西学斋(或称"西学正科")普通科(School of Arts and Science,后改称"文艺科")大一学生名单中就有戴志骞(此时其英文名写成"Te Ts-chieh")④。不过,在字林西报社1908年4月印行的《圣约翰大学一览(1908—1909年),附章程》(*Catalogue of the St. John's University（1908-1909）and Rules and Regulations*)的"在校学生名录"("List of Names of Students")中,却无法找到戴志骞的名字⑤。显然,戴志骞乃是于1909年2月9日再入圣约翰大学正馆西学斋,从大一开始读起。

查字林西报社1910年9月出版的《圣约翰大学一览(1910年9月—1911年7月),附章程》(*Catalogue of the Officers and Students of St. John's University（September 1910-July 1911）and Rules & Regulations*),戴志骞(此时其英文名改为"Tai Chih-chien")升入大三⑥。再查1911年9月字林西报社出版的《圣约翰大学一览(1911年9月—1912年7月),附章程》(*Catalogue of the Officers and Students of St. John's University（September 1911-July 1912）and Rules &*

① 顾烨青,郑锦怀,曹海霞. 探究图书馆学家戴志骞转行与归宿之谜——戴志骞生平再考[J]. 大学图书馆学报,2013(1):119.

② 韦庆媛. 戴志骞研究史料辨析[J]. 大学图书馆学报,2014(2):112.

③ St. John's University. *Catalogue of the Officers and Students of St. John's University（February 1909-July 1909）and Rules and Regulations*[M]. Shanghai:North-China Daily News & Herald,1909:8.

④ St. John's University. *Catalogue of the Officers and Students of St. John's University（February 1909-July 1909）and Rules and Regulations*[M]. Shanghai:North-China Daily News & Herald,1909:51.

⑤ St. John's University. *Catalogue of the St. John's University（1908-1909）and Rules and Regulations*[M]. Shanghai:North-China Daily News & Herald,1908:48-59.

⑥ St. John's University. *Catalogue of the Officers and Students of St. John's University（September 1910-July 1911）and Rules & Regulations*[M]. Shanghai:North-China Daily News & Herald,1910:41.

Regulations），戴志骞(Tai Chih-chien)升入大四①。虽然未能查到 1909—1910 学年(1909 年 9 月至 1910 年 7 月)的《圣约翰大学一览》或类似出版物，但可以推断，戴志骞仅仅攻读了半年的大一课程，然后于 1909 年 9 月升入大二。

此外，可以看到，1909 年 2 月，圣约翰大学正馆西学斋大一学生共有 50 人②；1910 年 9 月，大三学生名单已经减为 15 人③；1911 年 9 月，大四学生名单又减为 10 人，即张志钊(Chang Chih-chiao)、邱良荣(Ch'iu Liangyung)、郭书青(Kwo Shu-ch'ing)、林全诚(Lin Ch'üen-ch'eng)、潘毈安(P'an Hsioh-an)、沈章(Shen Chang)、戴志骞(Tai Chih-chien)、汪德祎(Wang Teh-wei)、翁德鋆(Wêng Teh-chün)、姚家璹(Yao Kia-shou)④。之所以出现这种情况，不知是因为圣约翰大学当时实行着某种淘汰机制，还是因为有人由于学费高昂等原因而被迫退学。

1912 年 7 月 6 日，圣约翰大学举行毕业典礼⑤，包括戴志骞在内的 10 位大四学生顺利毕业⑥。查阅《圣约翰大学章程汇录(西历一千九百十二年九月起至十三年七月止)》，戴志骞出现在"西学正馆卒业生同门录"当中，是 1912 年毕业的"普通科秀士"⑦，而"秀士"即为现在一般所说的"学士"。再查《圣约翰大学章程汇录(西历一千九百十三年九月起至十四年七月止)》，戴志骞则出现

---

① St. John's University. *Catalogue of the Officers and Students of St. John's University*（*September 1911-July 1912*）*and Rules & Regulations*［M］. Shanghai：North-China Daily News & Herald，1911：45.

② St. John's University. *Catalogue of the Officers and Students of St. John's University*（*February 1909-July 1909*）*and Rules and Regulations*［M］. Shanghai：North-China Daily News & Herald，1909：50-52.

③ St. John's University. *Catalogue of the Officers and Students of St. John's University*（*September 1910-July 1911*）*and Rules & Regulations*［M］. Shanghai：North-China Daily News & Herald，1910：41.

④ St. John's University. *Catalogue of the Officers and Students of St. John's University*（*September 1911-July 1912*）*and Rules & Regulations*［M］. Shanghai：North-China Daily News & Herald，1911：44-45.

⑤ St. John's University. *Catalogue of the Officers and Students of St. John's University*（*September 1911-July 1912*）*and Rules & Regulations*［M］. Shanghai：North-China Daily News & Herald，1911：9.

⑥ St. John's University. *Catalogue of the Officers and Students of St. John's University*（*September 1912-July 1913*）*and Rules & Regulations*［M］. Shanghai：North-China Daily News & Herald，1912：45.

⑦ 圣约翰大学. 圣约翰大学章程汇录(西历一千九百十二年九月起至十三年七月止)［M］. 上海：上海美华书馆，1912：104.

在"西学正科卒业生姓名职务全录"当中,为 1912 年毕业的"文科学士"[①]。简言之,戴志骞在圣约翰大学正馆西学斋(或称西学正科)获得了"普通科秀士"(Bachelor of Arts,后改称"文科学士")学位。

二、戴志骞所学课程

哥伦比亚大学珍本与手稿图书馆所藏"纽约州立图书馆学校档案(1887—1967)"内含多份戴志骞档案。其中,就有戴志骞在上海圣约翰大学攻读本科时的成绩单,上面盖有"上海圣约翰大学堂"(SHANGHAI ST. JOHN'S UNIVERSITY)印章,并且附有该校校长卜舫济的亲笔签名。现将这份成绩单转录如表 2-3 所示。

表 2-3 戴志骞在圣约翰大学攻读本科的成绩单

St. John's University.(School of Arts.)

Name　Tai Chih-chien（T. C. Tai）　　　　　Class　1912

Freshman.			Sophomore.			Junior.			Senior.		
Subject.	Hrs.	Mark.	Subject.	Hrs.	Mark.	Subject.	Hrs.	Mark.	Subject.	Hrs.	Mark.
History	3	225	History	3	246 / 216	History	3	246 / 252	History	3	240 / 252
Chemistry	3	205	Chemistry			Heat & Light	3	246	Astronomy	3	240
English Lit.	3	234	Physics	3	240 / 234	Magnetism & Elec.			Geology		
Algebra	3	195	English Lit.	3	246 / 252	Metaphysics	3	240	Metaphysics	3	255 / 270
Geometry	3	189	Geometry	3	170 / 237	English Lit. (Surveying)	2	186 / 160	English Lit.	3	243 / 234
French	3		Trigonom.	3	171 / 294	Mathematics	3	270 / 225	Exp. Psychol.	3	255
German	3		Pol. Eon.			Sociology	3	225 / 243	Ethics	1	72 / 74

[①] 圣约翰大学. 圣约翰大学章程汇录(西历一千九百十三年九月起至十四年七月止)[M]. 上海:上海美华书馆,1913:140.

续表 2-3

Freshman.			Sophomore.			Junior.			Senior.		
Subject.	Hrs.	Mark.	Subject.	Hrs.	Mark.	Subject.	Hrs.	Mark.	Subject.	Hrs.	Mark.
Rhetoric	1	72	French			Political Science	2	146	Mathematics	3	
								170			249
Relig. Instr.	1	79	German			German			International Law		
Prac. Physics	2	174	Rhetoric	2	184	French	3	279	Pedagogy	2	180
					180			234			180
Latin	2	184	Relig. Instr.	1	95	Rhetoric	1		French	3	240
					88			85			
			Latin	3	249	Relig. Instr.	1	90	German		
					228			83			
									Relig. Instr.	1	76
											76
									Social Science	2	158
											160

　　此外,《圣约翰大学章程汇录(西历一千九百十二年九月起至十三年七月止)》介绍了当时圣约翰大学西斋正馆文艺科的课程安排,可资参照(详见表2-4)。

三、戴志骞接受研究生教育

　　1925 年,戴志骞在他本人提供的简历中称:"1912 年 9 月—1913 年 6 月:上海圣约翰大学研究生。"[①] 同年,凯泽也指出,戴志骞从圣约翰大学毕业并获得文学士学位之后,又在该校接受了一年的研究生教育;但到了 1913 年年底,他的健康状况变得很差,以至于不得不暂时放弃研究生学业[②]。此前,研究者们仅以凯泽所述为基础来介绍戴志骞在圣约翰大学的研究生学习经历。有的认为:"1912—1913 年,戴志骞继续在圣约翰大学攻读研究生。……1913 年底,他的健

---

① University of Iowa. *Programs Announcing Candidates for Higher Degrees*(*July 1, 1925 to July 1, 1926*)[M]. Iowa City: University of Iowa Press, 1926.

② Kaiser, John Boynton. Introduction[M] // Tai, Tse-chien. *Professional Education for Librarianship*. New York: The H. W. Wilson Company, 1925: 2.

康状况变得很差,以至于他不得不暂时放弃继续攻读研究生的想法。"[①] 有的则指出,在获得学士学位后,"他继续学习研究生课程,同时担任该校图书馆馆长(Librarian)。戴志骞学习的课程包括哲学、社会学和教育。1913 年底,由于健康原因,他被迫暂时放弃学习,但继续学习的想法始终没有放弃。"[②] 但这类说法有误。

表 2-4 1912—1913 学年圣约翰大学西斋正馆文艺科课程与学时表[③]

年 级	课 程	学 时	年 级	课 程	学 时
初级 (一年级)	史学:欧洲近古史(上学期:改革与复兴时代;下学期:法国国变时代)	三小时	中级 (二年级)	史学:上半年英国历史,下半年美国历史	三小时
	格致:化学	三小时		格致:体质学	三小时
	文法:作论说	二小时		格致:化学(分物之本质)	三小时
	文学:泰西名人小说	三小时		文法:文辞法程 作论说	二小时
	算学:代数学	三小时		文学:泰西文学史	三小时
	算学:几何学(平面、实体)	三小时		算学:几何学(平面、实体)	三小时
	法文	三小时		算学:三角学(平面 圆休)	三小时
	德文	三小时		社会学 理财学	三小时
	圣教课:新约书	一小时		法文	三小时
				德文	三小时
				圣教课:基督道证据	一小时
	总计:二十一小时(法文、德文任选一门)			总计:二十一小时(格致中的体质学与化学,算学中的几何学与三角学,以及法文与德文,均可任选一门;欲进医学馆者必学化学)	

① 顾烨青,郑锦怀,曹海霞. 探究图书馆学家戴志骞转行与归宿之谜——戴志骞生平再考[J]. 大学图书馆学报,2013(1):120.

② 韦庆媛. 戴志骞研究史料辨析[J]. 大学图书馆学报,2014(2):112.

③ 圣约翰大学. 圣约翰大学章程汇录(西历一千九百十二年九月起至十三年七月止)[M]. 上海:上海美华书馆,1912:19-26.

年　级	课程	学　时	年　级	课　程	学　时
上级 （三年级）	史学:上半年法国历史,下半年德国历史	三小时	高级 （四年级）	史学:英国政治史	三小时
	格致:上半年热光学,下半年吸电学	二小时		格致:上半年天文学,下半年地理学	三小时
	文学:诗集	二小时		文学:西国名剧	三小时
	作文	一小时		理学:理学史	三小时
	理学:上半年名学,下半年心理学	三小时		实验心理学	三小时
	算学:圆锥曲线八线及推算要证	三小时		伦理学	一小时
	社会学:社会学	三小时		算学:圆锥曲线八线及推算要证	三小时
	国政学	三小时		社会学:万国公法	二小时
	拉丁文	三小时		教育学	三小时
	法文	三小时		拉丁文	三小时
	德文	三小时		法文	三小时
	圣教课:各教比较	一小时		德文	三小时
				圣教课:约翰福音书	一小时
	总计:二十小时(史学与社会学任选一门,拉丁文、法文与德文任选一门,算学与国政学任选一门)			总计:十九小时(史学与文学任选一门;拉丁文、法文与德文任选一门;教育学三小时课程包括教师教学二小时、学生实地教学一小时)	

　　据载,圣约翰大学于 1913 年才开设大学院(研究生院,Graduate School)[①]。查阅字林西报社 1912 年 9 月出版的《圣约翰大学一览(1912 年 9 月—1913 年 7 月),附章程》(*Catalogue of the Officers and Students of St. John's University* (*September 1912-July 1913*) *and Rules & Regulations*),圣约翰大学本学年确实还未创办大学院,当然也就不可能招收大学院生(即研究生)[②]。

　　再查字林西报社 1913 年 9 月出版的《圣约翰大学一览(1913 年 9 月—1914

① 熊月之,周武. 圣约翰大学史[M]. 上海:上海人民出版社,2007:407.

② St. John's University. *Catalogue of the Officers and Students of St. John's University* (*September 1912-July 1913*) *and Rules & Regulations*[M]. Shanghai:North-China Daily News & Herald,1912:62~67.

年 7 月），附章程》（*Catalogue of the Officers and Students of St. John's University*（*September 1913-July 1914*）*and Rules & Regulations*），本学年圣约翰大学开始创办大学院，并且招收了两名大学院生，也就是曾经在瑞安公立中学堂共事过的戴志骞（T. C. Tai, B. A.）与陈守庸（S. Y. Chen）[1]。中文版《圣约翰大学章程汇录（西历一千九百十三年九月起至十四年七月止）》也显示，本学年圣约翰大学有两名大学院生，即戴志骞与陈守庸[2]。显然，戴志骞乃是于 1913 年 9 月起开始在圣约翰大学大学院攻读研究生课程的。

再查字林西报社 1914 年 9 月出版的《圣约翰大学一览（1914 年 9 月—1915 年 7 月），附章程》（*Catalogue of the Officers and Students of St. John's University*（*September 1914-July 1915*）*and Rules & Regulations*），圣约翰大学大学院仍旧只有两名大学院生，分别是章金芳（Chang Kin-fang，又写成"Tsaung Kyung-faung"）与陈守庸（Chen Shou-yung，又写成"Zung Seu-yoong"），而戴志骞已经不在其中了[3]。中文版《圣约翰大学章程汇录（西历一千九百十四年九月起至十五年七月止）》同样表明，本学年圣约翰大学的两名大学院生为章金芳与陈守庸[4]。

按凯泽所述，戴志骞是因为健康原因而不得不放弃其研究生学业。考虑到戴志骞后来确实曾因病辞去中央大学副校长职务[5]，此说应当无误。但是，戴志骞于 1914 年夏天转投清华学校图书馆，所以即便身体健康，他也无法继续其研究生学业。

此外，圣约翰大学大学院当时还处于试办阶段，其招生与办学还不是非常正

---

[1] St. John's University. *Catalogue of the Officers and Students of St. John's University*（*September 1913-July 1914*）*and Rules & Regulations*［M］. Shanghai：North-China Daily News & Herald，1913：66.

[2] 圣约翰大学. 圣约翰大学章程汇录（西历一千九百十三年九月起至十四年七月止）［M］. 上海：上海美华书馆，1913：109.

[3] *Catalogue of the Officers and Students of St. John's University*（*September 1914-July 1915*）*and Rules & Regulations*［M］. Shanghai：Published by the University，Printed at the Presbyterian Mission Press，1914：69.

[4] 圣约翰大学. 圣约翰大学章程汇录（西历一千九百十四年九月起至十五年七月止）［M］. 上海：上海美华书馆，1914：121.

[5] Among the Alumni［J］. *Library Service News*，August 1931，3（1）：7；顾烨青，郑锦怀，曹海霞. 探究图书馆学家戴志骞转行与归宿之谜——戴志骞生平再考［J］. 大学图书馆学报，2013（1）：117.

规。1915—1916 学年,圣约翰大学大学院名下没有一名大学院生(研究生)[①],而陈守庸与章金芳两人后来也都没有从圣约翰大学获得硕士学位。1918 年 9 月,圣约翰大学大学院正式成立。两年后,赵以信(1918 年夏毕业于圣约翰大学,文学士)才成为第一个获颁文学硕士学位的圣约翰大学毕业生[②]。

圣约翰大学大学院试办时颁布了中英文版《文科硕士学位赏给法》,具体如下:

THE DEGREE OF MASTER OF ARTS.

1. —The degree of Master of Arts is conferred by the Faculty upon those students who after a course of graduate study of at least two years have satisfied the requirements set forth in this catalogue.

2. —Candidates for the degree of Master of Arts must hold a baccalaureate degree from St. John's University or from some other college or university whose course of study is equivalent to that of St. John's University.

3. —A candidate for the degree of Master of Arts must pursue his studies in residence for a minimum period of two years—except that, on special action of the Faculty, a Bachelor of Arts in St. John's University may be allowed to spend one of these years in residence at another college or university or in private study, provided that he give satisfactory evidence by certificate or examination that he has done the prescribed work.

4. —A student who becomes a candidate for the degree of Master of Arts must choose one principal or major subject and two subordinate or minor subjects.

Candidates are requested to devote about one-half of their time through the whole course of study to the major subject, and about one-quarter to each minor subject.

The major, or principal subject, and one minor subject must be cognate or related courses of study. The other minor subject may be chosen by the candidates from courses of study in any department of the University.

Both the Professors in charge of the subjects and the Committee of the Faculty

---

① St. John's University. *Catalogue of the Officers and Students of St. John's University* (*September 1915-July 1916*) *and Rules & Regulations*[M]. Shanghai: St. John's University, 1915: 77-84.

② 徐以骅. 上海圣约翰大学(1879—1952)[M]. 上海:上海人民出版社,2009:451.

on Graduate Instruction must pass upon the student's qualifications and approve of his choice of subjects before he can be registered as a graduate student and a candidate for the degree.

5. —At the end of each year the Professors in charge must submit to the Committee of the Faculty on Graduate Studies satisfactory evidence that the candidate has completed the prescribed work in each of his courses.

At the end of the second year the candidate for the degree of Master of Arts must present to the Committee of the Faculty on Graduate Studies an original and independent thesis on some subject growing out of his work in his principal or major subject.

Note that on the approval of the Professor in charge and the Committee of the Faculty an equivalent piece of translation work from English into Chinese, or from Chinese into English, prepared for publication with introduction and notes, may be submitted in place of the thesis. [1]

《文科硕士学位赏给法》

一、学生肄业是科至少须二年其成绩优美经教授会许可者准与毕业赏给文科硕士学位

二、学生入是科之资格为本大学正科毕业生或其他与本大学课程同等之学校之毕业生

三、凡欲得文科硕士学位者至少须在本大学肄业二年惟本大学之文科毕业生经教授会特别许可准将二年中之一年在他校肄业或自修若试验及格或有满意证书亦一律赏给硕士学位

四、肄业是科者须选择主要科目一附属科目二且须以一半功夫研究主要科目四分之一功夫研究每附属科目所选择之附属科目之一又必须与主要科目有关系者其一则任学者于本大学学科中随意选择之学生选定后须经所属某科教授及教授会中之毕业生入学审查董事试验合格与否得其允准后方可注册肄业

五、每学年之终所属各科教授须将学生之成绩报告教授会中之毕业生入学审查董事及至第二学年之终学生须将主要科目中所心得者自出心裁成书一卷呈毕业生入学审查董事批阅若经所属各科教授及毕业生入学审查董事允准译书一

① St. John's University. *Catalogue of the Officers and Students of St. John's University*（*September 1913–July 1914*）*and Rules & Regulations*［M］. Shanghai：North-China Daily News & Herald，1913：45-46.

卷或中或西冠以序言附加注释以备印行亦可[①]

根据凯泽的介绍，戴志骞在圣约翰大学攻读的研究生课程涵盖哲学、社会学与教育学[②]。由此推断，戴志骞当时主修哲学，副修社会学与教育学。这恰与戴志骞后来在爱荷华大学攻读博士学位时选修的课程遥相呼应。

四、在校期间获得的荣誉及其他活动

再入圣约翰大学就读期间，戴志骞再次因为华文（汉语）演说出色而获得了"St. John's Alumni Medal"。此时，该奖牌可译为"圣约翰大学同门会金牌"，或可通俗地称为"金牌奖"。据查，他赖以获奖的演讲稿题为《新中国之道德》，后来刊登在1912年5月出版的《约翰声》第23卷第5期上，主要分析了个人道德、社会道德、民主国道德与共和国之间的关系[③]。

1913年4月10日，圣约翰大学教授顾裴德（F. C. Cooper）在上海寰球学生会用英文做了题为《人与蚊之竞争》的演讲，由戴志骞口译。同年4月15日，卜舫济又在益智会发表了同题演讲。两人均论及蚊子的危害及灭蚊的方法等方面。戴志骞将两人的演讲编译成文，同时加入自己的若干想法，发表在《约翰声》第24卷第4期上。[④] 由此也可以看出，戴志骞具有很高的英文水平，已经能够提供口译服务。

此外，有必要指出，在其毕业并获得文学士学位之后，戴志骞就加入了圣约翰大学同门会。《圣约翰大学章程汇录（西历一千九百十三年九月起至十四年七月止）》所附"本大学同门会会员录"就录有"戴志骞"的名字，而他此时隶属于圣约翰大学同门会上海支部[⑤]。

---

① 圣约翰大学. 圣约翰大学章程汇录（西历一千九百十三年九月起至十四年七月止）[M]. 上海：上海美华书馆，1913：62-63. 另：原书未用标点符号断句，此处招录。

② Kaiser, John Boynton. Introduction[M] // Tai, Tse-chien. *Professional Education for Librarianship*. New York：The H. W. Wilson Company, 1925：2.

③ 戴志骞. 新中国之道德[J]. 约翰声，1912，23（5）：12-17.

④ 戴志骞. 人与蚊之竞争[J]. 约翰声，1913，24（4）：4-10.

⑤ 圣约翰大学. 圣约翰大学章程汇录（西历一千九百十三年九月起至十四年七月止）[M]. 上海：上海美华书馆，1914：149.

第三章

初入图书馆界

第一节　研究综述

再入上海圣约翰大学攻读本科学业的同时，戴志骞也开始步入了图书馆界。对此，已有不少文献述及，但表述详略有别、用词各异。其中，对其任职时间、所任职务等重要信息表述得较为清楚有以下几种：

1924 年 2 月，黄维廉（V. L. Wong）在《约翰声》第 35 卷第 2 期上发表了题为《罗氏图书馆史（1894—1923）》（"Low Library: A History（1894-1923）"）的英文文章，内称："1909 年 6 月，程跎祥辞职。同年 9 月，戴志骞先生，现任北京清华学校图书馆馆长，受命继任其职。……1914 年夏天，戴先生辞职，徐燮元被任命为馆长，周曰庠任副馆长。"①

1925 年，戴志骞在他自己提供的简历中提到："1909—1912 年：任上海圣约翰大学图书室助理。""1912—1914 年：任上海圣约翰大学罗氏图书室主任。"② 同年，凯泽指出，戴志骞于 1909 年再入上海圣约翰大学就读，同时成为该校图书室助理；1912 年本科毕业之后，戴志骞继续在圣约翰大学攻读研究生学业，同时担任该校图书室主任一职③。

1929 年，圣约翰大学编印了《圣约翰大学五十年史略（一千八百七十九

---

① Wong, V. L. Low Library: A History（1894-1923）[J]. *St. John's Echo*, 1924, 35（2）: 62.

② University of Iowa. *Programs Announcing Candidates for Higher Degrees（July 1, 1925 to July 1, 1926）*[M]. Iowa City: University of Iowa Press, 1926.

③ Kaiser, John Boynton. Introduction[M] // Tai, Tse-chien. *Professional Education for Librarianship*. New York: The H. W. Wilson Company, 1925: 2.

年至一千九百廿九年)》一书,内含"圣约翰大学图书馆概况"一节,其中称:"一九一一年,校中购得兆丰花园地亩。图书馆又移至今校长办公处地方。馆长为戴志骞君。"①

1932 年 11 月,黄维廉编印了一本题为《圣约翰大学罗氏图书馆概况》的中文小册子,文中称:"一九〇九年秋戴志骞接任馆长……越三载,戴君辞职,徐燮元继任馆长,周曰庠副之。"②

1935 年,胡道静在《上海通志馆期刊》第二年第四期上发表了《上海图书馆史》一文,称戴志骞在圣约翰大学罗氏图书馆的任职时间为"一九〇九年秋至一九一四年"③。

1936 年,上海密勒氏评论报社编印的《中国名人录(第五版)》指出,戴志骞"1909—1914 年间任圣约翰大学图书室主任"④。

大约在民国时期,贝德士编辑的《中国基督徒名录》称:"戴志骞……1904—1914 年在圣约翰大学图书馆工作。"⑤

2009 年,孟雪梅在其《近代中国教会大学图书馆研究》一书中指出:"戴志骞,曾于 1909—1911 年在圣约翰大学图书馆任馆长,在其任职期间,增加了图书馆开放时间,丰富了图书馆馆藏。"⑥

2010 年,韦庆媛在其《戴志骞新图书馆思想与实践》一文中指出:"戴志骞……1909 年秋至 1914 年夏任圣约翰大学图书馆馆长。"⑦同年,她又在《图书馆学家戴志骞的激情与无奈》一文中称:"戴志骞……1909 年秋应聘到圣约翰大学图书馆任馆长。……1914 年夏,戴志骞辞去圣约翰大学图书馆馆长职务,应聘为清华学校图书馆馆长。"⑧

① 圣约翰大学大学生出版委员会. 圣约翰大学五十年史略(一千八百七十九年至一千九百廿九年)[M]. 上海:圣约翰大学,1929:39.

② 黄维廉. 圣约翰大学罗氏图书馆概况[M]. 上海:圣约翰大学罗氏图书馆,1932:2.

③ 胡道静. 上海图书馆史[M]// 胡道静. 胡道静文集——上海历史研究. 上海:上海人民出版社,2011:48.

④ *Who's Who in China. Biographies of Chinese Leaders*(*Fifth Edition*)[M]. Shanghai: The China Weekly Review, 1936:217.

⑤ 贝德士辑. 中国基督徒名录[C]// 章开沅,马敏. 社会转型与教会大学. 武汉:湖北教育出版社,1998:423.

⑥ 孟雪梅. 近代中国教会大学图书馆研究[M]. 北京:国家图书馆出版社,2009:189.

⑦ 韦庆媛. 戴志骞新图书馆思想与实践[J]. 图书馆,2010(6):58.

⑧ 韦庆媛. 图书馆学家戴志骞的激情与无奈[J]. 大学图书馆学报,2010(3):21.

2011 年，笔者在《戴志骞生平与图书馆学成就考察》一文中称："戴志骞于 1908 年秋进入圣约翰大学就读，1909 年秋担任该校图书室主任，1912 年秋毕业并获文学士学位，留校继续担任该职，至 1914 年夏辞职。"[①]

2013 年，顾烨青、笔者与曹海霞在《探究图书馆学家戴志骞转行与归宿之谜——戴志骞生平再考》一文中指出："1909 年，他进入上海圣约翰大学就读，并成为该校图书馆（室）助理。"[②]

2014 年，韦庆媛在《戴志骞研究史料辨析》一文中称："1909 年秋至 1914 年夏，戴志骞任圣约翰大学图书馆馆长。"[③]

2016 年，韦庆媛在《戴志骞先生传略》一文中认为："戴志骞从 1909 年秋开始任圣约翰大学图书馆馆长，到 1914 年 8 月离开圣约翰大学图书馆。"[④]

前引各种说法当中，不少都是源于二手史料，所以相关表述的准确性与可信度还有待验证。戴志骞的简历出自他自己之手；凯泽对戴志骞的介绍其实就是源于戴志骞的简历；黄维廉既是上海圣约翰大学毕业生，又长期在该校图书馆工作，对该馆馆史最为熟悉。所以，他们三人的表述应当较为可信。当然，戴志骞与凯泽都是使用英文表述，在译成中文时会遇上译词难以确定的问题，如"图书馆" vs "图书室""主任" vs "馆长"。黄维廉撰文的时间离戴志骞任职的时间相距颇久，其表述与用词也未必与戴志骞任职时的情况完全符合。因此，有必要对与其相关的细节问题加以辩证分析。

第二节　圣约翰大学藏书室早期发展史

为了尽量还原史实，有必要先来回顾一下圣约翰大学图书馆的早期发展史。据史料记载，1888 年 6 月，卜舫济开始执掌圣约翰书院。当时，旧校舍内已经辟有一间小屋，里面放着施约瑟主教收集到的几部中文书籍，其中有些书籍还十分

---

① 郑锦怀. 戴志骞生平与图书馆学成就考察[J]. 中国图书馆学报，2011（4）：116-117.

② 顾烨青，郑锦怀，曹海霞. 探究图书馆学家戴志骞转行与归宿之谜——戴志骞生平再考[J]. 大学图书馆学报，2013（1）：119.

③ 韦庆媛. 戴志骞研究史料辨析[J]. 大学图书馆学报，2014（2）：112.

④ 韦庆媛. 戴志骞先生传略[C]// 韦庆媛，邓景康. 戴志骞文集（上）. 北京：国家图书馆出版社，2016：4.

珍贵。但这间小屋并不对学生开放，学生无法利用里面的藏书，所以它最多只能称得上是一间藏书室，而非真正的图书馆。同时，在文主教（Bishop Boone，当指小文惠廉（William Jones Boone, Jr.））的住宅内，也辟有一间圣公会差会图书室，主要收藏一些英文神学书籍。这两处私人藏书数量既少，也有些过时，但它们确实就是圣约翰大学图书馆的最早源头①。

1894 年 1 月 26 日，圣约翰书院举行奠基典礼，开始兴建新中学校舍（Middle School Building），或称"主楼"（Main Building）。1895 年 2 月 19 日，新中学校舍举行落成典礼，并命名为"怀施堂"（Schereschewsky Hall），意在纪念施约瑟主教。据介绍，怀施堂由公和洋行建筑设计事务所在美国设计绘图，然后再拿到上海施工建设。整栋建筑物为二层砖木结构，建筑中央环绕成一处四合院，总面积达 5061 平方米。其建筑风格中西合璧，外墙用青砖砌筑，细部用红砖点缀，设有拱廊，但二层拱廊外围有中式护栏，屋面采用的也是中国传统的小青瓦与四角飞檐②。

怀施堂落成并投入使用之后，校方即将二楼西北角的一个房间辟为藏书室，并将施约瑟的藏书与圣公会差会图书室的藏书移置进去，由吴聿怀（Rev. F. K. Woo）负责管理③，其任期为 1894—1905 年④。

此前，学界一般称吴聿怀是"神学科毕业生"⑤或"神科毕业生"⑥。黄维廉甚至称吴聿怀是圣约翰书院"神学院"的第一批毕业生之一⑦，而《圣约翰大学五十年史略（一千八百七十九年至一千九百廿九年）》也称吴聿怀是"本校神学科第一次毕业生之一也"⑧。

熊月之与周武主编的《圣约翰大学史》附有"圣约翰大学历届毕业生、肄业

---

① Wong, V. L. Low Library: A History（1894-1923）[J]. *St. John's Echo*, 1924, 35（2）: 60.

② 张长根. 走近老房子——上海长宁近代建筑鉴赏[M]. 上海：同济大学出版社，2004：130.

③ Wong, V. L. Low Library: A History（1894-1923）[J]. *St. John's Echo*, 1924, 35（2）：60. 另：黄维廉称怀施堂于 1894 年 9 月落成，当为误记.

④ 胡道静. 上海图书馆史[M]. 上海：上海市通志馆，1935：66.

⑤ 谢灼华. 中国图书和图书馆史（修订版）[M]. 武汉：武汉大学出版社，2005：287.

⑥ 来新夏，等. 中国图书事业史[M]. 上海：上海人民出版社，2009：331.

⑦ Wong, V. L. Low Library: A History（1894-1923）[J]. *St. John's Echo*, 1924, 35（2）：60.

⑧ 圣约翰大学大学生出版委员会. 圣约翰大学五十年史略（一千八百七十九年至一千九百廿九年）[M]. 上海：圣约翰大学，1929：39.

生名录"，内称吴聿怀毕业于1899年，但未说明其毕业科别与所获学位①。徐以骅主编的《上海圣约翰大学（1879—1952）》所附"历届毕业生、肄业生名录"亦称吴聿怀是1899年毕业生，不知科别，但后来又于1908年获得文学士学位②。查阅《圣约翰大学章程汇录（西历一千九百十二年九月起至十三年七月止）》所附"西学正馆卒业生同门录"，"一千八百九十九年"毕业生中即有"吴聿怀"其人，他是"本学堂一千九百零八年普通科秀士苏州圣公会会长"③。再查《圣约翰大学章程汇录（西历一千九百十三年九月起至十四年七月止）》所附"西学正科卒业生姓名职务全录"，吴聿怀于"一千八百九十九年"毕业，是"本校一千九百零八年文科学士苏州圣公会会长"④。在1925年前后，吴聿怀还曾在无锡圣道书院执教，而该校是圣公会创办的一所以培养本土传教士为职责的神学院⑤。

神科（或称"神学科"）是圣约翰书院最早设立的学科之一。1879年圣约翰书院初创之时，已经设有神学部，由施约瑟、汤蔼礼、奈尔孙等人授课⑥。不过，神科的发展一波三折、时断时续。1888年，小文惠廉主教将其迁至武昌文华书院。1893年，郭斐蔚主教（Frederick Rogers Graves）又将其重新迁回圣约翰书院⑦。1896年，圣约翰书院改组为圣约翰学校，由备馆、广学馆（正馆）、医学馆与圣教书馆组成。其中，圣教书馆即原来的神科，学制为三年⑧。

综上所述，吴聿怀于1899年从圣约翰学校圣教书馆（一般称"神科"或"神学科"）毕业，至1908年又从升格后的圣约翰大学获得了文学士学位。可惜的是，由于未能查获第一手档案，而圣约翰学校（圣约翰大学）的学制又相当多变，所以无法准确推算吴聿怀两次入学的具体时间。不过，吴聿怀初掌藏书室时应当还只是一名在校学生。也就是说，他最初应当是一边攻读学业，一边兼职管理藏书室。1899年毕业后，他留校工作，专职管理藏书室。

---

① 熊月之，周武. 圣约翰大学史[M]. 上海：上海人民出版社，2007：454.

② 徐以骅. 上海圣约翰大学（1879—1952）[M]. 上海：上海人民出版社，2009：5.

③ 圣约翰大学. 圣约翰大学章程汇录（西历一千九百十二年九月起至十三年七月止）[M]. 上海：上海美华书馆，1913：89.

④ 圣约翰大学. 圣约翰大学章程汇录（西历一千九百十三年九月起至十四年七月止）[M]. 上海：上海美华书馆，1914：125.

⑤ 谢锡祺. 我的爸爸谢玉芝的一生[C]// 中国人民政治协商会议江苏省委员会文史资料研究委员会. 江苏文史资料选辑（第20辑）. 南京：江苏古籍出版社，1987：33.

⑥ 圣约翰大学自编校史稿[J]. 档案与史学，1997（1）：6.

⑦ 徐以骅. 上海圣约翰大学（1879—1952）[M]. 上海：上海人民出版社，2009：97.

⑧ 徐以骅. 上海圣约翰大学（1879—1952）[M]. 上海：上海人民出版社，2009：18-20.

在吴聿怀管理期间,藏书室的用途呈现多样化态势。圣公会的主教们经常在那里召开年会,而公祷书翻译委员会(the committee on the translation of the prayer book)也在那里集会。此外,藏书室偶尔也会充当神科(神学科、圣教书馆)的教室[①]。

1899 年春,藏书室移到怀施堂一楼,也就是原来那间屋子的正下方。1900 年冬[②],因为庚子事变而被迫逃离武昌的韦棣华(Miss Mary Elizabeth Wood)来到圣约翰学校暂住,并主动提出协助整理藏书室:"一九〇〇年秋间,文华大学图书馆长吴美利女士,因避拳乱,寓居本校。自行提议,欲为本校图书馆工作。工作之结果,为第一次印行图书目录,翌年出版。"[③]

其后,校方不断增购新书,藏书室也陆续收到了若干赠书。其中,由颜惠庆代其已故父亲颜永京牧师捐赠的藏书是藏书室收到的第一批赠书之一。藏书室规模不断扩大,所藏中英文图书增加到大约 3 000 册。这样一来,一个人已经不足以管理好藏书室。于是,在 1903 年春,圣约翰学校任命一位英文名为 V. Z. Waung(中文姓名待查)的人为藏书室助理,由其承担了大量管理工作[④]。

1902 年,为纪念颜永京牧师,圣约翰同门会决定捐建一所思颜堂(Yen Hall)。他们向圣约翰诸多校友募捐,共筹得 3 000 多个银元及 1 100 两白银,同时还收到美国热心教育者的 2.2 万多美元捐款。1903 年 10 月 24 日,思颜堂举行奠基典礼,至 1904 年 10 月 1 日举行启用典礼。校方将藏书室迁入思颜堂的西南角(见图 3-1)。由于美国纽约的罗氏兄弟(Seth Low & William Gilman Low)为

---

① Wong, V. L. Low Library: A History(1894-1923)[J]. *St. John's Echo*, 1924, 35(2): 60.

② 《圣约翰大学五十年史略(一千八百七十九年至一千九百廿九年)》则称"一九〇〇年秋间"。见圣约翰大学大学生出版委员会. 圣约翰大学五十年史略(一千八百七十九年至一千九百廿九年)[M]. 上海:圣约翰大学, 1929: 39.

③ Wong, V. L. Low Library: A History(1894-1923)[J]. *St. John's Echo*, 1924, 35(2): 61;圣约翰大学大学生出版委员会. 圣约翰大学五十年史略(一千八百七十九年至一千九百廿九年)[M]. 上海:圣约翰大学, 1929: 39.

④ Wong, V. L. Low Library: A History(1894-1923)[J]. *St. John's Echo*, 1924, 35(2): 61.

思颜堂提供了大量捐款 ①，所以圣约翰大学特意将藏书室取名为"Low Library"（中文名为"罗氏藏书室"），以资纪念 ②。

THE LOW LIBRARY IN YEN HALL

图 3-1　思颜堂时期的罗氏藏书室 ③

① 有文献记载："赛思·罗博士向圣约翰学校捐款 1 000 美元，由卜舫济校长自行决定如何使用。"（参见：Acknowledgements[J]. *The Spirit of Missions*，1901，66（4）：268-269.）另有文献记载："就在庚子动乱之后，中国各地都出现了直指那种引发动乱的盲目而偏执的保守主义的强烈反应，其结果就是比以往任何时候都要大得多的教育需求。为了回应这种需求，圣约翰学校制定计划，以便招收更多学生。就在那时，纽约市长赛思·罗（Seth Low）捐赠了 1 000 美元，供圣约翰学校以校长（卜舫济）所认为的最佳方式使用，以深化其在中国的工作。这就是思颜堂建设资金的基础。藏书室将被命名为'罗氏藏书室'，以示对这份礼物的褒奖。下一步就是将这件事情摆在圣约翰同门们面前。他们全身心地投入了这项计划。通过他们的努力，最终筹得了 8 000 美元。圣约翰同门会的每个会员不仅自己捐了款，还说服其朋友捐款。捐款人包括一些在全中国都闻名遐迩的人物，如张之洞、萨镇冰以及其他许多人。这座大厅将被称为'同学厅'，以示褒奖。其余资金则是在美国筹得。"（参见：The Opening of Yen Hall at St. John's College, Shanghai[J]. *The Spirit of Missions*，1904，69（11）：903-904.）由此可知，虽然赛思·罗（而不是赛思·罗与其堂兄）只给圣约翰学校捐赠了 1 000 美元，在全部款项中所占的比例并不算很大，但由于其地位与声望，他的这第一笔捐款起到了很大的标杆与引领作用，所以圣约翰学校才会以他的姓氏（Low）来命名藏书室，称之为"罗氏藏书室"（后来称"罗氏图书馆"，英文均为"Low Library"）。

② Wong, V. L. Low Library: A History（1894-1923）[J]. *St. John's Echo*，1924，35（2）：61；圣约翰大学. 圣约翰大学章程汇录（西历一千九百十二年九月起至十三年七月止）[M]. 上海：上海美华书馆，1913：2；圣约翰大学大学生出版委员会. 圣约翰大学五十年史略（一千八百七十九年至一千九百廿九年）[M]. 上海：圣约翰大学，1929：39.

③ The Opening of Yen Hall at St. John's College, Shanghai[J]. *The Spirit of Missions*，1904，69（11）：903.

关于"Low Library"的对应中译,有的称"罗氏藏书室"[①],有的称"罗氏图书室"[②],更多的则是称"罗氏图书馆"。但在圣约翰大学早年汇编的章程中,极少使用"罗氏图书室""罗氏藏书室"或"罗氏图书馆"这类叫法。比如,在《圣约翰大学章程汇录(西历一千九百十二年九月起至十三年七月止)》《圣约翰大学章程汇录(西历一千九百十三年九月起至十四年七月止)》与《圣约翰大学章程汇录(西历一千九百十四年九月起至十五年七月止)》中,除了能在卷首的"圣约翰大学堂小史""圣约翰大学史略"或"本大学史略"中找到"罗氏藏书室"[③]一词外,其余地方仅使用"藏书所"[④]。最早使用"罗氏图书馆"一词的当属《圣约翰大学章程汇录(西历一九一五年九月至十六年七月)》:"本大学设有藏书所名曰罗氏图书馆。"[⑤]由此可知,从1904年秋天起,圣约翰学校(圣约翰大学)藏书室就已经定名为"罗氏藏书室"(Low Library),但该校章程一般只称之为"藏书所";直到1915年9月左右,校方才正式将其中文馆名确定为"罗氏图书馆"。

1905年,吴聿怀辞职,黄秉修(B. S. Wang)继任[⑥]。黄秉修的生平不详。据黄维廉所述,黄秉修亦是圣约翰校友,此前曾在上海市政厅图书馆(the Shanghai

---

① 庄文亚. 全国文化机关一览[M]. 上海:世界书局,1934:448;陈祖怡. 上海各图书馆概览[M]. 上海:世界书局,1934:128.

② 卜舫济. 卜舫济记圣约翰大学沿革[C]// 朱有瓛,高时良. 中国近代学制史料(第4辑). 上海:华东师范大学出版社,1993:428. 另:该文原载1925年《中华基督教教育季刊》第1卷第2期。

③ 圣约翰大学. 圣约翰大学章程汇录(西历一千九百十二年九月起至十三年七月止)[M]. 上海:上海美华书馆,1913:2;圣约翰大学. 圣约翰大学章程汇录(西历一千九百十三年九月起至十四年七月止)[M]. 上海:上海美华书馆,1914:2,140;圣约翰大学. 圣约翰大学章程汇录(西历一千九百十四年九月起至十五年七月止)[M]. 上海:上海美华书馆,1915:8.

④ 圣约翰大学. 圣约翰大学章程汇录(西历一千九百十二年九月起至十三年七月止)[M]. 上海:上海美华书馆,1913:17,69-70,104;圣约翰大学. 圣约翰大学章程汇录(西历一千九百十三年九月起至十四年七月止)[M]. 上海:上海美华书馆,1914:17,140;圣约翰大学. 圣约翰大学章程汇录(西历一千九百十四年九月起至十五年七月止)[M]. 上海:上海美华书馆,1915:78.

⑤ 圣约翰大学. 圣约翰大学章程汇录(西历一九一五年九月至十六年七月)[M]. 上海:上海美华书馆,1916:95.

⑥ 黄维廉. 圣约翰大学罗氏图书馆概况[M]. 上海:圣约翰大学罗氏图书馆,1932:1;Wong, V. L. Low Library: A History(1894-1923)[J]. *St. John's Echo*, 1924, 35(2):61;胡道静. 上海图书馆史[M]. 上海:上海市通志馆,1935:66.

Library)担任助理①,但目前未能查到其他史料支持此说。黄秉修后来还曾在商务印书馆总务处任职,负责推销韦氏字典②,并与张元济有所往来③。

在黄秉修管理期间,罗氏藏书室收到了数千册赠书,所以藏书数量增加得很快。这些赠书主要包括:两江总督周馥(Liang Kiang Viceory Chow Fu)④赠送的江楚编译书局与江南制造局刊印的书籍;某位刘姓校友捐赠的一套100卷本《李鸿章传》(*Life of Li Hung-chang*);商务印书馆出版的图书;已故孟教士(the late Rev. Prof. A. S. Mann,即 Arthur Sitgreaves Mann,一般称"孟嘉德")的藏书,有1 000多本,多数是神学、哲学与小说;颜惠庆捐赠的一套《大英百科全书》(*Encyclopaedia Britannica*)⑤。同时,甲辰级(1904届)毕业生每年向卜舫济校长捐款约60鹰洋,连续多年,以供罗氏藏书室采购图书;卜舫济则利用这些钱购买了一套由威廉·史密斯(William Smith)主编的25卷本《史家世界史》(*The Historians' History of the World*)⑥。

同期,在刘易斯·S. 巴伦先生(Mr. Lewis S. Palen)的建议下,时任顾问(faculty adviser,负责指导图书馆工作)华格教授(Prof. M. P. Walker)开始对罗氏藏书室进行整理,并采用杜威十进分类法对所藏图书进行分编。罗氏藏书室也开始编印纸本的馆藏目录⑦。

1907年,黄秉修辞职,何林一(L. Y. Ho)继任⑧。何林一是圣约翰大学1907

---

① Wong, V. L. Low Library: A History(1894-1923)[J]. *St. John's Echo*, 1924, 35(2):61.

② 商务印书馆总公司同人录(民国十二年一月)[EB/0L]. [2014-05-18]. http://www.booyee.com.cn/bbs/thread.jsp?threadid=133087.

③ 张元济. 张元济全集 第6卷 日记[M]. 北京:商务印书馆, 2008:356;张元济. 张元济全集 第7卷 日记[M]. 北京:商务印书馆, 2008:361.

④ 黄维廉曾将其职衔译为"两江学务处周总理"(参见:Wong, V. L. Low Library: A History(1894-1923)[J]. *St. John's Echo*, 1924, 35(2):61.),有误.

⑤ 黄维廉. 圣约翰大学罗氏图书馆概况[M]. 上海:圣约翰大学罗氏图书馆, 1932:1-2;Wong, V. L. Low Library: A History(1894-1923)[J]. *St. John's Echo*, 1924, 35(2):61.

⑥ Wong, V. L. Low Library: A History(1894-1923)[J]. *St. John's Echo*, 1924, 35(2):61.

⑦ Wong, V. L. Low Library: A History(1894-1923)[J]. *St. John's Echo*, 1924, 35(2):61.

⑧ 胡道静. 上海图书馆史[M]. 上海:上海市通志馆, 1935:66. 另:黄维廉称黄秉修于1907年夏辞职,何林一接任.

年毕业生,1908 年又从该校获得文学士学位①。据查,在 1909 年以前,圣约翰书院(圣约翰学校、圣约翰大学)的每个学年都始于春季而终于冬季。到了 1909 年,为了适应毕业生出洋求学的时间要求,圣约翰大学将学年结束时间改在夏季。由于这一变动,在 1909 年夏季与冬季,圣约翰大学各有一批学生毕业,其中的夏季毕业生须在一学期内学完全年课程。1909—1910 学年及以后,每个学年均始于秋季而终于次年夏季。由此可见,何林一应当是于 1908 年冬季(1908 年 1 月左右)获得文学士学位。随后,他留校担任英文教员②,所以就不再负责管理藏书室。

1908 年春季开学后(1908 年 2 月左右),在校学生程趾祥(T. Z. Dzung)继何林一之后负责管理藏书室③。仅仅过了一个学年,在 1909 年冬天(1909 年 1 月左右),程趾祥从圣约翰大学毕业并获得文学士学位④。毕业后,他赴中国公学(Chinese Public School, Shanghai)担任英文教员⑤,所以也就此离开了罗氏藏书室⑥。1909 年 2 月,第二次入读圣约翰大学的戴志骞接替程趾祥,开始执掌罗氏藏书室⑦。

通过以上考察可以看到,吴炜怀、黄秉修、何林一、程趾祥与戴志骞最初开始负责管理圣约翰书院(圣约翰学校、圣约翰大学)藏书室的时候,都还只是一名在

---

① 徐以骅. 上海圣约翰大学(1879—1952)[M]. 上海:上海人民出版社,2009:449. 另:《上海圣约翰大学(1879—1952)》所附"历届毕业生、肄业生名录"仅称何林一 1907 年毕业,1908 年获文学士学位。根据当时上海圣约翰大学的学年划分情况,可以推算出他应当是于 1907 年 1 月毕业,又于 1908 年 1 月获文学士学位。

② St. John's University. *Catalogue of the St. John's University（1908-1909）and Rules and Regulations*[M]. Shanghai: North-China Daily News & Herald, 1908: 67.

③ Wong, V. L. Low Library: A History（1894-1923）[J]. *St. John's Echo*, 1924, 35(2): 61-62;胡道静. 上海图书馆史[M]. 上海:上海市通志馆,1935:66. 另:黄维廉原文称 1908 年夏何林一辞职,程趾祥继任。

④ 熊月之,周武. 圣约翰大学史[M]. 上海:上海人民出版社,2007:455. 另:《上海圣约翰大学(1879—1952)》所附"历届毕业生、肄业生名录"称程趾祥于"1909 冬"毕业并获得文学士学位,时间应当是在 1909 年 1 月。

⑤ St. John's University. *Catalogue of the Officers and Students of St. John's University（February 1909-July 1909）and Rules and Regulations*[M]. Shanghai: North-China Daily News & Herald, 1909: 8.

⑥ Wong, V. L. Low Library: A History（1894-1923）[J]. *St. John's Echo*, 1924, 35(2): 62.

⑦ St. John's University. *Catalogue of the Officers and Students of St. John's University（February 1909-July 1909）and Rules and Regulations*[M]. Shanghai: North-China Daily News & Herald, 1909: 13.

校学生。他们一边求学,一边兼职工作。而且,黄秉修、何林一与程趾祥都因为毕业而辞职离开了藏书室。由此推断,除吴聿怀以外,黄秉修、何林一、程趾祥与戴志骞都只是以学生助理的身份兼职管理藏书室,并未正式受聘担任藏书室的管理员。直到1912年9月,已经本科毕业并获得文学士学位的戴志骞才正式担任罗氏藏书室管理员一职,直至1914年6月辞职离开。对此,可以在《圣约翰大学章程汇录(西历一千九百十二年九月起至十三年七月止)》中找到证据,因为此时戴志骞才被列入圣约翰大学的干事员(即正式职员)名录中:"管理藏书所普通科秀士戴君志骞印超 普通科秀士陈君竹铭印灿勋。"①《圣约翰大学章程汇录(西历一千九百十三年九月起至十四年七月止)》亦有记载:"管理藏书所文科学士戴君志骞印超文科学士陈君竹铭印灿勋。"②此外,圣约翰大学校长卜舫济在其于1917年5月29日为戴志骞写的推荐信中也提到,"1909—1914年,他在本校图书馆工作,最初是一边完成学业一边在图书馆兼职,后来在1912—1914年间则是在图书馆全职工作"。

关于戴志骞的助手陈灿勋(字竹铭),当前已经掌握的信息如下:1905年毕业于圣约翰学校西斋正科,1910年获圣约翰大学文科学士学位③;1914年9月—1915年6月,任干事员,协助徐燮元(字雨人)管理罗氏藏书室④;1915年9月—1916年6月,任干事员,但职责未详⑤;1916年9月—1917年6月,任干事员,负责"西文文案兼册籍"⑥。

---

① 圣约翰大学. 圣约翰大学章程汇录(西历一千九百十二年九月起至十三年七月止) [M]. 上海:上海美华书馆,1913:17.

② 圣约翰大学. 圣约翰大学章程汇录(西历一千九百十三年九月起至十四年七月止) [M]. 上海:上海美华书馆,1914:17.

③ 圣约翰大学. 圣约翰大学章程汇录(西历一千九百十二年九月起至十三年七月止)[M]. 上海:上海美华书馆,1913:94;圣约翰大学. 圣约翰大学章程汇录(西历一千九百十三年九月起至十四年七月止)[M]. 上海:上海美华书馆,1914:130.

④ 圣约翰大学. 圣约翰大学章程汇录(西历一千九百十四年九月起至十五年七月止) [M]. 上海:上海美华书馆,1915:24.

⑤ 圣约翰大学. 圣约翰大学章程汇录(西历一九一五年九月至十六年七月)[M]. 上海:上海美华书馆,1916:23.

⑥ 圣约翰大学. 圣约翰大学章程汇录(西历一九一六年九月至十七年七月)[M]. 上海:上海美华书馆,1917:25.

第三节　戴志骞对圣约翰大学罗氏藏书室的贡献

1909 年 2 月,戴志骞开始负责管理罗氏藏书室。此时,罗氏藏书室仅藏有 3 000 册英文书与 190 函中文书(约 1 900 册)。

为了更好地服务全校师生,戴志骞特意增加了罗氏藏书室的开放时间。1907 年,《龙旗 1907》(*The St. John's Dragon Flag 1907*)登载了一份《圣约翰学校章程(修订版)》("Revised Rules and Regulations of St. John's College"),内有"图书馆"一节,其中称:"阅览室早晨 4—6 点及每周其他夜晚对外开放。"[①] 这项规定里的"早晨 4—6 点"这个开放时间颇显怪异,"每周其他夜晚"也并不具体,但大致可以看出此时罗氏藏书室的开放时间并不是很长。到了 1909 年,罗氏藏书室的白天开放时间改为上午 9 点到 12 点,下午 1 点到 4 点(星期六下午、星期天白天不开放);夜晚开放时间则为晚上 7 点到 8 点(星期六与星期天为晚上 7 点半到 9 点)[②]。

每天,罗氏藏书室的开放时间一到,管理员就来开门,让师生入内。学校教师可以随时选择某些有用的书籍放在桌案上,供学生读者入内研读。罗氏藏书室还订购了多种报纸杂志,供读者阅览。但除非经圣约翰大学校长特别许可,否则报纸杂志概不外借。同时,星期天晚上只准读者入内阅览图书或报纸杂志,不准借书[③]。

1911 年秋,圣约翰大学花了 14 万两白银购得极司非而路北侧与学校相连的兆丰花园(Zau Foong Garden)的一部分房地产[④]。此园中本有一栋别墅,上下两层,计有 25 个房间,还有三层塔台可供凭眺;别墅西侧另有若干平房。校方将别墅与平房改为办公处。平房辟为学校办公室,别墅二楼辟为校长住宅,一楼则改为两部分:西北角辟为函电收发室,其余则改为藏书室,将原本放在思颜堂的藏书与家具迁入[⑤]。

---

① St. John's University. *The St. John's Dragon Flag 1907*[M]. Shanghai: North-China Herald, 1907: 93.

② Wong, V. L. Low Library: A History (1894-1923)[J]. *St. John's Echo*, 1924, 35(2): 62.

③ 圣约翰大学. 圣约翰大学章程汇录(西历一千九百十二年九月起至十三年七月止)[M]. 上海:上海美华书馆, 1913: 69-70.

④ Wong, V. L. Low Library: A History (1894-1923)[J]. *St. John's Echo*, 1924, 35(2): 62;徐以骅. 上海圣约翰大学(1879—1952)[M]. 上海:上海人民出版社, 2009: 156.

⑤ 徐以骅. 上海圣约翰大学(1879—1952)[M]. 上海:上海人民出版社, 2009: 156-158.

罗氏藏书室由思颜堂迁入办公处后,开放时间再次增加,每晚开放时间由晚上7点到8点改为7点到9点。与此同时,英文图书增加到5 000册,中文图书则增加到391函(4 432册)[①]。1912年,戴志骞采用杜威十进分类法对馆藏中西文图书进行分类与编目,尝试编制分类卡片目录,还将中文图书全部改为西式装订。1914年夏,戴志骞辞职离开之际,该馆的中文图书已经增加到5 000多册,西文图书则有6 000多册[②]。

此外,在1913年12月20日,圣约翰大学学生与校友举行校长卜舫济任职25周年纪念会[③]。当时,商务印书馆捐赠1 000鹰洋购买中文图书,而圣约翰大学的在校师生、校友、卜舫济的中外朋友等,也都纷纷捐款,建造"纪念室"(Anniversary Hall),以纪念卜舫济任职25周年,兼作图书馆。最终,他们总共筹得大约2万鹰洋。1914年冬季,开始动土勘测;1915年元旦,举行奠基典礼,同年夏天即已竣工,罗氏藏书室的图书与家具尽皆从办公处迁入新楼[④]。这是圣约翰书院(圣约翰学校、圣约翰大学)藏书室发展史上的第一栋独立馆舍,罗氏藏书室正式升格为图书馆,"Low Library"被校方正式译为"罗氏图书馆"[⑤]。可惜的是,戴志骞还没有等到罗氏图书馆正式动工,便已经在1914年6月辞职离开了。

罗氏图书馆共两层,用钢筋水泥与砖木筑成。二楼主要用于陈列图书,共两大间。南大间为藏书室。北大间则为阅览室,中置陈列橱、长方桌与座椅,可容纳上百人同时入室阅览;内壁皆置书架,可供陈列中西文报纸杂志、工具书和参考书籍等。二者之间则为图书馆办公区,设馆长与馆员办公室。一楼有8个房间,一间用于贮藏未装订的报纸杂志,其余房间在起初辟为教室。到了1924年秋,因藏书日益增多,课室被撤去,改为两个大房间:一间为神学院图书馆兼课室;二间为馆员办公室兼报章装订室(后又于1930年秋改为报章阅览室)。到了1936年,由于藏书量陡增,二楼北大间又加筑了夹层阁楼,藏书与阅览两大间对调使用。

尽管戴志骞是罗氏藏书室的负责人,但很难说他有多大的自主权力。如前

① Wong, V. L. Low Library: A History (1894-1923)[J]. *St. John's Echo*, 1924, 35(2): 62.

② 圣约翰大学. 圣约翰大学章程汇录(西历一千九百十四年九月起至十五年七月止)[M]. 上海:上海美华书馆, 1914: 79.

③ 范玉吉. 上海最早的学校图书馆[C]// 姚昆遗, 殷明发, 唐克敏. 漫游苏州河. 上海:上海辞书出版社, 2004: 138.

④ Wong, V. L. Low Library: A History (1894-1923)[J]. *St. John's Echo*, 1924, 35(2): 62.

⑤ 圣约翰大学. 圣约翰大学章程汇录(西历一九一五年九月至十六年七月)[M]. 上海:上海美华书馆, 1916: 95.

所述,圣约翰大学给罗氏藏书室派有一位顾问,负责指导藏书室工作。戴志骞的前任黄秉修曾对罗氏藏书室进行整理,并采用杜威十进分类法分编图书。不过,这并非黄秉修自己的功劳,而是时任顾问的华格教授在刘易斯•S. 巴伦先生的建议下做出的决定[①]。到了戴志骞任职后期,尽管他已由兼职管理员转为学校的正式职工,但在他上面仍然设有顾问,由都孟高(M. H. Throop,即 Montgomery Hunt Throop)接替华格教授担任此职,对罗氏藏书室负有指导之责。都孟高后来于 1915 年 3 月 19 日写信给美国图书馆协会秘书厄特利(George B. Utley, Esq.),信末明确标注其职务是"负责图书馆的教授"("Faculty member in charge of library")[②]。这个落款表明,担任顾问职务的都孟高才是罗氏藏书室及后来的罗氏图书馆的真正掌权人。这大概是能力出众、志向远大的戴志骞最终决定辞职离开圣约翰大学的一大原因。

---

① Wong, V. L. Low Library: A History (1894-1923) [J]. *St. John's Echo*, 1924, 35(2): 61.

② Theoop, Montgomery H. A Letter to George B. Utley, Esq.[J]. *Bulletin of the American Library Association*, 1915, 9(4): 239-240.

第四章

北上清华学校

第一节　为何选择清华学校

1914 年 6 月学年结束之际,戴志骞即从圣约翰大学辞职,就此离开了他负责管理了 5 年之久的罗氏藏书室。他已经受邀北上,即将负责清华学校图书室的管理工作。

戴志骞家在上海,且前后已在圣约翰学校(圣约翰大学)学习和工作了大约 8 年的时间,对那里有着深厚的感情。那么,他为何辞职,又为何选择了清华学校,而不是其他地方? 在此,需要回顾一下清华学校的发展史,以便略窥其中缘由。

清华学校的创办缘于美国对华的"退款办学"。1900 年 6 月,八国联军侵华,镇压了义和团运动。1901 年 9 月,列强与清政府签订了《辛丑条约》,规定中国赔款四亿五千万两白银,分 39 年还清,连同利息达九亿八千万两。其中,美国分得的赔款达 3 200 多万两,合 2 400 多万美元。除去美国自称的"实应赔偿"部分,这笔赔款还多出了 1 100 多万美元。1904 年,美国总统西奥多·罗斯福(Theodore Roosevelt)与国务卿海约翰(John Milton Hay)提出拟将一部分多出来的额外赔款退还给中国,但应用作派遣中国学生赴美留学之用。在这之后,中美之间举行了多年的复杂谈判。1907 年 12 月 3 日,罗斯福总统终于在国会正式宣布,将把部分多出来的庚子赔款退还给中国,由中国政府派遣学生到美国留学。1908 年 5 月 25 日,美国国会正式通过了相关议案,授权总统在适当的时间以适当的方式将多出来的庚子赔款退还给中国。同年 7 月 14 日,清政府照会美国驻华公使柔克义(William W. Rockhill)表示感谢,同意将退款用于派遣学生赴美留学,并且提出了遣送留美学生的初步办法。同年 10 月 28 日,清政府草拟了《遣派学生规程》，交柔克义审查修改。双方还商定由清政府在北京创建一所留美训练学校（Training School），必要时还可在其他城市设立分校。这就是清华学堂得以创办的起因，也是所谓"赔款学校"这一名称的由来。

1908 年 12 月 31 日，美国国务卿伊莱休·鲁特（Elihu Root）正式通知中国驻美公使，称罗斯福总统已决定于 1909 年 1 月 1 日起开始将庚子赔款余额退还给中国。清政府外务部根据《遣派学生规程》（草案）着手遣派学生赴美留学事宜。1909 年 6 月，清政府在北京设立了游美学务处，由外务部与学部共同管辖。游美学务处除了直接选派学生留美，还开始筹设游美肄业馆，以便培训并甄选学生留美。7 月 10 日，《遣派游美学生办法大纲》颁布。同年 8 月，清华园被拨给游美学务处，作为游美肄业馆的馆址。1909 年 8 月、1910 年 7 月、1911 年 6 月，游美学务处先后考选了三批直接留美生。为了监督管理这些清华留美生与中国各机关学校资送留美的官费生，游美学务处在美国首都华盛顿设立了游美学生监督处。

1910 年 3 月，学部制订了《考选学生及考送游美学生办法》，规定游美肄业馆的学生部分由游美学务处在北京直接招收，其余由各省招考后保送到北京参加复试，合格者才可入馆学习。1910 年 11 月，游美学务处向外务部与学部提出了改革游美肄业馆的三项办法，并呈请将其改名为"清华学堂"，得到批准。1911 年 2 月，游美学务处与游美肄业馆全部迁入整修后的清华园，后者正式改名为"清华学堂"。当时，学校的全称为"帝国清华学堂"，英文校印为"Tsing Hua Imperial College"。同年 4 月 29 日，清华学堂正式开学，新入学的第一批学生共468 名，其中五分之三入中等科，其余入高等科。

1912 年 4 月，游美学务处被撤销，游美学生监督处变为由清华学堂直接管辖，并改称"清华学堂驻美学生监督处"。1912 年 10 月，清华学堂改称"清华学校"，游美学生监督处也相应地改称"清华学校驻美学生监督处"。是年，继前三批选送的直接留美学生之后，清华学校又遣送高等科毕业生 16 人赴美留学，这是该校遣送留美的第一届毕业生。以后，清华学校每年的高等科毕业生均会被资送留美，不过有些会因为身体、成绩等原因无法成行。大约每隔一年，还招收一次女生（1914 年起）与专科生（1916 年起），直接资送留美。此外，还有一些留美自费生也接受清华学校的部分津贴，称为津贴生。[①]

1925 年，清华学校设立大学部，开始招收四年制大学生；同年又开办了国学研究院，聘请梁启超、王国维、陈寅恪、赵元任等国学大师作为导师。1928 年，清

---

① 为求准确，以上各段内容基本引自：清华大学校史编写组. 清华大学校史稿［M］. 北京：中华书局，1981：1-13.

华学校更名为"国立清华大学"。

在清华学校的早期发展史上,圣约翰校友(包括教职工与毕业生)发挥着极其重要的作用。查清华大学"历任校长一览表(1909—1929)",游美学务处、清华学堂与清华学校共有正副职负责人(含代理职务者)12 人,其中就有六人为圣约翰校友。具体如下:

唐国安,字介臣。1873 年,作为第二批官派赴美留学幼童生之一,由容闳带队赴美,入耶鲁大学;1885 年归国,后长期任教于圣约翰书院[①]。1909 年 7 月至1911 年 2 月间任游美学务处会办,1911 年 2 月至 1912 年 1 月间任清华学堂副监督(副校长),1912 年 5 月至 1913 年 8 月间任清华学校校长[②]。

颜惠庆,字骏人。为圣约翰书院元老颜永京之子,1900—1905 年间在圣约翰大学任教 6 年[③]。1912 年 1 月至 1912 年 4 月间任清华学堂代理正监督(代理校长)[④]。

周诒春,字寄梅。1903 年毕业于圣约翰学校,1907 年获圣约翰大学文学士学位[⑤]。1912 年 5 月至 1913 年 8 月间任清华学校副校长,1913 年 10 月至 1918年 1 月间任清华学校校长[⑥]。

赵国材,字月谭。1906 年毕业于圣约翰大学[⑦]。1913 年 8 月至 1913 年 10 月间任清华学校代理校长,1913 年 10 月至 1918 年 1 月间任清华学校副校长[⑧]。

严鹤龄,字履勤、侣琴。1903 年毕业于圣约翰学校,1907 年获圣约翰大学文

---

① 吕云龙. 百年中国教育与百位人物[M]. 北京:北京艺术与科学电子出版社,2005:102.

② 历任校长一览表(1909—1929)[C]// 清华大学校史研究室. 清华大学史料选编·第 1卷·清华学校时期(1911—1928). 北京:清华大学出版社,1991:16-17.

③ 陈雁. 颜惠庆传[M]. 石家庄:河北人民出版社,1999:17-24.

④ 历任校长一览表(1909—1929)[C]// 清华大学校史研究室. 清华大学史料选编·第 1卷·清华学校时期(1911—1928). 北京:清华大学出版社,1991:17.

⑤ 徐以骅. 上海圣约翰大学(1879—1952)[M]. 上海:上海人民出版社,2009:448;圣约翰大学. 圣约翰大学章程汇录(西历一千九百十三年九月起至十四年七月止)[M].上海:上海美华书馆,1914:128.

⑥ 历任校长一览表(1909—1929)[C]// 清华大学校史研究室. 清华大学史料选编·第 1卷·清华学校时期(1911—1928). 北京:清华大学出版社,1991:17.

⑦ 圣约翰大学. 圣约翰大学章程汇录(西历一千九百十三年九月起至十四年七月止)[M]. 上海:上海美华书馆,1914:132.

⑧ 历任校长一览表(1909—1929)[C]// 清华大学校史研究室. 清华大学史料选编·第 1卷·清华学校时期(1911—1928). 北京:清华大学出版社,1991:17.

学士学位 ①。1920 年 2 月至 1920 年 9 月间任清华学校代理校长，1928 年 1 月至 1928 年 4 月间任清华大学代理校长 ②。

曹云祥，字延生、庆五。1892 年进入圣约翰书院，1900 年毕业于圣约翰学校 ③。1922 年 4 月至 1928 年 1 月间任清华学校校长 ④。

从古至今，中国人做人做事都非常讲人情、讲关系。据研究，中国人的人际关系网络以亲缘、地缘、神缘、业缘和物缘为主要内涵："所谓亲缘，就是以亲属为纽带而形成的宗族亲戚关系；所谓地缘，就是以郡望、籍贯、乡土为纽带的邻里乡党关系；所谓神缘，是以宗教信仰为纽带而形成的关系；所谓业缘，是以职业(行业)、专业(学业)为纽带的同行、同学关系；所谓物缘，是以物为媒介纽带形成的人际关系。" ⑤ 正因为如此，宗族、乡党、同学等在中国人的人际关系网络中占据着极其重要的地位。唐国安、颜惠庆、赵国材、严鹤龄与曹云祥自然也不能例外。他们或多或少，或明或暗，陆续延揽了不少圣约翰校友进入清华学堂(清华学校)，以至于该校"从校长到各科职员都离不开约翰人的身影" ⑥，"有人甚至戏称清华为圣约翰的殖民地" ⑦。就连清华学堂(清华学校)学生当中都有不少来自圣约翰大学，因为圣约翰大学学生具备清华学校所要求的英语能力与西方科学知识，而清华学校又能提供前者所想要的出国留学的机会 ⑧。

尤其值得注意的是，周诒春非常赞赏圣约翰毕业生的能力。他在 1912 年 9 月 13 日写给卜舫济的信件中指出："圣约翰的毕业生，如果不计较他们蹩脚的中

---

① 徐以骅. 上海圣约翰大学(1879—1952)[M]. 上海：上海人民出版社，2009：448；圣约翰大学. 圣约翰大学章程汇录(西历一千九百十三年九月起至十四年七月止)[M]. 上海：上海美华书馆，1914：129.

② 历任校长一览表(1909—1929)[C]// 清华大学校史研究室. 清华大学史料选编·第 1 卷·清华学校时期(1911—1928). 北京：清华大学出版社，1991：17-18.

③ 蔡德贵. 清华之父曹云祥·传记篇[M]. 西安：陕西师范大学出版社，2011：54；圣约翰大学. 圣约翰大学章程汇录(西历一千九百十三年九月起至十四年七月止)[M]. 上海：上海美华书馆，1914：126.

④ 历任校长一览表(1909—1929)[C]// 清华大学校史研究室. 清华大学史料选编·第 1 卷·清华学校时期(1911—1928). 北京：清华大学出版社，1991：18.

⑤ 林其锬，吕良弼. 五缘文化概论[M]. 福州：福建人民出版社，2003：56.

⑥ 饶玲一. 从"同年"到"同学"——圣约翰大学校友会与近代中国社会新型人际网络的建构[J]. 史林，2010(6)：147.

⑦ 徐以骅. 上海圣约翰大学(1879—1952)[M]. 上海：上海人民出版社，2009：108.

⑧ 苏云峰. 从清华学堂到清华大学(1911—1929)——近代中国高等教育研究[M]. 北京：生活·读书·新知三联书店，2001：39.

文和稍稍有点太过谦恭,可算是最明智的人了。"① 当时,他已经成功地延揽李广成与薛章贤到清华工作,还邀请过余日章,可惜被拒绝了②。

1913年10月正式就任清华学校校长之后,周诒春进一步从圣约翰大学延揽人才。比如,1911年毕业于圣约翰大学并获文学士学位③的马约翰(1882—1966)于1914年秋应周诒春之聘入清华学校任教④。马约翰长期在清华学校(清华大学)教授体育课程,是中国现代史上最著名的体育家,在体育理论、体育教学、运动训练等方面都作出了重大贡献。又如,1916年,林语堂(原名林和乐,后改称林玉堂、林语堂,1895—1976)从圣约翰大学毕业并获文学士学位⑤,随即应周诒春之聘到清华学校担任英文教员⑥。林语堂后来成长为中国现代著名的作家、翻译家、语言学家与发明家,曾于1940年和1950年两度获得诺贝尔文学奖提名。

戴志骞到清华学校工作的时间恰与马约翰一致,也是在1914年秋。可想而知,他应当也是受到了周诒春的邀请,最终决定离开圣约翰大学,北上清华学校工作。一来,有不少位高权重的圣约翰校友在清华学校工作。他们深受圣约翰精神的熏陶,而在他们的影响之下,清华学校的校园气氛也跟圣约翰大学相似。戴志骞便在他于1914年9月9日写给圣约翰大学校长卜舫济的信中称:"您将乐于知道目前有9位约翰人在清华身居高位。这样清华的整个气氛与我们的老约翰一般无异。"⑦这无疑有助于戴志骞更快适应新的工作环境,并且从清华学校管理层那里获取更大力度的支持,从而更好地推动清华学校图书室的改革与发展。二来,清华学校图书室跟圣约翰大学罗氏藏书室(罗氏图书馆)不一样,在它头上没有再设一个顾问之类的管家婆婆对他指手画脚。戴志骞在那里可以获得较大的自主权,有更多的空间来发挥自己的聪明才智。三来,清华学校是留美预备学校,那里的毕业生均可资送留美,教职员工也更有机会赴美深造。这对进取心强、志向远大的戴志骞来说很有吸引力。

---

① 卜舫济与中国友人来往书信选译(一)[J]. 档案与史学,1999(4):4.

② 卜舫济与中国友人来往书信选译(一)[J]. 档案与史学,1999(4):4.

③ 徐以骅. 上海圣约翰大学(1879—1952)[M]. 上海:上海人民出版社,2009:449.

④ 安树芬,彭诗琅. 中华教育通史(第10卷)[M]. 北京:京华出版社,2010:2122.

⑤ 徐以骅. 上海圣约翰大学(1879—1952)[M]. 上海:上海人民出版社,2009:450.

⑥ 刘炎生. 林语堂评传[M]. 南昌:百花洲文艺出版社,2010:7.

⑦ 转引自:徐以骅. 上海圣约翰大学(1879—1952)[M]. 上海:上海人民出版社,2009:108.

第二节　1914 年秋季以前的清华学堂 （清华学校)图书室

1909 年 7 月 10 日,《遣派游美学生办法大纲》颁布,其中提到"在京城外择清旷地方,建肄业馆一所。(约容学生三百名,其中办事室、讲舍、书库、操场、教习学生居室均备)"①。此处的"书库"当指藏书室、图书室或图书馆。也就是说,游美肄业馆从一开始就计划要建设一所图书馆。

1909 年 9 月 28 日,外务部上奏折给宣统皇帝,其中提到清华园条件最佳,"以之建筑讲堂、操场、办事室、图书馆、教习寓庐、学生斋舍,庶几藏修游息各得其宜",故而恳他令内务府将清华园拨为游美肄业馆使用②。可见,图书馆的建设确实在游美肄业馆的计划之中。

1911 年 4 月 29 日,清华学堂在清华园正式开学。当时就读于该校的吴宓在其日记中曾多次提到清华学堂有"图书室"。1911 年 5 月 2 日,吴宓称:"监督及'三长'在图书室接见中等科各室长,余亦偕众往。"③ 5 月 12 日,吴宓提到:"总办于午十二时四十分在图书室接见各室长。"④ 6 月 2 日,吴宓称:"本校代理总办颜理庆君……,在图书室接见高等、中等科室长,余亦偕往,毫无所谈,不过敷衍应酬,勉励用功而已。"⑤ 6 月 28 日,吴宓又称:"晨十时,监督在图书室传见余等十馀人。"⑥ 显然,在清华学堂建校之初,校内已有图书室之设。不过,清华学堂图书室最初功能定位不清,经常被挪作学校接待室之用。

此外,1911 年 6 月 8 日,吴宓在日记中写到:"今日校中清理书籍。学生凡有用学堂书籍者,皆依次携至图书室,分别购取、借用二项。凡借用者,即时盖

---

① 遣派游美学生办法大纲[C]// 清华大学校史研究室 . 清华大学史料选编・第 1 卷・清华学校时期(1911—1928). 北京:清华大学出版社, 1991:120.

② 外务部为兴筑游美肄业馆奏稿 [C]// 清华大学校史研究室. 清华大学史料选编・第 1 卷・清华学校时期(1911—1928). 北京:清华大学出版社, 1991:3-4.

③ 吴宓. 吴宓日记・第 1 册(1910—1915)[M]. 北京:生活・读书・新知三联书店, 1998:61.

④ 吴宓. 吴宓日记・第 1 册(1910—1915)[M]. 北京:生活・读书・新知三联书店, 1998:67.

⑤ 吴宓. 吴宓日记・第 1 册(1910—1915)[M]. 北京:生活・读书・新知三联书店, 1998:81.

⑥ 吴宓. 吴宓日记・第 1 册(1910—1915)[M]. 北京:生活・读书・新知三联书店, 1998:98.

图书于上，作为学堂公书，读毕即当交还。余以学号编在今日，遂以午间携书往。除新体中国历史余愿借阅外，馀英文（读本、文法）、几何、物理等四种皆愿购入，共价 6.724 元。余言手中无钱，十五日星期入城，当即取钱来校以偿书价。管理人许为展限三四日，余遂出。"① 从吴宓所记，至少可以得出以下几个推断：

其一，清华学堂图书室的藏书从一开始即面向学生外借，所以吴宓才有"学生凡有用学堂书籍者""借用""归还"等语。

其二，学生外借图书之时，清华学堂图书室应当办理了一定的借书或登记手续，所以当校方通知要清理书籍时，学生便按学号依次带所借图书到图书室进行处理。

其三，清华学堂图书室的图书最初并未盖有馆藏章，而且它们一开始也并非专为馆藏所用，而是似乎带有"（代购的）教科书"的性质。学生借阅书籍之后，如果觉得它们很有用处，可以出钱将其买下。如果觉得没有必要，此次则须由图书室补盖上馆藏章，真正转为图书室的藏书，待学生阅读完毕之后，即须归还给图书室。吴宓后来又于 1912 年 3 月 5 日在日记中称："当晚，又至图书馆买书。人多，至为拥挤。"② 这即是清华学堂图书馆代售书籍又一证据。

其四，清华学堂图书室从一开始即有"管理人"负责管理。查 1911 年 2 月颁布的《清华学堂章程》，"本学堂设教务长一员，教员、管理员若干员，庶务长一员，文案员一员，庶务员若干员，会计员一员，医员一员"，未见设有职员专门负责图书室事宜③。因此，这位"管理人"有可能是兼管图书室的清华学堂职员，甚至是勤工俭学、兼职管理图书室的学生。可惜的是，未见史料记载这位管理人的姓名、职责与任职时间等。

到了 1911 年 9 月 6 日，游美学务处向外务部呈上了一份《清华学堂章程》（修订版）。其中，第三十五条规定："除上开各职员外，于教务内设教务员、图书馆经理员、彝器馆经理员；……"④ 也就是说，从 1911 年秋季开始，清华学堂正式

① 吴宓. 吴宓日记·第 1 册（1910—1915）[M]. 北京：生活·读书·新知三联书店，1998：85-86.

② 吴宓. 吴宓日记·第 1 册（1910—1915）[M]. 北京：生活·读书·新知三联书店，1998：204.

③ 清华学堂章程[C]// 清华大学校史研究室. 清华大学史料选编·第 1 卷·清华学校时期（1911—1928）. 北京：清华大学出版社，1991：149.

④ 游美学务处改行清华学堂章程缘由致外务部申呈（附《清华学堂章程》）[C]// 清华大学校史研究室. 清华大学史料选编·第 1 卷·清华学校时期（1911—1928）. 北京：清华大学出版社，1991：155.

规定,图书室隶属于教务处,且需要安排专人(称"经理员")进行管理。

但从后来的情况来看,清华学堂图书室在此后的很长一段时间之内应当仍无专人管理。这可能跟时局变化颇有关系。1911 年 10 月 10 日,辛亥革命爆发,清华学堂的许多师生纷纷离校躲避战乱,而美国本年退还的庚款又被清政府挪为军费,使得该校不得不于 1911 年 11 月 9 日宣布停课,至 1912 年 5 月 1 日才重新开学,7 月初放暑假,8 月 20 日新学期开始[①]。而且,据吴宓所记,即便清华学堂于 1912 年 5 月 1 日重新开学之后,仍有很多学生未能及时到校复课[②],他本人便是直到 1912 年 5 月 14 日才得以从上海乘船北上返校[③]。

1912 年 7 月初,清华学堂图书室利用暑假时间对馆藏中文书籍进行稽核,并于 7 月 8 日刊印了《核对华文书籍与旧目录不符残缺不完全特记簿》。在这本小册子当中,有一条关于严复所译《群学肄言》的记载:"查旧账宣统三年八月二十六日刘履楷借去,是否缴回无从查悉。"[④] 也就是说,清华学堂学生刘履楷于"宣统三年八月二十六日"(公历 1911 年 10 月 17 日)从图书室借阅了一本《群学肄言》,但直到 1912 年 7 月,图书室依然不清楚他是否已经归还。这表明,(一)清华学堂图书室从一开始就制定了某种借书手续,所以后来才会有所谓的"旧帐"可以用来查对馆藏图书的借还情况;(二)清华学堂图书室最初尚未制定较为正式而严密的规章制度,其借书手续尚不健全,也没有规定明确的借书期限;(三)校方仍未派有专人负责管理图书室,所以图书室在管理上显得有些混乱,既未能及时发现外借的图书是否已经归还,也无法及时催促学生归还所借图书。

在核对完馆藏图书之后,图书室开始搬往高等科。1912 年 8 月 10 日,吴宓在日记中写到:"校中之图书馆近复移设高等科,日来装车搬运,堆置纷乱,并停

① 韦庆媛. 清华大学图书馆初创时期的几个关键问题述证[J]. 国家图书馆学刊,2013(4):77.

② 吴宓. 吴宓日记·第 1 册(1910—1915)[M]. 北京:生活·读书·新知三联书店,1998:247.

③ 吴宓. 吴宓日记·第 1 册(1910—1915)[M]. 北京:生活·读书·新知三联书店,1998:248.

④ 转引自:韦庆媛. 清华大学图书馆初创时期的几个关键问题述证[J]. 国家图书馆学刊,2013(4):77. 另:韦庆媛未将"宣统三年八月二十六日"转换为公历,以至于误称"1911 年 8 月 26 日,刘履谐借去《群学肄言》一册"。

止阅书。"①此次图书室乃是搬往清华学堂大楼后面的平房内,其西侧为礼堂(后改为"同方部")与庶务处②。据《核对华文书籍与旧目录不符残缺不完全特记簿》,"旧目录部数少而书柜内部数多者" 162 册,"旧目录无此书而书柜内实有此书" 共 1 614 册,"旧目录有此书而书柜内实无此书" 56 册,"残缺不完全之书" 129 册③,亦即清华学堂图书室稽核之后实际拥有中文图书 1 905 册。这些中文图书主要是《史记》《左传》《资治通鉴》等古籍,也有不少中小学文科与理科的教科书,以及若干中外地图④。

在清华学堂时期,图书室最早使用的印鉴应当是中文长方形印鉴"清华学堂公用书籍"⑤,1912 年 7 月,盘点中文藏书时使用过一种中文-世界语对照的椭圆形印鉴"清华学堂图书馆(LA IMPERIA CING-HUA KOLEGIO)"⑥。伴随着清华学堂改称清华学校,图书室的印鉴也发生了相应的变化,早期使用过"清华学校公用书籍"长方形印鉴⑦,后来改为中文-英文对照的椭圆形印鉴"清华学校图书室(TSING HWA COLLEGE LIBRARY)"⑧,再后又改用中文-英文对照的椭圆形印鉴"清华学校图书室(TSING HUA COLLEGE LIBRARY)"⑨。这些形状不同、内容各异的印鉴无疑呈现了清华学堂(清华学校)及其图书室的早期发展史实,颇有研究价值。

此外,目前所见关于清华学校图书室负责人的最早记载出现在 1913 年 8 月刊印的《清华学校信息公告(1913—1914 学年)》(*The Tsing Hua College Bulletin*

---

① 吴宓. 吴宓日记·第 1 册(1910—1915)[M]. 北京:生活·读书·新知三联书店,1998:256.

② 韦庆媛. 清华大学图书馆初创时期的几个关键问题述证[J]. 国家图书馆学刊,2013(4):77.

③ 韦庆媛. 清华大学图书馆初创时期的几个关键问题述证[J]. 国家图书馆学刊,2013(4):78.

④ 韦庆媛. 清华大学图书馆初创时期的几个关键问题述证[J]. 国家图书馆学刊,2013(4):78.

⑤ 《百年清华图书馆》编写委员会. 百年清华图书馆[M]. 北京:清华大学出版社,2012:15.

⑥ 韦庆媛,邓景康. 清华大学图书馆百年图史[M]. 北京:清华大学出版社,2013:16.

⑦ 《百年清华图书馆》编写委员会. 百年清华图书馆[M]. 北京:清华大学出版社,2012:15.

⑧ 韦庆媛,邓景康. 清华大学图书馆百年图史[M]. 北京:清华大学出版社,2013:17.

⑨ 《百年清华图书馆》编写委员会. 百年清华图书馆[M]. 北京:清华大学出版社,2012:15.

of Information，1913-1914)中。据其记载，在 1912—1913 学年(大约在 1912 年 8 月 20 日至 1913 年 8 月之间)，一位名叫"Tong Kwanlu"的人担任清华学校"图书室主任"[①]。可惜无法查知"Tong Kwanlu"到底是何人。这就导致，在迄今所见的清华学校(清华大学)校史资料与研究论述当中，这位"Tong Kwanlu"均未被视为清华学校图书室的第一位主任。

其后，黄光接掌了清华学校图书馆室。黄光，字朝栋[②]，英文名为"Kuang Huang"[③]，或写成"Huang Kuang"[④]，1891 年[⑤] 出生在广东省广州府香山县(后改名为中山县，即今广东省中山市)。黄光于 1911 年 8 月进入清华学校留美预备部高等科就读，至 1913 年夏毕业。由于经费问题，清华学校未能立刻将黄光等人放洋留学。黄光没有返乡，而是留在北京等待留美。出于生计考虑，黄光受聘担任清华学校图书室管理员一职，在 1913 年秋季新学期开始之后正式就职。也就是说，从 1913 年秋季起，黄光正式成为清华图书室的第一任专职管理员。到了 1914 年夏，黄光已经确定会被派遣留美，于是提出辞职，后由戴志骞接任。

第三节　戴志骞对清华学校图书室的贡献

1914 年夏，戴志骞辞职离开了圣约翰大学罗氏图书室，转投北京清华学校。1914 年 8 月[⑥]，他开始执掌清华学校图书室。

此前，一般认为戴志骞担任的职务就是清华学校图书室主任。比如，韦庆媛指出："戴志骞是中国近代著名图书馆学家，也是清华图书馆历史上影响最大

---

① Tsing Hua College. *The Tsing Hua College Bulletin of Information，1913-1914*[M]. Peking: The Tsing Hua College，1913：5. 转引自：韦庆媛. 清华大学图书馆初创时期的几个关键问题述证[J]. 国家图书馆学刊，2013(4)：79.

② 国立清华大学校长办公室. 清华同学录[M]. 北京：国立清华大学校长办公室，1937：40.

③ Yale University. *Alumni Directory of Yale University：Living Graduates and Non-graduates*[M]. New Haven：Issued for Private Distribution by Yale University，1926：196.

④ Club and Personal News[J]. *The Chinese Students' Monthly*，1914，10(1)：48.

⑤ 韦庆媛. 清华大学图书馆初创时期的几个关键问题述证[J]. 国家图书馆学刊，2013(4)：79.

⑥ 清华学校. 清华学校一览[M]. 北平：清华学校，1917：5.

的一位主任。他于 1914 年 8 月—1928 年 9 月任清华图书室(馆)主任,是继黄光之后的第二任主任。"① 又如,《百年清华图书馆》指出:"继黄光之后,1914 年 9 月戴志骞受聘担任图书室主任。"② 但查阅《清华周刊》所载图书室相关报道,可以清楚地看到,清华学校图书室负责人在 1916 年夏季以前称"管理员"(或简称"管理"),1916 年秋季以后才称"主任"。而且,《圣约翰大学章程汇录(西历一千九百十四年九月起至十五年七月止)》与《圣约翰大学章程汇录(西历一九一五年九月至十六年七月)》,对戴志骞的介绍也都是"本校文科学士北京清华学校图书室管理员"③。此外,据韦庆媛的考察,清华学校图书室大约于 1917 年 10 月中下旬改称"清华学校图书馆",并正式启用"清华学校图书馆"印章,公函用纸标题也都改为"清华学校图书馆"④。1917 年刊印的《清华学校一览》也称戴志骞的职务是"图书馆主任"⑤。因此,可以认为,1914 年秋至 1916 年夏,戴志骞担任清华学校图书室管理员,但此时管理员其实就是清华学校图书室的最高负责人,相当于后来的"主任"或"馆长";1916 年秋季起,他担任清华学校图书室主任;1917 年 10 月中下旬起,他改任清华学校图书馆主任。

据洪有丰于 1931 年编制的《二十年来馆员人数比较表》,清华学堂(清华学校)图书馆历年工作人员数量如下:1912 年仅有 1 个,1913—1915 年均为 2 个,1916—1917 年均为 3 个⑥。由此可知,1914 年秋至 1917 年夏,戴志骞仅有一至二个助手协助他管理清华学校图书室。对于他的这些助手的姓名、籍贯等情况未见明确记载。可以推测,他们可能是勤工俭学的学生助理,经常变来变去。直到 1916 年 8 月,清华学校图书室才来了一位有名有姓的馆员,即"北京大学预科毕

---

① 韦庆媛. 清华大学图书馆初创时期的几个关键问题述证[J]. 国家图书馆学刊,2013(4):79.

② 《百年清华图书馆》编写委员会. 百年清华图书馆[M]. 北京:清华大学出版社,2012:10.

③ 圣约翰大学. 圣约翰大学章程汇录(西历一千九百十四年九月起至十五年七月止)[M]. 上海:上海美华书馆,1915:152;圣约翰大学. 圣约翰大学章程汇录(西历一九一五年九月至十六年七月)[M]. 上海:上海美华书馆,1916:170.

④ 韦庆媛. 清华大学图书馆初创时期的几个关键问题述证[J]. 国家图书馆学刊,2013(4):81.

⑤ 清华学校. 清华学校一览[M]. 北平:清华学校,1917:5.

⑥ 洪有丰. 二十年来之清华图书馆[C]// 清华大学校史研究室. 清华大学史料选编·第 1 卷·清华学校时期(1911—1928). 北京:清华大学出版社,1991:458.

业曾充北京青年会夜学英文教员"的袁同礼(字守和)①。起初,袁同礼似乎并非全职馆员,而是"英文兼图书助理"②;1917 年秋季开学后,他仅担任"图书馆襄理"③。简而言之,他是清华学校的正式教职员,不同于以往的学生助理。大概就是因为这样,1916 年夏季以前,戴志骞在清华学校图书室还只是"孤家寡人",所以仅被称为"管理员"("管理");而到了 1916 年秋季,由于来了袁同礼这个拥有清华学校正式聘书的助理,戴志骞顺理成章地升为"主任"了。但是,戴志骞仍然需要亲自动手处理相关事务,如对英文书籍进行简单分类④、编撰杂志标题汇表⑤等。因为人力不足,清华学校图书室甚至还不得不将过刊送往上海进行装订,然后再寄送回来⑥。

从 1914 年秋到 1917 年夏,戴志骞充分发挥其聪明才智与主观能动性,对清华学校图书室进行了一定的革新,使之"开始进入了第一个迅速发展的时期"⑦。其主要贡献如下:

(一)推动图书室成为清华学校的行政单位之一,积极争取更多经费

清华学堂(清华学校)图书室最初隶属于庶务处,仅有一两个兼职人员负责管理。黄光之后,才开始有专人负责管理图书室。由于并非独立的行政单位,清华学堂(清华学校)图书室在经费方面吃亏不小:"本馆图书费,向无定额,系由学校随意拨给。民国三年以前仅千余元。"⑧具体而言,在 1912 年,图书室经费仅有 1 255 元;1913 年,图书室经费略有增加,但还是只有 1 959 元⑨。

戴志骞到任之后,充分利用他与清华学校管理层之间的有利关系,推动图书室脱离庶务处的辖制,成为清华学校的一个独立的行政单位。这一变化虽然无

---

① 清华学校. 清华学校一览[M]. 北平:清华学校,1917:6.

② 新聘人物[J]. 清华周刊,1916(80):15;图书增加[J]. 清华周刊,1916(80):17.

③ 清华学校. 清华学校一览[M]. 北平:清华学校,1917:6.

④ 图书汇志[J]. 清华周刊,1916(86):20.

⑤ 图书室阅书新法[J]. 清华周刊,1916(88):17.

⑥ 图书室报告[J]. 清华周刊,1916(90):21.

⑦《百年清华图书馆》编写委员会. 百年清华图书馆[M]. 北京:清华大学出版社,2012:10.

⑧ 洪有丰. 二十年来之清华图书馆[C]// 清华大学校史研究室. 清华大学史料选编·第1卷·清华学校时期(1911—1928). 北京:清华大学出版社,1991:453.

⑨ 洪有丰. 二十年来之清华图书馆[C]// 清华大学校史研究室. 清华大学史料选编·第1卷·清华学校时期(1911—1928). 北京:清华大学出版社,1991:455.

法取得立竿见影的成效,却为清华学校图书室后来的快速发展创造了重要条件,可谓是其发展历程中的一个重要事件[①]。与此相应,图书室经费也逐年增加。据洪有丰 1931 年编制的"二十年来实支图书经费比较表",在 1914—1917 年,图书室每年实际使用的经费分别是 4 270 元、9 553 元、13 586 元与 11 129 元[②],跟1913 年以前相比可谓增加甚多。

(二)加强采访工作,积极增加馆藏

馆藏是图书室(图书馆)存在与发展的前提与基础。戴志骞到任之后,十分重视清华学校图书室的馆藏建设,付出了很大的努力。1915 年 9 月 22 日,《清华周刊》第 47 期指出:"室内关于文学历史教育理化等书,增加甚多。而前所未有之书,如经济学、社会学、心理学、论理学、生物学等,现亦由美运到多种。"[③] 由此可见,戴志骞不仅采购文学、历史、教育与理化等常用学科的书籍,还注意采购图书室以前所没有的经济学、社会学、心理学等学科的书籍,以改善清华学校图书室的藏书构成情况,为全校师生提高学识、扩展视野创造了良好条件。

众所周知,清华学校是留美预备学校,其毕业生基本上都会派往美国留学,所以需要具备较高的英语能力。为此,清华学校十分注重英语教学。与此相应,戴志骞当然非常重视外文(主要是英文)书刊的采购工作,以便为学校师生提供尽可能充分的文献支持。

查阅《清华周刊》,可以看到不少与外文(主要是英文)书刊采购相关的报道。1916 年 2 月 22 日,《清华周刊》第 65 期指出:"校中图书室,近由美国购来参考之新书四箱,约三百余种。"[④] 1916 年 2 月 29 日,《清华周刊》第 66 期指出:"本校图书室上星期由美寄到英文书籍四百余本,中有德文、法文、英文、文学、心理学、小说等类。"[⑤] 1916 年 3 月 15 日,《清华周刊》第 68 期称:"上星期本校图书室收到英文书籍四十二本,中文书籍十四本。"[⑥] 1916 年 9 月 27 日,《清华周刊》第 80 期指出:"又新添汉文书籍三百四十六种,英文书籍一千九百种,杂志六

---

① 《百年清华图书馆》编写委员会. 百年清华图书馆[M]. 北京:清华大学出版社,2012:10.

② 洪有丰. 二十年来之清华图书馆[C]// 清华大学校史研究室. 清华大学史料选编·第1 卷·清华学校时期(1911—1928). 北京:清华大学出版社,1991:455.

③ 图书扩充[J]. 清华周刊,1915(47):5.

④ 图书增加[J]. 清华周刊,1916(65):16.

⑤ 书籍增加[J]. 清华周刊,1916(66):16.

⑥ 图书新到[J]. 清华周刊,1916(68):14.

种，……"① 1916 年 10 月 4 日，《清华周刊》第 81 期又称："本校图书室前向美国定购各种书籍二百余种，现已一律到校矣。"② 1916 年 10 月 25 日，《清华周刊》第 84 期称："本校图书室现由上海运到书籍十一种，又由英国伦敦运来书籍一箱云。"③ 1917 年 3 月 8 日，《清华周刊》第 99 期指出："二月中图书馆添购西文书籍凡三十种，中文书籍凡十七种，并预备美金四千元，为今夏扩充图书馆时专购西书之用。"④ 1917 年 4 月 5 日，《清华周刊》第 103 期称："本校图书馆所到新书六大箱，共二百五十九本，均系英法文学及历史等书。图书馆现有西文杂志六十八种，今年仍继续订购，并拟添置英法德各国所出杂志二十三种。惟国内杂志，现正在物色中，尚未定加若干也。"⑤

据洪有丰所述，1912 年清华学堂图书室初建之时，"中西文共仅二千余册"⑥。到了 1915 年下学期，清华学校图书室中文藏书为"二万四千五百册"，西文藏书为"四千册"；1916 年上学期，中文藏书为"三万册"，西文藏书为"五千册"；1916 年下学期，中文藏书为"三万零五百册"，西文藏书为"五千八百册"；1917 年上学期，中文藏书为"三万一千八百册"，西文藏书为"六千七百册"；1917 年下学期，中文藏书为"三万二千册"，西文藏书为"七千八百册"⑦。而据清华学校留下的档案资料记载，到 1917 年 6 月，清华学校图书室共有中文图书 33 726 册、英文图书 5 000 余册⑧。虽然不同资料提供的数目略有差异，但有一点是确定无疑的，那就是，在戴志骞的不懈努力之下，清华学校图书室的藏书数量增长迅猛，既为全校师生提供了充足的参考资料，也为学校的快速发展提供了坚实的文献基础。

不过，据 1917 年《清华学校一览》所载"民国五年至六年各项常任委员表"，清华学校在"搜采图书"领域设有国文教科书讨论股〔饶檀龄（主任）、戴元龄、李奎先〕、汉文图书搜采股〔张贵馨（主任）、余文江、陆鸿基〕与西文图书搜采股〔王文显（主任）、施美士、谭唐〕，聘请了总共九位常任委员，但戴志骞居然不在

① 图书增加[J]. 清华周刊，1916(80)：16.

② 新书到校[J]. 清华周刊，1916(81)：17.

③ 新书到校[J]. 清华周刊，1916(84)：24.

④ 图书馆报告[J]. 清华周刊，1917(99)：22.

⑤ 志图书馆[J]. 清华周刊，1917(103)：22.

⑥ 洪有丰. 二十年来之清华图书馆[C]// 清华大学校史研究室. 清华大学史料选编·第 1 卷·清华学校时期（1911—1928）. 北京：清华大学出版社，1991：453.

⑦ 本校图书馆纪要[J]. 清华周刊，1919(S5)：24-25.

⑧ 转引自：《百年清华图书馆》编写委员会. 百年清华图书馆[M]. 北京：清华大学出版社，2012：11.

其中①。可见,在此阶段,戴志骞在图书采访领域拥有的自主性相当有限。

(三)改进图书登记与分类方法

藏书的不断增加也对清华学校图书室的分编工作提出了新的要求。据洪有丰所述,清华学堂(清华学校)图书室最初对于藏书"只有登录号数,而无分类号码及书目"②。而在戴志骞到任之后,随着藏书日益增多,清华学校图书室开始建立详细的图书管理账目记录簿。这些帐簿现在仍然完好无损地保存在清华大学图书馆资源建设部的书橱内。其中,最早的一册西文图书目录账本设立于1916年2月5日,乃是用花体英文写就,记录了清华学校图书室收藏的第1~2 000种西文图书③。

此外,在1915年9月,鉴于中文书籍渐多,戴志骞"新编书目一册,阅者但依类检查,即得书名"④。至迟到1916年11月初,戴志骞又开始给新购的英文图书进行分类。他将英文书名用字母分类,制作成一种表格,挂在图书室内,读者可据之查知自己欲阅图书所在的位置,十分便利⑤。差不多与此同时,他又将所购中英文杂志所载文章标题列成一种表格,方便读者据之查阅⑥。

(四)改进图书阅览、流通与借阅服务

据洪有丰在1931年所述:"民国三年以前,书籍概不借出,只可在阅书室阅览。"⑦戴志骞到任之后,积极改进清华学校图书室的图书流通与借阅制度:"后始准借出,并规定每人一次借书三册,以二星期为限。届时若无他人需要,亦可续借一次。"⑧他还增加了图书室的开放时间,"每日阅览时间,亦视前增加二倍。"⑨

---

① 清华学校. 清华学校一览[M]. 北平:清华学校,1917:15.

② 洪有丰. 二十年来之清华图书馆[C]// 清华大学校史研究室. 清华大学史料选编·第1卷·清华学校时期(1911—1928). 北京:清华大学出版社,1991:461.

③《百年清华图书馆》编写委员会. 百年清华图书馆[M]. 北京:清华大学出版社,2012:12.

④ 图书扩充[J]. 清华周刊,1915(47):5.

⑤ 图书汇志[J]. 清华周刊,1916(86):20.

⑥ 图书室阅书新法[J]. 清华周刊,1916(88):17.

⑦ 洪有丰. 二十年来之清华图书馆[C]// 清华大学校史研究室. 清华大学史料选编·第1卷·清华学校时期(1911—1928). 北京:清华大学出版社,1991:462.

⑧ 洪有丰. 二十年来之清华图书馆[C]// 清华大学校史研究室. 清华大学史料选编·第1卷·清华学校时期(1911—1928). 北京:清华大学出版社,1991:462.

⑨ 戴志骞. 清华学校图书馆之过去,现在,及将来[J]. 清华周刊,1927(408):550.

　　清华学校图书室最初都是使用书橱放置书籍,但书橱可供容纳书籍的空间有限,又过于笨重,不便移动。有鉴于此,大约在 1915 年 9 月,戴志骞开始使用书架来放置英文书籍,并在书架上标明书籍的种类,方便读者查找,"阅者咸称便利"①。

　　1915 年暑假期间,清华学校图书室还允许学生借阅图书,供其自修。可惜的是,有些学生自觉性太差,不知爱护自己借阅的书籍,以至于多本珍贵图书损毁。有鉴于此,戴志骞也不得不决定,不再允许学生在 1916 年暑假借书回家②。

　　1916 年秋,为了方便学生,清华学校图书室甚至采取了开架阅览模式。1916 年 11 月 8 日《清华周刊》第 86 期报道:"同学欲阅何书,即可由表中得知其所置处,直往取阅,甚资利便。"③

(五)扩充图书室空间

　　馆舍是任何一所图书馆存在与发展的空间基础。没有充足的馆舍,图书馆就没有发展的余地。

　　1912 年初创之际,清华学堂图书室仅有大屋一间、小屋二间④。1913 年底,新任校长周诒春提出要把清华学校改办成独立大学,并积极进行物质准备。而自 1914 年秋戴志骞上任以后,为满足学校快速发展与师生数量不断增加的要求,清华图书室在馆藏建设方面用力颇巨。随着藏书数量的不断增加,图书馆原有空间渐渐不敷使用。其间,虽然曾并入邻近屋室,但图书室总体上仍然显得狭小局促⑤。建设一栋独立馆舍势在必行。在这种大背景下,美国建筑师亨利•基拉姆•墨菲(Henry Killam Murphy,或译为"茂飞")得以跟清华学校结缘。

　　墨菲生于美国康涅狄格州(Connecticut),1899 年毕业于耶鲁大学,并获得文学士学位(B. A.)⑥。毕业之后,墨菲先后在纽约的几家建筑设计所实习,1905 年赴欧洲游历,1908 年回到纽约,并与理查德•亨利•达纳(Richard Henry Dana)

① 图书扩充[J]. 清华周刊,1915(47):6.

② 停止借书[J]. 清华周刊,1916(S2):28.

③ 图书汇志[J]. 清华周刊,1916(86):20.

④ 洪有丰. 二十年来之清华图书馆[C]// 清华大学校史研究室. 清华大学史料选编•第 1 卷•清华学校时期(1911—1928). 北京:清华大学出版社,1991:449.

⑤ 戴志骞. 清华学校图书馆之过去,现在,及将来[J]. 清华周刊,1927(408):550.

⑥ Yale University. *Catalogue of Yale University* (*1899–1900*)[M]. New Haven:The Tuttle, Morehouse & Taylor Press,1899:366.

合办了一家建筑设计所 ①,名叫"墨菲与达纳建筑设计所"(Murphy & Dana Architects)。其后,墨菲在美国设计了多处校园建筑,但总体上来说仍是一个名气不大的建筑师。

1914 年,墨菲的职业生涯迎来了转机。1914 年 4 月 27 日,墨菲抵达日本横滨,然后前往东京郊外的圣保罗学校(St. Paul School)新址,对其校园设计提供评估意见与设计服务。他在日本呆了大约 1 个月的时间 ②。

1914 年 5 月下旬,墨菲抵达上海,呆了一天,便乘船沿长江而上,前往长沙。他在长沙呆了两周,参加了雅礼大学(College of Yale-in-China)校园的设计工作 ③。

1914 年 6 月 6 日,墨菲从长沙乘坐火车前往北京 ④。抵达北京之后,经过安排,他被介绍给时任清华学校校长周诒春(Y. T. Tsur),而这跟周诒春是 1909 年耶鲁大学毕业生多少有点关系 ⑤。1914 年 6 月 13—15 日,周诒春连续三日与墨菲进行磋商,邀请对方设计清华学校的新校园 ⑥。经过商谈,双方约定,墨菲方面将为清华学校设计大礼堂、图书馆、科学馆与体育馆四大建筑,而清华学校需要支付总共 1500 美金的报酬 ⑦。1914 年 8 月初,墨菲方面完成设计草图;9 月底,周诒春在美国与墨菲与达纳建筑设计所商讨、修改并决定了最终设计方案 ⑧。

1915 年 2 月 15 日,周诒春要求墨菲与达纳建筑设计所将设计方案送交清华学校,以便在一个月后进行招投标,确保工程可以在 1915 年 8 月中旬开始,至

① 戴阿宝. 墨菲与清华园空间的跨越[M]// 戴阿宝. 文字的幻景. 南京:南京大学出版社, 2012:33.

② Cody, W. Jeffrey. *Building in China: Henry K. Murphy's "Adaptive Architecture", 1914-1935* [M]. Hong Kong: The Chinese University of Hong Kong, 2001:29-34.

③ Cody, W. Jeffrey. *Building in China: Henry K. Murphy's "Adaptive Architecture", 1914-1935* [M]. Hong Kong: The Chinese University of Hong Kong, 2001:34-44.

④ Cody, W. Jeffrey. *Building in China: Henry K. Murphy's "Adaptive Architecture", 1914-1935* [M]. Hong Kong: The Chinese University of Hong Kong, 2001:44.

⑤ Cody, W. Jeffrey. *Building in China: Henry K. Murphy's "Adaptive Architecture", 1914-1935* [M]. Hong Kong: The Chinese University of Hong Kong, 2001:45.

⑥ Cody, W. Jeffrey. *Building in China: Henry K. Murphy's "Adaptive Architecture", 1914-1935* [M]. Hong Kong: The Chinese University of Hong Kong, 2001:45, 58.

⑦ Cody, W. Jeffrey. *Building in China: Henry K. Murphy's "Adaptive Architecture", 1914-1935* [M]. Hong Kong: The Chinese University of Hong Kong, 2001:46.

⑧ Cody, W. Jeffrey. *Building in China: Henry K. Murphy's "Adaptive Architecture", 1914-1935* [M]. Hong Kong: The Chinese University of Hong Kong, 2001:49.

1916年9月竣工[①]。不过,清华学校四大建筑的建设过程并未如周诒春所愿。图书馆与体育馆均于1916年4月开工,科学馆与大礼堂到了1917年4月才开工[②]。

1916年3月28日,清华学校与天津的德商泰来洋行(Ex-German Co., Tientsin)签订合同,由其承包图书馆的土木工程。1916年4月,图书馆正式开工建设,定于1917年8月1日完工[③]。可惜的是,图书馆工程建设屡屡延误,戴志骞未及见其竣工,便已经赴美留学了。但是,可想而知,戴志骞在其间必然也起到过不小的作用。

1916年暑假期间,由于原有图书室过狭过小而新馆竣工又遥遥无期,经学校当局同意,图书室将走廊与旧照相室纳入其使用范围当中,使其使用空间增加了大约三分之一,暂时解决了藏书增加与空间狭小之间的矛盾[④]。

(六)制定规章制度,加强管理

1917年,在戴志骞的主持之下,清华学校图书馆制订了第一份《图书馆规则》,涉及图书馆的开放时间、书刊借阅方法、违规处罚办法等[⑤]。这份《图书馆规则》曾载于1917年刊印的《清华学校一览》中,现转录并酌加标点符号如下:

图书馆规则

一、图书馆时刻,除假期外,定于每日上午八时至十二时、下午一时至四时、晚间七时半至九时半。星期六只由上午八时至十二时。星期日晚间照常开馆。

二、取书及换书时刻定于每日下午二时至四时,星期六上午十时至十二时。

三、取书或换书出外时必经图书馆管理员登记。

四、最近出版杂志应在馆内阅看,不得取出。看毕后须仍置原处。

五、各种教科书、百科全书、参考书、报告册帙及装订成册之杂志、教员指定备考之书籍等,只准在馆内查阅,不得取出。

六、凡经教员指定参考之书籍杂志等,有欲于晚间九时半后取出者,须得图书馆主任之特别允许。但须于次晨八时至九时半内归还,逾限者每册每小时应

① Cody, W. Jeffrey. *Building in China: Henry K. Murphy's "Adaptive Architecture", 1914-1935* [M]. Hong Kong: The Chinese University of Hong Kong, 2001: 50.

② 清华学校校舍工程[C]// 清华大学校史研究室. 清华大学史料选编·第1卷·清华学校时期(1911—1928). 北京:清华大学出版社,1991:448.

③ 苏云峰. 从清华学堂到清华大学(1911—1929)——近代中国高等教育研究[M]. 北京:生活·读书·新知三联书店,2001:103.

④ 图书增加[J]. 清华周刊,1916(80):16.

⑤ 韦庆媛,邓景康. 清华大学图书馆百年图史[M]. 北京:清华大学出版社,2013:39.

罚大洋一分。如取书人逾限至三次者,得于本学期停止其取出各该项书籍杂志之权利。

七、职教员及学生,除中等科第一、二年级学生一科不得取书外出外,每次准取书籍杂志二本。如教员为教授上所用者不在此例。

八、取出书籍杂志之期限以两星期为度。倘取出之书籍杂志适值校中需用时,虽期限未满,亦得向取书人索还。

九、取出之书籍杂志如逾期不还,则每天每册应罚大洋一分。

十、教员于教授上应用之参考书,无论何时取出,必于每学期试验前尽行检还图书馆。

十一、取出之书籍杂志如有污损等事,应即议罚议赔。如有失落,即照原价赔偿。

十二、在馆内阅书时,不准谈笑喧哗及其不规则之行为,违者得由图书馆主任停止其享用图书馆之权利。停止时期之久暂,应由图书馆主任酌定。

(七)为《清华周刊》提供相关信息,刊登各类短讯,向读者介绍图书室工作进展

查阅《清华周刊》,与图书室相关的短讯大致可以分为四类。一为图书采访类,包括"图书增加""书籍增加""新书到校""图书新到""又添书籍""添购书籍"等,主要介绍图书室最新采购到位的图书,偶尔也会介绍社会赠书情况;二为图书流通类,包括"借书报告""图书报告""报告一束"等,介绍某个时间段内(基本上是一月一次)图书室藏书的出借情况,主要是各类图书(如哲学、宗教学、文学等)的出借册数;三为赠书鸣谢类,如"惠书鸣谢""赠书鸣谢""赠书志谢"等,专门向向图书室赠书的个人与机构表示感谢;四为综合类,如"图书汇志""图书室报告"等,涵盖前述三类内容。这些短讯,既有力地宣传了清华学校图书室(馆)的工作进展,也有助于读者了解其最新动态,以便争取学校管理层与师生的支持与谅解,因而具有很高的现实意义。

第四节 其他活动

《清华周刊》还记录了1914年秋至1917年夏戴志骞在清华学校的其他活动,主要如下:

　　1915 年 11 月 22 日,清华学校华员公会举行全体大会,通过了公会详章。同年 11 月 26 日晚上,华员公会又举行董事会议,商讨公会运行事宜,设立文事、游艺、体育、图书、管理、宴集、陈饰各部,并选举戴志骞与李仲华、唐悦良、梅月涵、庄达卿、虞谨庸、周忻民、苏少禾、陈敬侯、王维周、张子衡、陈筱田、马约翰、张恺臣等人为副董事①。

　　1916 年 3 月 25 日(星期六)下午两点,六校联合辩论会预赛在汇文大学举行,戴志骞与戴梦松带领清华学校辩论队正组前去参赛②。六校联合辩论会由汇文大学教师威尔逊于 1915 年秋发起,参加的六所学校包括汇文大学、通州华北协和大学、北京大学、北平税务专门学校、北京高师与清华学校,其目的在于提高各校学生的辩才③。前文已经指出,戴志骞在上海圣约翰学校(圣约翰大学)就读期间,曾经因为中文演说最为出色而两次获得金牌奖。大概就是因为这样,口齿伶俐、功力不凡的戴志骞就成了清华学校辩论队的带队老师,或许还负有指导之责。

　　1916 年 11 月,清华学校决定创办售品所,由唐孟伦、庄达卿、樊季清、张子衡、戴志骞、张恺臣、余文江等人主持,力求为全校师生提供卫生便利的购物条件④。

　　1917 年 4 月 7 日(星期六),清华学校举办第六次周年运动会,戴志骞也参与其中,与唐孟伦、李松涛一起担任丁组的裁判员⑤。

---

① 董事会议[J]. 清华周刊,1915(57):6.

② 辩论大观[J]. 清华周刊,1916(70):14.

③ 六校辩论[J]. 清华周刊,1915(51):4.

④ 售品所将成立[J]. 清华周刊,1916(87):21-22.

⑤ 周年运动[J]. 清华周刊,1917(104):18-23.

第五章

首次赴美留学

第一节　启程赴美

1917 年夏,戴志骞获得了清华学校的留美津贴,得以赴美深造。他的这一机会可谓来之不易。1916 年 11 月 28 日,周诒春在其致圣约翰大学校长卜舫济的信件中提到,清华学校"虽然也曾为一些优秀的自费学生准备了数量有限的奖学金,但只授予贫困的学生,而且已被在美国公认有名望的机构所接受,学习成绩还要非常令人满意"①。据此推断,戴志骞之所以能够取得清华学校自费津贴生的资格,一是因为他在圣约翰学校(圣约翰大学)就读期间的学业成绩极佳,二是因为他当时所得工资微薄,却至少要养活他本人、妻子与三个儿女,所以家庭境况难免有点困窘,确实需要津贴支持。

1917 年 6 月 6 日,戴志骞填写了一份纽约州立图书馆学校的入学申请书。其推荐人是时任上海圣约翰大学校长卜舫济与清华学校校长周诒春。现将两人的推荐信翻译如下:

1917 年 5 月 29 日

小詹姆斯·I. 怀尔先生,校长

纽约州立图书馆学校

阿尔巴尼城,纽约州,美国

亲爱的先生:

我以前的一个学生,戴志骞先生,文学士,请求我写一封推荐信。1909—1914 年,他在本校图书馆工作,最初是一边完成学业一边在图书馆兼职,后来在

---

① 卜舫济与中国友人来往书信选译(一)[J]. 档案与史学,1999(4):9.

1912—1914 年间则是在图书馆全职工作。

他在履行职责方面做得令人非常满意。失去了他,我们都很遗憾。他离开我们,转而担任了清华学校图书馆主任一职。你可以在信封内找到他在圣约翰大学求学时的一份成绩单。我相当确信,他将证明自己是一名优秀学生,并且会充分利用你给予他的任何机会。中国正开始需要大批图书馆员,所以贵校将会在推进中国图书馆发展方面展现出重大价值。

你的忠实的

卜舫济

(并附推荐表,上面盖有"上海圣约翰大学堂"印)

1917 年 6 月 13 日

J.I. 怀尔先生

阿尔巴尼城,纽约州

亲爱的怀尔先生:

应本校图书馆主任戴志骞先生之请,我随信附上为他填写的推荐表。戴先生是一个极其认真负责的人,干练而积极;他在这里是一个优秀的图书馆员,令人非常满意。不过,他非常需要专业训练。如果你能够录取他,那么你就真的给中国帮了个大忙。中国迫切需要接受过专业训练的图书馆员,而清华学校希望在这方面成为一名先行者,拥有一名接受过专业训练的图书馆员。本校拥有中国最好而又最为现代化的建筑之一,更拥有大笔正在不断增加的基金;现在,我们需要让戴先生接受专业训练,以便满足形势需要。我曾经希望可以聘请一位美国人来服务一段时间,以便推进相关事务的发展。不过,中国正处于大国沙文主义时期,正在慢慢清除外国人的影响。因此,我们能做的顶多是让尽可能多的中国人掌握西方的方法。

你会发现戴先生乐于工作,极其认真负责,比普通中国人更为坦率,既是一位完完全全的绅士,也是一个接受过相当训练的中国学者。

现在回想起来,几年前,我曾作为杜威博士的朋友,当面问过你有关拼写改革的问题。自那以后,我前往太平洋沿岸地区,并在那里得到了一份条件优越的聘书,于是回到了这里。当前,我们不知道中国将走向何方;我们似乎正徘徊在另一次革命的边上。但报纸报道太过夸张了!

你的非常忠实的,

周诒春

（所附推荐表最后注明"1917年5月21日"（May 21st 1917），并盖有"清华学校校长室"印）

1917年7月1日，纽约州立图书馆学校收到戴志骞寄来的入学申请书，经过审核，于7月5日同意接收戴志骞入学①。现将这份入学申请书转录如下：

纽约州立图书馆学校入学申请书

请亲笔书写，准确、具体地回答问题。如果需要更多空白，请加页回答，并在纸上添加准确页码。

1917年6月6日

本人已经仔细阅读图书馆学校的手册，并且了解其目标、方法与要求。

我希望于1917年9月至1918年7月间在学校就读一年。下面我将尽可能准确地提供所需信息，以便贵校就我的入学申请做出决定。

1. 全名：戴志骞 Chih-chien Tai（T. C. Tai）

2. 地址：清华学校图书馆，北平，中国

3. 年龄：29岁　4. 婚否：已婚　5. 健康状况：良好

6. 你过去一年中因病休息几天？两天

7. 你是否有任何明显的身体缺陷，如跛脚或视力、听力与语言表达方面的缺陷？没有

8. 请列举能够正面评价你的性格、能力与经验的推荐人。

[希望申请人不要列举其家人或近亲，而应当将其大学老师、学校官员、图书馆馆长、现任或前任雇主包括在内。]

卜舫济博士，圣约翰大学校长，上海，中国

周诒春博士，清华学校校长，北平，中国

9. 受教育情况。请提供预科、大学与研究生院校名，并附求学年限、所得学位与毕业时间。

[如果可以，请随申请书附上你求学数年间的大学一览。]

珠溪书院，上海，中国　2年，1901—1903

圣约翰学校（圣约翰大学）备馆，上海，中国　4年，1903—1907

圣约翰大学，上海，中国，文学士　3.5年，1909—1912

---

① 见哥伦比亚大学珍本与手稿图书馆（Columbia University Rare Book & Manuscript Library）所藏"纽约州立图书馆学校档案（1887—1967）"（New York State Library School Records 1887-1967, Series III: 1992 Box 68）中的戴志骞档案。

10. 你熟悉哪些语言？汉语，英语，法语，拉丁语

语言	你何时何地学会该语言？ （提供日期与机构名称）	你的读写水平多高？
英语	1898—1901，私塾先生，在家 1901—1903，1903—1907，1909—1912：共计九年	读过许多英语权威著作，听说熟练。
德语		
法语	两年，1910—1912，圣约翰大学，上海	能够阅读法语经典著作，但口语不行。
意大利语		
西班牙语		
拉丁语	1.5 年，1909—1910，圣约翰大学，上海	能够阅读简单的拉丁语著作，但口语不行。
希腊语		
其他语言	汉语，13 年 1894—1901，私塾先生，在家 1901—1907，共计 9 年	能够随心所欲地读、写、讲。

11. 你在专题研究或课程阅读方面进行到何种程度？

毕业以后，专门研究过一年的哲学与社会学，其后大部分时间都致力于研究中国经典与图书馆学方面的权威著作。

12. 请列出你在过去两年间读过的 12 本书[①]。

（1）柏锡福的《中国阐释》（James Whitford Bashford：*China: An Interpretation*）

（2）亨利·柏格森的《创造进化论》（Henri Bergson：*Creative Evolution*）

（3）亨利·柏格森的《战争的意义》（Henri Bergson：*The Meaning of the War*）

（4）弗莱德里希·冯·伯恩哈蒂的《德国与下一场战争》（Friedrich von Bernhardi：*Germany and the Next War*）

（5）鲍士伟的《美国公共图书馆》（Arthur E. Bostwick：*The American Public Library*）

（6）塞缪尔·斯威特·格林的《美国的公共图书馆运动（1853—1893）》（Samuel Swett Green：*The Public Library Movement in the United States 1853-1893*）

（7）小泉八云的《日本：一个阐释尝试》（Lafcaido Hearn：*Japan: An Attempt*

---

① 戴志骞未在申请书中完全准确地写出作者姓名及相关书刊名称，此处已自行查补完整。

at Interpretation）

（8）特蕾莎·希契勒的《小型图书馆编目法（修订版）》（Theresa Hitchler：*Cataloging for Small Libraries*（*Rev. ed.*））

（9）杰弗逊·琼斯的《青岛的沦陷》（Jefferson Jones：*The Fall of Tsingtau*）

（10）爱德华·阿尔斯沃特·罗斯的《变化中的中国人》（Edward Alsworth Ross：*The Changing Chinese*）

（11）威廉·查尔斯·伯威克·塞耶斯的《分类法经典》（William Charles Berwick Sayers：*Canons of Classification Applied to the Subject*，*the Expansive*，*the Decimal and the Library of Congress Classifications*）

（12）王文显的《中国视角的世界大战》（John Wong-Quincey：*The Great World War from the Chinese Standpoint*）

［我没有列出过去两年间读过的中文书籍。］

13. 你系统地读过哪些期刊？

（1）《展望》（*The Outlook*）

（2）《当前史》（*Current History*）

（3）《体育文化》（*Physical Culture*）

（4）两种中文期刊

14. 你定期阅读图书馆期刊吗？

（1）《图书馆杂志》（*Library Journal*）

（2）《公共图书馆》（*Public Libraries*）

（3）《美国图书馆协会书单》（*A. L. A. Booklist*）

15. 如果你使用速记法或打字机的话，请注明你一分钟可以写出或打出多少个单词，你使用什么速记体系或什么机器，以及你的熟练水平。

我不懂速记法。我使用"奥利弗牌"7型打字机，一分钟大概可以打20个单词。现在我不怎么打字，因为我办公室里有一个打字员。

16. 你是否接受过图书馆训练或工作经验？ 如果有的话，是何种经验？

有。我自1909年起就一直担任图书室（馆）主任。请参阅附函及证明材料。

17. 在哪里？

18. 多久？

圣约翰大学图书室主任，1909—1914

清华学校图书馆主任，1914至今

19. 何时及为何结束？

尚未结束。获准休假一年,以便出国学习图书馆学。一旦离美回国,将回清华学校继续服务。

20. 其他工作经验,如经商、执教、社会服务或幼儿园工作等。

1907—1909 年,我曾在瑞安公立中学堂教英语。

21. 你为何考虑从事新的职业?

22. 你现在是否已计划好接受一个图书馆职位?

是的。

23. 从图书馆学校毕业后的最初三年,你可以接受多低的薪酬?

[这个问题跟录用与否无关。答案可以帮助我们建议那些期望从一开始就获得高薪的申请人不要攻读一门极可能令其失望的课程。]

年薪 1 200 美元。

24. 补充说明你自己觉得可能会对你在图书馆界的成功产生影响的个人能力、习惯、品味或经验。

我相信我具有以下性格特征:镇定,细心,耐心,有条不紊,诚实,勤奋。

填好后请寄至纽约州立图书馆学校,阿尔巴尼城,纽约州。

1917 年 8 月 16 日下午,寰球学生会在上海西藏路一品香举行赴美学生欢送大会,戴志骞及其他 70 多位由清华学校派赴美国留学的官费生和自费生到会(见图 5-1)[1]。另据《寰球》第 2 卷第 3 期报道:"北京清华学校派赴美国游学生,暨随船同行自费生七十余人,在沪乘太平洋公司之委内瑞拉轮船放洋。已于八月十八日下午五时齐集江海新码头,候船出发。"[2] 这批留美学生由清华学校校长周诒春亲自带队[3],而戴志骞就名列其中,将去"爱尔办"(即 Albany,一般译为"阿尔巴尼")的"图书馆"学校(即 New York State Library School,一般译为"纽约州立图书馆学校")就读[4]。也就是说,戴志骞乃是于 1917 年 8 月 18 日乘坐加拿大太平洋公司(Canadian Pacific)的"委内瑞拉号"(S. S. Venezuela)轮船,从上海出发,前往美国。

---

① 寰球学生会欢送赴美学生[N]. 申报, 1917-08-16(11).

② 赴美游学放洋志盛[J]. 寰球, 1917, 2(3):(第 8 部分)3.

③ 清华留美学生已抵旧金山[J]. 寰球, 1917, 2(3):(第 8 部分)9.

④ 赴美游学放洋志盛[J]. 寰球, 1917, 1917, 2(3):(第 8 部分)4.

图 5-1　1917 年 8 月寰球学生会欢送清华学生赴美留学 ①

　　关于戴志骞此行的身份,凯泽后来称他是留美学生监督处秘书(secretary of the Chinese Educational Mission)②。不过,《寰球》第 2 卷第 3 期称戴志骞是"清华学校特派员"③,而 1917 年 8 月 16 日《申报》第 11 版所载《寰球学生会欢送赴美学生》一文也称戴志骞"特派赴美考查图书馆"④。可见,戴志骞确实是以清华学校特派员的身份赴美考察图书馆事业的。戴志骞有此行动并不奇怪。1915 年 9 月 25 日,当时就读于清华学校的吴宓就在其日记中称:"因即于午一时,乘火车入城。于车站遇图书管理戴君,谈外邦图书馆之组织。"⑤ 显然,戴志骞很早就开始关注外国图书馆事业,特别是其组织与管理,以便从中吸取经验,推动清华学校图书馆的进一步发展。不过,作为清华学校的正式职员,戴志骞当时其实被赋予了协助带领与管理船上留美学生的任务,恰如 1924 年 8 月他第二次乘船赴美时所做的那样⑥。

　　有必要指出,在与戴志骞同船赴美的留学生当中,还有两位原本打算攻读图书馆学专业。他们就是童锡祥与黄有书。童锡祥是"本年考取专科赴美学生"(即

---

① 这张相片出自 1917 年《寰球》第 2 卷第 3 期正文前的插图部分,未标注页码。

② Kaiser, John Boynton. Introduction[M] // Tai, Tse-chien. *Professional Education for Librarianship*. New York: The H. W. Wilson Company, 1925: 3; 顾烨青,郑锦怀,曹海霞. 探究图书馆学家戴志骞转行与归宿之谜——戴志骞生平再考[J]. 大学图书馆学报, 2013 (1): 120.

③ 赴美游学放洋志盛[J]. 寰球, 1917, 2(3): (第 8 部分)3.

④ 寰球学生会欢送赴美学生[N]. 申报, 1917-08-16(11).

⑤ 吴宓. 吴宓日记·第 1 册(1910—1915)[M]. 北京: 生活·读书·新知三联书店, 1998: 499.

⑥ Kaiser, John Boynton. Introduction[M] // Tai, Tse-chien. *Professional Education for Librarianship*. New York: The H. W. Wilson Company, 1925: 6; 顾烨青,郑锦怀,曹海霞. 探究图书馆学家戴志骞转行与归宿之谜——戴志骞生平再考[J]. 大学图书馆学报, 2013 (1): 121.

官费生)之一,计划就学于"卡尔乃登大学"①。黄有书则是一名"自费赴美学生",原定跟戴志骞一起入读"爱尔办"的"图书馆"学校②。但从后来的实际情况来看,他们两人根本就未按照原计划进行。

　　童锡祥(H. H. Tung),字季龄,四川南川人,1917 年毕业于清华学校,抵美后入芝加哥大学就读,住在中神学宿舍楼 92 号(92 Middle Divinity Hall)③;后获芝加哥大学社会学博士,回国后曾任国民政府经济部次长等职④。黄有书(Y. S. Huang,全名 Yu Shu Huang)是江西人,1916 年从北洋大学(Pei-yang)毕业,抵美后入读于哥伦比亚大学冶金专业(Metallurgy)⑤,住在利文斯受顿(Livingston Hall)学生宿舍楼⑥;于 1917 年 11 月加入了中国科学社⑦。

　　据美国司法部移民与归化管理司(Immigration and Naturalization Service, Department of Justice)保存的"加利福尼亚州旧金山市出入境旅客名单(1893—1953)"缩微胶卷,戴志骞以英文名"Tai Tsao"(即"戴超")于 1917 年 9 月 12 日从旧金山进入美国,其第一任妻子的姓名登记为"Tai Tsing Poo"(这应当只是"戴青浦"三字的音译,并非其妻本名)。他的身高为 5 英尺 6 英寸,皮肤上长有白斑。⑧

　　戴志骞一行抵达旧金山数天之后,清华学校校长周诒春发电报回国,报告已经安全抵美。对此,《寰球》第 2 卷第 3 期报道称:"北京清华学校选派留美学生三十余人于八月十八日由上海寰球中国学生会出发迄今将及一月九月十六日该会接清华校长周寄梅君由美国旧金山来电言所有同行膳生现已安抵该处想各生家属闻之当无不欣慰也。"⑨戴志骞就此开始了其留美生涯。

① 赴美游学放洋志盛[J]. 寰球,1917,2(3):(第 8 部分)5.

② 赴美游学放洋志盛[J]. 寰球,1917,2(3):(第 8 部分)6.

③ *Who's Who of the Chinese Students in America*[M]. Berkeley, California: Published by Lederer, Street & Zeus Company, 1921: 8.

④ 吴宓. 吴宓日记续编·第 1 册(1949—1953)[M]. 北京:生活·读书·新知三联书店,2006:8.

⑤ Registers of Students[M]// Columbia University. *Catalogue 1917-1918*. New York: Columbia University, 1918: 376.

⑥ Directory of Students[M]// Columbia University. *Catalogue 1917-1918*. New York: Columbia University, 1918: 76.

⑦ 中国科学社记事(六年十一月)[J]. 科学,1917,3(12):1336.

⑧ 检索自 www.familysearch.org。

⑨ 清华留美学生已抵旧金山[J]. 寰球,1917,2(3):(第 8 部分)9. 原刊未用标点符号断句,此处照录。

第二节　纽约州立图书馆学校小史

1883 年 5 月 7 日，时任哥伦比亚学院［Columbia College，1896 年以后改称 "Columbia University"（哥伦比亚大学）］校长的巴纳德（F. A. P. Barnard）向纽约州大学区董事会提交了哥伦比亚学院图书馆馆长梅尔维尔·杜威（Melvil Dewey）关于创办一所图书馆员培训学校的建议[①]。

纽约州大学区董事会将杜威的建议交给由七位董事组成的图书馆委员会进行审议，后者经过将近一整年的深思熟虑，直到 1884 年 5 月 5 日才对杜威的建议表示一致同意，并通过了相关决议[②]。

1887 年 1 月 5 日，哥伦比亚学院宣布图书馆学校开学，一般称 "The School of Library Economy at Columbia College"，中文译为 "哥伦比亚学院图书馆管理学校"，也有学者将其误译为 "哥伦比亚学院图书馆经济学校"[③]。这是美国的第一所图书馆员培训学校。由于第一年仅仅是试验性办学，所以校方最初只打算开设一门为期三个月的图书馆管理课程，并且将招生限制在 10 人以下。但是，到开学之际，已经有 20 人报名。到了期中，学生请求加上一个月的课程，并获得同意。课程结束时，大部分学生决定修习当时校方提供的两年制课程，更有一些学生要求深造三年。此次试验性课程证明，全社会对于图书馆员培训学校的需求要比以前所知的大得多，而且人们想要学习的内容也要比学校之前计划的课程更加丰富和全面[④]。

第二年（1887 年 11 月 10 日—1888 年 6 月 6 日），学校将学时从上一年的四个月延长为七个月，并且拓展了课程设置，除图书馆管理课程外，还开设了目录学课程。学校本来仍打算仅招收 10 人，但有大约 50 人申请入学，最终有 22 人入读低年级班、11 人入读高年级班。此外，还有一些纽约当地居民参加了学校开设的部分讲座课程[⑤]。

第三年（1888 年 10 月 1 日—1889 年 6 月 3 日），学校将开学时间从七个月

---

① Historic Sketch[J]. *State Library Bulletin*，1891（1）：3.

② Historic Sketch[J]. *State Library Bulletin*，1891（1）：4.

③ 韦庆媛. 清华大学图书馆初创时期的几个关键问题述证[J]. 国家图书馆学刊，2013（4）：79.

④ Historic Sketch[J]. *State Library Bulletin*，1891（1）：5.

⑤ Historic Sketch[J]. *State Library Bulletin*，1891（1）：5-6.

延长至八个月,且与哥伦比亚学院下属其他二级学院同时开学。19人注册就读于高年级班,23人注册就读于低年级班。除了参加低年级学生必须修习的极有价值的讲座课程,高年级班学生还需要修习一门涵盖115种练习的系统工作课程。其间,在1888年12月12日,学校创始人兼校长杜威当选为纽约州大学区秘书与纽约州立图书馆馆长。但直到1889年4月1日,整个学校(包括其师资、图书、小册、绘本及其他办学所需用品)才被移交给位于阿尔巴尼的纽约州立图书馆,而哥伦比亚学院不再提供图书馆员培训课程[①]。

在此,顺带介绍一下纽约州大学区。纽约州大学区的英文名称为"The University of the State of New York"(首字母缩写为USNY),成立于1784年。此前,有学者将其误译为"纽约州立大学"[②],使得读者容易将其跟通常所说的"纽约州立大学"(The State University of New York,简写为SUNY)混淆在一起。事实上,纽约州大学区是纽约州的一个伞形行政管理机构,负责管理全州境内的所有公立与私立学校,主要职责是制定教育政策,为各所学校与各个行业设定办学标准,颁发执照与进行认证,等等[③]。

第四年(1889年10月15日—1890年6月30日),学校迁到阿尔巴尼后变得更加成功。全新的纽约州立图书馆为学生提供了宽敞而优美的环境,以及协助进行再编目、再分类与再整理的实习机会。对于学生来说,后者比单纯的按步就班的课程学习更加具有实际价值。由于阿尔巴尼只是一座小城,学校的教学工作相比而言不会受到干扰。当地有三家图书馆的日常运营就是由学校师生实际负责的;另有两家图书馆采用了学校传授的方法,同时也欢迎学生前去实习。各班学生每年都可以到波士顿及其周边地区的各类图书馆实习一周。此外,在这一学年,纽约州大学区负责组织考试,最终向19名学生颁发了合格证书、结业证书或毕业证书[④]。

第五年(1890年10月2日—1891年7月8日),随着办学经验的提升,学校在这一年取得了最大的成功。经过细致地考察,在1891年2月12日,纽约州大学区图书馆委员会一致建议,董事会通过决议,将学校名称确定为"New York

---

① Historic Sketch[J]. *State Library Bulletin*, 1891(1): 6.

② 韦庆媛. 清华大学图书馆初创时期的几个关键问题述证[J]. 国家图书馆学刊, 2013 (4): 79.

③ Folts, James D. History of the University of the State of New York and the State Education Department (1784-1996) [OL]. [2014-06-06]. http://www.nysl.nysed.gov/edocs/education/sedhist.htm.

④ Historic Sketch[J]. *State Library Bulletin*, 1891(1): 6-7.

State Library School",中文直译为"纽约州立图书馆学校"①。在民国时期,这所学校还有其他译法。比如,在戴志骞个人档案中,这所学校就被称为"美国纽约州立大学图书管理学校"②。这跟纽约州立图书馆学校受辖于"The University of the State of New York"而后者又常被误译为"纽约州立大学"有着很大的关系。又如,在1947年,戚再玉主编的《上海时人志》将其称作"纽约州立图书馆学专科学校"③。但这些译法均不准确。

纽约州大学区董事会还规定了入学条件、毕业考试、学位授予办法、奖学金助学金授予办法等。具体如下:

入学条件:中学毕业生(或同等学力者)可以参加入学考试,成绩优异的大学毕业生无需参加入学考试即可被录取,但可能需要测试一下他未曾学过而学校入学考试又作要求的拉丁语、德语、法语或其他科目的水平④。

毕业考试:纽约州大学区考试部门将在合适时间组织学生参加目录学、编目法、分类法、图书馆管理等课程的考试,并授予通过者合格证书、结业证书或毕业证书⑤。

学位授予办法:学位开始执行学位授予制度,由纽约州大学区根据学生的考试结果授予他们图书馆学学士学位(B. L. S.)、图书馆学硕士学位(M. L. S.)与图书馆学名誉博士学位(causa honoris, D. L. S.)。学生如果完成两年专业学习,通过所有要求的考试,并且提交一份原创论文与书目,得到学校全体教职员的认可,即可授予图书馆学学士学位。拥有图书馆学学士学位者从事图书馆工作不少于五年,提交一份令人满意的论文、书目或目录,并且通过学校规定的其他考试,即可授予图书馆学硕士学位。此外,经纽约州大学区董事会投票一致同意,学校还可以(也只可以)向图书馆界名流授予图书馆学名誉博士学位⑥。

自此以后,纽约州立图书馆学校转变成为一所正规的高等学校。《纽约州大学区1915年年度报告》在介绍该校时就曾指出:"这是大学的教学机构,它招收注册学院或大学的毕业生。由于这个原因,虽然它属于专业学校,但可以被看作

① Historic Sketch[J]. *State Library Bulletin*,1891(1):7.

② 韦庆媛. 清华大学图书馆初创时期的几个关键问题述证[J]. 国家图书馆学刊,2013(4):79.

③ 戚再玉. 上海时人志[M]. 上海:展望出版社,1947:224.

④ Historic Sketch[J]. *State Library Bulletin*,1891(1):7

⑤ Historic Sketch[J]. *State Library Bulletin*,1891(1):7.

⑥ Historic Sketch[J]. *State Library Bulletin*,1891(1):7-8.

是研究生院。为授予图书馆学硕士和博士学位及时对课程进行改进和增加。"①
它发展得越来越好,声誉传遍世界各地,甚至吸引了挪威、中国、加拿大等国家的
诸多学子前来就读,为全球图书馆事业的发展作出了很大的贡献。1926 年,纽约
州立图书馆学校跟纽约公共图书馆附属图书馆学校(Library School of New York
Public Library,或称 New York Public Library School)合并,并迁回哥伦比亚大学,
改称"Columbia University School of Library Service"(中译即"哥伦比亚大学图
书馆服务学院"),直至 1993 年关闭。

表 5-1　纽约州立图书馆学校(含哥伦比亚学院图书馆管理学校)

历届正副校长一览表 ②

任职时间	姓　名	职　务
1887—1905 年	梅尔维尔·杜威(Melvil Dewey)	校长
1889—1905 年	玛丽·莎乐美·卡特勒·菲尔柴尔德(Mary Salome Culter Fairchild)	副校长
1906—1908 年	埃德温·H. 安德森(Edwin H. Anderson)	校长
1906—1908 年	詹姆斯·I. 怀尔(James I. Wyer)	副校长
1908—1926 年	詹姆斯·I. 怀尔(James I. Wyer)	校长
1908—1919 年	弗兰克·K. 沃尔特(Frank K. Walter)	副校长
1920—1926 年	埃德纳·M. 桑德森(Edna M. Sanderson)	副校长

第三节　戴志骞在纽约州立图书馆学校的学业

　　1917 年 9 月,戴志骞进入纽约州立图书馆学校就读。包括戴志骞在内,当
时共有 41 人注册入读纽约州立图书馆学校,其中 16 人分入高年级班,另外 25
人分入低年级班。他们分别来自美国的 13 个州、加拿大的新斯科舍省(Nova
Scotia)与不列颠哥伦比亚省(British Columbia)以及挪威(Norway)与中国。据统
计,在这 41 人当中,有 4 人已经拥有硕士学位,另有 3 人选修过研究生课程;总

---

① *The University of the State of New York Annual Report*[M]. New York: The University of the
State of New York, 1915: 170. 转引自: 韦庆媛. 清华大学图书馆初创时期的几个关键问
题述证[J]. 国家图书馆学刊, 2013(4): 80.

② 表格内容主要引自: Wyer, James I. New York State Library School[J]. *The Library Jour-*
nal, 1921, 46(5): 848.

共有 22 人在入学前就有过图书馆工作经验。在学年结束之前，有两个低年级班的学生因为家人患病而退学[①]。值得注意的是，低年级班学生当中有一位来自挪威的女孩茉莉·鲁梅尔霍夫[②]。她后来成为戴志骞的第二任妻子。两人相濡以沫，共同生活了近四十年。

由于在入学之前已经大学毕业并获得文学士学位，且具有多年的图书馆管理经验，戴志骞被分入了高年级班。天资聪颖、学习勤奋的他仅用了一年的时间就修完了原本需要用上两年的专业课程[③]。虽有图书馆管理经验但没有本科学历与学士学位的戴罗瑜丽只得按部就班，用了两年的时间才毕业并获得图书馆学学士学位。

那么，戴志骞究竟学到了什么东西呢？这可以从 1917—1918 学年纽约州立图书馆学校的教职员工与外聘讲师开设的课程与讲座等中略窥一二。详见表 5-2 到表 5-4。

表 5-2　1917—1918 学年纽约州立图书馆学校教职员一览表[④]

姓名 / 职务	教授课程
詹姆斯·I. 怀尔（James I. Wyer）/ 校长（Director）	政府出版物（Government documents），高级参考工作（Advanced reference work）；另外还开设美国图书馆与图书馆管理讲座课程（American libraries and library administration）
弗兰克·K. 沃尔特（Frank K. Walter）/ 副校长（Vice-director）	初级参考工作（Elementary reference work），图书装订（Bookbinding），印刷（Printing），扩展分类法（Expansive classification），国家书目（National bibliography）
弗洛伦斯·伍德沃斯（Florence Woodworth）/ 校长助理（Director's Assistant）	

① Thirty-Second Annual Report of the New York State Library School, from August 1, 1917 to July 31, 1918[J]. *University of the State of New York Bulletin*, 1918（673）: 8.

② Thirty-Second Annual Report of the New York State Library School, from August 1, 1917 to July 31, 1918[J]. *University of the State of New York Bulletin*, 1918（673）: 11.

③ Kaiser, John Boynton. Introduction[M] // Tai, Tse-chien. *Professional Education for Librarianship*. New York: The H. W. Wilson Company, 1925: 3；顾烨青，郑锦怀，曹海霞. 探究图书馆学家戴志骞转行与归宿之谜——戴志骞生平再考[J]. 大学图书馆学报，2013（1）: 120.

④ 表格内容主要引自：Thirty-Second Annual Report of the New York State Library School, from August 1, 1917 to July 31, 1918[J]. *University of the State of New York Bulletin*, 1918（673）: 5-6.

续表 5-2

姓名 / 职务	教授课程
沃尔特·斯坦利·比斯科 （Walter Stanley Biscoe）	主题目录（Subject bibliography），高级分类法（Advanced classification），图书及外国图书馆史（History of books and foreign libraries）
艾达·爱丽斯·琼斯 （Ada Alice Jones） / 校务秘书 （Secretary of the Faculty）	
埃德纳·M. 桑德森 （Edna M. Sanderson） / 教务主任（Registrar）	
凯瑟琳·丹姆（Katharine Dame）	高级编目法（Advanced cataloging）
吉恩·霍金斯（Jean Hawkins）	分类法（Classification），主题标目（Subject headings），初级编目法（Elementary cataloging），借阅工作（Loan work），排架工作（Shelf work）
珍妮·多克斯·菲娄斯 （Jennie Dorcas Fellows）	高级编目法（Advanced cataloging）
玛丽·伊斯特伍德 （Mary Eastwood）	图书选购（Selection of books）
威廉·理查德·沃森 （William Richard Watson）	高级图书馆建筑（Advanced library buildings），图书馆推广（Library extension），高级管理（Advanced administration）
伊丽莎白·曼丽·史密斯 （Elizabeth Manley Smith）	图书订购与登录工作（Order and accession work）

表 5-3 1917—1918 学年纽约州立图书馆学校课程讲师一览表①

姓 名	教授课程
威廉·里德·伊斯特曼（William Reed Eastman）	初级图书馆建筑（Elementary library buildings）
玛丽·艾莉斯（Mary Ellis）	索引（Indexing）
查理斯·弗雷德里克·波特（Charles Frederick Porter）	图书选购（Selection of books）（面向低年级班）

---

① 表格内容主要引自：Thirty-Second Annual Report of the New York State Library School, from August 1, 1917 to July 31, 1918[J]. *University of the State of New York Bulletin*, 1918（673）：6.

表 5-4　1917—1918 学年纽约州立图书馆学校讲座讲师一览表 ①

讲座讲师姓名	讲座主题
阿尔弗雷德·W. 艾布拉姆斯（Alfred W. Abrams）	可视化教学（Visual instruction）；"学习俱乐部计划"绘本教材（Illustrations for study club programs）
科琳·培根（Corinne Bacon）	最新诗歌赏析（Some recent poetry）；成为一名图书馆员意味着什么（What is means to be a librarian）；一名主题目录员的若干尝试（The trials of a subject bibliographer）
萨拉·B. 鲍尔（Sarah B. Ball）	商业图书馆与商业机构（The business library and the business branch）
格雷斯·L. 贝特里奇（Grace L. Betteridge）	"学习俱乐部计划"（Study club programs）(3)；纽约州流动图书馆与学习俱乐部（New York State traveling libraries and study clubs）
理查德·R. 鲍克（Richard R. Bowker）	作为一种职业的图书馆事业（Librarianship as a profession）
约翰·福斯特·卡尔（John Foster Carr）	图书馆与移民（The library and the immigrant）
W. O. 卡森（W. O. Carson）	加拿大图书馆现状（Library conditions in Canada）
玛丽·C. 张伯伦（Mary C. Chamberlain）	盲人图书馆事业（Work for the blind）
乔治·G. 钱普林（George G. Champlin）	专利（Patents）
迈尔·克莱门特（Mile Clement）	法国文学与出版事业（Literary and publishing interests in France）
哈里森·W. 格雷弗（Harrison W. Graver）	技术图书馆（Technical libraries）
玛丽·L. 戴维斯（Mary L. Davis）	纽约州特洛伊城图书馆一览（Library survey of Troy, N. Y.）
弗洛拉·德·戈戈萨夫人（Mrs Flora De Gogorza）	儿童小说（Fiction for children）
玛丽·E. 唐尼（Mary E. Downey）	图书馆委员会工作（Library commission work）
威廉·R. 伊斯特曼（William R. Eastman）	图书馆建筑（Library buildings）(6)
安妮·T. 伊顿（Anne T. Eaton）	学校图书馆工作（School library work）
玛丽·艾莉斯（Mary Ellis）	索引（Indexing）(7)
约翰·T. 菲茨帕特里克（John T. Fitzpatrick）	法律图书馆工作（Law library work）(4)
威廉·E. 韩南（William E. Hannan）	立法参考工作（Legislative reference work）
克拉拉·W. 汉特（Clara W. Hunt）	儿童图书馆工作（Library work with children）(5)

① 表格内容主要引自：Thirty-Second Annual Report of the New York State Library School, from August 1, 1917 to July 31, 1918[J]. *University of the State of New York Bulletin*, 1918 (673): 6-8. 另：本学年，纽约州立图书馆学校总共邀请 32 人开设讲座。

续表 5-4

讲座讲师姓名	讲座主题
西奥多·W. 科赫（Theodore W. Koch）	战时伦敦的一位美国图书馆员（An American librarian in London in war time）；英国的商业与技术图书馆问题（The commercial and technical library problem in Great Britain）
伊萨多·G. 马奇（Isadore G. Mudge）	参考部视角下的大学图书馆管理（College library administration from the point of view of the reference department）（2）
彼德·尼尔森（Peter Nelson）	手稿（Manuscripts）（2）
查尔斯·F. 波特（Charles F. Porter）	图书选购（Selection of books）（25）
约瑟芬·A. 拉思伯恩（Josephine Rathbone）	19—20 世纪现代文学的运动与趋势（Movements and tendencies in modern nineteenth and twentieth centuries literature）
弗朗西斯·雷（Frances Ray）	医学图书馆（Medical libraries）
亨利·N. 桑伯恩（Henry N. Sanborn）	图书馆委员会工作（Library commission work）
詹姆斯·萨利文（James Sullivan）	中学图书馆（High school libraries）
卡罗琳·F. 韦伯斯特（Caroline F. Webster）	图书馆推广工作（Library extension）（2）
赫伯特·P. 惠特洛克（Herbert P. Whitlock）	字体及其使用（Lettering and the use of lettered signs）
谢尔曼·威廉（Sherman Williams）	学校图书馆工作（Library work with schools）
C. C. 威廉姆森（C. C. Williamson）	城市参考工作（Municipal reference work）

纽约州立图书馆学校在 1917—1918 学年还有针对性地开设了"商业图书馆管理"（Business library administration）与"中学图书馆"（High school libraries）两种课程。其中，"商业图书馆管理"首次被列为高年级班选修课。尽管该课程取名为"商业图书馆管理"，但其内容并不局限于商业图书馆，还涵盖了其他专门图书馆。开设该课程的目的是为了让学生简要了解商业图书馆及其他专门图书馆的组织与目的，包括小册与文件档案的分类、编目、管理等。为此，选修该课程的高年级班学生需要阅读指定文献、撰写分析报告。他们还参观了通用电气公司（The General Electric Company of Schenectady）的研究图书馆与普通图书馆，以及美国最古老的科技大学伦斯勒理工学院（Rensselaer Polytechnic Institute）的图书馆，并且在桑德森女士的指导下进行了文件归档实践活动。"中学图书馆"则是一门专题研究课程，也是首次开设。它由阿尔巴尼中学（The Albany High School）图书馆与纽约州立师范学院（New York State College for Teachers）图书馆提供实习机会。由于报名参加的学生很少，这门课程几乎就是实验性质，旨在为

下一年的开设提供经验与教训①。

此外,纽约州立图书馆学校还组织了如下活动,对于学生拓展知识与提升技能颇有助益。

(一)做专题研究报告

纽约州立图书馆学校大力组织学生做好专题研究报告,以引介新的研究主题。其中,戴志骞做了题为《中国图书馆史》(History of Chinese libraries)的专题研究报告②。

(二)到各类图书馆实习

纽约州立图书馆学校组织学生到各地各类图书馆进行实习。所选实习单位涵盖公共图书馆[如布鲁克林(Brooklyn)公共图书馆、布法罗(Buffalo)公共图书馆等]、大学图书馆[哥伦比亚大学(Columbia University)图书馆、哈佛大学(Harvard University)图书馆与密歇根大学(University of Michigan)图书馆]与其他类型图书馆[如美国工程师学会联合会(United Engineering Societies)图书馆、厄普顿军营图书馆(U. S. Camp Upton Library)等]。作为图书馆推广课程的一部分,学生们还协助纽约州立师范学院、米勒顿中学(Millerton High School)与梅伦维尔公共图书馆(Mellenville Public Library)改进其组织与管理③。

(三)参观图书馆

纽约州立图书馆学校组织学生参观各地各类图书馆与社会团体。由于生活与旅行开支的大幅度增加,本学年的图书馆参观活动缩短为一周。他们参观的图书馆和社会团体包括马萨诸塞州斯普林菲尔德城图书馆协会[Springfield (Mass.) City Library Association]、马萨诸塞州伍斯特免费图书馆[Worcester (Mass.) Free Library]、克拉克大学图书馆(Clark University Library)、伍斯特郡法律图书馆(Worcester County Law Library)、美国古文物协会(American Antiquarian Society)、哈佛大学怀德纳图书馆(Widener Library, Harvard University)、阿瑟·D. 利特尔公司图书馆(Library of Arthur D. Little, Inc.)、西蒙斯学院图书馆学校

---

① Thirty-Second Annual Report of the New York State Library School, from August 1, 1917 to July 31, 1918[J]. *University of the State of New York Bulletin*, 1918(673): 12.

② Thirty-Second Annual Report of the New York State Library School, from August 1, 1917 to July 31, 1918[J]. *University of the State of New York Bulletin*, 1918(673): 13.

③ Thirty-Second Annual Report of the New York State Library School, from August 1, 1917 to July 31, 1918[J]. *University of the State of New York Bulletin*, 1918(673): 14.

（Simmons College School of Library Science）、波士顿公共图书馆（Boston Public Library）、马萨诸塞州塞勒姆公共图书馆［Salem（Mass.）Public Library］、普罗维斯顿公共图书馆（Providence Public Library）、布朗大学图书馆（Brown University Library）、波士顿图书馆（Boston Athenaeum）、布鲁克林公共图书馆（Brooklyn Public Library）[①]。

（四）编撰原创书目

纽约州立图书馆学校要求学生必须提交一份原创书目，否则不能毕业[②]。1918 届的 12 名毕业生均提交了自己的原创书目。其中，戴志骞编撰了题为《关于中国的 250 种英文图书》（*Two hundred and fifty books in English, on China; selected and annotated*）的原创书目，并且加入到纽约公共图书馆的卡片书目库（card bibliographies）中[③]。这份书目有时也被称为《关于中国的图书（1900 年以后）》（"Books on China, published since 1900"）[④]。到了 1919 年，这份书目又分为几次连载于《中国留美学生月报》上，但题名略有变动，改为《中国书目 250 种》［"250 English Books on China（Selected and annotated）"］[⑤]。

1918 年 6 月 14 日，纽约州立图书馆学校举行毕业典礼。《图书馆杂志》与《出版者周刊》（*The Publishers' Weekly*）编辑理查德·R. 鲍克（Richard R. Bowker）发表了题为《作为一种职业的图书馆事业》（"Librarianship as a Profession"）的演讲。托玛·E. 芬尼根（Thomas E. Finegan）向查尔斯·M. 贝克尔（Charles M. Baker）、玛丽·邦斯·布鲁斯特（Mary Bunce Brewster）、艾迪斯·M. 巴克（Edith M. Buck）、弗朗西斯·多兰斯（Frances Dorrance）、N. 米扬·费舍尔（N. Mignon

---

① Thirty-Second Annual Report of the New York State Library School, from August 1, 1917 to July 31, 1918［J］. *University of the State of New York Bulletin*, 1918（673）: 14.

② Thirty-Second Annual Report of the New York State Library School, from August 1, 1917 to July 31, 1918［J］. *University of the State of New York Bulletin*, 1918（673）: 13–14.

③ New York State Library. Report of the Director, including Reports of Library School, Educational Extension Division and School Libraries Division, 1918［J］. *University of the State of New York Bulletin*, 1920（717）: 20.

④ Library Schools［J］. *The Library Journal*, 1918, 43（6）: 438.

⑤ Tai, Tse-chien. 250 English Books on China［J］. *The Chinese Students' Monthly*, 1919, 14（3）: 210–216; Tai, Tse-chien. 250 English Books on China［J］. *The Chinese Students' Monthly*, 1919, 14（4）: 272–282; Tai, Tse-chien. 250 English Books on China［J］. *The Chinese Students' Monthly*, 1919, 14（5）: 359–362; Tai, Tse-chien. 250 English Books on China［J］. *The Chinese Students' Monthly*, 1919, 14（6）: 409–412.

Fisher)、纳桑·R. 勒文(Nathan R. Levin)、埃莉诺·埃德纳·兰德尔(Elinor Edna Randall)、玛丽·M. 谢弗(Mary M. Shaver)、南希·H. 托德(Nancy H. Todd)、弗洛伦斯·M. 沃勒(Florence M. Waller)等 10 名 1918 届毕业生颁发图书馆学学士学位(B. L. S.)证书。1918 年 7 月 31 日[①],同为 1918 届毕业生的雷切尔·艾格尼斯·哈里斯(Rachel Agnes Harris)与戴志骞也都被授予了图书馆学学士学位。截至 1918 年 7 月 31 日,从纽约州立图书馆学校获得图书馆学学士学位与图书馆学硕士学位的学生分别为 242 人与 6 人[②]。

此外,还有必要指出,大约在 1918 年 4—5 月间,戴志骞向纽约州立图书馆学校赠送了清华学校图书馆的全套设计蓝图,而《图书馆杂志》为此还专门刊登了一条短讯,介绍了清华学校图书馆及其建设规划[③]。这也从侧面反映出,戴志骞虽然身在美国,但仍然与国内保持密切联系,并且十分关注清华学校图书馆的规划与建设。

哥伦比亚大学珍本与手稿图书馆所藏“纽约州立图书馆学校档案(1887—1967)”内含多份戴志骞档案,其中含有戴志骞在纽约州立图书馆学校的成绩单(见表 5-5)[④]。这份成绩单上不仅注明课程名称、成绩,还附有任课教师的亲笔签名,显得十分严肃。

表 5-5　1917—1918 学年戴志骞在纽约州立图书馆学校的成绩单(一)

课程名称	课堂表现	期终成绩	平均成绩	日期	课程名称	课堂表现	期终成绩	平均成绩	日期
Acession work	Inst. with order work				Administration	Lecture course			1 Je'18
Administration	Lecture course			31 May '18	Bibliography		77. 5		10 Je'18

---

① 原始文献并未明确指出雷切尔·艾格尼斯·哈里斯和戴志骞获颁图书馆学学士学位的具体日期。不过,哥伦比亚大学珍本与手稿图书馆所藏“纽约州立图书馆学校档案(1887—1967)”中的戴志骞档案中含有一份戴志骞在纽约州立图书馆学校求学时的成绩单。在这份成绩单上,印刷体“图书馆学学士学位”(B. L. S. degree)之后手写标注着“31 July '18”字样。这应当就是戴志骞获颁学位的日期。另:韦庆媛误以为戴志骞至 1919 年才获得学士学位,具体参见:韦庆媛. 戴志骞研究史料辨析[J]. 大学图书馆学报,2014(2):113.

② Thirty-Second Annual Report of the New York State Library School, from August 1, 1917 to July 31, 1918[J]. *University of the State of New York Bulletin*, 1918(673):11.

③ Library Schools[J]. *The Library Journal*, 1918, 43(5):359-360.

④ 遗憾的是,肖鹏博士通过拍照方式获取的这份成绩单图像文件稍显模糊,当前尚无法全部准确识别。

续表 5-5

课程名称	课堂表现	期终成绩	平均成绩	日期	课程名称	课堂表现	期终成绩	平均成绩	日期
American libraries	Lecture course			2 Ap. '18	~~Buildings~~ Business library organization	91	No exam.		13 Je '18
Bibliogrpahy	91	83	87	13 F. '18	Cataloging				
Bookbinding	89	89	89	30 Ja '18	Comparative	90	83. 5		1 Je '18
Buildings		90		5 Dec '17	~~Dictionary~~				
Cataloging	84	84	84	17 May '18	Classification		75. 5		23 J '18
Imprint					Government documents	88	93		12 J '18
Subject headings		76. 5		4 Je '18	Hist. of books and libraries		75		11 J '18
Children's work	Lecture course			5 Je '18	~~Indexing~~				
Classification	90	90	90	8 Dec '17	~~Law and legislative ref. work~~				
Loan work		75			Library extension				11 Jy '18
Notes and samples	Exe.	Pass		13 Je '18	Notes and samples		Pass		13 Je '18
Order work	Exe.	88		24 May '18	Original bibliography		Pass		Jy '18
Printing		89. 5		13 Je '18	~~Reference work~~				
Reference work	90	89. 8		6 Je '18	Selection of books	83. 9	80		3 Je '18
Selection of books	84	89. 5		8 Je '18	Seminar		Pass		13 Je '18
Seminar	86			14 Je '18	Visit				13 Je '18
Shelf work		86		6 F '18	Practice work				
Visit	Excused				Elective				
					Lib. extension				
Practice work	Excused				Required				
					Columbia Univ. lib.				

　　1918 年 6 月 20 日,留美学生监督处监督黄鼎(T. T. Wong)写信给纽约州立图书馆学校,询问戴志骞的学业成绩。同年 6 月 26 日,该校教务主任给黄鼎写

了回函,称戴志骞学得非常好,仅用了一年时间就完成了两年的学业;而且,除了尚未提交一份原创书目外,他已经达到了授予图书馆学学士学位的全部要求。他还在信中提供了戴志骞的学业成绩(见表5-6),与表5-5略有不同①。

表5-6 1917—1918学年戴志骞在纽约州立图书馆学校的成绩单(二)

课　程	成　绩	课　程	成　绩
Library buildings	90	Printing	85
National bibliography	87	Shelf work	86
Reference work	89.8	Subject headings	76.5
Selection of books	89.5	Senior bibliography	77.5
Book binding	89	Business library organization	91
Cataloging	84		
Classification	90	Selection of books	82
Loan work	75	Comparative cataloging	86.5
Order and accession work	88		
Classification	75.5		
History of books and libraries	75		
Government documents	93		

第四节　毕业之后

1918年6月14日,戴志骞从纽约州立图书馆学校毕业。1918年7月31日,他正式获颁图书馆学学士学位。他成为纽约州立图书馆学校的第一位中国籍毕业生,同时也是继沈祖荣之后在美国获得图书馆学学士学位的第二个中国人。

毕业之后,戴志骞并未马上回国,而是继续留在美国一年。在此一年间,戴志骞的活动主要如下。

一、两次参加美国图书馆协会年会

1918年7月1日至6日,戴志骞参加了在纽约州萨拉托加泉(Saratoga

---

① 参见哥伦比亚大学珍本与手稿图书馆所藏"纽约州立图书馆学校档案(1887—1967)"中的戴志骞档案。

Spring, N. Y.）召开的美国图书馆协会第 40 届年会。此时,他已经从纽约州立图书馆学校毕业,但 1918 年 9 月《美国图书馆协会会刊》第 12 卷第 3 期提供的《与会者注册资料》(Attendance Register)仍然称戴志骞为该校学生:"Tai, Tse-chien, stud. N. Y. State L. Sch., Albany, N. Y.。"[1]这大概是因为戴志骞注册参加此次会议的时候尚未毕业的缘故。

另据 1918 年 11 月《美国图书馆协会会刊》第 12 卷第 4 期提供的《会员一览表》(List of Members),戴志骞此时已经成为美国图书馆协会会员,编号为7752:"Tai, Tse-chien, stud. N. Y. State L. Sch., Albany, N. Y. 7752.（W）。"[2]这份"会员一览表"仍称戴志骞为纽约州立图书馆学校的学生,不知是不是因为戴志骞在注册参加美国图书馆协会第 40 届年会的同时也申请加入了美国图书馆协会。

1919 年 6 月 23—27 日,美国图书馆协会在新泽西州阿斯伯里公园城(Asbury Park, N. J.)举行第 41 届年会,戴志骞与会,但"与会者注册资料"中仍然称戴志骞为纽约州立图书馆学校在校学生:"Tai, Tse-chien, stud. N. Y. State L. Sch., Albany, N. Y.。"[3]这着实令人不解。在此次年会上,戴志骞还曾协助美国图书馆协会展示其图书馆战时服务成果[4]。值得注意的是,戴志骞还参加了基督教青年会(Y. M. C. A.)于 1919 年 6 月 20—30 日举办的北田夏令会。受到余日章演讲的感召,戴志骞等八个中国学生决定归依基督,并于 1919 年 6 月 29 日下午接受了洗礼[5]。这两个会议的举办时间有重叠,所以不知道戴志骞是未等美国图书馆协会第 41 届年会开完便提前离开,还是等到美国图书馆协会第 41 届年会结束才匆忙赶去参加北田夏令会的。

二、参加美国图书馆协会组织的图书馆战时服务

戴志骞最值得称道的一件事则是参加了美国图书馆协会组织的图书馆战时服务(Library War Service)。1917 年 4 月 6 日,美国向德国宣战,并在海内外

---

[1] Attendance Register[J]. *Bulletin of the American Library Association*, 1918, 12(3):378.

[2] List of Members[J]. *Bulletin of the American Library Association*, 1918, 12(4):486.

[3] Attendance Register[J]. *Bulletin of the American Library Association*, 1918, 13(3):425.

[4] Kaiser, John Boynton. Introduction[M] // Tai, Tse-chien. *Professional Education for Librarianship*. New York: The H. W. Wilson Company, 1925:6;顾烨青,郑锦怀,曹海霞. 探究图书馆学家戴志骞转行与归宿之谜——戴志骞生平再考[J]. 大学图书馆学报, 2013(1):120.

[5] The Student World[J]. *The Chinese Students' Christian Journal*, 1919, 6(1):35-37.

建立了数量众多的军营。同年 6 月，美国图书馆协会在肯塔基州路易斯维尔城（Louisville, Kentucky）召开 1917 年年会，决定成立战时服务委员会（War Service Committee），下设财务、宣传和图书收集分委员会。随后，美国战争部训练营活动委员会（Commission on Training Camp Activities）邀请美国图书馆协会为各地军营提供足够的图书与设备，以缓解军营生活的单调与乏味，鼓舞军人的士气。

1917 年 11 月 28 日，第一所军营图书馆开放。同年 12 月底，几乎所有的军营图书馆建筑都已经竣工，仅有一处例外①。军营图书馆馆员分为两类：一类是志愿者，没有报酬；另一类则可以获得每年 1 200 美元的微薄报酬。美国图书馆协会组织了大批会员志愿者奔赴各地军营图书馆服务，戴志骞就是其中之一。1918 年 11 月，《美国图书馆协会会刊》第 12 卷第 4 期所载美国图书馆协会《会员一览表》（List of Members）便给戴志骞标上了"（W）"（意指"War Service"）符号，以示他此时已经参加了图书馆战时服务②。

据察，1918 年 10 月至 1919 年 6 月间，戴志骞在纽约州亚普汉克城的厄普顿军营图书馆（Camp Upton Library, Yaphank, N. Y.）服务③。据 1918 年 10 月《图书馆杂志》第 43 卷第 10 期所附《军营图书馆最近任免情况一览表》（"Recent Assignments and Retirements in Camp"），凯瑟琳·塔伯特（Katherine Tappert）辞去了厄普顿军营图书馆馆长一职，玛乔里·威尔克斯（Marjorie Wilkes）继任，克拉伦斯·罗塞尔·威廉姆斯（Clarence Russell Williams）与戴志骞则担任副馆长（asst.）④。任职期间，戴志骞的勤劳、才能与良好的服务精神为他赢得了所有同事的真诚赞誉⑤。1919 年 1 月，凯泽来到厄普顿军营图书馆担任馆长。两人在那里

① Koch, T. W. *War Service of the American Library Association*[M]. Washington, D. C.: Library of Congress, 1918: 15.

② List of Members[J]. *Bulletin of the American Library Association*, 1918, 12(4): 421.

③ New York State Library School. *New York State Library School Register, 1887-1926*[M]. New York: New York State Library Schools Association, Inc., 1928: 138; New York State Library School. *New York State Library School Register, 1887-1926（James I. Wyer Memorial Edition）*[M]. New York: New York State Library Schools Association, Inc., 1959: 121; 顾烨青, 郑锦怀, 曹海霞. 探究图书馆学家戴志骞转行与归宿之谜——戴志骞生平再考[J]. 大学图书馆学报, 2013(1): 120.

④ Recent Assignments and Retirements in Camp[J]. *The Library Journal*, 1918, 43(10): 821.

⑤ Kaiser, John Boynton. Introduction[M] // Tai, Tse-chien. *Professional Education for Librarianship*. New York: The H. W. Wilson Company, 1925: 6; 顾烨青, 郑锦怀, 曹海霞. 探究图书馆学家戴志骞转行与归宿之谜——戴志骞生平再考[J]. 大学图书馆学报, 2013(1): 120.

相识相知,成为好友,并且经常在夜里围着篝火聊起儒家学说、汉字演化,以及其他东方话题①。1924 年第二次留美时,戴志骞之所以选择赴爱荷华大学攻读博士学位,恐怕跟凯泽正好在那里担任图书馆馆长兼教授不无关系。

三、陪同范源濂与张默君参观阿尔巴尼城公立学校

1918 年 9 月,戴志骞跟随曾任中华民国政府教育总长的范源濂(Y. L. Fan)与中国现代妇女运动先驱兼教育家张默君(Miss Sophie Chang),一起参观了阿尔巴尼城的多所公立学校,受到当地教育部门主管 C. 爱德华·琼斯博士(Dr. C. Edward Jones)的欢迎与陪同。范源濂、张默君与戴志骞三人此行是为了考察美国的中小学教育体系,以便给中国的学校教育确立可供学习与借鉴的典范②。

四、发表多篇图书馆学著述

留美期间,戴志骞还在多种报纸杂志上发表了数篇著述文章。1918 年 12 月,他在《留美学生季报》(*The Chinese Students' Quarterly*)第 5 卷第 4 期上发表了题为《论美国图书馆》的中文文章。戴志骞在文中首先回顾了美国图书馆的发展历史,然后分析了图书馆对于教育事业的重要意义。他以自己的实际经历为例,指出当时的中国公共图书馆存在着"注重于保藏主义,而轻忽书籍流动主义"的问题,并认为图书馆应想方设法吸引读者到馆阅读,提高馆藏图书的利用率,充分发挥图书馆的社会效益。最后,戴志骞还列出了六条"普通图书馆管理法之要素",对图书馆的选址、建筑、采访、分编、对外开放与图书馆馆长的管理理念等六大问题提出了自己的看法③。

1919 年 2 月,戴志骞在《公共图书馆》第 24 卷第 2 期"学校图书馆专号"(School Library Number)上发表了《中国图书馆现状》("Present Library Conditions in China")一文④。同年 7 月,他又在《图书馆杂志》第 44 卷第 7 期上发表了《中国图书馆一览》("A Brief Sketch of Chinese Libraries")一文⑤。两篇文

---

① Kaiser, John Boynton. Introduction[M]// Tai, Tse-chien. *Professional Education for Librarianship*. New York: The H. W. Wilson Company, 1925: 6; 顾烨青,郑锦怀,曹海霞. 探究图书馆学家戴志骞转行与归宿之谜——戴志骞生平再考[J]. 大学图书馆学报,2013(1): 120.

② Educational News and Comment[J]. *American Education*,1918,22(2): 80.

③ 戴志骞. 论美国图书馆[J]. 中国留美学生季报,1918,5(4): 121-129.

④ Tai, T. C. Present Library Conditions in China[J]. *Public Libraries*,1919,24(2): 37-40.

⑤ Tai, T. C. A Brief Sketch of Chinese Libraries[J]. *The Library Journal*,1919,44(7): 423-429.

章都是简要介绍了中国各类图书馆的发展情况,内容颇有雷同之处。

五、参加中国留美学生会,担任《中国留美学生月报》编辑

留美期间,戴志骞加入了中国留美学生会。在厄普顿军营图书馆服务期间,戴志骞还兼任了《中国留美学生月报》"最新文献版"("Current Literature Section")的责任编辑①。

在担任责任编辑期间,戴志骞为《中国留美学生月报》编撰了三期的"最近涉华文献介绍"("Recent Literature on China")专栏,以书目的形式介绍与中国相关的各种最新英文著述。除了著录其著者姓名、书名/篇名、出版社/刊物、出版时间/刊期、形态乃至价格等相关信息,戴志骞还简要介绍了著者的生平情况与著述的内容梗概,对读者来说十分便利②。

同时,他还将自己在纽约州立图书馆学校就读期间编撰的原创书目分四次连载于《中国留美学生月报》第 14 卷上,题名改为《中国书目 250 种》③。与其他汉学书目相比,戴志骞的《中国书目 250 种》的不足之处显而易见,如收录内容少(仅收录 250 种与中国相关的英文著述,还不到高第《中国书目》的百分之一),时间跨度短(仅收录 1900—1918 年间发表或出版的英文著述),非单行本等。

但是,《中国书目 250 种》也自有其独特之处。首先,体例完备。戴志骞将 250 种与中国相关的英文著述分成"综合性图书"("General Works")、"哲学与宗教"("Philosophy and Religion")、"传教活动"("Missions")、"经济与政治"("Economic & Political Organizations")、"教育"("Education")、"社会生活与风

---

① New York State Library School. *New York State Library School Register*, *1887-1926*[M]. New York: New York State Library Schools Association, Inc., 1928: 138; New York State Library School. *New York State Library School Register*, *1887-1926*(*James I. Wyer Memorial Edition*)[M]. New York: New York State Library Schools Association, Inc., 1959: 121; 顾烨青,郑锦怀,曹海霞. 探究图书馆学家戴志骞转行与归宿之谜——戴志骞生平再考[J]. 大学图书馆学报,2013(1):120.

② Tai, T. C. Recent Literature on China[J]. *The Chinese Students' Monthly*, 1918, 14(1): 76-85; Tai, T. C. Recent Literature on China[J]. *The Chinese Students' Monthly*, 1919, 14(4): 266-271; Tai, T. C. Recent Literature on China[J]. *The Chinese Students' Monthly*, 1919, 14(7): 456-460.

③ Tai, Tse-chien. 250 English Books on China[J]. *The Chinese Students' Monthly*, 1919, 14(3): 210-216; Tai, Tse-chien. 250 English Books on China[J]. *The Chinese Students' Monthly*, 1919, 14(4): 272-282; Tai, Tse-chien. 250 English Books on China[J]. *The Chinese Students' Monthly*, 1919, 14(5): 359-362; Tai, Tse-chien. 250 English Books on China[J]. *The Chinese Students' Monthly*, 1919, 14(6): 409-412.

俗习惯"("Social Life and Customs")与"美术"("Fine Arts")七大类,分别加以著录介绍。他还专门撰写了一篇序言,向读者介绍了他编撰这份书目的来龙去脉。为了节省版面,他在文中使用了不少缩略语,但他又在正文之前附上了一份"缩略语对照表"("Abbreviations"),方便读者查考。其次,客观描述与主观评价合一。包括高第《中国书目》、袁同礼《西文汉学书目》在内的其他汉学书目,大多只是简单地著录各种著述的作者、题名/书名、刊物/出版社、刊期/出版时间等相关信息,而不会对相关著述展开评价。但戴志骞不仅将他选取的 250 种英文著述的相关信息客观地著录下来,还别出心裁地对其加以主观评价,或者节录他人对它的相关评论文字,使得读者对其内容梗概与学术价值一目了然。比如,戴志骞如是评价英国汉学家波乃耶(James Dyer Ball)所著《中国风土人民事物记》(*Things Chinese, or Notes Connected with China*)的增订版:"这个增订版仍然按照百科全书的形式来编排内容。它有助于普通读者或有意前往中国旅行之人了解中国。"再次,戴志骞专门著录了报刊上发表的与各种著述相关的书评信息,包括刊登书评的刊物、时间、刊期与页码等,有助于读者弄清各种著述在学术界产生的后续影响。戴志骞的这些做法在当时无疑显得十分出彩,即使到了现在,依然颇有值得借鉴与学习的价值[①]。

　　顺带补充一下,1919 年 6 月 13 日,纽约州立图书馆学校举行毕业典礼。1911 届毕业生阿萨·温库普(Asa Wynkoop)被授予图书馆学硕士学位,珀尔·辛斯利(Pearl Hinesley)、露露·鲁斯·里德(Lulu Ruth Reed)、戴罗瑜丽与罗伯特·E. 斯托弗(Robert E. Stauffer)四人被授予图书馆学学士学位。学校同时还确认了雷切尔·艾格尼斯·哈里斯与戴志骞两人在 1918 年毕业典礼之后颁发的图书馆学学士学位[②]。由此可以推断,在 1918 年夏,纽约州立图书馆学校补颁图书馆学学士学位给戴志骞与雷切尔·艾格尼斯·哈里斯,但因为毕业典礼已经结束,毕业生们奔赴各地,校方没有再为两人举行正式的学位颁发仪式,而只能在 1919 届毕业生的毕业典礼上公开确认他们二人的学位。

---

① 本段原载《图书馆建设》2013 年第 9 期,原题《中国现代图书馆学人对美国汉学的 3 种贡献》,收入本书时略有改动。

② New York State Library School Notes[J]. *New York Libraries*, 1919, 6(8): 237.

第六章

返回清华学校

第一节　重掌清华学校图书馆

至今,未见有史料明确指出戴志骞于何时离开美国,又于何时抵达中国。1919年8月2日,《申报》刊登了一份《中国科学社致全国各实业各教育机关函》,介绍了1919年夏天留美归国的中国科学社社员,其中就包括"戴超"(戴志骞)。由此推断,戴志骞大概在1919年7月下旬返回了中国。但是,该函称他是毕业于"纽约大学"的具有"图书管理"特长的"图书科硕士",明显有误①。

1919年8月28日,《申报》刊登了一条题为《国防会今日开会》的报道,称国防会于8月27日发出通知,拟于8月28日下午五点在寰球中国学生会开会,邀请毅安、尹寰枢、戴志骞、朱少屏、胡博渊、薛桂轮、李大中等人参加。会议议程包括报告国防会的历史及现在情形、报告国防会拟定今后进行计划、讨论设立国内办事机关印书局等事、分送国防会各种刊发品等②。寰球中国学生会是一个主要由欧美留学生组成的归国留学生组织,其办公会所常设在上海。因此,可以推断,戴志骞归国后在家乡上海呆了相当长一段时间(一个月左右),主要是探亲访友及参加社会活动等。

此前,在戴志骞留美期间,袁同礼担任清华学校图书馆代理馆长一职,并聘请北京高等师范国文专修科毕业生章寅与清华学校毕业生查良钊为襄理,协助管理馆务③。1919年10月12日,《清华周刊》第173期报道称:"本校旧图书管理

---

① 中国科学社致全国各实业各教育机关函[N]. 申报,1919-08-02(11).

② 国防会今日开会[N]. 申报,1919-08-28(10).

③ 图书馆纪事[J]. 清华周刊,1917(112):21.

戴志骞先生已由美回国来校视事所有图书管理现共有八人之多云。"①第173期是1919年秋季开学后出版的第一期《清华周刊》,因此可以推断,1919年9月清华学校秋季开学前,戴志骞已经返校并继续执掌图书馆,直到1924年8月他第二次赴美深造。

其间,在1922年4月26日,戴志骞与戴罗瑜丽在上海完婚。婚后,戴罗瑜丽更多的是以"戴超夫人"或"戴志骞夫人"的名义出现在人们的视野里或出现在新闻报道中,其英文名则改为"Mrs. Julie Rummelhoff Tai"②"Mrs. T. C. Tai"③或"Julie R. Tai"④等。

第二节　革新图书馆管理

从1919年9月到1924年8月,戴志骞充分利用他第一次留美期间学到的专业知识与收获的工作经验,对清华学校图书馆展开了大刀阔斧的变革,有力地推动了该馆的创新与发展。

一、改进图书馆组织结构

1919年9月,戴志骞复掌清华学校图书馆伊始,便"改弦更张,厘订组织"⑤。他首次将分部门管理的概念引入了中国,而清华学校图书馆也成为中国第一所设立分部门的图书馆⑥。

---

① 图书管理增添人数[J]. 清华周刊,1919(173):3. 另:原刊未用标点符号断句,此处照录。

② News Notes for Members[J]. *Bulletin of the Medical Library Association*,1934,22(3):169.

③ New York State Library School. *New York State Library School Register,1887-1926*[M]. New York:New York State Library Schools Association,Inc.,1928:143;Journals Wanted[J]. *American Journal of Nursing*,1931,31(11):1320;New York State Library School. *New York State Library School Register,1887-1926(James I. Wyer Memorial Edition)*[M]. New York:New York State Library Schools Association,Inc.,1959:126.

④ Doe,Janet. A *Handbook of Medical Library Practice*[M]. Chicago:American Library Association,1943:41.

⑤ 洪有丰. 二十年来之清华图书馆[C]// 清华大学校史研究室. 清华大学史料选编·第1卷·清华学校时期(1911—1928). 北京:清华大学出版社,1991:451.

⑥ 韦庆媛,邓景康. 清华大学图书馆百年图史[M]. 北京:清华大学出版社,2013:43.

当前未能找到 1919 年下半年清华学校图书馆的组织系统图。不过,1922年 1 月,清华学生刘聪强在《新教育》第 4 卷第 1 期上发表了《清华图书馆》一文。该文文末标有"五,二八,二十"字样,可知该文完成于 1920 年 5 月 28 日。文中附有一份题为"图书馆现在的组织方法"的图表,详见图 6-1。

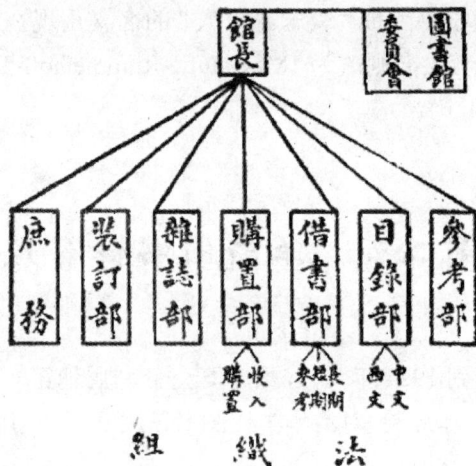

图 6-1　1920 年清华学校图书馆组织系统图 [①]

根据图 6-1,可以知道以下几点情况:首先,设立于 1919 年 2 月的图书馆委员会(最初称图书委员会 [②])开始参与到图书馆的管理工作中来。其次,图书馆最高负责人从"主任"改称"馆长"。再次,馆长之下,设立参考部、目录部(中文、西文)、借书部(长期、短期、参考)、购置部(收入、购置)、杂志部、装订部与庶务部七个部门 [③]。另据记载,在 1923 年,戴志骞担任清华学校图书馆委员会主席,委员会成员则包括谭唐(G. H. Danton)、海晏士(A. Heinz)、梅贻琦(Y. C. Mei)、史密斯(E. K. Smith)与余日宣(Stewart Yui) [④]。

另据 1921 年清华学校图书馆组织系统表,该馆设有主任(负责对外)与副主任,再下则设有参考部(职员一人,由副主任兼理)、购置部(职员一人)、编目部(职员二人,用"杜威分类法"及"字典目录")、出纳部(职员二人及学生助手

---

① 刘聪强. 清华图书馆[J]. 新教育,1922,4(1):123.

② 图书委员[J]. 清华周刊,1919(159):3-4.

③ 刘聪强. 清华图书馆[J]. 新教育,1922,4(1):123.

④ 韦庆媛,邓景康. 清华大学图书馆百年图史[M]. 北京:清华大学出版社,2013:45.

一人)、登录部(职员一人,仿美国纽瓦克(Newwark)借阅制度)与装订部(职员一人)。各个部门编制确定,职员分工明确,各有其责,显得更加专业、细致[①]。

现在回头去看,戴志骞最值得称道的措施就是设立参考部,积极开展参考咨询工作。这是中国图书馆界的第一个参考部门,引领风气之先,意义重大。(详见本书第十二章"戴志骞时期清华学校图书馆参考服务研究")

二、加强图书馆制度建设

戴志骞对清华学校图书馆的制度建设颇有贡献。自 1914 年秋开始执掌清华学校图书馆起,他就十分注重馆务公开工作,经常为《清华周刊》提供资料,由该刊登载了大量"图书增加""书籍增加""借书报告""图书新到""图书报告""赠书鸣谢""图书汇志""图书室报告"之类的简短信息,方便读者了解图书馆的最新动态。而在戴志骞被迫辞职离开之后,《清华周刊》上刊登的与图书馆相关的信息却屈指可数。

第一次留美归来以后,戴志骞在清华图书馆内施行民主治馆,于 1923 年年初开创了图书馆职员常会制度。全馆职员每月召开一次常会,集体讨论图书馆管理事宜,群策群力,共谋发展[②]。这种常会(或称例会)制度在当今的中国图书馆界已经十分普遍,在当时却颇为难得。但在戴志骞离开清华图书馆之后,这一立意良好的管理制度似乎就被废弃不用,至少后来的《清华周刊》上未见相关报道。

三、引进图书馆专业人才,改进图书分编工作

接受了美国图书馆专业培训之后,戴志骞深知专业人才对于一所图书馆的重要意义。1919 年秋,复掌清华学校图书馆之后,戴志骞很快就聘请狄玛夫人担任清华学校图书馆的英文书籍编目员[③]。狄玛夫人原名弗洛伦斯·法纳姆(Florence Farnham,当时称"发兰姆[④]"),婚后称狄玛夫人(Mrs. C. G. Dittmer,或 Mrs. Florence Farnham Dittmer),1907—1908 年曾担任美国威斯康星州安蒂歌城(Antigo)图书馆代理馆长[⑤];1909 年夏,毕业于威斯康星图书馆学校(Wisconsin

---

① 韦庆媛,邓景康. 清华大学图书馆百年图史[M]. 北京:清华大学出版社,2013:43.

② 图书馆新闻[J]. 清华周刊,1923(271):30.

③ 志图书馆[J]. 清华周刊,1919(173):4-5.

④ 结褵志庆[J]. 清华周刊,1918(144):6.

⑤ Round the Circle. News and Notes Concerning Wisconsin Libraries and Librarians[J]. *Wisconsin Library Bulletin*, 1908, 4(1):19.

Library School），后赴华盛顿州埃伦斯堡师范学校图书馆（Ellensburg Normal School Library），至 1910 年 4 月完成其重组工作，转而受聘于波特兰公共图书馆编目部 [①]；1913 年 10 月起任职于威斯康星州苏必利尔城公共图书馆（Superior Public Library）[②]，历任助理馆员 [③]、编目员 [④]；1916 年 6 月起转任奥克莱尔师范学校图书馆（Eau Claire Normal School Library）馆长 [⑤]。1918 年 7 月 12 日，她与丈夫狄玛（Clarence Gus Dittmer）在美国威斯康星州结婚 [⑥]。婚后，狄玛夫人随丈夫来到清华学校工作，成为清华学校聘请的第一位学习图书馆专业的西文编目员。在具有丰富实践经验的狄玛夫人的建议下，清华学校图书馆开始采用杜威分类法，对中西文书籍进行编号分类，并着手编制书目。对此，1920 年 6 月，《清华周刊》第六次增刊就指出："从前该馆的书，只编收入总数（Acession No.），自狄玛夫人管理此事后，除原有的收入总数外，另照杜威分类法，编号分类。一年来中西文书籍大半均已编就。现在检书已不如从前之难。"[⑦]1921 年暑假，因家人病故，狄玛夫人被迫辞职返美 [⑧]。

另据 1921 年出版的《清华年报（1921）》（*The Tsinghuapper 1921*）记载，在 1920—1921 学年，清华学校图书馆还聘有一位叫"赵开"的中文编目员 [⑨]。1921 年暑假，六名文华大学图书科学生到清华学校图书馆实习，专编图书目录 [⑩]，但赵开却在此时辞职了 [⑪]。中文与西文编目员同时离开，又未能找到接任之人，清华学

---

① Alumni Notes[J]. *Wisconsin Library Bulletin*, 1910, 6(3): 74.

② *Superior Public Library Twenty-fifth Annual Report, for the Year Ending June the Thirtieth Nineteen Hundred and Fourteen*[M]. Superior, W. I. : Superior Public Library, 1914: 6.

③ *Superior Public Library Twenty-fifth Annual Report, for the Year Ending June the Thirtieth Nineteen Hundred and Fourteen*[M]. Superior, W. I. : Superior Public Library, 1914: 4.

④ *Superior Public Library Twenty-fifth Annual Report, for the Year Ending June the Thirtieth Nineteen Hundred and Fourteen*[M]. Superior, W. I. : Superior Public Library, 1914: 4.

⑤ *Superior Public Library Twenty-fifth Annual Report, for the Year Ending June the Thirtieth Nineteen Hundred and Fourteen*[M]. Superior, W. I. : Superior Public Library, 1914: 6.

⑥ 结褵志庆[J]. 清华周刊, 1918(144): 6.

⑦ 图书馆[J]. 清华周刊, 1920(S6): 17.

⑧ 图书馆[J]. 清华周刊, 1921(223): 113.

⑨ 《百年清华图书馆》编写委员会. 百年清华图书馆[M]. 北京: 清华大学出版社, 2012: 24-25.

⑩ 图书馆[J]. 清华周刊, 1921(223): 113.

⑪ 图书馆消息[J]. 清华周刊, 1921(225): 26.

校图书馆的分编工作陷入停顿[①]。

1922 年夏,戴志骞设法聘到刚从文华图书科毕业的查修到馆工作,由其负责中文图书的分编工作,另请妻子戴罗瑜丽担任名誉职员,负责西文图书的分编工作[②]。截至 1924 年 6 月,在众人的齐心努力之下,清华图书馆已将杜威十类法修订为《杜威书目十类法补编》[③],并以之指导馆藏中文图书的分编。

至于报纸杂志,清华学校图书馆则采用字母编列目录,以方便读者查阅。早在 1921 年 3 月 25 日,《清华周刊》第 213 期就指出:"图书室中之各种外国杂志,皆照字母编列名单,悬贴布告版中,欲取阅者,察其号码即可。L 之数系指书架言,T 之数系指书桌言。有 S 字者则在中文部室内,约多关于科学及少年丛刊者。将来国文杂志亦拟按字母编列名单,惟其名称须按京语罗马拼音。现已在美国购订书挟,一俟运到,即可实行。"[④]1921 年 5 月 20 日,《清华周刊》第 220 期又重申:"书报号码用法曾志前刊,惟恐少有注意之者,故仍补志于此。凡中外杂志名单,皆贴于借书处布告牌上,其名目系按英文字母排列,(中文杂志名称则为罗马拼音字)。每杂志之后皆列号码如 T、R、S、C 等字,俾阅者可按图索骥,一目了然。T 指外国书室桌上,R 指外国书室架上,S 中国书室架上,C 系中文杂志,在中国书室中文杂志架上。字母之傍各注数目字,定其位置之次序。如欲寻某杂志,即可先阅名单以察其所在。例如 *American Rericur of Reuicur* 其号码为 R63,即可知其在西文部书架上矣。阅毕须放于原处,以免秩序紊乱。此类名单之外,每星期又出新报告一张,录新到杂志之名称。"[⑤]

四、建立预算制度

1919 年以前,虽然其经费大致呈现逐年增加的态势,但清华学校图书馆购书并无预算,基本上由校方视学校财政状况随意拨给购书经费。学校财政状况良好时,下拨的经费就多;反之则少。1919 年 9 月,戴志骞复掌清华学校图书馆以后,主持建立了购书预算制度。1920 年 6 月出版的《清华周刊》第六次增刊就载有一份清华学校图书馆"一九二〇年拟购书籍之预算表",内称该馆 1920 年购书预算金额为 12 000 元,详见表 6-1。

---

① 图书馆消息[J]. 清华周刊,1921(225):26.

② 图书馆消息[J]. 清华周刊,1922(250):37.

③ 图书[J]. 清华周刊,1924(S10):5.

④ 图书馆纪事[J]. 清华周刊,1921(213):25-26.

⑤ 图书馆[J]. 清华周刊,1921(220):21-22.

表 6-1　清华学校 1920 年购书预算表 [①]

项　目	金　额
中文书籍及杂志	3 000 元
新闻纸	400 元
普通杂志及装订	1 000 元
关于中国的西文书	500 元
目录片	500 元
普通及参考书	1 600 元
德文（英文书之关于德国者亦在内）	700 元
法文	300 元
英文文学书	500 元
物理	300 元
化学	300 元
数学	300 元
手工	100 元
动植物学	300 元
社会学	200 元
经济	200 元
国际公法	200 元
体育	100 元
历史	200 元
医药	150 元
职业及农业	300 元
美术	100 元
心理学	100 元
儿童及童子军用书	250 元
法律	150 元
工程学	150 元
图书馆学	100 元
共　计	12 000 元

---

① 表格内容引自：图书馆[J]．清华周刊，1920（S6）：19-20．

1921 年,清华学校图书馆的购书预算金额为 115 000 元,详见表 6-2。

表 6-2 清华学校 1921 年购书预算表[①]

项 目	金 额
中文书籍杂志	3 000 元
新闻纸	400 元
西书论中国事者	500 元
西文杂志	1 000 元
普通参考书	1 600 元
德文	700 元
法文	300 元
英文	500 元
物理	300 元
化学	300 元
数学	300 元
手工	100 元
天然科学	300 元
社会学	200 元
经济学	200 元
政治学及国际公法	200 元
体育学	100 元
历史学	200 元
医学	150 元
农学	150 元
职业书籍	150 元
美术	100 元
哲学及心理学	100 元
儿童书籍	150 元
童子军书籍	100 元
图书馆学	100 元
律法	150 元

① 韦庆媛,邓景康. 清华大学图书馆百年图史[M]. 北京:清华大学出版社,2013:44.

121

项 目	金 额
工程学	150 元
共 计	11 500 元

此后,清华学校图书馆每年都制定购书预算,使该馆的购书活动更有计划性,有力地促进了该馆的发展。

五、尽力扩充馆藏

戴志骞将清华学校图书馆定位为参考图书馆,并大量添购图书,力求为学校的教学活动提供最大限度的支持。他在扩充馆藏方面采取的措施主要如下:

(一)倾听读者需求,按需搜购图书

起初,清华学校图书馆仅通过听取学校各科主任的意见来选购教学所需的书籍。戴志骞留美回来以后,则规定所有师生都可以填写特别印制的"介绍纸",并将其投入图书馆主任室门前的小柜,从而向图书馆向荐购图书[①]。

(二)积极建设西文特色馆藏

戴志骞十分注意搜购与中国相关的西文图书,力图建设中国研究方面的西文特色馆藏。为此,清华学校图书馆的历年购书预算均辟有一笔经费专门用于购买此类图书。该馆购置此类图书的途径主要有三种:致函外国各大出版社,直接订购;关注民间藏书信息,登门求购;向社会各界征集图书。

(三)广泛接受社会各界的赠书

清华学校图书馆广开大门,接受社会各界的赠书,还多次在《清华周刊》上刊登"赠书志谢""赠书致谢"或"赠书鸣谢"短文,感谢向该馆赠送图书的机关、团体与个人。

(四)争取国外机关团体寄赠出版物

1919 年上半年,尚在美国的戴志骞与纽约州立图书馆(New York State Library)和美国国会图书馆(Library of Congress)达成交换出版物的协议。这两家图书馆同意将各自的出版物(印刷品)寄赠清华图书馆,供清华学生参考之用[②]。

通过种种途径,清华学校图书馆的馆藏得到了大幅度的扩充。据洪有丰于

---

① 图书馆[J]. 清华周刊, 1920(S6): 18.

② 志图书馆[J]. 清华周刊, 1919(183): 6.

1931 年所制"二十年来中西图书册数增加比较表",在 1919 年底,清华学校图书馆馆藏的中文与西文书籍分别约为 2 万册与 1 万册;而到了 1924 年底,该馆的中文与西文书籍已经分别增至 4.4 万册与 2.6 万册左右①。

六、改进装订方法

清华学校图书馆的馆藏主要可以分为西文图书与中文图书两大类。当时的西文图书多为精装本,可以竖立在书架上,既节省空间,又方便读者查找。与此形成鲜明对比的是,中文图书使用的纸张较软,无法竖立起来,只能平放,更占空间,既不便于馆员管理,也不便于读者查找所需书籍。为了解决这一问题,戴志骞特地设计了全新的中文书西装盒,主要用于放置丛书与期刊。这种中文书西装盒的盒脊顶部标注了丛书书名、期刊刊名等信息,底部则留有小窗,以供读者查看盒内丛书与期刊的卷数与期次等。至 1923 年,清华学校图书馆的中文图书全部改为西式装订②。

七、想方设法,方便读者查阅图书

为了方便读者检索查阅馆藏图书,清华学校图书馆专门印制了三套中西文目录卡片,即中文分类书目片、著作者书目片与西文字典式书目片③。对此,1920 年 6 月出版的《清华周刊》第六次增刊指出:"书目正在编制之中。现采用 Card System 以便临时增加,中交拟备二种书目,一照作者名字编列(Author's Catalog),一照分类编列(Classified Catalog)。西文书则照字母之先后编列(Dictionary Catalog)。"④

清华学校图书馆还在书架上放置书架目录片,以方便读者检索。1922 年 12 月 15 日,《清华周刊》第 263 期指出:"书库内西文书架上,现备有书籍分类标记,对于检查书籍,颇显便利。中文书架,俟分类法大纲拟定妥后,亦须采用此种标记,以便检查。"⑤至 1924 年 3 月 11 日,清华学校图书馆职员常会又通过决议,"每月由中西编目部将书架目录片汇齐按类排列标以类目然后付印"⑥。

① 洪有丰. 二十年来之清华图书馆 [C]// 清华大学校史研究室. 清华大学史料选编·第 1 卷·清华学校时期(1911—1928). 北京:清华大学出版社,1991:456.

② 韦庆媛,邓景康. 清华大学图书馆百年图史[M]. 北京:清华大学出版社,2013:45.

③ 韦庆媛,邓景康. 清华大学图书馆百年图史[M]. 北京:清华大学出版社,2013:45.

④ 图书馆[J]. 清华周刊,1920(S6):17.

⑤ 图书馆新闻[J]. 清华周刊,1922(263):14.

⑥ 图书馆[J]. 清华周刊,1924(306):32. 另:原刊未用标点符号断句,此处照录。

为了向读者推广阅读,清华学校图书馆会从新购书籍当中选出几种较有趣味者,将其书皮纸(或称封面纸或书面纸)贴在布告板上,吸引读者的注意力。这一举措取得了颇为明显的效果。1922年12月15日,《清华周刊》第263期指出:"图书馆现择新到书籍,饶有趣味者,将其书皮纸,贴于布告板上,令同学诸君易知新到何种书籍。据闻此法颇能换起阅者之注意,例如早间将某书之书皮纸贴上布告板,下午该书即已借出矣。"①

八、印制多种业务用签,规范图书馆管理

据1920年6月出版的《清华周刊》第六次增刊介绍,当时清华学校图书馆已经设计制作了多种业务用签,包括借参考书证、(预约书)特别保留证、新式长期西文借书证、中文长期借书证、(购书)介绍纸、购书片等②。这对于规范清华学校图书馆的管理与服务无疑起到了很大的促进作用。

1924年3月11日,清华学校图书馆职员常会通过决议,决定制作粉红色的专科借书片,供学校教员借教员专科参考书时使用。教员借书时,需由图书馆职员在专科借书片上逐一登记;教员还书时,则由图书馆职员将所还书籍从专科借书片上一一勾销③。

九、改良借阅制度,方便读者

1920年初,清华学校图书馆开始改革借书证使用方法。对此,1920年6月出版的《清华周刊》第六次增刊介绍甚详:"从前所用之借书证,只照借者姓名排列,极难找出那一本书是那一人借去,或那一本书已借出去没有。现在的借书证是放于书后的一个袋中,上有该书的号数及书名,借者填名于上,交图书馆理极为便利。"④

1920年秋季开学后,考虑到病人的阅览需求,清华学校图书馆专门在校医院设立了图书室,并派专人负责管理。对此,1920年10月1日《清华周刊》第192期有载:"又鉴于卧病医院者,无法消遣,特请该馆樊先生担任病人借书事宜,从此病者亦有可以消遣之法,不可不谓改良之一也。"⑤

大约在1921年春,由于馆藏目录尚未编撰完毕,清华学校图书馆决定暂时

① 图书馆新闻[J]. 清华周刊,1922(263):14.

② 韦庆媛,邓景康. 清华大学图书馆百年图史[M]. 北京:清华大学出版社,2013:46.

③ 图书馆[J]. 清华周刊,1924(306):32.

④ 图书馆[J]. 清华周刊,1920(S6):17.

⑤ 记图书室[J]. 清华周刊,1920(192):38.

开放书库,实行开放借阅制度,以方便读者检索与借阅书籍。对此,1921年4月15日,《清华周刊》第216期明确指出:"图书室之书目录尚未编就,故为同学检阅书籍起见,暂时开放书库。"①1922年1月13日,《清华周刊》第234期也称:"图书馆书库取开放主义,凡阅书者,均可自由入库选阅。"② 可惜的是,清华学校学生良莠不齐,有些道德败坏者借机偷窃书籍,"每有不借而挟书外出者,更有不借而挟书带至家中者"③;也有些人查找书籍时未将其放回原处,而是随手乱放,导致部分馆藏书刊"拉杂不堪,整理非常困难"④。

1923年3月,应清华学校学生(清华学校学生会评议部)的请求,经戴志骞与校长商洽,清华学校图书馆决定延长书库开放时间,以方便读者阅读参考之用⑤。戴志骞还主持制定了开放办法,具体如下:

A. 下午五时至六时半,只开放阅览室,以此时电灯未亮,书库内黑暗,不便检查书籍也。

B. 晚间开放书库,库内无论何种书籍,不得借出馆外。

C. 入书库时,各人自有书籍,不得携入。

D. 书库内书籍,如欲取到阅览室,应向学生助理员填就阅览室借书证。

E. 请学生会通知同学,在书库内切不可将书报纸张,私自剪下,或携出馆外,亦不得将书籍任意动移,致后来阅者不易觅得。

F. 同学等在书库内如窥及他人有不德之行为者,请随时报告管理员。

G. 上述各条,均归试办;如晚间开放书库后,库内秩序太坏,晚间开放书库一节,仍行停止⑥。

1924年1月9日,清华学校图书馆职员常会通过决议,决定图书馆在寒假期间也照常开放,以方便留校的师生,并且制定了图书馆职员轮值办法:"寒假中职员轮值办法　议决借书处由吴樊唐刘(中潘)陆潘施七人轮值。除星期日外每日应有两人值班。轮值表由吴君拟定,编目室管理员则认定每星期三、四、五为办公时间,其余楼下各办事员均按本校平日规定之时间而行;(每星期一、三、五

---

① 图书馆[J]. 清华周刊,1921(216):21.

② 图书馆[J]. 清华周刊,1922(234):24.

③ 图书馆[J]. 清华周刊,1921(216):21.

④ 图书馆[J]. 清华周刊,1922(234):24.

⑤ 图书馆新闻[J]. 清华周刊,1923(273):14-15;书库开放[J]. 清华周刊,1923(279):27.

⑥ 图书馆新闻[J]. 清华周刊,1923(273):14-15.

下午)如馆内有特别事故,星期一、三、五上午亦须到公。阅书时间每日六小时(上午九至十二时下千一至四时),除星期日外书籍照常出借。"①

第三节　积极倡导新图书馆运动

第一次留美归国之后,戴志骞除了改革清华学校图书馆之外,还积极倡导与参与新图书馆运动,广泛宣传西方图书馆理论思想与管理方法,有力地推动了中国现代图书馆事业发展。戴志骞主要采用了演讲、授课与结社三种办法来宣传与推进新图书馆运动。

一、进行演讲

根据当前掌握的材料,戴志骞最早约于 1920 年初在北京高师图书馆演讲会上发表演讲,主要讲述图书馆与教育之间的密切关系。此次演讲,经一位署名"予同"的人笔录,以《戴志骞先生在本校图书馆演讲会的演讲辞》为题,发表在 1920 年 2 月 7 日出版的《平民教育》(北京高师平民教育社主办)第 17 号上②。其后,大概是由他人笔录的演讲稿又以《图书馆与教育》为题发表在 1920 年 3 月 9 日《民国日报·觉悟》第 13 版上③。

1921 年,戴志骞的演讲次数最多。大概在 1921 年 1 月初,戴志骞在南开大学发表了题为《如何用图书馆及参考书》的长篇演讲④,同年 11 月又应邀去该校三次演讲"图书馆之利用法",并用幻灯片展示了若干幅西方各国图书馆照片⑤。1921 年 2 月 28 日,戴志骞为来清华图书馆参观的北京铁路职工学校图书管理科学生讲演图书馆管理办法⑥。1921 年 3 月初,戴志骞一连数夜为清华学生讲演"应

---

① 图书馆[J]. 清华周刊,1924(303):49.

② 中共中央马克思、恩格斯、列宁、斯大林著作编译局研究室. 五四时期期刊介绍(一)[M]. 北京:生活·读书·新知三联书店,1978:813.

③ 戴志骞. 图书馆与教育[N]. 民国日报·觉悟,1920-03-09(13).

④ 图书馆消息[J]. 清华周刊,1921(225):26.

⑤ 天津市图书馆志编修委员会. 天津市图书馆志[M]. 天津:天津人民出版社,1996:353.

⑥ 图书馆纪事[J]. 清华周刊,1921(211):23.

用参考书之方法"①。10 月,北京高师图书馆新馆落成,戴志骞在其开幕典礼上发表了题为《图书馆与学校》的演讲,经人笔录后先后载于 1922 年 11 月 14 日《北京高师周刊》第 176 期与 1923 年 1 月《教育丛刊》第三卷第六集［图书馆学术研究号(北京高师图书馆落成纪念)］,内容略有不同②。

同在 1921 年,戴志骞还进行过另外一次演讲,经何兆清记录,以《图书馆与教育》为题刊登在 1921 年出版的《教育汇刊》第一集上,但其内容与 1920 年的同题演讲颇有不同③。据查,《教育汇刊》由国立南京高等师范学校(以下简称"南京高师")教育研究会于 1921 年 3 月创刊,由中华书局出版④;而何兆清(1897—1969)为贵州省贵定县人,1919 年由贵州省政府保送南京高师就读⑤。据此可知,戴志骞乃是应邀到南京高师进行演讲,时间应当是在 1921 年春季开学初(3 月以前)。

1923 年 10 月 12 日,戴志骞在其担任顾问的清华学校教育学社发表演讲,内容涉及图书目录的历史、图书目录的编辑要点及对清华学校政治学会出版的《书报指南》的详细分析⑥。

1924 年 3 月,戴志骞在清华学校发表演讲,经毕树棠笔录,以《图书馆学》为题发表在 1924 年 3 月 14 日《清华周刊》第 305 期上。此次,戴志骞介绍了美国图书馆发展概况、美国图书馆学校的发展现状与课程设置,以及他本人对于中国图书馆事业的亲身经验与所抱希望等。戴志骞提出,野心过大、性情暴躁、做事浮躁之人不适宜攻读图书馆学及在图书馆工作。他还认为,在图书馆工作较为清苦,却也有三大长处,即可以收获精神上的快乐、多认识人、工作较为稳定⑦。

1924 年 5 月 18 日,戴志骞在北京图书馆协会发表题为《图书馆分类学的原则》的演讲,后以《图书分类法几条原则的商榷》为题发表在同年 8 月出版的《北京图书馆协会会刊》第一期上。戴志骞提出,分类与编目应当相辅相成,图书分类法应注重实用,以简单方便为根本原则。他介绍了有史以来的九种图书分

---

① 图书馆[J]. 清华周刊,1922(239):16.

② 戴志骞. 图书馆与学校[J]. 北京高师周刊,1922(176):3-4;戴志骞. 图书馆与学校[J]. 教育丛刊,1923,3(6):16-18.

③ 戴志骞先生讲,何兆清记. 图书馆与教育[J]. 教育汇刊,1921(1):16-19.

④ ［中华大事记·上编 1912—1954］1921 年[EB/OL]. [2011-12-20]. http://juqing.zhbc. com.cn/web/c_0000003200060001/d_10213.htm.

⑤ 肖先治,何明扬. 贵州文化出版名人传略[M]. 贵阳:贵州民族出版社,1999:144.

⑥ 教育学社[J]. 清华周刊,1923(290):22.

⑦ 戴志骞讲,毕树棠记. 图书馆学[J]. 清华周刊,1924(305):42-50.

类方法,并提出这九种分类方法单独使用均不完善,"必混合'与论理相合的'及'人为的'数种分类法的原则而成者,方为完全适用之分类法",即应当综合考虑书籍性质与书籍形态。戴志骞还提出了图书分类的三条附则,即根据常识加以变通、采用分类记号法、使用目录卡片①。

戴志骞的不少演讲还经人记录,发表在各类报纸杂志上。虽然这些报纸杂志的发行量各异,受众有多有少,但由于是纸质文献,传播得更加广泛,产生的影响更加持久,因而更有利于推动新图书馆运动。

二、编写讲义,教授课程

1919 年 12 月,李大钊在北京高师图书馆二周年纪念会上发表演说,其中提到:"从前清华学校拟设图书馆专科,后来因经济不够,所以不办。他想明年暑假办一个图书馆教育传习所,但是他在城外,也有许多的不便利,所以我仍是希望贵校举行。"② 此处的"他"即为戴志骞。由此可知,首次留美回国之后,戴志骞认识到培养图书馆员的重要性,曾计划在清华学校创办图书馆专科,以开展图书馆专业教育,培养图书馆专业人才。可惜,由于清华学校条件有限,戴志骞的这一计划无法实现。于是,戴志骞转而计划在 1920 年暑假开办一个图书馆教育传习所。不过,清华学校位于北京城外,条件不佳,不利于计划的实施。李大钊也认识到了这一点,于是极力推动北京高师接手。

1920 年 8 月 2—31 日,北京高师举办暑期图书馆讲习会③,最终共有各省立图书馆及学校图书馆职工 78 人(其中女性 10 余人)参加④。戴志骞受邀承担其授课工作,但他自觉精力不够,于是请沈祖荣、李大钊(守常)、李贻燕(翼庭)、程时煃(伯庐)等人加入。由于没有图书馆学方面的中文书籍可以参考,戴志骞于是选择西文图书学著作,编译成简单明了的纲要式讲义⑤。有文献指出,此次讲习会从头到尾一直都使用戴志骞的这份讲义。比如:"学员们使用清华学校图书馆主任戴志骞编译的讲义,听取有关图书馆教育、图书馆组织及管理法、图书馆编目

① 戴志骞. 图书分类法几条原则的商榷[J]. 北京图书馆协会会刊,1924(1):48-54.

② 李大钊. 在北京高等师范学校图书馆二周年纪念会上的演说辞[M]// 李大钊. 李大钊全集(第三卷). 石家庄:河北教育出版社,1999:419-420.

③ 北京高等师范学校开设图书馆讲习会广告[C]// 北京大学图书馆,北京李大钊研究会. 李大钊史事综录(1889—1927). 北京:北京大学出版社,1989:177.

④ 北京师范大学图书馆. 北京师范大学图书馆百年馆庆纪念册[M]. 北京:北京师范大学出版社,2002:29.

⑤ 戴志骞. 图书馆学术讲稿[J]. 教育丛刊,1923,3(6):1-67.

及分类法等课程,还进行多次见习考察。"① 又如,"1920 年 8 月,北京高等师范根据各省要求,开设暑期图书馆学讲习会,……讲习内容包括图书馆事业、图书馆教育、图书馆组织及管理法、图书馆分类法、图书馆编目法、图书改组法、图书馆实习等。……所用讲义由戴志骞编译,……"②。

戴志骞的这份讲义后来以《图书馆学术讲稿》为题,载于《教育丛刊》第三卷第六集。其内容十分丰富,分为"图书馆组织法""图书馆管理法""图书馆之建筑""论美国图书馆""图书馆分类法"与"图书馆编目法"六章,另有"序言"与附录"附图书目录编纂规则"③。虽然它只是发表在杂志上而未曾推出单行本,但它比较系统而全面地反映了戴志骞对近现代图书馆的认识与理解,极大地促进了中国图书馆界对美国图书馆思想的学习与借鉴,产生了很大的影响。对此,刘国钧后来作出了颇为中肯的评论:"戴氏所论大半,皆根据美国之办法,自是以还,美国图书馆观念,遂逐渐靡布全国,与民国初年步武日本之趋势对立。"④ 由此足见,戴志骞《图书馆学术讲稿》对新图书馆思想的宣传与推广作用极巨。同时,这也被视为中国图书馆界由学习日本转向学习美国图书馆的标志性事件,在全国产生了很大影响。

三、发起成立图书馆专业团体,团结图书馆界同人

1919 年秋至 1924 年夏,戴志骞主要发起成立了中华教育改进社图书馆教育委员会与北京图书馆协会两个图书馆专业团体。

1922 年 7 月,中华教育改进社在济南召开第一届年会,下设二十二种分组会议,其中的第十八个分组即为"图书馆教育组"⑤。图书馆教育组在年会事务所应接室举行了四次分组会议。戴志骞担任第一、第四次会议的主席,另外两次则因病缺席,由沈祖荣代为主席。戴志骞此次提交了四个议案,分别是《中国师范学校及高等师范学校应增设图书馆管理科案》《通俗图书馆内应设儿童图书部案》《组织图书馆管理学会案》与《各学校应有图书馆讲演案》。在第二次会议上,洪有丰代表戴志骞将这四个议案提交讨论,结果《中国师范学校及高等师范学校应增设图书馆管理科案》获得通过,《各学校应有图书馆讲演案》并入洪有丰的

① 北京师范大学图书馆. 北京师范大学图书馆百年馆庆纪念册[M]. 北京:北京师范大学出版社,2002:29.

② 吴仲强,等. 中国图书馆学史[M]. 长沙:湖南出版社,1991:320.

③ 戴志骞. 图书馆学术讲稿[J]. 教育丛刊,1923,3(6):1-67.

④ 刘国钧. 现时中文图书馆学书籍评[J]. 图书馆学季刊,1926,1(2):347

⑤ 中华教育改进社年会规程[J]. 新教育,1922,5(3):348-349.

一个相似议案,《通俗图书馆内应设儿童图书部案》与《组织图书馆管理学会案》则未获附议,暂不讨论。在第四次会议上,戴志骞还提交了《请中华教育改进社组织图书馆教育研究委员会案》,经众人讨论后通过。该案请社员分"图书馆行政与管理""征集中国图书""分类编目研究"与"图书审查"四组展开研究,"研究成果暂由新教育发表"①。据统计,《新教育》52 期中总共登载了 20 篇图书馆学论文及若干图书馆教育组的分组会议记录,而在这 20 篇论文当中,在中华教育改进社第一次年会召开以后发表的有 13 篇(第 5 卷第 1-2 期合刊及以后),作者包括朱家治、沈祖荣、洪有丰、刘国钧、戴志骞、黄维廉、查修、胡庆生等名家②。

大约在 1923 年 1 月,戴志骞提议设立的"图书馆教育委员会"正式成立③,有时或称"图书馆教育研究委员会"④,成为中华教育改进社之下的一个全国性的以研究图书馆学与推动图书馆事业为主要职能的二级机构。在新成立的图书馆教育委员会当中,戴志骞为主任,洪有丰为副主任,程时煃为书记,且在 1924 年 6 月之前一直未变⑤。

1923 年 8 月,中华教育改进社第二次年会在清华学校举行,戴志骞担任会务主任,出力甚巨,受到陶行知的高度评价⑥。图书馆教育组分组会议于 8 月 20、21、22、24 日召开四次,共收到 14 件议案,其中 5 件通过,7 件保留,1 件移交,1 件未经讨论。在 8 月 22 日下午召开的第三次会议上,戴志骞将他的 2 件议案《组织各地方图书馆协会案》与《交换重本图书案》提交讨论。前者获多数通过,提请中华教育改进社办理,而后者则被保留。戴志骞还极力支持文华大学图书科全体提议的《呈请中华教育改进社转请政府及美国政府以美国将将要退还之庚子赔款三分之一作为扩充中国图书馆案》,使之获得通过,为后来中华教育文化基金董事会对中国图书馆事业的大力支持埋下了伏笔⑦。

1924 年 7 月,中华教育改进社在南京召开第三次年会。在此次年会上,图书

---

① 分组会议纪录·第十八 图书馆教育组[J]. 新教育,1922,5(3):556-561.

② 李刚,叶继元. 中国现代图书馆专业化的一个重要源头——中华教育改进社图书馆教育组的历史考察[J]. 中国图书馆学报,2011(3):80-81.

③ 中华教育改进社十二年度计划[J]. 新教育,1923,6(1):57-58.

④ 分组会议纪录·第三十 图书馆教育组[J]. 新教育,1923,7(2/3):301.

⑤ 陶行知. 中华教育改进社第三次社务报告[M]//陶行知. 陶行知全集(第12卷). 成都:四川教育出版社,2005:113.

⑥ 陶行知. 中华教育改进社第二届年会筹备情形及各组事务报告[M]//陶行知. 陶行知全集(第1卷). 成都:四川教育出版社,2005:465.

⑦ 分组会议纪录·第三十 图书馆教育组[J]. 新教育,1923,7(2/3):295-307.

馆教育组分组会议共召开了五次。其中,第一、第三、第五次会议由戴志骞主持,第二、第四次会议则由洪有丰主持。在第五次会议上,图书馆教育委员会成员改选,戴志骞仍为主任,洪有丰仍为副主任,朱家治为书记,委员则包括沈祖荣、胡庆生、杜定友、程时煃、冯陈祖怡、查修、谭新嘉、陈长伟、何日章、冯绍苏、裘开明、王文山、施廷镛、袁同礼、章箴、吴汉章、许达聪、陈宗登。图书馆教育组还讨论了中华教育改进社议决刊行的《图书馆学季报》的创办方法,决定由沈祖荣与戴志骞分任编辑部正副主任[①]。这份《图书馆学季报》虽未问世,但它应当就是后来中华图书馆协会机关刊物之一——《图书馆学季刊》的前身。此外,尽管戴志骞此次并未提交任何议案,但在他与陶行知等人的敦促之下,沈祖荣与胡庆生合撰了《中学图书馆几个问题》,提交给与会者讨论,后来又公开发表[②]。

1925 年 8 月,中华教育改进社第四次年会在太原召开。由于戴志骞留美未归,图书馆教育组分组会议由袁同礼临时主持[③]。在那之后,中华教育改进社完成了历史使命,逐渐停止活动。新成立的中华图书馆协会取代了中华教育改进社图书馆教育委员会,成为中国图书馆界同人的共同家园。而第二次留美回国的戴志骞也就自然而然地将精力投入到中华图书馆协会上面。

此外,自戴志骞提交的《组织各地方图书馆协会案》在中华教育改进社第二次年会图书馆教育组分组会议上获得通过后,中华教育改进社极力鼓励与推动各地创设地方图书馆协会。1924 年 3 月 16 日下午,中华教育改进社在该社总事务所召开北京图书馆协会筹备会,拟定《北京图书馆协会简章》8 条。同年 3 月 30 日下午,北京图书馆协会成立大会在中华教育改进社总事务所举行,共有 30 多人与会,所拟简章经修改后通过,戴志骞当选为会长,冯陈祖怡为副会长,查修为书记[④]。这是在中华教育改进社支持之下成立的第一个比较完备的地方图书馆协会,在中国图书馆史上具有相当重要的地位。

在戴志骞的领导下,北京图书馆协会积极开展各种活动。1924 年 4 月 20 日、5 月 18 日,该会在不到一个月的时间内两次召开常会,会员踊跃参加,在讨论相

---

① 分组会议纪录·第二十六 图书馆教育组[J]. 新教育,1924,9(3):649-671.

② 沈祖荣,胡庆生. 中学图书馆几个问题[J]. 新教育,1924,9(1/2):209-220.

③ 中华教育改进社第四次年会图书馆教育组议决案[J]. 中华图书馆协会会报,1925,1(3):27-28.

④ 陶行知. 中华教育改进社第三次社务报告[M]//陶行知. 陶行知全集(第 12 卷). 成都:四川教育出版社,2005:115;图书馆[J]. 清华周刊,1924(306):32-33.

关会务之余,还举行图书馆学术演讲[①]。在 5 月 18 日的这次常会上,戴志骞进行了题为《图书馆分类学的原则》的演讲[②]。冯陈祖怡、谭新嘉、高仁山、查修、袁同礼、陈垣、熊泽元、马尔智、柯劭忞、韦棣华等人也先后在常会上发表重要演讲[③]。此外,该会还于 1924 年 8 月出版了《北京图书馆协会会刊》第一期,刊登图书馆界新闻、图书馆学术论文(包括演讲稿)等,以加强会员之间的交流与了解。

---

① 陶行知. 中华教育改进社第三次社务报告[M]//陶行知. 陶行知全集(第 12 卷). 成都:四川教育出版社,2005:115.

② 戴志骞. 图书分类法几条原则的商榷[J]. 北京图书馆协会会刊,1924(1):48-54.

③ 北平图书馆协会报告[J]. 图书馆学季刊,1929,3(1/2):271-273.

第七章

再次留美深造

第一节　再次留美的缘起与过程

1920 年 2 月 16 日，严鹤龄奉命到清华学校担任代理校长一职，主持校务。同年 8 月，外交部任命金邦正为清华学校校长，严鹤龄结束其使命。在这期间，严鹤龄采取了一系列措施，很快稳定了清华学校。其中，他主持制定了《本国教职员游学规则》，具体规定如下：

本国教职员游学规则

第一条　本国教职员在校服务五年以上确有劳绩并曾在国内外专门以上学校毕业者准其赴外国游学一年

第二条　游学期内仍支原薪并由本校给予来往川资每次美金五百六十三元（欧美）银洋一百五十元（日本）回国川资在返华时支付不得预支

第三条　游学期内应在外国著名大学研究高深学问不得旷逸并不得半途中止

第四条　游学回国后在本校服务至少三年

第五条　每年教职员游学以二人为限

第六条　教职员有志游学者应于每年四月内缮具陈请连同文凭证书各件送校长处核办

第七条　如有违背本规则者游学所领各费一概追还

第八条　本规则自公布之日施行[①]

[①] 本国教职员游学规则[M]//严鹤龄.清华学校董事管理校务严鹤龄报告书.北京：清华学校,1920:31-32. 另：原书未用标点符号断句,此处照录。

前文已经指出，1914 年秋至 1917 年夏，戴志骞已在清华学校服务三年。第一次赴美留学结束后，他于 1919 年 9 月重返清华学校服务。截至 1924 年 8 月，他又将在清华学校服务满五年。而且，他已获得上海圣约翰大学文科学士学位与纽约州立图书馆学校图书馆学学士学位。因此，戴志骞完全达到清华学校的要求，可以申请一年的学术假期。

据 1924 年 4 月 25 日《清华周刊》第 311 期的报道："本校教职员任事多年者，照例可请假休息一年，或由校中津贴赴美考察或研究一年；本年赴美者，闻系戴志骞与钟文鳌二先生。"[①] 结合《本国教职员游学规则》的规定，可以推断，戴志骞应当是在 1924 年 4 月初向清华学校校方申请学术年假，并获得批准。

再据 1924 年 5 月 30 日《清华周刊》第 316 期记载，戴志骞此时已经确定将赴美国哥伦比亚大学、哈佛大学等处参观图书馆设备与管理。戴志骞夫人戴罗瑜丽也将同时赴美，但她将在纽约公共图书馆（New York Public Library）服务一年。一年之后，两人将同赴挪威 [②]。按凯泽的介绍，戴志骞最初希望能到美国某所大学讲授东方文学，但在爱荷华大学校长杰瑟普（President Jessup）的建议下，他最终决定到该校继续攻读博士研究生学位 [③]。

此后，《申报》曾多次提及戴志骞夫妇赴美一事。综合《清华学生出洋留学之沪闻》（1924 年 6 月 14 日）、《清华本届赴美学生姓名录》（1924 年 7 月 3 日）与《今日赴美学生中四人之略历》（1924 年 8 月 22 日）这三篇《申报》新闻，可以知道，戴志骞夫妇跟本年度清华学校留美学生一起，定于 8 月 10 日抵达上海，再于 8 月 22 日乘坐"杰佛逊总统号"（S. S. President Jefferson）轮船赴美 [④]。

"杰佛逊总统号"轮船到日本横滨时，隶属于同一家航运公司的"杰克逊总统号"轮船（S. S. President Jackson）因故退回横滨修理，并将船上乘客转至"杰佛逊总统号"轮船，一同赴美。黄育贤等 18 位清华学校留美学生慷慨地为"杰克逊总统号"轮船上的女乘客腾出头等舱位，船长十分感动，特地给他们每人"金洋壹佰圆"作为酬谢。黄育贤决定将自己收到的酬金尽数捐给清华学校图书

---

① 职员赴美[J]. 清华周刊, 1924(311): 39.

② 教职员留美[J]. 清华周刊, 1924(316): 18-19.

③ Kaiser, John Boynton. Introduction[M] // Tai, Tse-chien. *Professional Education for Librarianship*. New York: The H. W. Wilson Company, 1925: 6.

④ 清华学生出洋留学之沪闻[N]. 申报, 1924-06-14(14); 清华本届赴美学生姓名录[N]. 申报, 1924-07-03(14); 今日赴美学生中四人之略历[N]. 申报, 1924-08-22(14).

馆,请其将该款项存于银行,用每年所得利息购买童子军方面的书籍。他于 1919 年 9 月 2 日在船上给戴志骞写了一封英文信函,说明事情的来龙去脉,并请他代为捐款。戴志骞将黄育贤的捐款与信件一同寄回清华学校图书馆。清华学校图书馆一一照办。1924 年 12 月 26 日,《清华周刊》第 332 期特地摘登了黄育贤致戴志骞信的部分内容,以示表彰①。

此外,根据美国司法部移民与归化管理司保存的"华盛顿州西雅图市出入境旅客名单(1890—1957)",戴志骞夫妇于 1924 年 9 月 7 日从华盛顿州西雅图市入境,其最终的目的地均为爱荷华城,旨在考察美国图书馆发展情况②。

1924 年 9 月 2 日,《爱荷华城市民报》(*Iowa City Press-Citizen*)第 5 版指出:"戴罗瑜丽女士,毕业于纽约州立图书馆学校,此前在中国北京的清华学校分编西文图书,现将担任本校图书馆编目员。"③1924 年 9 月 16 日,《爱荷华城市民报》第 2 版称:"旅美期间,她(戴志骞夫人)将成为爱荷华大学图书馆编目部的一员。"④1925 年 6 月 23 日,《每日爱荷华人》(*The Daily Iowan*)第 1 版也称:"戴(志骞)夫人,在过去一年当中,担任本校图书馆职员"。⑤ 显然,戴罗瑜丽确实没有前往纽约公共图书馆工作,而是夫唱妇随,与戴志骞一道前往爱荷华大学。只不过,戴志骞乃是在爱荷华大学攻读博士学位,而她则是在爱荷华大学图书馆担任编目员。

关于戴志骞赴美的原因与目的,1924 年 4 月 25 日,《清华周刊》第 311 期指出:"戴先生将去考察美国图书馆情形,及再进著名大学谋图书馆学术之精深研究。"⑥ 而戴志骞自己亦曾提到:"我去年往欧美的目的有二:(一)可说为我自身学问,(二)这第二个使命要说是清华学校,因为清华在这两三年之内,要建设一个完备一点的大学图书馆,供给将来的大学应用。"⑦ 两相结合,可以确知,戴志骞

---

① 图书馆新闻[J]. 清华周刊,1924(332):19.

② 检索自 www.familysearch.org。

③ University Library Has 320, 000 Books, 33 Workers This Year[N]. *Iowa City Press-Citizen*, 1924-09-02(5).

④ Chinese Librarian Comes to Iowa University to Study[N]. *Iowa City Press-Citizen*, 1924-09-16(2).

⑤ Mr. and Mrs. Tai, Graduates of S.U.I., to Sail for England[N]. *The Daily Iowan*, 1925-06-23(1).

⑥ 职员赴美[J]. 清华周刊,1924(311):39.

⑦ 戴志骞博士讲,孔敏中先生记. 欧美图书馆概况[J]. 清华周刊,1926(366):38.

之所以二次赴美留学，一是为了开阔自己的学术视野，提升自己的学术素养；二是因为清华学校图书馆即将迎来建设与发展的新局面，有必要考察与了解西方最新的图书馆发展动态，从中吸取经验。

第二节　戴志骞在爱荷华大学的学业

1924 年 9 月，戴志骞进入爱荷华大学攻读博士学位。他主修教育学，副修图书馆学与哲学。他修习的具体课程包括鲁赫副教授（Ruch，即 Giles M. Ruch）开设的教育统计学（Educational Statistics）与心理测量学（Mental Measurement），佩克尔教授（Packer，即 Paul Clifford Packer）、格林（Greene）与彼得逊（Peterson）三人共同开设的学校管理学（School Administration），恩赛因教授（Ensign，即 Forest C. Ensign）开设的大学管理学（University Administration），凯泽开设的图书馆教育（Library Education），陶什副教授（Taeusch，即 Carl F. Taeusch）开设的现代哲学（Modern Philosophy）等 [①]。

戴志骞将专业学习与论文写作紧密结合起来。他一边修习专业课程，一边撰写博士学位论文。经过大约八个月的努力，戴志骞于 1925 年 5 月 11 日撰毕"自序"（Preface），基本完成了其博士学位论文的写作 [②]。1925 年 5 月 20 日，戴志骞提交了其博士学位论文，题目为《论图书馆员职业教育：关于在爱荷华大学创办图书馆学校的建议》（*Professional Education for Librarianship: A Proposal for a Library School at the University of Iowa*）[③]。1925 年 6 月 5 日上午 8 点，戴志骞在爱荷华大学图书馆副楼 102 室参加答辩，并顺利通过 [④]。其答辩委员会由凯泽教授、佩克尔教授、帕特里克教授（G. T. W. Patrick）、鲁赫副教授、陶什副教授、卡津

---

① University of Iowa. *Programs Announcing Candidates for Higher Degrees（July 1, 1925 to July 1, 1926）*[M]. Iowa City：University of Iowa Press，1926.

② Tai, Tse-chien. Preface[M]// Tai, Tse-chien. *Professional Education for Librarianship*. New York：The H. W. Wilson Company，1925：v-viii；Tai, Tse-chien. Preface[M]// Tai, Tse-chien. *Professional Education for Librarianship*[D]. Iowa City：The University of Iowa，1925：i-vi.

③ Tai, Tse-chien. *Professional Education for Librarianship*[D]. Iowa City：The University of Iowa，1925：Cover.

④ University of Iowa. *Programs Announcing Candidates for Higher Degrees（July 1, 1925 to July 1, 1926）*[M]. Iowa City：University of Iowa Press，1926.

斯副教授(Cousins)与托玛斯副教授(Thomas)七人组成[1]。1925年6月9日,戴志骞正式毕业,并获颁哲学博士学位(the Degree of Doctor of Philosophy)[2]。

此前,在汉语文献当中,关于戴志骞在爱荷华大学到底获得了什么学位,说法各异。有的称他获得了"哲学博士",但未说明其所学专业[3]。有的则称他获得的是"图书馆及大学管理专业 Ph. D.",即图书馆及大学管理专业的哲学博士学位[4]。但根据戴志骞提交的用以答辩的博士学位论文的封面,他乃是毕业于爱荷华大学教育学院(College of Education)(见图7-1)[5]。由此推断,戴志骞获得的应当是他所主修的教育学专业的哲学博士学位,即通常所称的教育学博士学位(Ph. D. in Education)。不过,戴志骞提交的博士学位论文被后世学者认为是美国历史上图书馆学领域的第一篇博士学位论文[6]。

其间,在1925年2月18日下午2点半,尼尔·琼斯夫人(Mrs. Nyle Jones)在其爱荷华城南戈尔诺街30号家中招待基督教公理会妇女协会(The Woman's Association of the Congregational Church)会员,戴志骞应邀担任主讲人,介绍中国的传教事业[7]。

---

[1] University of Iowa. *Programs Announcing Candidates for Higher Degrees*(*July 1, 1925 to July 1, 1926*)[M]. Iowa City: University of Iowa Press,1926.

[2] 参见2014年4月21日爱荷华大学图书馆咨询馆员丹尼斯·K. 安德森(Denise K. Anderson)的回复电邮,其原文为:"According to our collection of commencement programs, Dr. Tse-Chien Tai, of Peking, China, received his Ph. D. at SUI on June 9, 1925, in the areas of Education and Library, philosophy."

[3] 杨家骆. 图书年鉴(上册·中国图书馆事业志)(四版)[M]. 南京:词典馆,1935:(第三编 全国图书馆概况)246;戚再玉. 上海时人志[M]. 上海:展望出版社,1947:224;徐友春. 民国人物大辞典(下)[M]. 石家庄:河北人民出版社,1991:597;麦群忠,朱育培. 中国图书馆界名人辞典[M]. 沈阳:沈阳出版社,1991:645.

[4] 国立清华大学校长办公室. 清华同学录[M]. 北京:国立清华大学校长办公室,1937:49;韦庆媛. 戴志骞研究史料辨析[J]. 大学图书馆学报,2014(2):114.

[5] Tai, Tse-chien. *Professional Education for Librarianship*[D]. Iowa City: The University of Iowa,1925:Cover.

[6] 顾烨青,郑锦怀,曹海霞. 探究图书馆学家戴志骞转行与归宿之谜——戴志骞生平再考[J]. 大学图书馆学报,2013(1):121.

[7] Woman's Association Meeting[N]. *Iowa City Press-Citizen*,1925-02-17(7).

PROFESSIONAL EDUCATION FOR LIBRARIANSHIP

A PROPOSAL FOR A LIBRARY SCHOOL AT THE UNIVERSITY OF IOWA

by

TSE-CHIEN TAI

A DISSERTATION SUBMITTED TO THE FACULTY OF

THE GRADUATE COLLEGE OF THE STATE UNIVERSITY OF IOWA

IN PARTIAL FULFILLMENT OF THE REQUIREMENTS FOR THE DEGREE OF

DOCTOR OF PHILOSOPHY

COLLEGE OF EDUCATION

IOWA CITY, IOWA

MAY 20, 1925.

图 7-1 戴志骞博士学位论文封面 [1]

第三节 赴欧考察

即将从爱荷华大学毕业之际,戴志骞就已经计划好利用暑假前往欧洲参观,然后返回中国 [2]。获得博士学位之后,戴志骞与夫人戴罗瑜丽一道,前往纽约,在那里受到了清华学校留美学生以及两人朋友的热情款待 [3]。

据 1925 年 6 月 23 日《每日爱荷华人》报道,戴志骞及其夫人戴罗瑜丽将于

---

① Tai, Tse-chien. *Professional Education for Librarianship*[D]. Iowa City: The University of Iowa, 1925: Cover.

② City Briefs[N]. *Iowa City Press-Citizen*, 1925-06-05(9).

③ Mr. and Mrs. Tai, Graduates of S.U.I., to Sail for England[N]. *The Daily Iowan*, 1925-06-23 (1).

6月25日早上在纽约乘坐"贝尔甘蓝德号"轮船(S. S. Belganland)前往英国[①]。但据1925年6月25日《爱荷华城市民报》所述,戴志骞夫妇将于6月26日在纽约乘船前往英国伦敦[②]。综合这两条新闻,戴志骞夫妇应当是在1925年6月26日在纽约乘坐"贝尔甘蓝德号"轮船前往英国伦敦。

戴志骞夫妇计划在伦敦逗留一周,然后前往戴罗瑜丽的祖国挪威,在那里呆上一个月。之后,两人将在欧洲大陆,主要是德国与法国呆上数周,然后经苏联返回中国,预计将在9月底抵达北京[③]。

据1925年11月6日《清华周刊》第358期称:"图书馆主任戴志骞先生拟不日草成欧洲图书馆报告书,付本刊发表。此种报告当必甚有价值,请读者拭目以俟。"[④]不过,《清华周刊》后来并未刊载这份《欧洲图书馆报告书》,而只刊登了一份戴志骞讲、孔敏中记的《欧美图书馆概况》[⑤]。但是,两者的内容应当没有根本上的差别。细阅《欧美图书馆概况》,可以略窥戴志骞夫妇的具体行踪。下文将按时间顺序简要介绍戴志骞夫妇所到的国家、他们参观的重要图书馆以及戴志骞对某些图书馆的评价等等。

英国:主要参观了牛津大学图书馆,以及一些人民图书馆。戴志骞认为,英国的图书馆事业历史久远,但较为落后,远不及美国;人民图书馆属于公共图书馆性质,但大概是因为一战的缘故,并无蓬勃发展的气象[⑥]。

法国:主要参观了法国国立图书馆与美国图书馆协会合作创办的一所图书馆学校。戴志骞认为,法国国立图书馆的馆藏十分丰富,涵盖手抄本与古刻本、现代书籍、地图、货币与印章等。戴志骞认为它更像是一所博物院,而且管理上较为落后,没有使用现代的图书馆管理法。至于后者,戴志骞称它完全采用美国图书馆界通用的训练法与管理法等,有助于改进法国的图书馆事业[⑦]。

---

① Mr. and Mrs. Tai, Graduates of S.U.I., to Sail for England[N]. *The Daily Iowan*, 1925-06-23（1）.

② Personals[N]. *Iowa City Press-Citizen*, 1925-06-25（12）.

③ Mr. and Mrs. Tai, Graduates of S.U.I., to Sail for England[N]. *The Daily Iowan*, 1925-06-23（1）.

④ 加. 佳作预告[J]. 清华周刊, 1925（358）: 31.

⑤ 戴志骞博士讲, 孔敏中先生记. 欧美图书馆概况[J]. 清华周刊, 1926（366）: 38-40; 戴志骞博士讲, 孔敏中先生记. 欧美图书馆概况（续）[J]. 清华周刊, 1926（367）: 58-61.

⑥ 戴志骞博士讲, 孔敏中先生记. 欧美图书馆概况（续）[J]. 清华周刊, 1926（367）: 58.

⑦ 戴志骞博士讲, 孔敏中先生记. 欧美图书馆概况（续）[J]. 清华周刊, 1926 （367）: 58-59.

比利时：戴志骞指出，受经济状况的影响，比利时的图书馆规模很小，但大多采用美国化的管理法①。

荷兰：主要参观了兰顿大学（现称"莱顿大学"）的图书馆②。

北欧三国：主要参观了挪威的葛立司希亚那图书馆、瑞典的戈登堡图书馆、丹麦的国立图书馆（戴志骞有时又称之为"可本海艮图书馆"，即现在一般所称的"丹麦歌本哈根皇家图书馆"）等。戴志骞认为，北欧三国的图书馆大多采用美国的现代图书馆制度，并且十分注重管理，多聘请学者担任管理员，并且邀请大学教授兼理图书采访工作。戴志骞指出，葛立司希亚那图书馆规模比不上瑞典的戈登堡图书馆，馆藏方面又不及丹麦的可本海艮图书馆（即国立图书馆），但挪威的普通图书馆（即公共图书馆）的数量要比瑞典与丹麦两国都多。丹麦国立图书馆收藏甚丰，包括不少中国的线装书籍；普通图书馆的数量比不上挪威，但都十分注意读者需求③。

德国：主要参观了列伯齐格城（现称"莱比锡"）的国家图书馆与书局图书馆、柏林大学图书馆、普鲁士州立图书馆，魏玛城内的歌德故居、席勒故居及歌德与席勒纪念图书馆等。戴志骞指出，莱比锡的国家图书馆在报刊的收藏方面做得极好，可谓世界第一；十分注重图书的版本问题，也就是注意收藏与保护珍贵图书。戴志骞十分推崇书局图书馆。德国境内的每家书局（或出版社）出版的书籍都要送一本存放在这所书局图书馆内，而且该馆又对外开放，在全球范围内都可谓独一无二。戴志骞希望中国的各家书局也能合办一所类似的书局图书馆，且如果以上海商务印书馆的涵芬楼为基础进行扩充，可以起到事半功倍的效果。戴志骞还指出，柏林大学图书馆及普鲁士州立图书馆的规模很大、藏书也多，但受德国一战战败的影响，其发展受到很大的束缚④。

苏联：主要在莫斯科参观了列宁纪念图书馆、共产图书馆等处⑤。他们还参观了东方大学。后来，戴志骞在致凯泽的一封信中称："在莫斯科，有一所培养布尔什维克的大学，名叫东方大学。那里相当具有国际氛围。事实上，每个国家的人

---

① 戴志骞博士讲，孔敏中先生记. 欧美图书馆概况（续）[J]. 清华周刊，1926（367）：59.

② 戴志骞博士讲，孔敏中先生记. 欧美图书馆概况（续）[J]. 清华周刊，1926（367）：59.

③ 戴志骞博士讲，孔敏中先生记. 欧美图书馆概况（续）[J]. 清华周刊，1926（367）：59-60.

④ 戴志骞博士讲，孔敏中先生记. 欧美图书馆概况（续）[J]. 清华周刊，1926（367）：60.

⑤ 戴志骞博士讲，孔敏中先生记. 欧美图书馆概况（续）[J]. 清华周刊，1926（367）：60. 另：原刊称"俄国"，此处已据史实改正。

都可以在那里找到。"①

日本：主要参观了东京市立图书馆、日本帝国大学等处。戴志骞指出，日本十分重视图书馆事业的发展，虽经历了东京大地震，但很快就恢复了。虽然建筑简陋，但服务更加周到。而日本帝国大学则得到美国洛克菲勒基金会与英国议会的资金支持，并且收到英美图书馆的许多赠书，其图书馆建成之后当属亚洲第一②。

有必要指出，戴志骞身在挪威的时候，写信请凯泽为自己即将出版的博士学位论文作序③。凯泽欣然应允，为戴志骞写了一篇很长的导论。1925 年 11 月，纽约 H. W. 威尔逊出版公司（The H. W. Wilson Company）出版了戴志骞的博士学位论文，书名改为《论图书馆员职业教育》（*Professional Education for Librarianship*）。戴志骞拿到了部分样书，后来于 1926 年 3 月捐给清华学校图书馆④，还曾于 1929 年 4 月 25 日签赠了一本给李小缘（见图 7-2）。

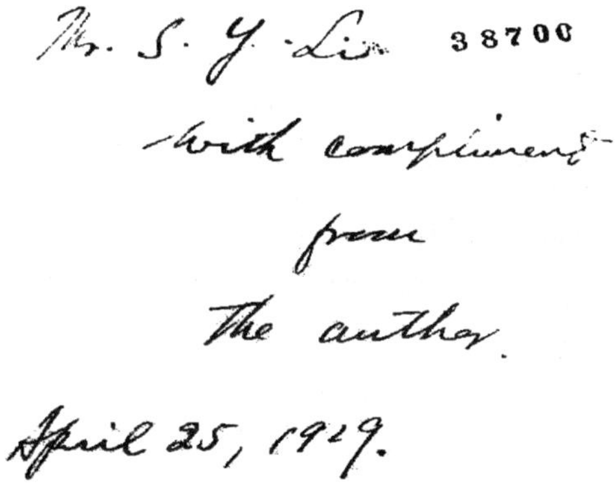

图 7-2　戴志骞赠给李小缘的专著上的签名⑤

① Graduate Directs Chinese Libraries［N］. *The Daily Iowan*，1926-08-06（1）.

② 戴志骞博士讲，孔敏中先生记. 欧美图书馆概况（续）［J］. 清华周刊，1926（367）：60-61.

③ Kaiser，John Boynton. Introduction［M］// Tai，Tse-chien. *Professional Education for Librarianship*. New York：The H. W. Wilson Company，1925：5.

④ 图书馆［J］. 清华周刊，1926（371）：234.

⑤ 这张照片由江南大学图书馆馆员顾烨青提供，在此表示感谢。

第八章

再返清华学校

第一节　积极参与校务管理

第一次留美归国之后,戴志骞的管理能力得到了显著提高,并逐渐受到了各个方面的认可。1922 年 3 月 19 日,长期担任清华学校庶务长的唐孟伦(1871—1922)病逝。由于没能找到合适的继任人选,清华学校决定由戴志骞暂时代理庶务长一职[①]。这大概是戴志骞跳出图书馆界樊篱,步入教育管理事业的第一步。

第二次留美归国之后,戴志骞更加广泛地参与到清华学校的校务管理中来。这当然主要是因为他此前展现出来的高超的管理能力得到了广泛的认可,但也跟他新获教育管理专业的博士学位不无关系。毕竟,民国时期,高学历人才还比较稀缺,而且美国博士的头衔又具有很高的含金量。

1925 年 11 月初,清华学校新校务委员会成立[②]。1925 年 11 月 20 日,新校务委员会召开第一会议,其中一个议程就是添设教育方针委员会与预算委员会,戴志骞当选为预算委员会委员[③]。

1926 年 3 月 1 日晚上 8 点,清华学校校长曹云祥在科学馆召集教职员会议,共有 86 人与会。经过讨论,众人议决设立改组委员会,委员人数定为七人,其中校长为当然委员长(主席),其余六人则需经众人票选产生。通过投票选举,梅贻琦(月涵)、陈达(通夫)、戴志骞、钱端升、孟宪承与吴宓(雨僧)当选为改组委员会

---

① 代理庶务[J]. 清华周刊,1922(243):24.

② 新校务会议成立[J]. 清华周刊,1925(358):24.

③ 校务会议[J]. 清华周刊,1925(360):15.

委员①。

其后,这个改组委员会先后召开了七次会议,历时四十小时,终于在 1926 年 3 月 8 日通过了《改组委员会报告》,并附《清华学校组织大纲》中英文版本各一份②。根据这份《清华学校组织大纲》,清华学校行政下设六个部门,即文牍部、注册部、图书部、事务部、会计部与医药部,每部设主任一人(或可酌设副主任)、事务员及助理员若干人,主任需由校长从教授中委任一人担任③。

1926 年 4 月 15 日,清华学校教职员大会审议通过了《清华学校组织大纲》,具体内容如下:

第一章 学制总则

第一条 本校设大学部及留美预备部。

第二条 凡留美预备部学生毕业后一律资送赴美留学。该部至民国十八年停办。

第三条 大学部分本科及大学院(大学院未成立前暂设研究院)。

第四条 本校学程以学系为单位。

第五条 大学部本科修业期至少四年,学生毕业生后给与学士学位。

第六条 大学院未成立之前暂设研究院,先办国学一门;以后斟酌情形逐渐添办,他们至民国十九年大学院成立后研究院即行停办。

第二章 校长

第七条 本校校长统辖全校事务。

---

① 最近新闻[J]. 清华周刊,1926(369):121-122.

② 改组委员会报告(此系暂拟尚待修正)[J]. 清华周刊,1926(370):160-161. 另:据吴宓日记所载,1926 年 2 月 20 日,清华学校学生评议会议决驱逐曹云祥,定于 2 月 21 日晚上 8 点召开学生大会,如获通过,当即实行。1926 年 2 月 21 日上午 9 点,贺麟、张荫麟、陈铨将此事告诉吴宓,并提出了解决建议。吴宓急忙转告曹云祥。曹云祥当即召集何林一、王绍曾、戴超(志骞)、邹峰隽等人开会,按贺麟等人的建议,草拟布告,交文案处发布。学生风潮于是得以平息下来。1926 年 2 月 22 日晚上 8~11 点,曹云祥在科学馆 212 号教室召集全校教职员大会,报告张彭春(仲述)辞职与学生风潮的具体经过,并商讨善后解决办法。众人提议改组行政系统,实行教授治鬧。经过两次投票,梅贻琦、钱端升、孟宪承、戴超、陈达、吴宓当选为宪法起草委员,加上当然委员曹云祥,一起草拟清华学校组织大纲。从次日起,经过两个星期)的艰苦讨论与拟撰,终于完成清华学校组织大纲草案。具体见:吴宓. 吴宓日记·第 3 册(1925—1927)[M]. 北京:生活·读书·新知三联书店,1998:151-152.

③ 清华学校组织大纲[J]. 清华周刊,1926(370):163.

第三章　评议会

第八条　本校设评议会,以校长、教务长及教授会互选之评议员七人组织之。校长为当然主席。

第九条　评议会之职权如左:

一、规定全校教育方针。

二、议决各学系之设立、废止及变更。

三、议决校内各机关之设立、废止及变更。

四、制定校内各种规则。

五、委任下列各种常任委员会:

甲、财务委员会

乙、训育委员会

丙、出版委员会

丁、建筑委员会

六、审定预算决算。

七、授予学位。

八、议决教授、讲师与行政部各主任之任免。

九、议决其他重要事件。

第十条　评议员之任期一年,于每年五月改选。

第十一条　评议会之细则另定之。

附注一　关于第九条第一、第二、第三、第六各项评议会在议决之前,应先征求教授会意见。

附注二　关于第九条第一、第二、第三、第六各项之事件评议会之议决,经教授会三分之二之否认时,应交评议会复议。

第四章　教授会

第十二条　本校设教授会,以全体教授及行政部各主任组织之,由校长为主席,教务长为副主席。

第十三条　教授会之职权如左:

一、选举评议员及教务长。

二、审定全校课程。

三、议决向评议会建议事件。

四、议决其他教务上公共事项。

第十四条　教授会之细则另定之。

第五章　教务长

第十五条　本校设教务长一人(名誉职),综理全校教务,由教授会选举之,任期二年,于五月改选。

第十六条　教务长之职权如左:

一、召集各系主任会议办理左列事项:

甲、编制全校课程

乙、考核学生成绩

丙、主持招考及毕业事项

丁、汇审各系预算

二、施行学生训育。

三、指导学生事业。

第六章　学系及学系主任

第十七条　本校得依课程之性质设立若干学系。

第十八条　学系以本系教授、讲师、教员组织之。

第十九条　学系主任(名誉职)由该系教授、教员于教授中推举之,任期二年,于五月改选。

第二十条　学系主任之职权为召集学系会议办理左列事项:

一、编制本系课程。

二、编制本系预算。

三、推荐本系教授、讲师、教员及助教。

四、审定本系图书仪器之购置及其他设备。

五、保管本系一切设备。

六、讨论本系教学及学生训育问题。

第七章　行政部

第二十一条　本校得依行政之需要设若干部。

第二十二条　每部设主任一人(或酌设副主任)、事务员及助理员等若干人,分掌各该部事务,概由校长委任之。

第二十三条　各部办事细则另定之。

第八章　附则

第二十四条　本大纲之修正得由评议会以三分之二通过提出,于教授会讨论决定之。

第二十五条 本大纲自公布之日施行。[①]

1926年4月12日晚上8—10点半,清华学校第十次教职员会议在科学馆212号教室举行,共35人参加,主要讨论《清华学校组织大纲》具体行文与语言表达问题。关于第四章第十二条最后一句,周公亮提议将其改为"由校长为主席,教务长为副主席",赵师轼附议;梅贻琦提议将其改为"由教务长主席,但遇讨论校务时,校长为当然主席",朱自清附议;戴志骞提议将其改为"由校长主席,但遇讨论教务时,得请教务长主席"。曹云祥将上述三种提议提交与会者表决,周公亮的最初提议获得通过,梅贻琦与戴志骞的提议均遭否决。讨论第五章时,钱崇澍(雨农)问道:"教务长职务至繁,可否加设副教务长一人?"戴志骞代表改组委员会回答:"此层委员会亦曾加以考虑,终觉教务长任期仅为二年,副教务长由校长委任,任期较为长久,是副教务长反较熟悉情形,不无擅权之嫌,若谓教务长责重任繁,可设委员会赞助之云云。"讨论第七章时,赵师轼提议将第十九条作为第二十一条采纳,戴志骞附议,获得通过[②]。

1926年4月15日晚上8—11点,清华学校第十一次教职员会议在科学馆212号教室举行,主要还是讨论《清华学校组织大纲》。其中,戴志骞提议采纳第二章,赵师轼附议,获得通过。戴志骞提议采纳第三章,赵师轼附议,但有些地方需要修改,即第十条"五月前改选"改为"五月改选",第十一条附注一、二"第七条"改为"第九条",最后获得通过。大会决定第一次教授会于4月19日(星期一)晚上8点在科学馆212号教室举行,选举评议员及教务长[③]。

1926年4月19日晚上8—11点,清华学校第一次教授会在科学馆212号教室举行,共47人参加。余日宣提议、赵元任附议,选举教务长时,在第一、第二轮票选时,过半数者即可当选。紧接着,余日宣又提议、赵元任附议,选举教务长时,在第一、第二轮票选时,得票须超过三分之二才可当选,但第三轮票选时过半数即可当选。虞谨庸提议、钱崇澍(雨农)附议,第三轮票选时,候补人数定为两人。陈福田主张采用不记名投票法。这些提议均获得通过。教务长选举历经三轮,始出结果。其中,第二轮选举结果:梅贻琦获27票,孟宪承获12票,戴志骞获7票,赵元任获3票。第三轮选举结果:梅贻琦获33票,孟宪承获15票。至此,梅贻琦当选为教务长。接下来选举评议员7人,第二轮选举结果:陈达(通夫)获40票,孟宪承(伯洪)获37票,戴超(志骞)获33票,杨梦赉(光弼)获32票,吴宓(雨

---

① 清华学校组织大纲[J]. 清华周刊, 1926(376): 557-559.

② 教职员第十次会议纪录[J]. 清华周刊, 1926(376): 559-561.

③ 教职员第十一次会议纪录[J]. 清华周刊, 1926(376): 561-562.

僧)获 30 票,赵元任获 27 票,陈福田获 24 票,排在前七位,均当选为评议员(见图 8-1)[①]。清华学校第一届评议会九位成员的任职时间均为 1926 年 4 月至 1927 年 5 月[②]。九人当中,曹云祥任主席,梅贻琦兼任训育委员会主席,戴志骞兼任财务委员会主席,吴宓兼任出版委员会主席,杨光弼兼任建筑委员会主席[③]。

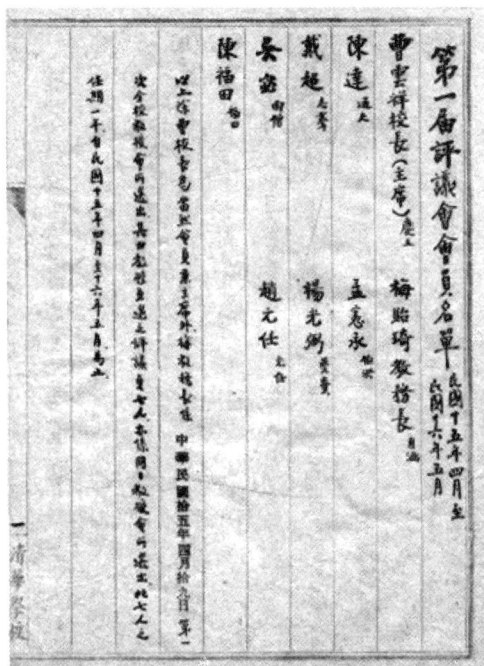

图 8-1　清华学校第一届评议会会员名单[④]

1926 年 4 月 25 日晚上 8—10 点半,清华学校第二次教授会议在科学馆 212 号教室举行,共 44 人参加。1926 年 4 月 29 日晚上 8 点,清华学校第三次教授会议在科学馆 212 号教室举行,选举各学系主任[⑤]。

1926 年 4 月 26 日下午 3—7 点、4 月 28 日下午 3—6 点半,清华学校评议会

① 教授会议[J]. 清华周刊,1926(378):648-649.

② 顾良飞. 清华大学档案精品集[M]. 北京:清华大学出版社,2011:18;韦庆媛,邓景康. 清华大学图书馆百年图史[M]. 北京:清华大学出版社,2013:56.

③ 清华学校组织大纲[J]. 清华周刊,1927(408):492-496. 另:该大纲后附一份清华学校现任重要职员名录。

④ 顾良飞. 清华大学档案精品集[M]. 北京:清华大学出版社,2011:18.

⑤ 教授会议[J]. 清华周刊,1926(378):648-649.

分别举行第一、第二次常会,通过暂行适用之议事细则,选举吴宓为评议会书记,议决设立十七个学系,等①。

此后,戴志骞积极参与学校的各项事务,表现出很强的管理才能,在校务管理中发挥着重要作用,也得到了同事们的认同。1927年5月,戴志骞又连选连任评议员,直至辞职离开。

第二节 厉行改革,推动清华学校图书馆大发展

回校伊始,戴志骞就对图书馆管理厉行改革。1925年11月6日,《清华周刊》第358期就如是评论:"图书主任戴志骞先生,自欧回国以来,对于图书馆之各方面,积极进行,……"。②其改革措施主要如下:

一、改革图书馆组织机构

第二次留美回国后,戴志骞再次对清华学校图书馆的组织机构进行改革。他将原有的六个二级部门(参考部、购置部、编目部、出纳部、登录部与装订部③)改为五个,即管理部、参考部、编目部、购置部与装订部。此时,图书馆由清华学校校长与校务委员会直辖。

1926—1927学年,戴志骞又将图书馆的五个二级部门缩减为四个,即管理股、中文编目股、西文编目股与参考出纳股。其中,管理股的职责为购置书籍杂志等事项、接洽校内外各项事务、编制预算决算及报告、装订、一切杂务。中文编目股的职责包括中文书籍的登录、分类、编目与装订(一部分中文书的改装)。西文编目股的职责包括西文书籍的登录、分类与编目(全部卡片字典目录)。参考出纳股的职责为管理教师指定参考书及普通参考书、书籍之出纳、管理杂志报告及各种图表、整理书库及佳本书籍室。详见图8-2。

---

① 评议会[J]. 清华周刊,1926(378):647-648.

② 图书馆[J]. 清华周刊,1925(358):28.

③ 韦庆媛,邓景康. 清华大学图书馆百年图史[M]. 北京:清华大学出版社,2013:43.

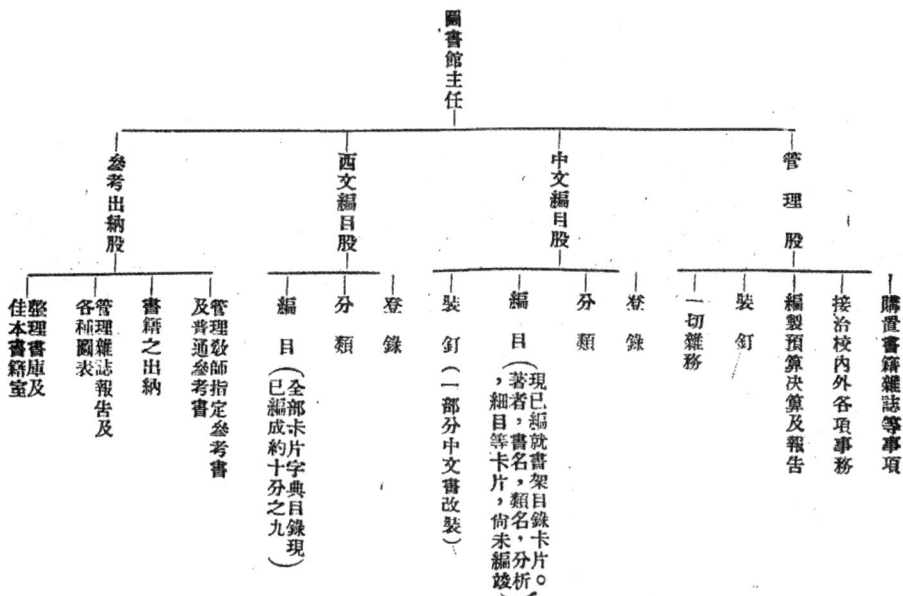

图 8-2　1926—1927 学年清华学校图书馆组织系统图[①]

二、革新图书馆预算制度与图书采访制度

第一次留美回国之后,戴志骞已经主持制定了清华学校图书馆购书预算制度,每年先确定购书预算总额,然后再按中文书籍及杂志、新闻纸、普通杂志及装订、目录片、普通参考书等一般支出项目,以及物理、化学、生物等学科,分别确定各个支出项目与学科的具体预算经费[②]。

第二次留美回国之后,戴志骞又对图书馆预算制度进行了小小的改革。在他的推动下,1926 年,清华学校成立了一个图书购置委员会,专门负责确定图书预算支配及购书事宜。图书馆主任为图书购置委员会的当然主席,委员则由国学及东方语言文学、外国语言文学、生物动植微生物及医农、数理化及工程、哲学心理名学及教育、历史及社会科学各派一人[③]。

---

① 戴志骞. 清华学校图书馆之过去,现在,及将来[J]. 清华周刊,1927(408):551;《百年清华图书馆》编写委员会. 百年清华图书馆[M]. 北京:清华大学出版社,2012:56.

② 图书馆[J]. 清华周刊,1920(S6):19-20;韦庆媛,邓景康. 清华大学图书馆百年图史[M]. 北京:清华大学出版社,2013:44.

③ 洪有丰. 二十年来之清华图书馆[C]// 清华大学校史研究室. 清华大学史料选编·第1 卷·清华学校时期(1911—1928). 北京:清华大学出版社,1991:456.

每年的购书预算金额确定之后,除部分经费划拨给图书馆作为普通参考书与杂志的购买及装订费用之外,其余经费分配到各个学系。各个学系想要购买多少图书,想要购买哪些图书,基本上是由他们自行决定①。各个学系并不负责图书的实际购置,他们基本上只是将计划采购的图书目录交付给图书馆,然后由图书馆方面设法采购到位。

此前,清华学校图书馆已经开始实行读者荐购制度。全校师生遇到自己觉得对各科教学有益或者有一定价值的图书,均可填写图书馆特别印制的介绍纸,并将其投入图书馆主任室前的小柜中,即完成荐购流程②。此次,随着图书馆预算制度的改革,荐购制度也有了相应的变化。师生读者不再直接向图书馆进行荐购,而是要向各个学系进行介绍与推荐,经各个学系许可,方可跟图书馆方面接洽并由其采购,而所需款项则在相应学系分配所得的图书经费中扣除③。

三、加强图书分编工作

随着图书经费的不断上涨,清华学校图书馆的藏书数量也增加得很快。按戴志骞自己的说法就是:"本校近年竭力添购书籍。凡馆内可藏书之处,均已储满。"④藏书日多,给图书馆的管理与利用带来了新的问题。为了方便馆员管理及读者查阅藏书,图书馆无疑需要进一步加强图书的分类、编目及藏书目录的编印工作。

此前,清华学校图书馆已经通过引进狄玛夫人、赵开、查修、戴罗瑜丽等编目专才,在馆藏图书的分编工作方面取得了一定的成果。第二次留美归国之后,戴志骞继续想方设法,努力推动分编工作取得新进展。据1925年10月2日《清华周刊》第353期(第24卷第4期)称,重返岗位不久的戴志骞积极推动图书馆与研究院开展合作,加快馆藏图书的编目工作,研究院方面也特地派赵万里提供协助,以便编订一本比较完备的馆藏书目⑤。

1925年11月9日,在本学年第一次图书馆职员会议上,戴志骞要求馆员在此后每月第一个星期二下午召开的职员会议上分批报告自己的工作进展与个人

---

① 戴志骞. 清华学校图书馆之过去,现在,及将来[J]. 清华周刊,1927(408):551.

② 图书馆[J]. 清华周刊,1920(S6):17-18;图书馆汇志[J]. 清华周刊,1921(229):19-20.

③ 戴志骞. 清华学校图书馆之过去,现在,及将来[J]. 清华周刊,1927(408):551.

④ 戴志骞. 清华学校图书馆之过去,现在,及将来[J]. 清华周刊,1927(408):556.

⑤ 研究院[J]. 清华周刊,1925(353):31.

心得,以便促进馆务①。此后,多位承担中西文图书分编工作的馆员,都曾在图书馆职员会议上介绍自己的工作情况。比如,1925 年 12 月 8 日,"查修先生报告中文编目部办事的籍贯,及查君于整理中文书籍时所得之经验"②。又如,1926 年 1 月 5 日,"刘廷藩君报告西文编目股分类手续"③。再如,1926 年 4 月 7 日,"曾宪三君报告西文编目手续,略谓西文书目概用卡片编成。本馆所用卡片,计分 L. C. 及自制之卡片两种。除书架目录片由本馆自制外,余如著者,书名,类名,分析等片,均用 L. C. 卡片,以归一律。各类英文书,大致已编就,现正赶编书本目录"④。

到了 1927 年,经过多年的努力,查修等人最终编成《清华学校图书馆中文书籍目录》,戴罗瑜丽也编就了《清华学校图书馆西文分类目录》(*Classified Catalog of the Tsing Hua College Library*),为清华学校图书馆的馆员与读者提供了极大便利。

四、积极推动清华学校图书馆新馆建设

由美国建筑师墨菲设计的清华学校图书馆新馆(一般称"清华图书馆一期建筑")于 1919 年春落成⑤。新馆面积为 2 144 平方米,总容积则为 1 751 立方尺⑥。按照最初的规划,新馆应当可以容纳此后 15 年增加的书籍⑦。

但随着清华学校于 1925 年添设大学部与国学研究院,学校当局拨给图书馆的购书经费大量增加,而图书馆每年购买的书籍也越来越多,新馆书库渐渐变得有些狭小⑧。无论是图书馆方面,还是清华学校管理当局,都意识到有必要再次扩充图书馆。

二次留美归国之后,戴志骞再次开始积极筹备扩充清华图书馆。他曾多次接受《清华周刊》学生记者的采访,向全校师生介绍其图书馆扩充计划。他指出,

① 图书馆[J]. 清华周刊,1925(360):16-17.

② 图书馆[J]. 清华周刊,1925(364):24.

③ 图书馆[J]. 清华周刊,1926(368):55.

④ 图书馆[J]. 清华周刊,1926(375):491.

⑤ 《百年清华图书馆》编写委员会. 百年清华图书馆[M]. 北京:清华大学出版社,2012:16.

⑥ 叶茂煦. 经典的背后——叶茂煦访谈录[C]// 北京市规划委员会,北京城市规划学会. 北京十大建筑设计. 天津:天津大学出版社,2002:56.

⑦ 戴志骞. 清华学校图书馆之过去,现在,及将来[J]. 清华周刊,1927(408):550.

⑧ 戴志骞. 清华学校图书馆之过去,现在,及将来[J]. 清华周刊,1927(408):550.

清华图书馆有两种发展思路，一为扩充现有馆舍，一为再建一所新馆①。不过，戴志骞更倾向于采取前一种思路。到了1926年3月，戴志骞连扩建图纸都已经准备完毕，但因为清华学校尚未改组成功，经费方面存在问题，以至于无法立刻实施扩建计划②。

直到他辞职离开清华大学，戴志骞的扩建计划依旧未能变成现实。虽然清华大学新任校长罗家伦与新任图书馆馆长洪有丰最初基本继承了戴志骞的设想③，但1930年3月扩建工程正式开始时④，清华大学校方并未采用戴志骞时期确定的设计图纸，而是改由著名建筑学家杨廷宝（1901—1982）另行设计⑤。1931年11月，由杨廷宝规划设计的清华图书馆二期建筑终于落成⑥，总面积7 700平方米，为清华大学图书馆的进一步发展提供了空间支持，而且它与原有建筑浑然一体，堪称经典之作⑦。

五、创新发展参考服务

戴志骞首次留美回国之后的1919年秋，清华学校图书馆便设置了参考部。据戴志骞在1921年所述："该馆不仅为师生提供参考便利，还回答京津各校教师及散处各地的清华校友提出的许多参考问题。"⑧也就是说，清华学校图书馆参考部十分开放，不但对本校师生提供服务，也乐于为北京、天津各所学校的教师与毕业后散处各地工作的清华校友提供服务。事实上，其服务对象还包括了政府部门。比如，戴志骞在1924年就曾提到："财政部调查各国统计，到我们清华图书馆来请问，结果都查得了，而他处则无法可想。其次为北京各大学校的学员也到我们这里来查参考资料。"这同时也表明，经过多年的努力，清华学校图书馆在馆藏建设方面取得了重大进展，其西文藏书尤其丰富，可资利用。

① 伸. 与图书馆主任谈话记[J]. 清华周刊, 1925(358): 23-24.

② 球. 图书馆[J]. 清华周刊, 1926(372): 298.

③ 图书馆消息[J]. 清华周刊, 1928(448): 40-41.

④《百年清华图书馆》编写委员会. 百年清华图书馆[M]. 北京: 清华大学出版社, 2012: 34.

⑤ 韦庆媛, 邓景康. 清华大学图书馆百年图史[M]. 北京: 清华大学出版社, 2013: 58.

⑥《百年清华图书馆》编写委员会. 百年清华图书馆[M]. 北京: 清华大学出版社, 2012: 37.

⑦ 叶茂煦. 经典的背后——叶茂煦访谈录[C]// 北京市规划委员会, 北京城市规划学会. 北京十大建筑设计. 天津: 天津大学出版社, 2002: 56.

⑧ Tai, T. C. Libraries Aid in Educating China[J]. *The Trans-Pacific*, 1921, 4(2): 66.

除了提供答疑解惑、阅读指导等一般性的参考服务之外,清华学校图书馆参考部还开创性地与其他图书馆进行合作,开展馆际互借服务。1925 年 11 月,戴志骞在接受《清华周刊》学生记者采访时就指出,清华学校图书馆正积极"与北京大学,燕京大学,协和医学校等商酌互用图书馆事,大概将来北大采买中国文献的书籍,燕京采购讲中国事情之西文书,协和采买医学书籍,清华采买各国文参考书,此事若成,则北京教育界,受益不浅矣"[①]。

在其实际开展过程中,不仅清华学校图书馆、北京协和医学院图书馆等高校图书馆,连北京图书馆(先后改为北平北海图书馆、国立北平图书馆)这种公共图书馆以及中国政治学会图书馆这类团体图书馆都参与了进来。对此,《北京图书馆第二年度报告(十六年七月至十七年六月)》就提到:"本馆为专门学者谋便利起见,与其他图书馆相约施行图书馆间互贷办法,如专门学者有所需而为馆所未藏者,得由本馆向他馆借出供应之,他馆遇有此等需要时亦由本馆贷之。"[②] 显然,1927 年 7 月至 1928 年 6 月间,也就是在戴志骞仍然执掌清华学校图书馆之时,清华学校图书馆已经跟北京图书馆等机构合作,向读者提供馆际互借服务了。

六、加强对外交流

在戴志骞的领导下,清华学校图书馆还跟日本青年图书馆员联盟等国外机构进行交流与合作。

1928 年,日本青年图书馆员联盟机关刊物《圕研究》(*Toshokan Kenkyû*)第 1 卷第 2 期刊登了戴志骞写给该刊的一封英文信件[③]。现翻译如下:

亲爱的先生:

现确认收到你们 2 月 20 日的来函及《圕研究》第一期一册。里面的文章令我深感兴趣。借此机会对你们赠送该刊给我的善意表示非常感谢。

我现在承担着许多办公室事务,几乎没有时间写东西,所以我怀疑自己近期能否给你们寄上一篇文章,供你们这份难能可贵的专门刊物发表。如果你们希望我写图书馆学的某个方面,请提供一个你们觉得可能会让青年图书馆员联盟成员们感兴趣的主题。如果你们选定的题目我写不来,我当然会通知你们。

我用另外一个单独信封给你们寄赠了本馆的中文与西文书目各一份(即

---

① 伸. 与图书馆主任谈话记[J]. 清华周刊, 1925(358): 21-22.

② 北京图书馆. 北京图书馆第二年度报告(十六年七月至十七年六月)[M]. 北京: 北京图书馆, 1928: 23.

③ Tai, T. C. [A Letter from Mr. T. C. Tai, Librarian of Tsing Hua College Library, Peking[J]. 圕研究, 1928, 1(2): 236.

《清华学校图书馆中文书籍目录》与《清华学校图书馆西文分类目录》)。我希望它们会完完整整地送到你们手中。

清华学校图书馆建于 1913 年。两种目录在 1927 年初编成并刊印,所以它们纪录了本馆大约 14 年的发展历程。它们是本馆仅有的两种书目,我们对此并不满意。我们将对中文书目进行全面修订,然后再版。我们将非常欢迎你们的批评与建议。

如果你们手中还有我们可能会感兴趣的类似出版物或其他出版物,我们也很乐意跟你们交换。

你的真诚的,

戴志骞

1928 年,日本青年图书馆员联盟机关刊物《圕研究》第 1 卷第 3 期又刊登了戴志骞于 1928 年 6 月 1 日写给该刊的一封英文信件 [①]。现翻译如下:

亲爱的先生:

很高兴确认收到《圕研究》第二期。非常感谢你们赠送该刊给我的善意。

井上光雄先生(Inoue-Mitsuo)撰写的《图书馆里的电灯照明》("Electrical Lights in the Library")一文十分新颖,也很有现实指导意义。它将使图书馆界的读者受益良多。至于森清(Mori-Kiyoshi)撰写的第二篇文章,也就是《十进分类法的应用》("Application of D. C."),则探讨了一个图书分类法问题。这个问题长期存在,但直到今天,现有的任何图书分类法依旧未能圆满解决。我也很感谢你们对本馆书目的评论。

本馆希望订阅《圕研究》第 1 卷第 3 期至第 2 卷第 2 期。你们可否将账单复本及后面几期《圕研究》寄到下面这个地址?

你的真诚的,

清华学校图书馆馆长　戴志骞

北平,中国

---

① Tai, T. C. A Letter from Mr. T. C. Tai, Librarian of the Tsing Hua College Library, Peking (June 1, 1928)[J]. 圕研究, 1928, 1(3):504.

第三节 助力图书馆专门人才培养

早在第一次留美回国后,戴志骞就曾计划在清华学校创办图书馆专科,可惜未能实现。后来,他又积极参与 1920 年 8 月在北京高等师范学校举办的暑期图书馆讲习会,为当时的中国图书馆界同人提供了启迪思想、提升认识的重要平台。

进入 20 世纪 20 年代,随着中国图书馆事业的迅速发展,对图书馆专业人才的需求也越来越大。但是,当时中国仅有华中大学(原文华大学)开设了图书馆学专业(即文华图书科),每年培养的毕业生数量有限,供不应求。而且,当时中华教育文化基金董事会计划拨款在各地建设六所大型图书馆,如若建成,到时对图书馆专门人才的需求将会变得更大。有鉴于此,大约在 1925 年 11 月,清华学校计划在该校专门科内开设图书馆学专业,并请刚刚学成归国的戴志骞规划相关课程①。

根据戴志骞的规划,清华学校图书馆学专业课程将分两年完成,学生共计需要修完 36 学分。详见表 8-1。

表 8-1　戴志骞规划中的清华学校图书馆组课程草案②

专门科第一年课程		专门科第二年	
课　程	学　分	课　程	学　分
图书管理概论	2	分类编目学(中文)	3
目录学(中文)	2	中英文参考书之用法	3
分类学(西文)	3	目录学(西文)	2
编目学(西文)	3	分类编目法比较	2
本组功课选习: 甲、图书馆史或 乙、书籍之选择	2	本组功能选习二门: 甲、公共图书馆管理法 乙、学校图书馆管理法 丙、金石版本学	4
别组功课选习	6	他组功课选择	4
共计	18	共计	18

① 大学专门科筹备处[J]. 清华周刊,1925(360):16.

② 韦庆媛,邓景康. 清华大学图书馆百年图史[M]. 北京:清华大学出版社,2013:47.

可惜的是,不知道到底是何原因,清华学校最后还是没有开设图书馆专业,而戴志骞直接开展图书馆学专业教育的愿望与理想也始终没能实现。不过,戴志骞却积极支持韦棣华、沈祖荣、胡庆生等人创办的文华图书科,同样为中国现代图书馆专门人才的培养作出了自己的贡献。

戴志骞与文华图书科的交集由来已久。1917年秋,戴志骞与胡庆生赴美留学。虽然戴志骞就读于纽约州立图书馆学校,胡庆生则就读于纽约公共图书馆学校,但两所学校毕竟相距不是太远,所以两人之间难免有所交往。1920年8月,北京高等师范学校举办暑期图书馆讲习会,戴志骞邀请沈祖荣前来授课。1922年夏以后,戴志骞又陆续聘请文华图书科毕业生查修等人到清华学校图书馆工作。中华教育改进社图书馆教育委员会成立之后,戴志骞跟文华图书科师生有了更多的机会进行交流,进而更加关心文华图书科的工作。在戴志骞第二次留美回国之后,文华图书科非正式地邀请他为其制定一份重组计划[①]。不过,当前尚无法查知戴志骞是否真的为文华图书科制定了相应计划。如果确有此事,那么该计划的内容是什么?它是否为文华图书科所采用并发挥作用?这些都有待后续考察。

第四节　离开清华

在其发展历程中,清华学校内部并不平静,而是存在着种种矛盾与冲突,涉及学校办学资源分配、国学与科学孰先孰后、大学部与研究院学生利益冲突等方面[②]。不少教职员陆续辞职离校,对清华学校的发展产生了一定的不利影响。

1927年12月28日,时任清华学校校长的曹云祥向北洋政府外交部提出辞呈。虽然全校师生力加挽留,但他去意坚决。1928年1月14日,严鹤龄奉派担任清华学校代理校长[③]。1928年4月,张作霖担任北洋政府临时执政,任命其亲

① Graduate Directs Chinese Libraries[N]. *The Daily Iowan*, 1926-08-06(1).

② 苏云峰. 清华国学研究院述略[C]// 葛兆光. 清华汉学研究(第二辑). 北京:清华大学出版社, 1997: 326.

③ 曹前校长辞职补志[J]. 清华周刊, 1928(428): 77.

信温应星为清华学校校长①。1928年6月8日,北伐军克复北京,温应星去职,梅贻琦代理校务②。1928年8月17日,南京国民政府议决将清华学校升格为国立清华大学,并任命罗家伦为校长③。

1928年9月18日,罗家伦正式就任清华大学校长一职。但在此之前的9月3日,清华大学学生会校务改进委员会发起了"清校运动",议决"驱逐把持校务之恶劣分子,即结队游行,高呼打倒之口号。而包围住宅,强迫以下五人即日离校。(一)余日宣。(二)杨光弼。(三)赵学海。(四)戴超。(五)虞振镛"④。他们"并推代表持函至上列五人家中声述同学之意见,当经五人亲向全体学生答复,以后决不再在清华任职"⑤。戴志骞被迫辞职离开了他为之服务多年的清华大学。罗家伦到任后另聘洪有丰接任清华大学图书馆馆长一职,并对图书馆进行了大刀阔斧的改革,导致该馆工作人员人心不稳。短短数月间,清华大学图书馆原有的19名工作人员中竟有11人先后离开,即戴志骞、戴罗瑜丽、顾子刚、曾宪三、徐家麟、孔敏中、柳哲铭、马文珍、吴钰祥、章新民、樊济宽。这导致清华大学图书馆人员动荡,对其后续发展产生了一定的不利影响⑥。

1928年10月28日,梅贻琦、赵元任与戴志骞三人一同乘坐平沪特别快车南下。梅贻琦计划从上海乘船赴美国担任留美监督,赵元任受中央研究院历史语言研究所与清华大学国学研究院的委托赴广东调查方言,而戴志骞则是受国立中央大学之聘,准备去南京担任该校图书馆馆长一职⑦。戴罗瑜丽则留在北京,担任北平协和医学院图书馆主任。

---

① 苏云峰. 从清华学堂到清华大学(1911—1929)——近代中国高等教育研究[M]. 北京:生活·读书·新知三联书店,2001:58.

② 苏云峰. 清华国学研究院述略[C]// 葛兆光. 清华汉学研究(第二辑). 北京:清华大学出版社,1997:327.

③ 吴洪成. 生斯长斯 吾爱吾庐——清华大学校长梅贻琦[M]. 济南:山东教育出版社,2004:83.

④ 吴宓. 吴宓日记·第4册(1928—1929)[M]. 北京:生活·读书·新知三联书店,1998:123.

⑤ 新校长尚未到任之清华大学现状[J]. 申报,1928-09-11(11).

⑥ 韦庆媛. 民国时期清华图书馆员的大动荡及启示[J]. 河南图书馆学刊,2010(5):138.

⑦ 韦庆媛. 图书馆学家戴志骞的激情与无奈[J]. 大学图书馆学报,2010(3):23.

第九章

南下中央大学

第一节　国立中央大学及其图书馆小史

一、国立中央大学发展小史

国立中央大学的前身是时任两江总督张之洞（1837—1909）于 1902 年筹办的三江优级师范学堂（简称三江师范）[①]。1905 年，新任两江总督周馥（1837—1921）下令将其改名为两江优级师范学堂（简称两江师范），辛亥革命爆发之后停办[②]。1914 年 8 月，开始筹办南京高师，至 9 月 10 日举行开校式[③]。

1920 年 4 月 9 日，南京高师召开校务会议，提出筹备国立大学议案，获得一致通过。经过多方努力，国立东南大学于 1921 年 6 月 6 日召开校董成立会，8 月 24—26 日招考新生，9 月正式开学。南京高师继续办学，至 1923 年 6 月 1 日才正式宣布并入国立东南大学[④]。

[①] 国立中央大学秘书处编纂组. 国立中央大学沿革史[M]. 南京：国立中央大学秘书处编纂组，1930：5.

[②] 国立中央大学秘书处编纂组. 国立中央大学沿革史[M]. 南京：国立中央大学秘书处编纂组，1930：6-7.

[③] 国立中央大学秘书处编纂组. 国立中央大学沿革史[M]. 南京：国立中央大学秘书处编纂组，1930：9.

[④] 国立中央大学秘书处编纂组. 国立中央大学沿革史[M]. 南京：国立中央大学秘书处编纂组，1930：12-15.

1927 年夏,江苏省立各大学及专门学校合并改组为国立第四中山大学[①]。1928 年 3 月,国立第四中山大学改称江苏大学,同年 5 月正式定名为国立中央大学[②]。

其间,从 1927 年 7 月到 1929 年 9 月,因试行大学区制,江苏大学(后改称国立中央大学)本部设有教育行政部,旋即改名为教育行政院,代管江苏全省教育行政事务。其下设有秘书处、高等教育处、普通教育处与扩充教育处四处[③]。

二、国立中央大学图书馆小史

早在 1902 年 5 月,尚在筹办中的三江师范就有藏书楼之设[④]。1905 年,改名后的两江师范开始设置图书室[⑤]。

1915 年,南京高师设置了图书仪器部[⑥]。当时,南京高师图书室设在口字房东侧,仅占"三楹"。楹是古代计算房屋数量的单位,或说一间为一楹。可见,最初南京高师图书室所占空间很小,其藏书数量也很少。不过,随着时间推移,藏书渐多,南京高师图书室也扩充到"五楹"(五间)[⑦]。

到了 1918 年夏,南京高师图书室用房扩充为十间,藏书、阅览、流通、管理等室分立。同年 10 月,馆内所藏中外文参考书各有 860 与 730 多部,中外文杂志共 100 余种,书库藏书共计数千册[⑧]。1919 年,南京高师单独设置了图书部,专门

---

① 国立中央大学秘书处编纂组. 国立中央大学沿革史[M]. 南京:国立中央大学秘书处编纂组,1930:25.

② 国立中央大学秘书处编纂组. 国立中央大学沿革史[M]. 南京:国立中央大学秘书处编纂组,1930:28.

③ 国立中央大学秘书处编纂组. 国立中央大学沿革史[M]. 南京:国立中央大学秘书处编纂组,1930:28-29.

④ 张厚生. 东南大学图书馆志要[C]// 东南大学图书馆. 书林望道. 南京:东南大学出版社,2008:1.

⑤ 东南大学图书馆沿革[C]// 东南大学图书馆. 书林望道. 南京:东南大学出版社,2008:310.

⑥ 东南大学图书馆沿革[C]// 东南大学图书馆. 书林望道. 南京:东南大学出版社,2008:310.

⑦ 国立中央大学图书馆. 国立中央大学图书馆概况[M]. 南京:国立中央大学图书馆,1937:3.

⑧ 张厚生. 东南大学图书馆志要[C]// 东南大学图书馆. 书林望道. 南京:东南大学出版社,2008:1-2.

负责管理图书室事宜[①]。

1921 年,国立东南大学创办后,沿袭了南京高师的行政建置,仍然设有图书部,由洪有丰(字范五,1892—1963)担任图书部主任一职[②]。为谋求发展,校长郭秉文(1880—1969)专门找到了江苏省督军齐燮元(1879—1946),请求对方捐建图书馆。齐燮元被郭秉文所说服,决定捐资 15 万银元,用于建造图书馆馆舍,购置配套设备与图书等。1922 年 1 月 4 日,举行新馆奠基仪式,至 1924 年春天竣工,以齐燮元之父齐孟芳的名字来命名,称为"孟芳图书馆",于 4 月正式开馆[③]。

新馆建成后,国立东南大学图书馆大力补充参考书、工具书,并且努力搜访国外学术期刊、中国各地方志与珍贵古籍。虽然口字房于 1923 年冬失火,存放在那里一批图书焚毁,但到了 1925 年,馆藏的中外文图书已经分别增加到36 000 册与 12 000 册[④]。

不过,随着国民政府定都南京,国立东南大学先是改称国立第四中山大学,再又更名江苏大学,最后定名为国立中央大学,"孟芳图书馆"之称也已经变得不合时宜。江苏省党务指导委员会发函称"孟芳图书馆为军阀遗迹",大学院也下令改用其他名称。1928 年 7 月 14 日,时任国立中央大学校长张乃燕专门发出公函,称已"于 7 月 1 日已实行将'孟芳'二字删除,迳名图书馆,业经呈报大学院核转在案"[⑤]。

第二节　戴志骞与国立中央大学图书馆

国立第四中山大学(江苏大学、国立中央大学)图书馆馆长初为皮宗石

---

① 东南大学图书馆沿革[C]// 东南大学图书馆. 书林望道. 南京:东南大学出版社,2008:310.

② 张厚生. 东南大学图书馆志要[C]// 东南大学图书馆. 书林望道. 南京:东南大学出版社,2008:2.

③ 张厚生. 东南大学图书馆志要[C]// 东南大学图书馆. 书林望道. 南京:东南大学出版社,2008:3.

④ 张厚生. 东南大学图书馆志要[C]// 东南大学图书馆. 书林望道. 南京:东南大学出版社,2008:3.

⑤ 张乃燕. 张乃燕为孟芳图书馆已改名函[C]//《南大百年实录》编辑组. 南大百年实录·上卷·中央大学史料选. 南京:南京大学出版社,2002:272.

（1887—1967）[①]。1928 年 9 月,皮宗石受邀担任国立武汉大学社会科学院院长、教授,国立中央大学图书馆馆长一职出缺[②]。

当时,不少上海圣约翰大学校友在国立中央大学执教,且身居高位。比如,一度担任国立第四中山大学秘书长及国立中央大学教育学院院长的孟宪承于1912—1916 年在上海圣约翰大学就读,跟戴志骞在那里的工作经历有着两年的交集。此后,1916—1918 年、1925—1927 年间,孟宪承也曾两度进入清华学校执教,跟戴志骞共事数年。又如,时任国立中央大学医学院院长颜福庆也是上海圣约翰大学校友。他于 1904 年毕业于当时的上海圣约翰学校医学馆。如前所述,上海圣约翰大学校友颇为团结,相互之间联系密切,经常互通信息、互相帮忙。大概就是在孟宪承、颜福庆等校友或旧识的推荐下,国立中央大学决定邀请戴志骞继任该校图书馆馆长一职,而被迫辞职离开清华大学的戴志骞很高兴地接受了这个邀请,希望可以换个地方,重新开始。

1928 年 10 月 28 日,戴志骞乘火车南下[③],11 月正式到国立中央大学就职[④],担任该校图书馆馆长,同时兼任中央大学区督学[⑤]。1928 年 12 月 8 日下午三点,戴志骞参加了国立中央大学一次本部行政会议[⑥]。从当前掌握的资料来看,这大概是戴志骞第一次以国立中央大学图书馆馆长的身份参与该校校务管理。

1928 年 12 月 17 日,国立中央大学在体育馆举行总理纪念周仪式,由校长张乃燕主持。学校原本邀请时任江苏省政府委员的缪斌(字丕成,1902—1946)莅临演讲,但对方有事无法前来。于是,戴志骞临时救场,首次面对国立中央大学全体师生发表演讲。其讲稿概要如下:

"在上星期,曾至本校图书馆视察一周,以不甚熟悉,未能作详细之谈话。今就大学教育与大学图书馆之关系,约略述之。我国在三十年前,外国在六十年前,对于图书馆,不甚注意,以为装饰品休息室而已。实太不知图书馆之作用,与应用之方法。在今日之欧美各国,对于大学校之图书馆观感大变,七十年前之大学教育,惟一以课本讲义为治学方法,以教授为百科全书,现在之大学教育,一变昔

---

① 国立中央大学秘书处编纂组. 国立中央大学沿革史[M]. 南京:国立中央大学秘书处编纂组,1930:44;张厚生. 东南大学图书馆志要[C]// 东南大学图书馆. 书林望道. 南京:东南大学出版社,2008:5.

② 韦庆媛. 图书馆学家戴志骞的激情与无奈[J]. 大学图书馆学报,2010(3):23.

③ 韦庆媛. 图书馆学家戴志骞的激情与无奈[J]. 大学图书馆学报,2010(3):23.

④ 十八年三月四日总理纪念周纪录[J]. 国立中央大学教育行政周刊,1929(83):24.

⑤ 十二月十七日总理纪念周志略[J]. 国立中央大学教育行政周刊,1928(73):18.

⑥ 本校第一次本部行政会议纪录[J]. 国立中央大学教育行政周刊,1928(72):19-20.

态,注重自动之研究,如教授出一题目,指定研究之范围,使学生作自动之探讨,如欧战以后道斯计划之如何? 则非仅在课本上能了解者也。学生方面,应将有关于此题者,无论经济政治种种,搜集之,研究之,再本各人之理解,在上课时,公开讨论,先生方面,亦应详加预备,作充分之解答,如是之教育法,方有进步也。

学校之对于图书馆,应有充分之经济,然后可购多量之书籍,对于大学校之图书馆,尤应特别注意,如国内之南开大学清华大学中山大学等校,对于图书馆之发展,均在积极进行中。国外如法德诸国素抱守旧主义,学生大半埋首于希腊文拉丁文及几何学中,但今日对于图书馆设备,亦极力扩充。近耶鲁大学出六百万金,筑一完美之图书馆,此我国诸大学所望尘莫及者也。

图书馆之应用问题,不在管理之人,而在用书之人。每因院系之不同,将书籍分为某院某系之图书室,如近世史一书,法学院须用者,文学院亦须用者也。就理应置一处,则时间与经济,便利殊多。又如讲师指定参考书籍,每感书少人多之弊,于是为自利起见,预为藏置。甚至书籍中之插图等等,私自割取,此种均关道德问题,管理者力所不及也。

在二十五年前,有人谓:大学校长最重要者有二事,第一试验室,第二图书馆。今日可谓:第一图书馆,第二试验室。因试验失败与成功,须先阅览书籍,然后知其利弊之所在也。又谓参考学校之优劣,只须注意三点:(一)参考图书馆,可知公德之如何? (二)参观饭堂,可知清洁之如何? (三)参观厕所,可知自治之如何? 今日大学校与图书馆之重要有如此也。

就本校情形言之:各院图书馆之合并与否? 另一问题。如图书馆方面,觉书库太空,观众太少,设备不周,阅报处之不妥,就诸点观察,亟待改良者也。现在隆冬时期,寒风习习,装设之火炉,颇多危险,今拟改设汽管。电灯不明,在校中新电机装成后,再加台灯。阅书室太小,拟再扩充之。以我校有八院之多,二千学生之众,如购二三万元之书籍,未免太少。其他如管理问题,千头万绪,都在筹划中,要之物质与形式,均应注意及之也。"①

从其演讲内容可以看出,戴志骞高度强调图书馆对大学教育的重要性。这种说法并不新鲜,他此前就已经在其公开发表过的《图书馆与学校》《图书馆与教育》等文章中提及过了。不过,戴志骞在其位谋其政,对其本职工作颇费了一番心思。他花了一个星期的时间,亲自考察了图书馆工作的方方面面,发现了其中存在的不足之处,如设备不全、经费太少等。他还强调,图书馆的利用与管理的关键不在于图书馆工作人员,而在于读者,因为许多问题都跟读者的道德水平

---

① 十二月十七日总理纪念周志略[J]. 国立中央大学教育行政周刊,1928(73):18-20.

密切相关,图书馆工作人员力所不能及。

可惜的是,到了 1929 年 2 月,戴志骞就转而代理中央大学区高等教育处处长一职①,次月又正式继任该职,所遗图书馆馆长一职则由崔萍村代理②。1929 年 5 月,他又受聘为国立中央大学副校长③。由于执掌国立中央大学图书馆的时间过短,戴志骞没能将其在图书馆管理领域的丰富经验充分发挥出来,没能为该馆的发展作出令人称道的大贡献。

不过,即便在转任他职以后,戴志骞仍然十分关心图书馆的工作④。1929 年 3 月 18 日,他在总理纪念周仪式上向出席仪式的师生报告了已在图书馆安置水汽管供热,以及计划在图书馆改造厕所等事宜。他还提到,图书馆编印图书目录需要花费 1 500 元,这虽然是预算外费用却必不可省,应请校长设法筹划⑤。1929 年 4 月 1 日,他在总理纪念周仪式上谴责读者盗窃图书馆台灯灯泡、损坏台灯灯罩的不道德行为⑥。1929 年 4 月 22 日,他又在总理纪念周仪式上强烈谴责读者撕坏图书馆所订《东方杂志》的恶劣行径,恳请读者尊重公德,爱护书刊,并能鼓起勇气告发有不道德行为的败类⑦。

1929 年 12 月,国立中央大学图书馆编印了四册《国立中央大学图书馆图书目录》,戴志骞专门为其撰写了一篇简短的序。戴志骞在序中高度强调图书馆对于教学活动与学术研究的重要意义,并且认为图书馆是一个宝库,而图书馆目录则是进入宝库的钥匙,作用巨大,需要加以重视。戴志骞原序并未断句,现自行添加标点符号断句如下:"近世大学教育咸注重于自助研究。承学之士非徒登讲堂缮笔记手讲义课本耳。教师提命即足尽其能事也,必将运用脑力并利用多数人之脑力以为己助,多方探讨穷源竟委,就前人所已发者而贯穿之举,前人所未发者而氛启之以解答问题阐明奥窔。为教师者亦必广事搜罗,悉心研究,以应学子之质疑,而求真理之会通于,以贡献社会蔚成学府无难焉。欲达此程,非入图书馆不为功。盖古今中外卷帙浩繁,私人不能致即致矣,而讲堂几案不能容。图

① 高等教育处长农学院院长均已聘人代理[J]. 国立中央大学教育行政周刊,1929(82):21.

② 国立中央大学秘书处编纂组. 国立中央大学一年工作报告(十八年度)[M]. 南京:国立中央大学秘书处编纂组,1929:2.

③ 张校长对于中大区之进行[J]. 国立中央大学教育行政周刊,1929(92):17.

④ 四月二十二日总理纪念周志略[J]. 国立中央大学教育行政周刊,1929(91):19.

⑤ 三月十八日总理纪念周[J]. 国立中央大学教育行政周刊,1929(86):24-26.

⑥ 四月一日总理纪念周纪录[J]. 国立中央大学教育行政周刊,1929(88):23-26.

⑦ 四月二十二日总理纪念周志略[J]. 国立中央大学教育行政周刊,1929(91):19-22.

书馆者,古今中外无量数人脑力之所萃而便学者探索之地也。然非有良好分类编目,则虽有极浩博之图书而茫无头绪寻检为难。故图书馆为智识之宝库,而良好之图书馆目录又此宝库中最适用之键鑰也。键鑰不灵,宝库奚启。然则图书馆目录其可忽乎? 本大学承东南大学之后扩充购置,对于图书馆事业向悬二义以为鹄。一、充实其内容,二、精良其编目。前者与时俱增,后者亦粗有就绪。西文书目录既已刊行,今复新编中文书目录,以为教师学子研求之助。是编也,门类攸分,取便寻检。持以较古来目录之学,虽不敢谓有所心得,而分别部居有条不紊,或犹足供入宝库者键鑰之用也。"①

此外,戴志骞也非常关心当时尚归国立中央大学管理的国学图书馆的相关工作。为补发经费事宜,国学图书馆馆长柳诒徵(1880—1956)数度致函已担任国立中央大学副校长的戴志骞。1929 年 6 月 20 日,戴志骞复函柳诒徵:"翼谋馆长道鉴:上星期六辱荷垂青,招宴厚谊,隆情感甚。是顷奉笺教,聆悉一一。惟来示所述江苏教育经费管理处已将大学本部十六年度预算经费按照七五成陆续支付未足之款一节,弟当向大学本部高教处详查,确无此事,想系传闻失实,请再向教费管理处查问。盖此间如领到十六年度七五成支付未足之款,则贵馆当受同例待遇,不得歧视也。兹特将来示批交高教处核办,决不至重此轻彼也。专肃布达,祗颂时绥! 戴超 一八,六,二〇"。②

第三节 戴志骞与国立中央大学的 校务管理及其他

就任国立中央大学图书馆馆长兼中央大学区督学之后,戴志骞得以参加国立中央大学本部的校务管理及中央大学区的行政工作。比如,1928 年 12 月 15 日下午两点,戴志骞出席中央大学第二次本部行政会议③。又如,1929 年 1 月 5

---

① 戴超. 序 [M]// 国立中央大学图书馆. 国立中央大学图书馆图书目录. 南京:国立中央大学图书馆, 1929: 1.

② 本年度案牍辑录[C]// 国学图书馆. 国学图书馆第二年刊. 南京:国学图书馆, 1929: 16. 另:《国学图书馆第二年刊》所载各个部分的页码均独立排序;原信并无断句,此处自行断句并添加标点符号。

③ 本大学第二次本部行政会议纪录[J]. 国立中央大学教育行政周刊, 1928(73): 20.

日下午 3 点,戴志骞出席中央大学第三次本部行政会议①。1929 年 1 月 24 日,戴志骞又参加了中央大学区评议会第二次会议②。由此可知,他此时已经被推为中央大学区评议会评议员。

寒假开始后,戴志骞返回北平,跟家人团聚,欢度春节。1929 年 2 月 21 日,国立中央大学开学,同月 28 日开始上课。此前,中央大学区教育行政院高等教育处处长张贻惠北上协助处理北京师范大学的学潮问题,一时无法回校,暂由秘书长刘藻彬代行处理事务。不过,开学伊始,事务繁忙,刘藻彬难以兼顾。于是张乃燕聘请戴志骞兼任高等教育处处长③。

1929 年 3 月 4 日,戴志骞在国立中央大学举行的总理纪念周仪式上以代理高等教育处处长的身份向全体师生报告校务,分别述及学校的组织、建设、学生等一系问题。他最后保证,虽然只是暂代高等教育处处长一职,但他决不会推诿搪塞④。

不久,由于张贻惠决意留在北平工作,戴志骞正式就任中央大学区高等教育处处长。所遗国立中央大学图书馆馆长一职则由崔萍村代理⑤。1929 年 3 月 11 日,戴志骞在国立中央大学举行的总理纪念周仪式上正式以高等教育处处长的身份报告校务⑥。1929 年 3 月 18 日,戴志骞再次在国立中央大学举行的总理纪念周仪式上以高等教育处处长的身份报告校务,介绍了国立中央大学学生人数的统计结果、新学期新聘教职员的情况、校园建设与改造情形等⑦。

1929 年 3 月 23 日下午 3 点,戴志骞出席了国立中央大学第六次本部行政会议,并被推定为该校学则概要审查委员之一,负责审查现有的学则草案⑧。1929

---

① 本校第三次本部行政会议纪录[J]. 国立中央大学教育行政周刊,1929(76):18.

② 中央大学区评议会第二次会议纪录[J]. 国立中央大学教育行政周刊,1929(78):14-16;第二次国立中央大学学区评议会纪录[J]. 国立中央大学教育行政周刊,1929(81):1-4.

③ 高等教育处长农学院院长均已聘人代理[J]. 国立中央大学教育行政周刊,1929(82):21.

④ 十八年三月四日总理纪念周纪录[J]. 国立中央大学教育行政周刊,1929(83):23-24.

⑤ 国立中央大学秘书处编纂组. 国立中央大学一年工作报告(十八年度)[M]. 南京:国立中央大学秘书处编纂组,1929:2.

⑥ 三月十一日总理纪念周礼志略[J]. 国立中央大学教育行政周刊,1929(85):27.

⑦ 三月十八日总理纪念周[J]. 国立中央大学教育行政周刊,1929(86):24-26.

⑧ 第六次本部行政会议[J]. 国立中央大学教育行政周刊,1929(87):24.

年 4 月 1 日、15 日、22 日和 29 日,戴志骞四次主持国立中央大学举行的总理纪念周仪式①。此外,1929 年 4 月 24 日下午 3 点,江苏教育经费委员会召开会议,戴志骞出席并主持会议,讨论了许多事务,至当晚 10 点才散会②;4 月 27 日下午 3 点,他又参加并主持了国立中央大学第八次本部行政会议③。

1929 年 5 月,国立中央大学校长张乃燕"以校务纷繁,实有设置副校长之必要,并援浙江大学先例",聘请戴志骞为副校长,并呈报教育部备案。在继任人选确定前,戴志骞继续兼任高等教育处处长④。遗憾的是,尚不清楚戴志骞受聘为副校长的具体日期。

1929 年 5 月 3 日下午 3 点,江苏教育经费委员会第十四次大会在国立中央大学校长室召开,戴志骞出席⑤。1929 年 5 月 6 日上午 11—12 点,国立中央大学在体育馆举行总理纪念周仪式,由戴志骞主持⑥。1929 年 5 月 10 日下午 3 点,戴志骞又参加并主持了国立中央大学第九次本部行政会议⑦。不过,相关资料并未显示他此时已经被聘为副校长。

1929 年 5 月 16 日下午 2 点,国立中央大学区教育行政院举行临时行政会议,欢迎新任普通教育处处长韦悫(别号捧丹)。"出席者有戴副校长,刘秘书长,俞处长,张秘书及各科长等。除于行政院近况作一简单报告外,并欢迎韦氏到校履新。即晚戴副校长,刘秘书长假安乐酒店为韦氏洗尘,请各处长,秘书及科长等作陪。"⑧显然,戴志骞此时已正式就任国立中央大学副校长一职。

1929 年 5 月 25 日下午 3 点,国立中央大学本部第十次行政会议在图书馆会议室举行,张乃燕主持会议,戴志骞出席⑨。1929 年 5 月 27 日上午 11—12 点,

---

① 四月一日总理纪念周纪录[J]. 国立中央大学教育行政周刊,1929(88):23;四月十五日总理纪念周志略[J]. 国立中央大学教育行政周刊,1929(90):13;四月二十二日总理纪念周志略[J]. 国立中央大学教育行政周刊,1929(91):19;四月二十九日本校之纪念周纪略[J]. 国立中央大学教育行政周刊,1929(92):17-18.

② 苏教费委员会开会纪[J]. 国立中央大学教育行政周刊,1929(91):17-19.

③ 第八次本部行政会议纪录[J]. 国立中央大学教育行政周刊,1929(92):20.

④ 张校长对于中大区之进行[J]. 国立中央大学教育行政周刊,1929(92):17.

⑤ 教育经费委员会开会纪[J]. 国立中央大学教育行政周刊,1929(96):12-13.

⑥ 五月六日总理纪念周纪录[J]. 国立中央大学教育行政周刊,1929(93):24.

⑦ 第九次本部行政会议纪录[J]. 国立中央大学教育行政周刊,1929(94):16.

⑧ 普通教育处韦处长到校履新[J]. 国立中央大学教育行政周刊,1929(94):15.

⑨ 大学本部第十次行政会议纪录[J]. 国立中央大学教育行政周刊,1929(96):13-15.

国立中央大学在体育馆举行总理纪念周仪式,由戴志骞主持①。1929年6月11日上午11—12点,国立中央大学在体育馆举行总理纪念周仪式,戴志骞主持并报告多项校务,包括生物馆与大礼堂的建设事宜,以及学校经费问题等②。1929年6月15日下午3点,国立中央大学召开临时行政会议,戴志骞主持③。

1929年6月17日,国民党第三届中央执行委员会第二次全体会议通过决议,决定"由教育部定期停止试行大学区制"④。教育部则规定中央大学区须在年底前结束。这将会导致问题重重,所以张乃燕决意辞去国立中央大学校长及江苏省政府委员两个职务⑤,并且离开了学校⑥。戴志骞只能挑起重担,处理日常事务。1929年6月19日和25日,国立中央大学分别召开第六十、第六十一次行政会议,均由戴志骞主持⑦。1929年6月24日,国立中央大学举行总理纪念周仪式,戴志骞向出席的全体师生报告了大学区制停止试行及民国十八年度预算案情形⑧。1929年6月29日下午3点,国立中央大学第十二次本部行政会议在图书馆会议室召开,戴志骞主持⑨。1929年7月1日,国立中央大学在体育馆举行总理纪念周仪式,由戴志骞主持⑩。

1929年7月初,经过国民政府、行政院、教育部等方面的慰留⑪,张乃燕最终

① 五月念七日总理纪念周纪录[J]. 国立中央大学教育行政周刊, 1929(96): 15.

② 六月十一日总理纪念周纪录[J]. 国立中央大学教育行政周刊, 1929(98): 20.

③ 六月十五日下午三时临时行政会议记录[J]. 国立中央大学教育行政周刊, 1929(99): 19-20.

④ 中国第二历史档案馆. 中华民国史档案资料汇编　第五辑　第一编　财政经济(二)[C]. 南京:江苏古籍出版社, 1994: 133.

⑤ 校长辞职教部慰留　对于经费之支给亦有部电指示办法[J]. 国立中央大学教育行政周刊, 1929(100): 14-15.

⑥ 六月廿四日总理纪念周记录[J]. 国立中央大学教育行政周刊, 1929(100): 17.

⑦ 六月十九日下午三时开第六十次行政会议纪录[J]. 国立中央大学教育行政周刊, 1929(99): 20-21;六月二十五日下午三时第六十一次行政会议[J]. 国立中央大学教育行政周刊, 1929(100): 15-16.

⑧ 六月廿四日总理纪念周记录[J]. 国立中央大学教育行政周刊, 1929(100): 16-18.

⑨ 本大学第十二次本部行政会议纪录[J]. 国立中央大学教育行政周刊, 1929(102): 20.

⑩ 七月一日总理纪念周志略[J]. 国立中央大学教育行政周刊, 1929(101): 21-22.

⑪ 校长辞职教部慰留　对于经费之支给亦有部电指示办法[J]. 国立中央大学教育行政周刊, 1929(100): 14-15;国府指令慰留张校长[J]. 国立中央大学教育行政周刊, 1929(101): 21;行政院慰留张校长[J]. 国立中央大学教育行政周刊, 1929(102): 18.

回校,并主持了国立中央大学第二届毕业典礼①。戴志骞则因病请假,返回北方养病。在病好返校的途中,他又不幸发痧。直到 1929 年 8 月 19 日,他才现身在国立中央大学会客室,主持教育行政院全体职员参加的总理纪念周仪式②。

1929 年 9 月 17 日,国民政府教育部组织了教育方案编制委员会,聘请蔡元培等人为常务委员。同年 10 月 14 日,教育方案编制委员会召开第一次会议,并聘定若干名家,分成 11 组,分别起草文件。其中,教育行政组的主任为韦悫,委员则包括朱葆勤、许寿棠、胡庶华与戴超(戴志骞)四人,负责起草学制系统、教育经费、教育行政制度、教育行政人员之训练及服务等方案③。

1929 年 10 月 16 日,《国立中央大学半月刊》创刊,戴志骞与谢冠生、张其昀、谢寿康、卢晋候、孙本文、雷海宗、潘水叔、叶元龙、汤用彤、胡小石、蔡作屏、艾伟、张士一、王善全(即王善佺)、张乃燕一同担任编辑④。戴志骞还为其撰写了一篇简短的发刊辞,发表在第一卷第一期上。全文如下:"自来好学学思之士,潜心研几之余,辄纵笔载述,或十年数十年,华首弥固,未敢自足,或兴至墨随,朝作夕竞,虽时有修短,均是昭灼文明,觇国者每视一国出版事业之盛衰,断其国之隆替也。吾国承凋敝之余,干戈连年,潜修未遑,以云著述,可称仅有,方诸欧美各国,名篇巨著,汗牛充栋,岁新而月不同者,真不可以道里计。欧战以还,若德若英若美,名著辈出,如惠尔斯之世界史纲,汤姆生之科学大纲,司宾葛拉之西方文化之衰落,爱因斯坦之相对论等,尤昭昭在人耳目。迥视吾国著作之林,其真有价值,真能于学术上有所贡献者,能有几何,出版物如此,国事可知,有心之士,怒焉忧之。本校窃不自量,集全体师生之述作,出版半月刊一种,凡属研究有得之作,不分学科,尽量登载。夫学问以观摩而益精,事业藉文字为传播,则斯刊之作,虽不敢谓于国家文化有所贡献,于国家建设有所裨补,而提倡高深之学术,发皇固有之文化,实具宏观,凡诸明达,幸辱匡教。"⑤

1929 年 10 月 17 日,戴志骞与张乃燕等人一同出席了江苏教育经费委员会第十六次会议⑥。

---

① 本大学第二届毕业典礼志盛[J]. 国立中央大学教育行政周刊,1929(101):22-24.

② 八月十九日纪念周纪录[J]. 国立中央大学教育行政周刊,1929(107):18.

③ 延陵缪. 第二次全国教育会议始末记[M]. 天津:江东书局,1930:21-22.

④ 半月刊编辑名单[C]//《南大百年实录》编辑组. 南大百年实录·上卷·中央大学史料选. 南京:南京大学出版社,2002:444.

⑤ 戴超. 发刊辞[J]. 国立中央大学半月刊,1929,1(1):未标注页码.

⑥ 江苏教育经费委员会第十六次会议纪录[J]. 江苏省政府公报,1929(270):7-9.

　　1930 年 1 月 24 日,教育部组织全国教育会议筹备委员会,负责第二次全国教育会议的筹备事宜[①]。该筹备委员会的委员长为刘大白,副委员长为黄建中、朱经农,委员包括朱葆勤、姜绍谟、陈和铣、陈德徵、杨芳、赵迺传、赵廷为、戴超(戴志骞)、顾树森、郑天挺、余文灿,其中朱经农、陈剑修、赵迺传、姜如谟、顾树森五人为常务委员[②]。筹备委员会成立后,曾召开了三次常务委员会与两次筹备会议。可以确定的是,戴志骞出席了 1930 年 4 月 12 日下午两点在教育部会议厅举行的第二次筹备会议[③]。

　　1930 年 4 月 15—22 日,第二次全国教育会议在南京召开[④]。戴超(戴志骞)代表国立中央大学校长张乃燕参加会议[⑤],其席次号数为三,恰恰坐在钟荣光与蔡元培之间[⑥]。会议期间,戴超还担任了高等教育组与社会教育组的审查委员[⑦]。

　　1930 年 5—7 月,戴志骞在南京患了白喉、猩红热、风湿热等病症,几乎不治身亡,好在还是抢救了过来[⑧]。医生建议他前往气候干燥的北方进行休养[⑨]。于是,在 1930 年 7 月,他再三提出辞职,到了第四次才获得批准[⑩]。

　　张乃燕失去了一员得力干将,此后未再聘任副校长。1930 年 9 月 23 日,张乃燕呈文给教育部、行政院,请求不再设立副校长。其呈文称:"当呈报设立之时,大学区制尚在试行时代,其时校长除大学本部以外,兼管大学区内各项教育,公务纷繁,势难兼顾。是以根据大学委员会议决案,援照中山、北平、浙江各大学先例,设置副校长以资辅助。今此大学区制已停止试行,校长以一身综理大学八院事宜,体察情形,似无不便,此后副校长自可不设。爰于 19 年度开学日起,将此缺裁去,不复设置,以专责成。"[⑪]

① 延陵缪. 第二次全国教育会议始末记[M]. 天津:江东书局,1930:1-2.

② 延陵缪. 第二次全国教育会议始末记[M]. 天津:江东书局,1930:6.

③ 延陵缪. 第二次全国教育会议始末记[M]. 天津:江东书局,1930:5.

④ 延陵缪. 第二次全国教育会议始末记[M]. 天津:江东书局,1930:7-8.

⑤ 延陵缪. 第二次全国教育会议始末记[M]. 天津:江东书局,1930:13.

⑥ 延陵缪. 第二次全国教育会议始末记[M]. 天津:江东书局,1930:19.

⑦ 延陵缪. 第二次全国教育会议始末记[M]. 天津:江东书局,1930:30-31.

⑧ Among the Alumni[J]. *Library Service News*, 1931, 3(1):7.

⑨ Among the Alumni[J]. *Library Service News*, 1932, 4(1):5-6.

⑩ Among the Alumni[J]. *Library Service News*, 1931, 3(1):7.

⑪ 张乃燕关于不设副校长的呈文[C]//《南大百年实录》编辑组. 南大百年实录·上卷·中央大学史料选. 南京:南京大学出版社,2002:288.

第四节　戴志骞与中华图书馆协会第一次年会

在国立中央大学服务期间,戴志骞为中华图书馆协会第一次年会的筹备与召开作出了巨大贡献。

此前在 1928 年 10 月 21 日晚上,仍然身在北平的戴志骞到袁同礼寓所参加宴会,到场诸人提出了召开中华图书馆协会年会的动议①。不久,中华图书馆协会执行部②议决于 1929 年 1 月 28 日至 2 月 1 日在金陵大学举行第一次年会,并在 1928 年 12 月 31 日出版的《中华图书馆协会会报》第 4 卷第 3 期上刊登了一则启示与赴会须知,邀请全国图书馆界同仁积极与会③。执行部还聘请王云五、朱家治、李小缘、何日章、杜定友、沈祖荣、柳诒徵、袁同礼、徐鸿宝、陶知行、陈长伟、陈剑修、崔萍村、曹祖彬、章警秋、万国鼎、杨杏佛、刘季洪、刘国钧、钱端升、钟福庆、戴志骞、顾半南等 23 人为筹备委员,负责年会的筹备事宜。戴志骞、刘国钧、李小缘、章警秋与柳诒徵五人被推为常务委员,戴志骞为主席,刘国钧为书记④。从 1928 年 12 月 1 日到 1929 年 1 月 20 日,筹备委员们总计召开了四次筹备会、一次谈话会⑤。

戴志骞南下担任国立中央大学图书馆馆长后,拥有近水楼台之地利,于是就由他联络南京图书协会同仁,一起跟教育当局进行接洽⑥。袁同礼在北京,戴志骞在南京,两人一起为了筹措年会经费而奔波努力,最后从国民政府行政院(1 000 元)、卫生部(30 元)、铁道部(200 元)、外交部(200 元)、工商部(50 元)、内政部(50 元)、中央党部(2 000 元)、江苏省政府(200 元)、中央大学(100 元)、清华

---

① 戴志骞. 年会筹备主任报告[C]//中华图书馆协会执行委员会. 中华图书馆协会第一次年会报告. 北平:中华图书馆协会事务所,1929:23-24.

② 中华图书馆协会第一次年会筹备及经过报告[C]//中华图书馆协会执行委员会. 中华图书馆协会第一次年会报告. 北平:中华图书馆协会事务所,1929:235.

③ 中华图书馆协会年会筹备处. 启示[J]. 中华图书馆协会会报,1928,4(3):2.

④ 中华图书馆协会第一次年会筹备及经过报告[C]//中华图书馆协会执行委员会. 中华图书馆协会第一次年会报告. 北平:中华图书馆协会事务所,1929:235. 另:《中华图书馆协会会报》第 4(3)期所载筹备委员与常务委员名录略有不同。具体参见:本会年会筹备会之进行[J]. 中华图书馆协会会报,1928,4(3):22.

⑤ 中华图书馆协会第一次年会筹备及经过报告[C]//中华图书馆协会执行委员会. 中华图书馆协会第一次年会报告. 北平:中华图书馆协会事务所,1929:235.

⑥ 本会年会筹备会之进行[J]. 中华图书馆协会会报,1928,4(3):22.

大学(50 元)、北平大学(100 元)、燕京大学(50 元)等处争取到数量不等的津贴，为年会顺利召开提供了充足的资金[①]。同样身在南京的刘国钧、李小缘等人也操劳甚多。年会结束后的 1929 年 2 月 4 日，吟秋在《申报》发表了《全国图书馆年会花絮录》一文，做了如是评价："此次年会筹备委员，均极辛苦。而尤以戴志骞、刘国钧二博士为最。……实则本届年会经费，均为戴所奔走而来……"。[②] 可见戴志骞的贡献之大。

年会筹备期间，蔡元培被推举为年会主席，袁同礼、戴志骞为副主席，刘国钧为总务[③]。不过，在 1929 年 1 月 28 日的年会开幕典礼上，蔡元培因事身在上海，其代表杨杏佛又谦让再三，戴志骞只得临时代为致开幕辞。戴志骞的致辞甚短，全文如下："今日本会第一次年会开幕，诸君远道来此，冒雪与传递，极堪钦佩。本会于十四年四月成立于上海，而事务所设于北平，此数年来，因国家多故，以致年会延未举行。现在全国统一，训政开始，不能再事延搁，此次年会在首都召集，盖以此也。而将来在图书馆历史上之价值，亦可于是观之。图书馆在学术上，文化上，风俗上，社会上，均有密切之关系，而尤以在训政时期为刻不容缓之图。此次承蔡杨诸先生极力赞助，大会始克顺利举行；蔡先生并允为大会主席，同人等至深感幸！但蔡先生于前二日因事赴沪，今日未能出席；本请杨杏佛先生临时代表致开会辞，兹杨先生谦逊有加，志骞敢致数语，敬祝大会顺利！"[④]

在本次年会上，戴志骞参加了年会的两个事务组——议案组与论文组。前者负责审查提案及排定议事日程，后者则负责征集论文与讲演。他还参加了年会分组讨论会建筑组的组织工作[⑤]。此外，1929 年 1 月 29 日晚 7 点，戴志骞主持了一场公开演讲会，演讲者是多位中外名家，包括德国莱斯米博士(演讲《德国图书馆发展史》)、胡庆生(演讲《图书馆馆员应有之责任及其工作》)、沈祖荣(演讲《文华图书科概况》)、何日章(演讲《河南之图书馆与古物及政治》)、宋青萍(演讲

① 中华图书馆协会第一次年会筹备及经过报告[C]// 中华图书馆协会执行委员会. 中华图书馆协会第一次年会报告. 北平:中华图书馆协会事务所，1929;236.

② 吟秋. 全国图书馆年会花絮录[N]. 申报，1929-02-04(19).

③ 本会年会筹备会之进行[J]. 中华图书馆协会会报，1928,4(3);23;中华图书馆协会第一次年会筹备及经过报告[C]// 中华图书馆协会执行委员会. 中华图书馆协会第一次年会报告. 北平:中华图书馆协会事务所，1929;237.

④ 戴志骞. 戴志骞先生开会辞[C]// 中华图书馆协会执行委员会. 中华图书馆协会第一次年会报告. 北平:中华图书馆协会事务所，1929;7-8.

⑤ 本会年会筹备会之进行[J]. 中华图书馆协会会报，1928,4(3);23.

《上海通信图书馆概况》)①。

值得一提的是,在本次年会上,中华图书馆协会决定对其组织架构进行重大改革,即取消董事部与执行部,改而成立执行委员会和监察委员会②。1929年2月1日,中华图书馆协会召开会务会议,戴志骞当选为第一届执行委员会委员③,并被推举为执行委员会细则的起草人④。执行委员会还组织成立了分类、编目、索引、检字、图书馆教育、编纂、建筑、宋元善本书调查、版片调查等九个专门委员会及季刊与会报编辑部,戴志骞被推举为建筑委员会主席与图书馆教育委员会委员⑤。

图 9-1　中华图书馆协会第一次年会合影⑥

1929 年 3 月初,中华图书馆协会组织会员向即将召开的国际图书馆大会提交论文。由于时间较紧,最后仅有戴志骞、沈祖荣、胡庆生与顾子刚四人向该会提交了自己撰写的英文论文,并汇集成册,总题为《中国图书馆概况》("Libraries in China"),带到国际图书馆大会与国外同行进行交流⑦。其中,戴志骞提交的论文为《中国现代图书馆之发展》("Development of Modern Libraries in

① 中华图书馆协会第一次年会纪事[J]. 中华图书馆协会会报, 1929, 4(4): 9.

② 中华图书馆协会组织大纲[J]. 中华图书馆协会会报, 1929, 4(4): 4-5.

③ 中华图书馆协会第一次年会纪事[J]. 中华图书馆协会会报, 1929, 4(4): 13.

④ 中华图书馆协会第一次年会纪事[J]. 中华图书馆协会会报, 1929, 4(4): 16.

⑤ 本会新组织之各委员会[J]. 中华图书馆协会会报, 1929, 4(5): 26-27.

⑥ 中华图书馆协会在京举行年会时摄影[J]. 华北画刊, 1929(8): 3.

⑦ 参加国际图书馆大会筹备报告[J]. 中华图书馆协会会报, 1929, 4(5): 4-25.

China"），其内容多是对他以前发表的类似文章的继承与增补①。

1929 年，戴志骞还应邀加入文华图书馆学专科学校校董会，与周诒春、袁同礼、孟良佐、韦棣华、沈祖荣等人并列其中②。可惜的是，戴志骞、袁同礼等多位校董身处其他城市，很难直接参与文华图专的相关活动，所以他们所能发挥的作用较为有限。

在南京工作期间，戴志骞似乎还曾担任过南京图书馆协会的"主持人"，也就是会长或主席。比如，1930 年《山东教育行政周报》第 95 期称，南京图书馆协会遵照政府规定，于 1930 年 4 月 11 日到教育局进行登记，"设大中桥民众教育馆内，主持人戴超，有会员六十一人"③。可惜资料有限，目前还不清楚戴志骞在任期间是否组织过活动并采取了什么举措。

此外，上海图书馆协会的宋景祁领衔编撰了《中国图书馆名人录》，由上海图书馆协会于 1930 年 3 月 31 日出版，同年 5 月 31 日再版。1930 年 1 月，戴志骞应邀为其撰写了一篇序言，书中称为《戴序》。戴志骞在序中简要介绍了中外名人录的编撰与出版情况，认为中国在此方面有所欠缺，需要加强。他进而指出，宋景祁此书可以起到"沟通同志间之友谊，达图书馆事业之消息，研究图书馆管理之方法"的作用，对于中国图书馆事业的发展很有帮助④。

————————————

① Tai, T. C. Development of Modern Libraries in China[C] // Library Association of China. *Libraries in China*. Peping: Library Association of China, 1929: 9-16.

② 彭斐章，彭敏惠. 从文华图书科到文华图书馆学专科学校[C] // 陈传夫. 图书馆学研究进展. 武汉:武汉大学出版社,2010:10.

③ 京师学术团体调查　遵章登记者共十三处[J]. 山东教育行政周报,1930(95):61.

④ 戴超. 戴序[M] // 宋景祁. 中国图书馆名人录. 上海:上海图书馆协会,1930:1-2.

第十章

离开图书馆界

第一节　拓荒东北金融投资界

1930 年 7 月，戴志骞因病辞去国立中央大学副校长一职，回到北平休养，最终恢复了健康①。戴志骞就此离开了教育界与图书馆界，转而将其精力投到了金融领域。

1930 年 9 月，戴志骞前往哈尔滨，担任中国殖业股份有限公司(Industrial Enterprises Limited)经理，并且在哈尔滨、沈阳、上海、南京与北京等地马不停蹄地来回奔波。在其致凯泽的信件中，戴志骞解释了他作出如此选择的原因所在。他认为，中国想要获得和平，就只能努力发展自己，包括科学地开发自然资源、完善自身的交通设施等。他指出，东北和蒙古十分辽阔，如果忽略其发展，那么三四十年后两地就将脱离中国。东北尤其重要，因为那里蕴藏着丰富的矿产，土地又特别适合农业生产。想要阻止日本与苏联在东北的渗透，中国就必须从山东与河北两地往东北地区大量移民，并且引进除日本与苏联以外的其他国际资本，加大开发力度。为此，戴志骞决心充当东北金融投资界的一名拓荒者，为那里的建设与发展尽一分力量②。

戴志骞对东北严峻形势的清醒认识并不仅仅体现在他写给凯泽的这封信中。1932 年，上海文艺书局出版了日本学者神原周平原著、潘文安与殷师竹合译

---

① Among the Alumni[J]. *Library Service News*, 1931, 3(1): 7.

② Among the Alumni[J]. *Library Service News*, 1931, 3(1): 7. 另: 该信的中文译文可参见《探究图书馆学家戴志骞转行与归宿之谜——戴志骞生平再考》(顾烨青、郑锦怀与曹海霞合撰，原载《大学图书馆学报》2013 年第 1 期)。

的《日本经济与中国东北问题》一书,内含潘文安于 1931 年 12 月 1 日撰写的序。潘文安在序中提到:"最近吾遇到两位朋友,都是熟于东北情形,积有研究的,一位是戴子骞(超)博士,一位是何醉帘(廉)博士,他们研究东北,是十分深切,观察东北,是十分精细。"[①] 此处的"戴子骞(超)"其实就是戴志骞。潘文安还特地记录了戴志骞关于东北的观察与认识。现转录如下,以展现戴志骞的爱国热情与远见卓识:

"到了沈阳,便知东北之大,过了长春,到了哈尔滨,更知东北之富。到了那边,正是什么都有。在南满车上,举目远眺,两旁黑土,沃野千里,恍如置身沪宁沪杭车上,桑麻万顷,到处黄金,比那津浦线的黄土,和西北铁道的灰色土,真是大不同。东北唯一的产物,便是大豆,大豆在东北,即是金钱;东北的财源,都是靠此。去年大豆没有销路,钱也没有了。东北的经济,也入于窘境了。东北有那样的财源,而目前东北人还这样的穷困,似乎有些矛盾,其实便由国人向来不注意东北问题的缘故。这大概由(一)国人大都对东北不肯切实研究。观念中完全对于东北不了解而起的误会。(二)东北的人民,一大半由山东等地移植去的,所以智识太差,程度多幼稚。(三)关外人不信任关内人,不免有排斥意味,而关内人好弄聪明,常常行诈使骗,以致不为东北人所信任。在黑龙江省的煤矿很多,比了抚顺的还要质地良佳,而矿区也大,这是有人调查而证明过的。深林农产,那边什么都有的。而金矿在黑龙江,尤其是世界闻名久了。东北有这样的富源,而现在穷得这个地步,实在不知开发之故。现在黑龙江的富源开发的,不过十分之一,吉林不过十分之五,辽宁不过十分之七,黑龙江什么都比吉辽二省好,可惜没有人去。关于经济问题,在东北的利息,是很厚的,通常二分的利息,是法律所许可的。回看南方上海广东等地利息很薄,那末为何不投资到东北去呢?在东北呢,因为关内的人很少,他们那边没有一定的币制基金,所以发行了几种不兑现的纸票,因而日本人的金洋,操纵了全东三省,这也在关内的人不去的缘故。如果关内能把兑现的银洋,去改造他们的币制,日本人的金洋,也可打倒。所以现在我们应该有严密的组织,准备到东北去,要知道东北,不便日本在积极的谋我,侵略我,就是俄国也决不肯放弃,他们知道东北是很富的,所以老早就想来谋我了,百年来对于黑龙江的侵略,锐意经营,不遗余力,整个的东三省,被双重帝国主义的践踏觊觎,其危殆的程度如何啊?所以要讲到东北,便不可不知道她现在处境的危险,更不可不知道必须要由关内的人去经营,才可以谋她危险程度的

---

① 潘文安. 序 [M]//[日] 神原周平. 日本经济与中国东北问题. 上海:文艺书局,1932:1.

渐次降低。譬大豆应该用什么方法去救济改良，以恢复这一宗大生产，矿产的调查开采等等，都是极重要而宜急行的事。有了这样的土地，禁止别人的去，是不妥当，因为你不去，人家要代你去啊。如果我们切实地能把东北的富源开掘，则无论投资在金融上实业上，我们的资本决不会亏折的。况且那边的利息，是非常之厚，这实在是一件自助助人助民族助国家的一件事。至于日本的侵略我们，自然比了俄国更厉害，我国向来是以农立国的，在东北种水稻的，本来只有山东人，可是日本驱使韩人，也来抢种，这几年从水稻上被他们获的利息，实属不小。这次万宝山事件，也全是强抢的冲突啊。……因为如此，所以我们要谋交通的建设，为最要的一点。东北的铁道，如果努力进行，何尝不可以打倒日本的南满势力。所以我主张（一）我们当认清东北的事，非由本部的中国人去帮同整理不可。（二）改良那边的经济与投资，如果说那里的经济制度改良了，即以投资地产而论，其利息也有二分半至三分厚。（三）是移民，有组织的移民，是急需的，黑龙江省仅开垦了十分之一，余则都是货埋于地，宝藏未开，土地是你的，必须要你自己去，必须要使那块土地，完全真正成为你的，那末你何致为暴日侵略到这般地步？"[1]

可以看到，戴志骞对东北问题的认识确实颇为深刻。他也十分喜欢自己的新工作。为此，他专门找来了公司财政、商业等相关领域的书籍，发奋研读[2]。这也为他后来转战银行界打下了良好的知识基础。

除了在中国殖业股份有限公司任职外，戴志骞可能还曾担任东北边防军司令长官公署参议厅顾问[3]。可惜至今尚未见到第一手档案资料对此有所记载，无法加以证实或证伪。不过，如果此说属实，那应当也是因为戴志骞对东北问题的认识颇有见地，所以得到了东北军政高层的赞赏。

此外，1931年7月25日，已经转投中国银行的戴志骞参加了工商管理协会在上海联华总会主办的第十三次聚餐讨论会，并应邀"讲演东山省之经济问题"[4]。此处的"东山省"为"东三省"之误。显然，戴志骞对东北问题颇有研究，

① 潘文安. 序[M]//[日]神原周平. 日本经济与中国东北问题. 上海：文艺书局，1932：1-5.

② Among the Alumni[J]. *Library Service News*, 1931, 3(1)：7.

③ [日]外务省情报部. 现代中华民国"满洲帝国"人名鉴[M]. 东京：东亚同文会，1937：303-304；徐友春. 民国人物大辞典（下）[M]. 石家庄：河北人民出版社，1991：1597；周家珍. 20世纪中华人物名字号辞典[M]. 北京：法律出版社，2000：112；刘国铭. 中国国民党百年人物全书（下）[M]. 北京：团结出版社，2005：2446；周川. 中国近现代高等教育人物辞典[M]. 福州：福建教育出版社，2012：660.

④ 工商管理协会聚餐讨论会[N]. 申报，1931-07-26(16).

得到了工商界的认可。

第二节　转投中国银行

一、进入中国银行

1931 年 7 月,戴志骞回到上海,加入了中国银行 [1]。戴志骞据称是得到了陈长桐、蔡承新与陈隽人的推荐 [2]。三位推荐人的简况如下:

陈长桐(1886—?),别号庸孙,福建闽侯人 [3],1919 年毕业于清华学校,1921 年在美国科罗拉多大学(University of Colorado)获文学士学位(B. A.),1923 年在纽约大学(New York University)获商业管理硕士学位(M. C. S.,即 Master of Commercial Science) [4],回国后曾在多所大学执教 [5],1929 年 5 月进入中国银行工作 [6],时任国外部营业部主任 [7]。

蔡承新是江苏吴县人,1922 年毕业于清华学校,1925 年在美国威斯康星大学(University of Wisconsin)获文学士学位,1926 年在哥伦比亚大学(Columbia University)获理学硕士学位(M. S.) [8],1931 年 6 月—1933 年 9 月任中国银行上

---

[1] Among the Alumni[J]. *Library Service News*,1931,3(1):7;中国银行总管理处. 中国银行职员录[M]. 上海:中国银行总管理处,1947:13.

[2] 韦庆媛. 戴志骞先生传略[C]// 韦庆媛,邓景康. 戴志骞文集(上). 北京:国家图书馆出版社,2016:12.

[3] 刘国铭. 中国国民党百年人物全书(下)[M]. 北京:团结出版社,2005:1325.

[4] 国立清华大学校长办公室. 清华同学录[M]. 北京:国立清华大学校长办公室,1937:99.

[5] 刘国铭. 中国国民党百年人物全书(下)[M]. 北京:团结出版社,2005:1325.

[6] 中国银行总管理处. 中国银行职员录[M]. 上海:中国银行总管理处,1947:35.

[7] 韦庆媛. 戴志骞先生传略[C]// 韦庆媛,邓景康. 戴志骞文集(上). 北京:国家图书馆出版社,2016:12.

[8] 国立清华大学校长办公室. 清华同学录[M]. 北京:国立清华大学校长办公室,1937:154.

海分行襄理[①]。

陈隽人（C. C. Chen）是上海人，获清华学校津贴赴美留学，1919年获康奈尔大学（Cornell University）理学学士学位（B. S.），1920年获马里兰大学（University of Maryland）理学硕士学位（M. S.）[②]，回国后曾入清华学校执教[③]，时任中国银行济南分行经理[④]。

可以看到，陈长桐、蔡承新与陈隽人均与戴志骞在清华学校有过一段时间的交集。戴志骞之所以能够进入中国银行工作，并历任要职，自身能力出众当然是主要原因，但其教育背景（毕业于圣约翰大学、两次赴美留学）、工作履历（圣约翰大学、清华学校、国立中央大学）及在此过程中自然而然加入的校友圈子（圣约翰大学、清华学校）与留美学人圈子对其转行不无助益。此前，他从上海圣约翰大学跳到清华学校，从清华学校辞职后又能够马上进入国立中央大学，亦是得益于此。

二、职务变动情况及最后命运

大约从1931年10月起，戴志骞担任中国银行总管理处人事室主任[⑤]。

1931年12月23日，中国银行第十七次行务总会通过了《修正中国银行组织大纲草案》，决定设立总管理处，总揽全体行务。总管理处由常务董事组织，"由总经理商同董事长、常务董事处理全行业务事务"。总管理处下设总稽核与总秘书各一人，分掌全行业务事务，"其任免由总经理提出，商同董事长、常务董事提交董事会定之"。[⑥] 于是，在时任中国银行总经理张嘉璈（1889—1979；1928年11月—1935年3月担任中国银行总经理）的提名下，戴志骞很快就受聘为代理总秘书，并兼人事室主任。

---

① 董昕. 中国银行上海分行研究（1912—1937）[M]. 上海：上海人民出版社，2009：363；中国银行上海国际金融研究所行史编写组. 中国银行上海分行史（1929—1949）[M]. 北京：经济科学出版社，1991：232.

② 国立清华大学校长办公室. 清华同学录[M]. 北京：国立清华大学校长办公室，1937：31.

③ Tsing Hua College. *Tsinghuapper 1921*[M]. Peking: Tsinghua College, 1921：29.

④ 韦庆媛. 戴志骞先生传略[C]// 韦庆媛，邓景康. 戴志骞文集（上）. 北京：国家图书馆出版社，2016：12.

⑤ Woodhead, H. G. W. *The China Year Book 1935*[M]. Shanghai: The North-China Daily News & Herald, Ltd., 1935：404.

⑥ 中国银行总行，中国第二历史档案馆. 中国银行行史资料汇编·上编（1912—1949）（三）[C]. 北京：档案出版社，1991：2533-2534.

此外,中国银行总管理处下面还设有总帐室、人事室、经济研究室、检查室、业务管理室、总务课、券务课、股务课、建筑课等机构。其中,检查室设赴外稽核数人,"总帐室主任、人事室主任应兼任赴外稽核"。① 因此,大约从 1931 年 12 月底起,戴志骞及总帐室主任刘攻芸均兼任赴外稽核②。

1932 年 4 月 1 日,《字林西报》报道称:"在一位特别职员的陪同下,中国银行总秘书戴志骞博士昨日出发前往满州视察。他预计将出差一个月。"③ 同年 5 月 15 日,《中行生活》第 1 卷第 1 期所载"同人消息"提到:"总秘书戴志骞君,稽核刘映侬君,前奉派同赴辽滨一带考察行务。刘君公毕后,航海先归,戴君绕道平津,与津行卞经理同由津浦路南下,过宁换乘德和江轮十五日抵沪。"④ 同年 7 月,中国银行山东支行(鲁行)举行练习生考试,后经总管理处批准,指派襄理孙晓初担任业师,准备举办第一期练习生谒师典礼。同年 8 月 7 日,鲁行第一期练习生谒师典礼在青岛举行,戴志骞刚好到那里视察工作,于是应邀代表总经理发表训词⑤。这篇训词经曹尔龙记录,刊登在同年 10 月 15 日出版的《中行生活》第 1 卷第 6 期上,题为《本行对于练习生的期望:鲁行练习生谒师典礼训词之一》⑥。

1933 年 5 月 15 日,《中行生活》第 13 期(周年纪念号)的摄影专栏载有一张"民国二十二年四月十日摄于上海极司非而路九十四号中行俱乐部"的"行务会议摄影",内有戴志骞,其职务仍为"代理总秘书"⑦。此后不知什么时候,戴志骞正式就任总秘书一职,但仍兼人事室主任、赴外稽核。比如,1934 年 5 月 1 日,《中行生活》第 26 期刊登了《戴志骞先生闽粤演讲录》,内称戴志骞为"总处总秘书兼人事室主任"⑧。同年 6 月,原总务课课长林旭如代理人事室主任一职⑨,戴志骞则专任总秘书,但仍不时出差。比如,1934 年 9 月 1 日,《中行生活》第 30 期

① 中国银行总行,中国第二历史档案馆. 中国银行行史资料汇编·上编(1912—1949)(三)[C]. 北京:档案出版社,1991:2533-2534.

② 中国银行总行,中国第二历史档案馆. 中国银行行史资料汇编·上编(1912—1949)(三)[C]. 北京:档案出版社,1991:2546.

③ Personal Notes[N]. *The North-China Daily News*,1932-04-01(10).

④ 同人消息[J]. 中行生活,1932,1(1):12.

⑤ 鲁行举行练习生谒师典礼[J]. 中行生活,1932,1(6):95.

⑥ 戴志骞讲,曹尔龙记录. 本行对于练习生的期望:鲁行练习生谒师典礼训词之一[J]. 中行生活,1932,1(6):85-86.

⑦ 行务会议摄影[J]. 中行生活,1933(13):摄影专栏(夹在第 252-253 页之间).

⑧ 戴志骞先生闽粤演讲录[J]. 中行生活,1934(26):585-589.

⑨ 沪属机关之增攻[J]. 中行生活,1934(28):645.

刊登了戴志骞在中国银行南京分行大楼落成典礼上的演讲词,题为《如何推进我行之业务:在宁行新屋落成典礼演讲》,有删节①。又如,1934 年 11 月 1 日,《中行生活》第 32 期刊登了一张"本年三月总处戴志骞君因公南下留影于篁婆洞山上"的照片,为陈步新、潘述庵、戴志骞、张季和与冯仲庄的合照②。此外,1934 年 4 月,中国银行董事会正式决定在上海建造一幢 18 层的大厦,作为总管理处和上海分行办公与营业之用。为此,中国银行总管理处成立了中国银行大厦管理理事会,负责大厦的基金经营、工程监督与日常管理。包括戴志骞在内的七人被指派担任理事,由中国银行上海分行经理贝诅诒(号淞苏)担任理事长,国外部副经理袁速(字钝初)兼任管理处主任③。

1935 年 6 月 1 日下午三点,中国银行二十四年行务会议在西爱咸斯路 501 号召开,宋子文、宋汉章、卞白眉、贝淞苏、金润泉、王仰先、吴震修、黄伯权、郑铁如、汪翊唐、卞仲莆、汪楞伯、戴志骞参加会议④。1937 年 4 月,戴志骞名列中国银行"百股以上商股股东名单(中华民国廿六年四月)","有被选为商股董事监察人资格"⑤。

1942 年 10 月底,中国银行董事长宋子文从美国归来⑥。同年 11 月,他对中国银行高层进行了人事调整,卞白眉升任副总经理;总稽核汪楞伯退休,遗缺由副总稽核霍亚民担任;赴外稽核赵仲宣代理副总稽核;戴志骞由总秘书改任赴外稽核;重庆分行副经理王君韧升任总秘书。总稽核、总秘书、总帐室主任与赴外稽核等均确定为同等阶级的一级行员⑦。

抗日战争结束后,中国银行迅速派人到原日伪占领区开展接收与复员工作。

---

① 戴志骞. 如何推进我行之业务:在宁行新屋落成典礼演讲[J]. 中行生活,1934(30):724.

② 本年三月总处戴志骞君因公南下留影于篁婆洞山上[J]. 中行生活,1934(32):摄影专栏(夹在第 786-787 页之间).

③ 中国银行上海国际金融研究所行史编写组. 中国银行上海分行史(1929—1949)[M]. 北京:经济科学出版社,1991:88-89.

④ 中国银行总行,中国第二历史档案馆. 中国银行行史资料汇编·上编(1912—1949)(二)[C]. 北京:档案出版社,1991:1110.

⑤ 中国银行总行,中国第二历史档案馆. 中国银行行史资料汇编·上编(1912—1949)(一)[C]. 北京:档案出版社,1991:227-230.

⑥ 行务[J]. 雍言,1942,2(9/10):124.

⑦ 姚崧龄. 中行服务记[M]. 台北:传记文学出版社,1968:72. 另:王韧实为代理总秘书兼人事室主任。

1945 年 10 月,戴志骞与霍宝树、李紫东奉派到东北主持中国银行的接收与复员工作①。对此,同年 10 月 15 日,《雍言》第 5 卷第 10 期所载"行厂纪事(三十四年九月份)"就提到:"总处戴赴外稽核志骞,奉派协助主持东北本行复业事宜。"②同年 10 月 23 日,戴志骞一行抵达长春③。他们本拟在沈阳设立分行,另在长春、大连、哈尔滨等地设立支行,但由于国民党军队节节败退,最后仅勉强恢复沈阳分行,由李泰来(字紫东)担任代理经理一职④。三周之后,因中苏交涉并无进展,戴志骞等人不得不奉命撤回北平⑤。同年 12 月,戴志骞奉命前去接收中国银行天津分行,并代理该行经理一职⑥。

　　1946 年 3 月 17 日上午,李宗仁在行辕召集中央银行、中国银行、交通银行等各银行经理,询问华北金融状况及对应措施,戴志骞出席⑦。同年 6 月 15 日,《雍言》第 6 卷第 6 期所载"行厂纪事(三十五年五月份)"称:"调派赴外稽核暂行兼代津行经理戴志骞充任总秘书兼人事室主任,所遗津行经理一职,调现任代理总秘书兼人事室主任王韧代理。"⑧也就是说,在 1946 年 5 月,戴志骞被调回中国银行总管理处重任总秘书兼人事室主任,王韧则奉调代理中国银行天津分行经理一职。1946 年 5 月 27 日,中国银行三十五年行务会议开幕,戴志骞以总秘书的身份在会上做了事务报告与人事报告⑨。

　　此后直到 1949 年底,戴志骞的职务再无变动。其间,1947 年 6 月,《银行通

---

① 沈阳市人民银行,沈阳市金融学会. 沈阳金融志(1840—1986)[M]. 沈阳:沈阳市人民银行,沈阳市金融学会,1992:130.

② 行厂纪事(三十四年九月份)[J]. 雍言,1945,5(10):76.

③ 韦庆媛. 戴志骞先生传略[C]// 韦庆媛,邓景康. 戴志骞文集(上). 北京:国家图书馆出版社,2016:13;[日]伊原泽周. 战后东北接收交涉纪实 —— 以张嘉璈日记为中心[M]. 北京:中国人民大学出版社,2011:17;姚崧龄. 张公权先生年谱初稿(上册)[M]. 台北:传记文学出版社,1982:530.

④ 姚崧龄. 中行服务记[M]. 台北:传记文学出版社,1968:78.

⑤ 中国银行辽宁省分行等. 中国银行东北地区行史资料汇编(1913—1948)[C]. 沈阳:中国银行辽宁省分行等,1996:183.

⑥ 韦庆媛. 戴志骞先生传略[C]// 韦庆媛,邓景康. 戴志骞文集(上). 北京:国家图书馆出版社,2016:13.

⑦ 李主任视察公毕昨日离津返平[C]// 天津市地方志编修委员会办公室,天津图书馆. 《益世报》天津资料点校汇编(三). 天津:天津社会科学院出版社,2001:1590.

⑧ 行厂纪事(三十五年五月份)[J]. 雍言,1946,6(6):55.

⑨ 中国银行总行,中国第二历史档案馆. 中国银行行史资料汇编·上编(1912—1949)(二)[C]. 北京:档案出版社,1991:1122-1125.

讯》新第 19 期（总第 44 期）卷首就刊登了一张题为《中国银行总秘书戴志骞先生》的照片，后附其简历："戴超，字志骞，江苏青浦人，现年六十岁。民国二年毕业于圣约翰大学，得文学士学位；留学美国，得纽约州立图书馆学专科学校学士，及爱渥窪州立大学哲学博士等学位。返国后曾任圣约翰大学清华学校图书馆主任，国立中央大学图书馆馆长，江苏省大学区高等教育处处长，中央大学教务长，嗣任副校长。民国二十年入中国银行，历任人事课课长、总秘书、赴外稽核、代理天津分行经理；现任总秘书兼人事室主任。并著有中国之财政与金融，及 'Professional Education For Librarianship' 等。"① 1947 年中国银行总管理处编印的《中国银行职员录》也显示，戴志骞时任中国银行总秘书兼人事室主任②。

1948 年底，国民党政权大势已去。同年 12 月，在视察中国银行新加坡分行时，戴志骞对时局做出了准确的判断："国内战局国民党已经没有希望。新加坡中行不要再转移了……（中行）还是中国人的。"③ 基于这种判断，他开始安排家人离开内地。12 月 28 日，戴罗瑜丽抵达香港，暂住在郑铁如家中④。

1949 年 2 月 21 日，戴志骞与时任中国银行总经理席德懋（字建侯，1892—1952）及陈隽人一同抵达广州⑤，至 24 日又乘飞机前往香港⑥。3 月 5 日，戴志骞与席德懋等人乘坐"总统韦尔逊号"（S. S. President Wilson，现一般译为"威尔逊总统号"）返回上海⑦。同年 4 月上旬，戴志骞再至香港⑧。4 月 26 日，在宋子文的运作下，席德懋、陈长桐、霍宝树、徐广迟等中国银行高层抵达香港⑨。5 月 28 日，上海市军事管制委员会派龚饮冰等人接管上海中国银行。6 月 4 日，中国人民解

---

① 中国银行总秘书戴志骞先生[J]. 银行通讯，1947（19）：卷首（未标注页码）.

② 中国银行总管理处. 中国银行职员录[M]. 上海：中国银行总管理处，1947：13.

③ 李占才. 十字路口：走还是留——民族资本家在 1949[M]. 太原：山西人民出版社，2009：156.

④ 卞白眉. 卞白眉日记（第三卷）[M]. 天津：天津古籍出版社，2008：143.

⑤ 卞白眉. 卞白眉日记（第三卷）[M]. 天津：天津古籍出版社，2008：151.

⑥ 卞白眉. 卞白眉日记（第三卷）[M]. 天津：天津古籍出版社，2008：151.

⑦ 卞白眉. 卞白眉日记（第三卷）[M]. 天津：天津古籍出版社，2008：152.

⑧ 卞白眉. 卞白眉日记（第三卷）[M]. 天津：天津古籍出版社，2008：155. 另：当为 1949 年 4 月 7—9 日的某一天，因为卞白眉在 4 月 6 日还同妻子及戴罗瑜丽一同去摩星岭道看房，4 月 11 日戴志骞则到卞白眉办公室与之谈话.

⑨ 吴淑凤. 宋子文与 1949 年国民党撤守[C]// 中国社科院近代史所民国史研究室，四川师范大学历史文化学院. 一九四〇年代的中国（上卷）. 北京：社会科学文献出版社，2009：244.

放军华东军区司令部委派龚钦冰等人分任总经理及其他重要职务。6 月 6 日,新中国银行总管理处与上海分行同时对外宣告复业[1]。中国银行实现了历史性的变革与新生,而戴志骞也再未能回到内地。

居留香港期间,戴志骞夫妇住在位于香港岛摩星岭道的福利别墅 10 号[2]。他仍然忙于处理国民党控制下的"中国银行"事务,有时还要到东南亚出差[3]。时局变化也导致戴志骞精神不佳,以至于受到卞白眉诟病,称其"应付各事,每于小处固执己见,且易烦躁,实非高级职员所宜有"[4]。

1949 年 12 月 28 日,一位英文名为"Kun-Fan Chen"之人(中文姓名待查)被任命为"中国银行"代理总秘书[5],戴志骞随后退休。1951 年 7 月下旬,他偕戴罗瑜丽移居阿根廷首都布宜诺斯艾利斯[6]。戴志骞过起了悠闲的退休生活,甚至开始学习西班牙语,偶尔还会写点东西[7]。与之相反,不知是为了贴补家用还是因为生活太过无聊,戴罗瑜丽从 1952 年 4 月起到美洲社区学校(American Community School)担任图书馆馆员[8],直到 1958 年退休[9]。

1963 年 3 月 19 日,戴志骞在布宜诺斯艾利斯逝世[10]。戴罗瑜丽的晚年情况不详。

---

① 中国银行行史编辑委员会. 中国银行行史(1949—1992 年)(上)[M]. 北京:中国金融出版社,2001:12-14.

② 韦庆媛. 戴志骞先生传略[C]// 韦庆媛,邓景康. 戴志骞文集(上). 北京:国家图书馆出版社,2016:14.

③ 卞白眉. 卞白眉日记(第三卷)[M]. 天津:天津古籍出版社,2008:155-168.

④ 卞白眉. 卞白眉日记(第三卷)[M]. 天津:天津古籍出版社,2008:162.

⑤ United States Court of Appeals for the Ninth Circuit. *Transcript of Record in Two Volumes. Volume II(Pages 401-502)*[C]. San Francisco:Philips & Van Orden Co.,1952:407.

⑥ 卞白眉. 卞白眉日记(第三卷)[M]. 天津:天津古籍出版社,2008:245-246.

⑦ Tai,T. C. A Letter from T. C. Tai in October 1954[J]. *Library Service News*,1955,17(1):3.

⑧ New York State Library School. *New York State Library School Register,1887-1926(James I. Wyer Memorial Edition)*[M]. New York:New York State Library Schools Association,Inc.,1959:126.

⑨ Tu,Kuang-Pei. *Transformation and Dissemination of Western Knowledge and Values the Shaping of Library Service in Early Twentieth Century China*[D]. Los Angeles:University of California,1996:425.

⑩ Lowe,Chuan-hua. *Notable Books on Chinese Studies:An Updated,Annotated,and Topical Bibliographic Guide(2nd and enl. ed.)*[M]. San Francisco:House of Overflowing Felicities,1988:65.

三、在中国银行的主要职责

从 1931 年到 1950 年,戴志骞前后在中国银行工作了 20 年。他担任过人事室主任、(代理)总秘书、赴外稽核、天津分行代理经理等重要职务,是中国银行发展史上不可避谈的一位高层人物。

可以看到,他在(代理)总秘书岗位上的任职时间尤长。据 1931 年 12 月通过的《中国银行组织大纲》,总秘书负责管理的事项如下:

一、掌管全行机要文卷及总务事项;

二、掌管重要印信、图章及电报密码;

三、掌管印制及销毁兑换券,并关于处理兑换券及代理公债本息票一切事项;

四、掌管关于本行股票一切事项;

五、审定全行房屋、地皮买卖租赁契约;

六、审定全行建筑计划。[①]

1934 年,宋子文对中国银行进行改组之后,总秘书掌管的事务略有变化,主要如下:

一、掌管全行机要及事务;

二、审核全行开支及其预算决算;

三、掌管重要印信图章及电报密码;

四、掌管关于本行股票一切事宜;

五、管理全行营业用房屋、地产及审核其买卖租赁等事宜;

六、审核全行房屋建筑;

七、掌管全行专用电台事项。[②]

戴志骞还长期担任人事室主任。据 1931 年 12 月通过的《中国银行组织大纲》,人事室掌管全行人事事项,具体如下:

一、办理人员之任免通知及一切人事纪录;

二、办理人员之征用及考试;

三、核定俸薪津贴;

四、计划行员待遇之改进;

---

① 中国银行总行,中国第二历史档案馆. 中国银行行史资料汇编·上编(1912—1949)(三)[C]. 北京:档案出版社,1991:2535.

② 中国银行总行,中国第二历史档案馆. 中国银行行史资料汇编·上编(1912—1949)(三)[C]. 北京:档案出版社,1991:2552-2553.

五、办理员生训导及奖惩事宜；

六、掌管员生保证书之保管及调查；

七、主管医师检验员生体格之证明；

八、审核行员恤养金；

九、考核员生请假事宜；

十、审核行员旅费及携眷旅费；

十一、办理营业机关设立及撤销之通告。①

1934 年,宋子文对中国银行进行改组之后,人事室的职责如下：

一、规划全行人事制度；

二、办理有关员生调整及任免事宜；

三、办理员生之征用及考试；

四、审核员生俸薪津贴及人事上一切开支；

五、办理员生训练指导及奖惩事宜；

六、办理员生请假及其他考绩事宜；

七、规划员生之待遇事项；

八、规划员生福利事项；

九、办理其他一切有关人事事项。②

　　从上面引述的这些岗位职责可以推想,从其进入中国银行之日起,戴志骞就需要为中国银行的日常事务与人事管理付出多么巨大的精力。更别提他还需要经常出差,承担视察、稽核等任务。由于责任重大、事务繁忙,戴志骞“有时即染微疴,亦不轻易请假”③。这就难怪,在 1942 年 10 月 27 日,老朋友陈达(1892—1975;又名邦达,字通夫④)前往中国银行拜访戴志骞,却惊讶地发现,对方虽然精神尚好,但已然“鬓发尽白”⑤。在当前可见的中国银行时期的戴志骞留影上,他也都是白发苍苍的样子,跟他早年的风度翩翩、俊朗潇洒的模样形成了鲜明对比。

① 中国银行总行,中国第二历史档案馆.中国银行行史资料汇编·上编(1912—1949)
　　(三)[C].北京:档案出版社,1991:2535-2536.

② 中国银行总行,中国第二历史档案馆.中国银行行史资料汇编·上编(1912—1949)
　　(三)[C].北京:档案出版社,1991:2554.

③ 张君度.共同生活中之共勉[J].中行生活,1933(14):276-277.

④ 王存诚.韵藻清华:清华百年诗词辑录(上)[C].北京:清华大学出版社,2011:111.

⑤ 陈达.浪迹十年[M].上海:商务印书馆,1946.

四、对中国银行的重要贡献

目前所见,戴志骞对中国银行作出的值得一书的重要贡献主要如下:

(一)健全考试录用制度

1913 年 9 月,中国银行总管理处初创,在人事方面基本上并未制定出一套完备的规章制度。1915 年 8 月,该行公布 16 条"总分行号练习生服务规程",开始采用考试制度来录用在校学生,加以训练,以便培养出合格的银行职员。1928年,中国银行进行改组,并开始制定较为现代化、正规化的人事制度,包括考试录用制度[1]。

1931 年 7 月入职中国银行后,戴志骞先是担任人事室主任,代理或正式担任总秘书后,他仍长期兼任人事室主任一职。此外,每年夏天,中国银行都会招考大学或高中毕业生。此时,总管理处便会专门组建一个考试委员会,由总秘书担任主任委员,其他委员则由总经理指派[2]。因此,在很长一段时间内,戴志骞都是中国银行人事工作的主要负责人。

在戴志骞任职期间,中国银行的考试录用制度得到了健全与完善。据姚崧龄所述,当时中国银行的考试科目包括国文(中文)、英文、会计、珠算、经济常识、世界时事等,且分为笔试与口试两个环节。在笔试环节,考卷必须糊名密封。笔试合格后,考生才能参加口试,接受各个考试委员的轮流提问。口试合格者还要参加体检,体检合格才能录取。被录取的考生还必须找身家殷实、符合规定的保证人为其作保,之后才可以入行参加实习受训。反之,如果所找的保证人不符合资格要求条件,则不能入职[3]。

另据考察,当时投考中国银行者在口试合格后还得由总经理亲自面试,以决定录用与否。其录用标准非常严格,主要包括以下几条:一是中文通顺,并通一门外语;二是算盘要精,能够一边同顾客说话一边就能算出结果;三是没有算盘时笔算也要快;四是会使用计算尺;五是英文打字熟练。如此一来,通过考试录用者入行工作后上手很快,很快就能够适应岗位要求[4]。

---

① 姚崧龄. 中国银行二十四年发展史[M]. 台北:传记文学出版社,1983:100-101.

② 姚崧龄. 中行服务记[M]. 台北:传记文学出版社,1968:38.

③ 姚崧龄. 中行服务记[M]. 台北:传记文学出版社,1968:38-39.

④ 韦庆媛. 戴志骞先生传略 [C]// 韦庆媛,邓景康. 戴志骞文集(上). 北京:国家图书馆出版社,2016:13.

（二）坚守岗位,为抗日战争尽自己的一分力量

自其入行工作起,戴志骞尽职尽责,一直坚守着自己的岗位。在抗日战争期间,面对各种危险与困难,他亦未临阵脱逃,努力确保中国银行的顺利运转,从而在自己的岗位上为抗日战争尽了一分力量。

1932 年初,初入中国银行不久的戴志骞就亲历了"一·二八事变"(或称"上海事变")。在其致多克斯·菲娄兹的信中,戴志骞这样写到:"自从日本于 1931 年 9 月 18 日入侵满洲,又于 1932 年 1 月 28 日在上海不宣而战以来,我们无疑经历了一个十分可怕的时期。1 月 15 日,我从北平返回上海。两周之后,上海事变爆发。战斗区域离(中国)银行不是很远,离我的住处甚至还要近上许多。那无疑是一段饱受煎熬的时期。我能听见日军大型舰炮发出阵阵咆哮声,震得窗户与屋顶颤动不已,也能听见日军飞机投下大量炸弹,传来阵阵爆炸声。从我们银行大楼楼顶望去,可以清楚地看见闸北地区房屋着火时的冲天烈焰。除了面对战争的恐怖,我们还要冒着巨大压力进行工作,以避免在那个危急时期发生金融崩溃。"[①] 从这封信中可以看到,在"一·二八事变"中,戴志骞及其同事面临着多么大的危险,而他们又为确保战时中国的金融稳定做出了多么大的努力。

此外,时任中国银行天津分行经理卞白眉的日记更十一次记录了戴志骞在"一·二八事变"中的坚守,现照引如下:"(2 月 23 日)戴志骞来电报告战事情形,文曰:日军分路进攻吴淞、庙行、江湾、八字桥,均败退。昨晚我军乘胜追至岳州路。现闻日军总退平凉路。中央明令蔡统制在沪各军租界安。""(2 月 24 日)夜得戴电,谓两军在庙行激战一昼夜未决。""(2 月 25 日)得戴电文曰:庙行仍在相持中。吴淞方面无甚战事,日机炸新龙华,沪杭车仍照旧通行。""(2 月 26 日)戴电谓日飞机炸杭飞机场,又日军几围江湾。""(2 月 27 日)午间得戴电曰:阵线仍如旧,双方均作持久防御工作。""(2 月 29 日)戴电如下:(一)我军昨日放弃江湾镇,主要阵地未变;(二)日军进占闸北,我军尚力抗。后方各防线已早妥备,日援续到大批。""(3 月 2 日)戴电如下:和,无诚意。日援纷至,一部自浏河登岸,压迫后方,我军全部退守真茹、南翔防线。""(3 月 3 日)戴电,十九路军安退已毕,仍继续抗守后方防线。南市租界均安。蒋鼎文、上官云湘军至浏河、西捷,吴淞尚孤守。我驻南市军退泗泾。日军已占闸北车站,进窥真茹,新战区将在南翔、

---

① Tai, T. C. T. C. Tai's Letter to Dorkas Fellows[J]. *Library Service News*, 1932, 4(1):5-6. 另:本段译文原载《探究图书馆学家戴志骞转行与归宿之谜——戴志骞生平再考》(顾烨青、郑锦怀与曹海霞合撰,原载《大学图书馆学报》2013 年第期第 1 期),由郑锦怀翻译、顾烨青审定,收入本书时有变动。

昆山。日午占吴淞、南翔暂止,新龙华有日兵。日复英、美公使停战办法四项,已电顾并宁、洛议复。""(3月4日)戴电如下:浏河被我军包围,日兵退茜泾,沪西战暂止,和议尚无头绪。我军在嘉定娄塘胜,午后克真茹,援军续到力抗。日提条件甚苛。""(3月5日)戴电:闻克浏河,浙军开抵莘庄。本市盛传大捷,我军已进至北四川路。又传白川阵亡,皆未能证实也。华界、租界各商均悬旗祝捷。""(3月10日)戴电:日声明停战,以浮桥至安亭、东沿苏州河至租界止为防线。"①

1932年3月下旬至4月上旬②,戴志骞被派往东北,冒险走遍了长春、哈尔滨等诸多城市,以便跟把持着伪满洲国的日本当局交涉关税与盐税的征收以及银行事务③。同年6月3日,戴志骞与刘焘提交了一份报告,藏于"海关总税务司署档案",后以《戴志骞刘焘关于在东北接洽关盐两税情形报告》为题载中国第二历史档案馆编、江苏古籍出版社于1994年6月出版的《中华民国史档案资料汇编 第五辑 第一编 财政经济(二)》④。

1937年8月3日,日本侵略者再次大规模进攻上海,"八·一三"事变爆发。为躲避战事,中国银行总管理处由上海汉口路五十号中国银行大楼迁往霞飞路办事处大楼⑤。11月12日,上海沦陷。11月底,中国银行总管理处的重要职员先后乘船前往香港,租赁德辅道广东银行二楼作为临时办公室⑥。

1937年11月20日,国民政府宣布迁都重庆。由于之前已经派人驻在重庆,中国银行总管理处在重庆分行上清寺办事处二楼设立了驻渝办事处⑦。

1939年8月15日,中国银行在香港召开行务会议,指出时任财政部长孔祥

① 卞白眉. 卞白眉日记(第二册)[M]. 天津:天津古籍出版社,2008:175-177.

② 戴志骞,刘焘. 戴志骞刘焘关于在东北接洽关盐两税情形报告[C]// 中国第二历史档案馆. 中华民国史档案资料汇编 第五辑 第一编 财政经济(二). 南京:江苏古籍出版社,1994:48-51.

③ Tai, T. C. T. C. Tai's Letter to Dorkas Fellows[J]. *Library Service News*, 1932, 4(1):5-6.

④ 戴志骞,刘焘. 戴志骞刘焘关于在东北接洽关盐两税情形报告[C]// 中国第二历史档案馆. 中华民国史档案资料汇编 第五辑 第一编 财政经济(二). 南京:江苏古籍出版社,1994:48-51.

⑤ 韦庆媛. 戴志骞先生传略[C]// 韦庆媛,邓景康. 戴志骞文集(上). 北京:国家图书馆出版社,2016:13-14.

⑥ 姚崧龄. 中行服务记[M]. 台北:传记文学出版社,1968:57;王红曼. 伏线千里——抗战时期金融机构大迁移[M]. 北京:商务印书馆,2015:116.

⑦ 姚崧龄. 中行服务记[M]. 台北:传记文学出版社,1968:65-66.

熙要求"总行迁渝",并决定"先派志骞等去筹备并商洽"①。同年 9 月,中国银行总管理处奉令迁往重庆,整个搬迁工作由戴志骞主持②。

1940 年 6 月底,中国银行总管理处已全部迁往重庆。最初,分在上清寺与牛角沱两处办公。两处房屋常常遭到日军战机轰炸,时毁时修,办公极其不便。于是,转而到重庆北郊玉灵洞租地建造简单房屋,包括一间可容纳 40 人的办公大厅、六间小办公室、职员宿舍、食堂、厨房等,另在附近空地用竹、草材料搭建简易住房供携有家眷的职员居住。此外,还利用玉灵洞的石岩开建防空洞与保管库,并在洞内安置柴油发动机与小型发电机,铺电线、安电灯,以备不时之需。12月,中国银行总管理处移至玉灵洞办公,直到抗战结束后才再迁回上海③。

玉灵洞地处郊区,物资匮乏。于是,中国银行总管理处想方设法,努力满足职工及其家眷的日常生活需要。其具体举措包括:在附近租用了大约 10 亩的土地,开荒种地;建造了一个蓄水堰塘,以确保用水;购置一台柴油发电机,以保证用电;购置数辆交通车辆,供员工、家眷等往返城乡之用;开办各种福利事业,设立员工消费合作社、眷属公共食堂、同人俱乐部、医务室等。这些措施无疑有助于稳定其员工队伍,从而间接地为中国战时金融服务的稳定与顺畅提供了保障④。

1941 年初,国民政府与汪伪政权在金融领域产生了严重冲突,引发了上海银行大血战。1941 年 3 月 26 日下午 5 点,四联总处理事会奉命召开紧急会议,商讨应变方案。孔祥熙亲自主持会议,国民政府财政部及中央银行、中国银行、交通银行与农民银行的众多要员出席,戴志骞亦名列其中⑤。

此外,顺带一提,部分清华大学校友于 1938 年在重庆筹办了一所中学,其首任校长傅任敢更是由清华大学校长梅贻琦委派,故而取名为清华中学⑥。抗战结

---

① 卞白眉. 卞白眉日记(第二册)[M]. 天津:天津古籍出版社,2008:462.

② 韦庆媛. 戴志骞先生传略[C]// 韦庆媛,邓景康. 戴志骞文集(上). 北京:国家图书馆出版社,2016:14.

③ 姚崧龄. 中行服务记[M]. 台北:传记文学出版社,1968:66-67.

④ 韦庆媛. 戴志骞先生传略[C]// 韦庆媛,邓景康. 戴志骞文集(上). 北京:国家图书馆出版社,2016:14.

⑤ 喻春生. 1941 年上海银行大血战内幕[C]// 姜龙飞. 档案里的金融春秋. 上海:学林出版社,2012:207-209.

⑥ 《当代重庆教育总览》编委会. 当代重庆教育总览[M]. 北京:中国建材工业出版社,2002:401.

束后,中国银行将其在玉灵洞的自建房屋捐赠给了重庆清华中学[①]。这无疑体现了中国银行对重庆清华中学办学理念的高度认可。但是,考虑到戴志骞跟清华学校长达 14 年的因缘,可以推想,他在其中应当也起到一定的作用。

(三)积极开拓海外市场

抗日战争时期,日本侵略者攻占了包括上海在内的中国东南大部。日伪占领区内的中国银行支行与分行基本上无法再正常营业,蒙受了重大损失。在此情势下,戴志骞奉派前往东南亚开拓海外市场。

1938 年,戴志骞奉派前往安南、河内、海防等地筹设中国银行经理处[②]。1938 年 11 月 24 日,河内经理处开始营业[③],1939 年 12 月 1 日改为分经理处,1940 年 9 月撤至昆明,1942 年 3 月撤销[④]。戴志骞曾负责河内经理处的工作[⑤]。1938 年 12 月 16 日,竺可桢经过河内,曾"至对门中国银行晤戴志骞"[⑥]。

1940 年,戴志骞又奉派创设了中国银行仰光经理处[⑦]。同年 6 月 30 日,《中华图书馆协会会报》第 14 卷第 6 期所载"本会会员消息"就提到:"戴志骞,近由中国银行派往仰光接洽行务,该行在国外增设分行支行,戴氏之力居多云。"[⑧]仰光经理处由中国银行总管理处直辖,由原中国银行国外部副经理陈长桐与纽约经理处经理王正序先后担任经理[⑨]。

1949 年 6 月,戴志骞再次奉派前往马来西亚、新加坡等地视察业务。6 月 6 日,《南洋商报》就报道称:"中国银行戴总秘书长志骞,昨四日下午由槟城乘飞机

---

① 傅任敢. 傅任敢教育文选[C]. 北京:教育科学出版社,1990:83.

② 韦庆媛. 戴志骞先生传略[C]// 韦庆媛,邓景康. 戴志骞文集(上). 北京:国家图书馆出版社,2016:14.

③ 李婧. 金融创新与法律变革互动机制研究——来自上海的样本溯源[M]. 上海:上海三联书店,2012:205.

④ 中国银行行史编辑委员会. 中国银行行史(1912—1949 年)(下)[M]. 北京:中国金融出版社,1995:429-430.

⑤ 李婧. 金融创新与法律变革互动机制研究——来自上海的样本溯源[M]. 上海:上海三联书店,2012:205.

⑥ 竺可桢. 竺可桢日记·第 1 册(1936—1942)[M]. 北京:人民出版社,1984:286.

⑦ 韦庆媛. 戴志骞先生传略[C]// 韦庆媛,邓景康. 戴志骞文集(上). 北京:国家图书馆出版社,2016:14.

⑧ 本会会员消息[J]. 中华图书馆协会会报,1940,14(6):16.

⑨ 中国银行行史编辑委员会. 中国银行行史(1912—1949 年)(下)[M]. 北京:中国金融出版社,1995:430.

抵达此间。此间中国银行负责人何宪成君,特于昨晚假座庐山别墅为戴总秘书长洗尘,并招待当地侨领及各银行界同业,席间宾主备极欢洽。至于戴总秘书长此行任务未详,惟闻与今后该行业务有关。又悉,戴总秘书长于今日下午四时乘飞机赴星,前往送行为数甚众,而我驻隆李总领事,亦到机场送行云。"[1] 6月12日,《南洋商报》再次刊登报道:"中国银行总秘书长戴志骞氏,日前来枇视察业务时,我驻枇李能梗领事,曾在领馆设筵欢宴戴氏,并邀荷驻枇领事敏特侯氏夫妇,邵长春,梁恩极君夫妇,卢寿徵,谢清源,许世融君夫妇,程一昌,及屈维 X 君等作陪云。"[2]

五、在中国银行参股企业的兼职情况

戴志骞还曾在中国银行投资或参股的多家企业兼任职务或代持股份,主要如下:

1933 年 7 月 1 日,宋汉章、贝淞荪、戴志骞、潘久芬、程慕灏等人由中国保险公司拨付基金国币 50 万元设立了人寿险部,开始经营寿险业务。1937 年,中国保险公司人寿险部遵照保险业法改组为中国人寿保险股份有限公司,但由于办理手续繁杂费时,直到 1941 年 1 月 1 日才正式宣告成立。1948 年,戴志骞担任该公司董事,且名下记有 20 万股[3]。

1940 年 7 月 1 日,裕滇纺织股份有限公司在昆明正式成立,中国银行参与投资,戴志骞名下记有该公司股份 4 万股[4]。

1945 年 4 月 15 日,中国银行参与投资的大中国茶叶股份有限公司在重庆成立,次年 1 月迁往上海继续营业。1948 年,戴志骞名下记有该公司股份 150 股[5]。

1946 年,戴志骞担任中国银行于 1931 年 11 月投资创办的中国产物保险股

---

① 我中国银行秘书长戴志骞由隆抵星　驻隆李总领事亦到机场送行[N]. 南洋商报, 1949-06-06(7).

② 李领事设筵欢宴戴志骞[N]. 南洋商报, 1949-06-12(7).

③ 中国银行总行,中国第二历史档案馆. 中国银行行史资料汇编·上编(1912—1949)(二)[C]. 北京:档案出版社, 1991: 1652-1655.

④ 中国银行总行,中国第二历史档案馆. 中国银行行史资料汇编·上编(1912—1949)(二)[C]. 北京:档案出版社, 1991: 1670-1673.

⑤ 中国银行总行,中国第二历史档案馆. 中国银行行史资料汇编·上编(1912—1949)(二)[C]. 北京:档案出版社, 1991: 1681-1682.

份有限公司的董事[①]。同年9月,中国银行青岛与天津两分行各出资5亿元法币创办了益中实业公司。在该公司第一次股东大会上,孔庸之(孔祥熙)、宋汉章、卞白眉、霍亚民、王仰先、束云章、徐广迟、王君韧、孔士谔、潘述庵、徐望之被推为董事,蔡公椿、姚崧龄、潘久芬、戴志骞、高友梅、杨康祖、胡明理被推为监察人,孔庸之当选董事长,王仰先被聘为总经理[②]。

1948年,戴志骞担任中国银行参与投资的新华信托储蓄银行的监察人,其名下还记有该行股份1 100股[③]。

六、在四联总处等机构的兼职情况

1942年5月28日,四联总处临时理事会决议筹办银行人员训练所。嗣后,戴志骞等九人被指派为筹备委员,积极筹备相关事宜。1942年9月9日以后,总共举行了四次筹备委员会议。在四联总处第152次理事会议上,戴志骞又被指派为十一位所务委员会委员之一[④]。

1942年9月,四联总处进行改组,为求各行局人事制度的统一,专门设立了"划一各行局人事制度设计委员会",由十名委员组成,徐继庄担任主任委员,戴志骞担任副主任委员[⑤]。与此同时,戴志骞还担任四联总处战时金融经济委员会委员[⑥]。

1944年6月1日,四联总处通过了一份各行局复员委员会委员名单,戴志骞为中国银行复员委员会的派任委员[⑦]。

1946年3月,当时天津中国银行天津分行经理的戴志骞兼任四联总处天津

① 中国银行总行,中国第二历史档案馆. 中国银行行史资料汇编·上编(1912—1949)(二)[C]. 北京:档案出版社,1991:1651.
② 陈真. 中国近代工业史资料 第3辑 清政府、北洋政府和国民党控制官僚资本创办和垄断的工业[C]. 北京:生活·读书·新知三联书店,1961:1006.
③ 中国银行总行,中国第二历史档案馆. 中国银行行史资料汇编·上编(1912—1949)(二)[C]. 北京:档案出版社,1991:1656-1658.
④ 秘书处关于银行人员训练所筹办经过的报告(1942年9—12月)[C]// 重庆市档案馆,重庆市人民银行金融研究所. 四联总处史料(上). 北京:档案出版社,1993:677-679.
⑤ 最近经济杂讯[J]. 中央银行经济汇报,1942,6(8):79.
⑥ 秘书处关于四联总处改组情况的报告(1942年)[C]// 重庆市档案馆,重庆市人民银行金融研究所. 四联总处史料(上). 北京:档案出版社,1993:100-102.
⑦ 秘书处关于审定各行局复员委员会名单的报告[C]// 重庆市档案馆,重庆市人民银行金融研究所. 四联总处史料(上). 北京:档案出版社,1993:90-91.

分处副主任 ①。

七、其他情况

由于长期担任中国银行人事室主任,戴志骞非常重视选人与用人问题,并且多次就人事管理与职业发展问题发表意见。1931 年 11 月 30 日,上海中华职业教育社通问学塾与上海市商会商业学校通问班刊行的《通问月刊》第 11 期的"职业指导"栏目刊登了"戴子骞"(戴志骞)的《有业者乐业的理论和实验——本能说的职业指导》②。1932 年 1 月 1 日,上海机制国货工厂联合会编辑、出版与发行的《机联会刊》第 49 期(新年特刊)的"职业指导"栏目刊登了"戴子骞博士讲"(戴志骞)、"陆贻记"的《人与事》一文。这其实是戴志骞在职业指导方面发表的意见 ③。1932 年 10 月 15 日,中国银行总管理处编印的《中行生活》第 1 卷第 6 期刊登了戴志骞在中国银行山东分行练习生谒师典礼上发表的演讲记录稿 ④。1934 年 5 月 1 日,《中行生活》第 26 期刊登了《戴志骞先生闽粤演讲录》,内含《银行员应有德性及学识之修养》(广东黄芷湘与叶绍棠记录)、《中国银行现在的精神和将来之趋势》(汕头支行记录)与《吾人要有科学的思想与合作的精神》(福建张纪歆记录)三份演讲记录,多有涉及职业发展问题之处 ⑤。1934 年 5 月 26 日,中华职业教育社等发起的人事管理学会正式成立,戴志骞当选为三位候补理事之一 ⑥。1934 年 10 月 20 日,人事管理学会举办了第一次演讲会,戴志骞应邀主讲《银行人事之调查与训练》⑦,后经朱钟正速记,以《银行人事调查与训练》为题发表在 1935 年 2 月 1 日出版的《工商管理月刊》第 2 卷第 2 期上 ⑧。

此外,戴志骞长袖善舞,不时举办晚宴跟同事朋友一聚。因其续弦夫人戴罗瑜丽是挪威人,而他本身又有留美经历,所以他邀请的客人中有不少外国友人。1936 年 6 月 21 日,《字林西报》曾刊登一则题为《戴博士的晚宴》("Dr. Tai's

① 刘兆福. 天津通志·金融志[M]. 天津:天津社会科学院出版社,1995:110.

② 戴子骞. 有业者乐业的理论和实验——本能说的职业指导[J]. 通问月刊,1931(11):10-12.

③ 戴子骞博士讲,陆贻记. 人与事[J]. 机联会刊,1932(49):8-10.

④ 戴志骞讲,曹尔龙记录. 本行对于练习生的期望:鲁行练习生谒师典礼训词之一[J]. 中行生活,1932,1(6):85-86.

⑤ 戴志骞先生闽粤演讲录[J]. 中行生活,1934(26):585-589.

⑥ 职教社等发起人事管理学会昨成立[N]. 申报,1934-05-27(11).

⑦ 人事管理学会演讲[N]. 申报,1934-10-17(11).

⑧ 戴志骞讲,朱钟正速记. 银行人事调查与训练[J]. 工商管理月刊,1935,2(2):85-90.

Party")的消息,称"戴志骞博士举办的令人愉悦的非正式晚宴正变得越来越受欢迎"。这主要是因为戴志骞态度和蔼而热情,而参与者又意气相投,使得他举办的晚宴成为一个气氛友好、令人愉悦的场合①。

第三节　斩不断的图书馆情缘

　　转投金融与银行界后,因为忙于公务,戴志骞基本上脱离了中国图书馆界,但依然保持着一定的联系。中国图书馆界同人也从未忘记戴志骞在图书馆管理与研究方面的高超造诣及其作出的突出贡献。1929 年,为顺利通过教育部备案,文华图书馆学专科学校邀请中外各界名流成立校董会,戴志骞即为其中一员,与周诒春、袁同礼、孟良佐、韦棣华、沈祖荣等人并列②。1932 年 7 月,上海创制中学增设女子部,其下专门开办了图书馆科(或称图书馆组),旨在培养中小学图书馆与公共图书馆实用人才。学校聘请高平叔(原名高乃同,1913—1998)担任图书馆科主任,邀请杜定友、洪有丰、李小缘、沈祖荣、刘国钧、戴超(戴志骞)及其夫人戴罗瑜丽担任指委,并积极联络国内图书馆,为学生谋求出路③。1935 年 3 月 21 日,上海市图书馆筹备委员会在上海市政府举行筹备会议,议决成立上海市图书馆临时董事会,推定吴铁城、马宗荣、杜定友、潘公展、沈怡、俞鸿钧、蔡增基、董大酉、洪逵、伍连德、丁福保为临时董事会董事,蔡元培为董事长,王云五为副董事长,洪逵兼秘书。同年 4 月 1 日,上海市图书馆临时董事会在上海市政府食堂举行成立会议,通过组织规则,并议决加推李公朴、戴超(戴志骞)为董事。④1947 年 6 月 19 日下午,戴志骞受杜月笙与钱新之二人的邀请,参加了东方经济图书馆董事会成立大会⑤。

　　更为直接的证据是,在其转战金融与银行界后,戴志骞仍然一直被推选出

---

① Dr. Tai's Party[N]. *The North-China Daily News*, 1936-06-21(3).

② 彭斐章,彭敏惠. 从文华图书科到文华图书馆学专科学校[C]// 陈传夫. 图书馆学研究进展. 武汉:武汉大学出版社,2010:10.

③ 创制女子部图书馆科新猷[N]. 申报,1932-07-18(12);创制中学添设女子部及图书馆科[J]. 浙江省立图书馆月刊,1932,1(5/6):192-193.

④ 上海通社. 上海研究资料续集[C]. 上海:上海书店出版社,1992:421-422.

⑤ 东方经济图书馆收藏世界经济珍本下月正式开放[N]. 申报,1947-06-20(5).

来担任中华图书馆协会的重要职务。中华图书馆协会于 1925 年 4 月 25 日在上海召开成立大会,6 月 2 日又在北京举行成立仪式。在其成立之初,该会下设董事部与执行部,而当时身在国外的戴志骞居然缺席当选为执行部部长[①]。1926 年 7 月 12 日,中华图书馆协会职员改选结果确定,戴志骞改任董事[②],任期一直到 1929 年 1 月[③]。

　　1929 年 1 月 28 日至 2 月 1 日,中华图书馆协会在金陵大学举行第一次年会,决定不再设立董事部与执行部,而是改设执行委员会与监察委员会。在这次年会上,戴志骞当选为执行委员会委员。此后直到 1936 年,他均是连选连任[④]。其间,1931 年 2 月—1932 年 1 月,他还被推为执行委员会的常务委员[⑤]。

　　1933 年 7 月,中华图书馆协会执行委员会议决于 8 月 28—31 日在清华大学举行第二次年会[⑥],主要讨论图书馆经费及图书馆与民众教育问题[⑦]。中华图书馆协会事务所函聘王文山、王云五、王献唐、田洪都、沈祖荣、杜定友、吴光清、李小缘、李文裿、李麟玉、何日章、洪有丰、洪煨莲(洪业)、施廷镛、胡庆生、柳诒徵、柯璜、桂质柏、袁同礼、徐鸿宝、陈宗登、陈东原、陈训慈、冯陈祖怡、杨立诚、刘国钧、蒋孝丰、蒋复璁、戴志骞、严俔(以姓氏笔划繁简为序)等 30 人为筹备委员会委员,身在北京的袁同礼、王文山、田洪都、陈宗登、冯陈祖怡、施廷镛与李文裿七人被推为常务委员[⑧]。8 月 28 日,中华图书馆协会第二次年会在清华大学大礼堂开幕[⑨]。8 月 29 日上午 10 点,年会会务会在清华大学第三院召开,出席者达 200

① 会务纪要[J]. 中华图书馆协会会报,1925,1(1):6.

② 中华图书馆协会本届选举结果[J]. 中华图书馆协会会报,1926,2(1):13.

③ 严文郁. 中国图书馆发展史——自清末至抗战胜利[M]. 台北:"中国图书馆学会",1983:254-255.

④ 严文郁. 中国图书馆发展史——自清末至抗战胜利[M]. 台北:"中国图书馆学会",1983:255.

⑤ 严文郁. 中国图书馆发展史——自清末至抗战胜利[M]. 台北:"中国图书馆学会",1983:256.

⑥ 第二次年会筹备及经过报告[C]// 中华图协会执行委员会. 中华图协会第二次年会报告. 北平:中华图协会事务所,1933:93.

⑦ 图书馆协会第二次年会[N]. 申报,1933-07-18(16)

⑧ 第二次年会筹备及经过报告[C]// 中华图协会执行委员会. 中华图协会第二次年会报告. 北平:中华图协会事务所,1933:93.

⑨ 中华图书馆协会年会[N]. 申报,1933-08-31(16).

多人,原定由戴志骞主席,后由袁同礼代为主席①。在《中华圕协会第二次年会报告》所附"中华圕协会第二次年会出席人员一览表"中,本次年会到会会员名录以注册先后为序,而戴志骞排在个人会员部分的最后一位②。由此推断,戴志骞应当是因为事务繁忙,来得太迟,赶不上会议,只得由袁同礼临时代其主持会务会议。

根据第二次年会的决议,中华图书馆协会制定了募集基金办法。1934年2月28日,《中华图书馆协会会报》第9卷第4期卷首刊登了《中华图书馆协会募集基金启》,内附"募集基金委员会委员"与"基金保管委员会委员"两份名单。包括戴超(戴志骞)在内的70人受聘为募集基金委员会委员,戴超、刘国钧、洪有丰、周诒春与王文山五人还被聘为基金保管委员会委员,戴超任主席③。这大概跟戴志骞此时在中国银行总管理处任职,具有较高的理财能力有关。同年10月17日,戴志骞致函裘开明:"前由中华图书馆协会于震寰先生寄来哈佛大学汉和图书馆永久会员费洋100元正,业已收到。兹附上基金保管委员会甲种第四号一纸,并盼吾兄在美努力劝募。"④可见,戴志骞确实曾为中华图书馆协会代为管理经费,而非仅仅挂着一个空头名号。

1936年7月,中华图书馆协会与中国博物馆协会在青岛举行联合年会,即为中华图书馆协会举办的第三次年会。此次年会议决将执行委员会与监察委员会分别改为理事会与监事会,戴志骞当选为理事⑤,任期到1940年为止⑥。

1938年11月27—30日,中国教育学术团体联合年会在重庆举行,中华图书馆协会参与其中,即为该会第四次年会⑦。1942年2月8—9日,中国教育学术团体第二次联合年会在重庆举行,中华图书馆协会再次参与其中,即为该会第五次年会⑧。在这两次年会上,中华图书馆协会均未进行职员改选,所以戴志骞一直担

---

① 中华图书馆协会年会[N]. 申报,1933-08-31(16);会务会议纪录[C]//中华圕协会执行委员会. 中华圕协会第二次年会报告. 北平:中华圕协会事务所,1933:87.

② 中华圕协会第二次年会出席人员一览表[C]//中华圕协会执行委员会. 中华圕协会第二次年会报告. 北平:中华圕协会事务所,1933:103-108.

③ 中华图书馆协会募集基金启[J]. 中华图书馆协会会报,1933,9(4):未标注页码.

④ 程焕文. 裘开明年谱[M]. 桂林:广西师范大学出版社,2008:121.

⑤ 执监委会改称理监事会[J]. 中华图书馆协会会报,1937,12(4):13.

⑥ 严文郁. 中国图书馆发展史——自清末至抗战胜利[M]. 台北:"中国图书馆学会",1983:259.

⑦ 本会消息[J]. 中华图书馆协会会报,1939,13(4):8-17.

⑧ 年会报告[J]. 中华图书馆协会会报,1942,16(5/6):14-19.

任着该会理事。

1944 年 6 月 5—6 日,中华图书馆协会第六次年会在重庆举行,戴志骞并未与会。不过,本次年会选举理事与监事候选人,戴志骞却以 11 票当选为理事候选人,同时又以 8 票当选为监事候选人①。

1944 年 11 月 29 日下午,中华图书馆协会理监事联席会议在重庆中美文化协会召开。沈祖荣、陈训慈、蒋复璁、戴志骞、袁同礼、岳良木、毛坤、严文郁、徐家麟、王文山与陆华深等 11 人出席,袁同礼主持会议。在蒋复璁报告筹款经过之后,本次会议共产生五项议决事项。其中,第四项是组织中华图书馆协会基金保管委员会,以王文山、戴志骞、蒋复璁为委员,王文山为主任委员。第五项则是宣布中华图书馆协会改选结果。此前,根据 1944 年 5 月中华图书馆协会第六次年会上形成的改选决议,该会采用通讯选举方式进行改选。此次开票,沈祖荣、蒋复璁、刘国钧、袁同礼、毛坤、杜定友、洪有丰、汪长炳、王云五、严文郁、王文山、陈训慈、徐家麟、桂质柏、李小缘等 15 人当选下届理事,柳诒徵、何日章、沈学植、徐家璧、陈东原、裘开明、汪应文、戴志骞、姜文锦等 9 人当选下届监事②。

此后,中华图书馆协会未再举办年会,也未再举行职员改选。不过,即便在其移居阿根廷以后,戴志骞依然未被图书馆界同人们遗忘。1954 年 11 月 12 日,台湾地区"中国图书馆学会"第二届年会在台北召开,戴志骞居然被增聘为名誉理事③。此即为明证。

---

① 中华图书馆协会第六次年会第二次会议记录[J]. 中华图书馆协会会报,1944,18(4):9-11.

② 中华图书馆协会理监事联席会议纪录[J]. 中华图书馆协会会报,1944,18(5/6):11-12.

③ 顾烨青,郑锦怀,曹海霞. 探究图书馆学家戴志骞转行与归宿之谜——戴志骞生平再考[J]. 大学图书馆学报,2013(1):118.

中 编

个案研究

第十一章

戴志骞对清华学校图书馆的贡献①

第一节　戴志骞与清华学校图书馆的交集

　　1914 年夏天,戴志骞辞去圣约翰大学罗氏图书室主任一职,北上清华学校,受聘担任该校图书室主任②。1917 年 8 月 18 日,戴志骞跟其他 70 多位由清华学校派赴美国留学的官费生与自费生一起,在上海乘坐太平洋公司的"委内瑞拉号"轮船前往美国③。抵美之后,他进入纽约州立图书馆学校就读,于 1918 年夏毕业并获图书馆学学士学位④。

　　1918 年 10 月至 1919 年 6 月,戴志骞在纽约的厄普顿军营参加由美国图书馆协会组织的战时服务活动,同时还兼任《留美学生月报》编辑⑤。大约在 1919 年 8 月,戴志骞回到中国⑥,待秋季开学后回到清华学校图书馆工作⑦。

　　1924 年 8 月,经清华校方批准,戴志骞携带妻赴美休假一年。戴志骞接受

① 本章原载《国家图书馆学刊》2014 年第 2 期,原题《戴志骞对清华图书馆的历史贡献》,收入本书时略有改动。

② 韦庆媛. 图书馆学家戴志骞的激情与无奈[J]. 大学图书馆学报,2010(3):21.

③ 赴美游学放洋志盛[J]. 寰球,1917,2(3):(第 8 部分)3-4.

④ New York State Library School. *New York State Library School Register*, *1887-1926*[M]. New York:New York State Library Schools Association, Inc., 1928:138.

⑤ New York State Library School. *New York State Library School Register*, *1887-1926*[M]. New York:New York State Library Schools Association, Inc., 1928:138.

⑥ 韦庆媛. 图书馆学家戴志骞的激情与无奈[J]. 大学图书馆学报,2010(3):21.

⑦ 图书管理增添人数[J]. 清华周刊,1919(173):3.

了爱荷华大学杰瑟普校长的建议,前往该校攻读教育管理学专业[①],并于 1925 年 5 月凭论文《论图书馆员职业教育:关于在爱荷华大学创办图书馆学校的建议》获得该专业的哲学博士学位[②]。毕业之后,他转赴欧洲,考察了多个国家的图书馆管理及教育行政事宜,直到 1925 年 10 月才回到清华学校[③],继续执掌该校图书馆。

1928 年 9 月 3 日,清华大学学生会发动"清校运动",以"把持校务"的罪名议决驱逐戴志骞等五人。戴志骞不得不从清华大学辞职,并于 10 月 28 日乘坐火车南下,到南京国立中央大学担任该校图书馆馆长[④]。

从 1914 年夏到 1928 年秋,戴志骞前后在清华学校图书馆工作了 14 年。除去两度赴美留学的大约 3 年时间,戴志骞实际执掌清华学校图书馆的时间亦有 11 年之久。他是民国时期执掌清华学校图书馆时间最长之人,将该馆从一个小小的图书室成功发展成为一个规模宏大、管理有序、服务上佳的现代化高校图书馆,其功绩之大不容忽略。在此,试将目光集中在戴志骞执掌清华学校图书馆期间采取的各种举措,主要从馆藏建设、馆舍建设与馆员队伍建设三大方面来呈现他为清华学校图书馆的现代化转型与发展所作出的不可磨灭的历史贡献。

第二节 戴志骞与清华学校图书馆的馆藏建设

古今中外,人们给图书馆下的定义数不胜数。但迄今为止,图书馆一般仍被视为收藏(广义上的)图书的场所,以收集和保存图书为其基本职能。由此出发,馆藏是图书馆存在与发展的前提和基础,馆藏建设是图书馆的重要任务之一。

戴志骞执掌清华学校图书馆伊始,就十分重视馆藏建设。他采取多种办法,极力增加馆藏,以便为读者提供更加丰富的文献资源。具体如下:

---

① Kaiser, John Boynton. Introduction[M] // Tai, Tse-chien. *Professional Education for Librarianship*. New York: The H.W. Wilson Company, 1925: 6.

② Tai, Tse-chien. Preface[M] // Tai, Tse-chien. *Professional Education for Librarianship*. New York: The H. W. Wilson Company, 1925: viii.

③ 韦庆媛. 图书馆学家戴志骞的激情与无奈[J]. 大学图书馆学报, 2010(3): 22.

④ 韦庆媛. 图书馆学家戴志骞的激情与无奈[J]. 大学图书馆学报, 2010(3): 23.

一、倾听读者需求，按需搜购图书

在戴志骞执掌清华学校图书馆期间，该馆一直十分关注读者的阅读需求。师生读者可以通过向图书馆荐购图书来满足自己的求知需求。

最初，该馆通过听取学校各科主任的意见，选订教师教与学生学的过程当中所需的部分图书。到了后来，全校师生均可自由地向图书馆提出荐购建议①。图书馆函请各科教员推荐对各科教学有益的参考书籍，同时鼓励学生随时向图书馆介绍自己了解到的有一定价值的新书②。图书馆为此特别印制了一些"介绍纸"（即荐购单），读者将其填好之后，投入图书馆主任室门前的小柜中，即完成荐购流程③。

在清华学校图书馆的宣传与鼓励之下，全校读者（尤其是学生）向该馆踊跃荐购图书。一些留学海外的清华毕业生，每逢读到一些好的书刊，就会写信向同学介绍，让其向清华学校图书馆推荐购买。比如，留学美国的时昭云致函同学，让其向戴志骞荐购 E. S. 博加德斯（E. S. Bogardus）的《社会思想史》（*A History of Social Thoughts*）、L. M. 布里斯托（L. M. Bristol）的《社会适应论》（*Social Adaptations*）与 W. F. 奥格本（W. F. Ogborn）的《论社会变迁》（*Social Change*）等书④。又如，留学日本的王成组在其信中大力推荐东京大学国学研究会出版的《国学丛刊》，并请戴志骞接洽赠阅或从商务印书馆订购⑤。

二、积极建设西文特色馆藏

戴志骞十分注意搜购与中国相关的西文图书，力图建设中国研究方面的西文特色馆藏。他专门在购书经费里分出一部分，用于购买此类图书。比如，在清华学校图书馆"一九二〇年拟购书籍之预算表"中，就有一笔"五百元"用于购买"关于中国的西文书"的专门经费⑥。戴志骞购置此类图书的途径主要有三：

其一，致函外国各大出版社，直接订购。比如，1917 年 6 月 16 日出版的《清华周刊》"第三次临时增刊（附同学录）"称："该馆现方极力汇集西文书籍之有关中国事务者，已托上海及英美书坊代办此项书籍矣。又该馆近搜得西文书籍之

---

① 图书馆［J］. 清华周刊, 1920(S6): 17-18.

② 图书馆汇志［J］. 清华周刊, 1921(229): 19-20.

③ 图书馆［J］. 清华周刊, 1920(S6): 17-18.

④ 时昭云. 留美通信［J］. 清华周刊, 1923(278): 28.

⑤ 王成组. 王成组君自东大来函［J］. 清华周刊, 1923(293): 40.

⑥ 图书馆［J］. 清华周刊, 1920(S6): 20.

有关于中国日本者,六十有五种。"①

1921 年 3 月 25 日出版的《清华周刊》第 213 期也称:"此外又函致外国各大书局,购求关于中国之书籍,以便参考之用。"②

其二,关注民间藏书信息,登门求购。比如,在 1921 年年初,英国驻华大使馆律师阿兰(E. P. Allen)病故,留下了一大批与中国文化相关的外文图书及与外国相关的中文图书,颇有收藏价值。闻听此事,在 1921 年 3 月 16 日,戴志骞带领罗伯森等美籍教员前往阿兰家中,择其佳者而购之③。

其三,向社会各界征集图书。比如,1919 年 2 月 12 日出版的《清华周刊》第 159 期称:"校中已派定谭唐先生为图书委员长,同学中有愿将书籍售归图书馆者,请将书名价目及印刷处所开单送与谭唐先生可也。并闻征集图书关于中国及远东者,尤所欢迎。"④

三、广泛接受社会各界的赠书

在戴志骞掌管清华学校图书馆期间,该馆广开大门,接受社会各界的赠书,还多次在《清华周刊》上刊登"赠书志谢""赠书致谢"或"赠书鸣谢"短文,感谢向该馆赠送图书的机关、团体与个人。比如,该馆在 1918 年 12 月 5 日出版的《清华周刊》第 152 期上感谢了京师警察厅、教育部、京师体育研究社等机关团体及谭学衡、邵振青等个人的赠书行为⑤。又如,该馆在 1926 年 5 月 28 日出版的《清华周刊》第 381 期(第 25 卷第 14 期)上感谢了国立广东大学、中大出版部、闽南佛化新青年会等机关团体及林语堂、马寅初、吴雨僧(吴宓)等个人的赠书行为⑥。

四、争取国外机关团体寄赠出版物

1919 年,戴志骞利用自己留美深造的机会,与美国纽约州立图书馆和美国国会图书馆达成交换出版物的协议。这两家图书馆同意将各自的出版物(印刷品)寄赠清华学校图书馆,供清华学生参考之用⑦。

1923 年,戴志骞又与美国卡内基研究所(Carnegie Institution)及美国各地农

① 记图书馆[J]. 清华周刊,1917(S3):9-10.

② 图书馆纪事[J]. 清华周刊,1921(213):25.

③ 图书馆纪事[J]. 清华周刊,1921(213):25.

④ 图书委员[J]. 清华周刊,1919(159):3-4.

⑤ 赠书鸣谢[J]. 清华周刊,1918(152):3-4.

⑥ 赠书致谢[J]. 清华周刊,1926(381):789.

⑦ 志图书馆[J]. 清华周刊,1919(183):6.

事试验场达成协议,对方均答应将其出版物寄赠给清华学校图书馆。美国教育部也答应寄赠其出版物,但因中国邮局不寄不贴邮票的邮件,所以尚未办理完毕[①]。

五、与其他图书馆交换图书

清华学校图书馆还将复本过多的图书拿来与其他图书馆进行交换。比如,1918年2月14日出版的《清华周刊》第128期有载:"近以英文重复书三种与京师图书馆交换局刻桂氏说文三十二册及原刊癸巳存稿八册。"[②]1918年4月18日出版的《清华周刊》第137期又载:"本校图书馆近以重复书籍二十种与北京大学图书馆交换英文法律二十二册。"[③]

在戴志骞的领导之下,通过种种努力,清华学校图书馆的馆藏发展得很快。1915年下学期,全馆中文藏书为"二万四千五百册",而到了1918年下学期,已增至"三万三千八百册"。同期,西文藏书也由"四千册"增至"九千五百册"[④]。到了1925年6月,该馆"中文书约六万余册,西文书约二万五千余册,中西文杂志备有三百种,中西文日报备有三十四种"[⑤]。丰富的馆藏为全校师生提供了充足的参考资料,也为清华学校(清华大学)的发展提供了坚实的文献基础。民国时期,清华人才辈出,不能不说是与其图书馆有着相当大的关系。

第三节 戴志骞与清华学校图书馆的馆舍建设

台湾省图书馆学家王振鹄曾将馆舍跟馆藏与馆员相提并论,认为这三者乃是图书馆设置的三要素。确实,馆舍是一所图书馆得以存在与发展的空间基础。没有一定规模的馆舍,图书馆谈何存在与发展?戴志骞对此也深有感触,并为清华学校图书馆的馆舍建设作出了不小贡献。

---

① 图书馆[J]. 清华周刊,1923(S9):34.

② 图书馆纪事[J]. 清华周刊,1918(128):5.

③ 交换书籍[J]. 清华周刊,1918(137):4.

④ 本校图书馆纪要[J]. 清华周刊,1919(S5):24-25.

⑤ 吴汉章. 图书馆概况[J]. 清华周刊,1925(S11):78.

1912年,清华学校图书馆初创,时称"清华学校图书室"[①]。当时,图书室仅含大屋一间、小屋二间。1914年夏,戴志骞执掌清华图书室以后,大力加强馆藏建设,以应对学校的日益发展与学生的不断增加。而随着藏书数量的不断增加,原有空间渐渐不敷使用。其间,虽然曾并入邻近屋室,但仍然显得狭小局促[②]。

根据清华学校的现实需要与未来要求,建设一所独立的图书馆馆舍势在必行。1916年3月28日,清华学校与天津的德商泰来洋行签订合同,由其承包图书馆新馆舍的土木工程。同年4月,图书馆新馆工程正式开工,定于1917年8月1日完工[③]。尽管未能找到与此相关的直接记载,但作为清华图书室的掌门人,戴志骞在其中肯定起到了重要的推动作用。

1916年暑假期间,由于原有图书室过狭过小而新馆竣工又遥遥无期,经学校当局同意,图书室将走廊与旧照相室纳入其使用范围当中,使其使用空间增加了大约三分之一,暂时解决了藏书增加与空间狭小之间的矛盾[④]。清华学校图书室也由此改称"清华学校图书馆",至1928年又随着清华学校升格为国立清华大学而改称"国立清华大学图书馆"[⑤]。

1919年,清华学校图书馆新馆落成[⑥],时间应当是在本年1月[⑦]。新馆由美国著名建筑师亨利·墨菲设计,后世学者一般将其称为清华学校图书馆一期建筑[⑧]。它是典型的美国校园建筑风格,采用清水红砖墙、青石板瓦,饰有石材、拱窗等[⑨]。

---

① 韦庆媛. 早期清华图书馆名称考[J]. 图书馆建设,2000(3):80.

② 戴志骞. 清华学校图书馆之过去,现在,及将来[J]. 清华周刊,1927(408):550.

③ 苏云峰. 从清华学堂到清华大学(1911—1929)——近代中国高等教育研究[M]. 北京:生活·读书·新知三联书店,2001:103.

④ 图书增加[J]. 清华周刊,1916(80):16.

⑤ 韦庆媛. 早期清华图书馆名称考[J]. 图书馆建设,2000(3):80.

⑥ 吴汉章. 图书馆概况[J]. 清华周刊,1925(S11):77.

⑦ Tsing Hua College. *A Concrete Example of Chinese-American Friendship*[M]. Peking:Tsing Hua College,1921:4.

⑧ 叶茂煦. 经典的背后——叶茂煦访谈录[C]// 北京市规划委员会,北京城市规划学会. 北京十大建筑设计. 天津:天津大学出版社,2002:56.

⑨ 杨廷宝. 杨廷宝建筑设计作品选[M]. 北京:中国建筑工业出版社,2001:38.

新馆的建筑面积为 2 144 平方米^①，总容积则为 1 751 万立方尺^②。主楼分为上、下二层，上层为借书处及阅览室，下层则为各办公室及教员参考室^③。主楼背部则是书库，分为三层，每层放置数十排书架^④，底下一层放置装订好的旧刊，上面两层放置中西文流通书籍^⑤。整个新馆造型新潮，坚固美观，后成为当时清华的四大建筑之一^⑥。

1925 年，随着清华学校添设大学部与国学研究院，学校当局拨给图书馆的购书经费大量增加，而图书馆每年购买的书籍也越来越多，书库渐显狭小^⑦。恰如吴汉章于 1925 年 6 月所言："本馆书籍，逐年增多。书库及阅览室，几已放满。扩充馆宇，实为刻不容缓之举。"^⑧无论是图书馆工作人员，还是学校管理当局，都意识到有必要对图书馆加以扩充。于是，戴志骞又开始积极筹备扩充清华学校图书馆。

1925 年 10 月 31 日上午，戴志骞接受学生记者"伸"的采访，并谈了扩充清华学校图书馆的两种思路，即扩充现有馆舍与再建一所新馆^⑨。

1926 年，3 月 12 日下午，戴志骞又向学生记者"球"指出，随着清华学校升格为大学，图书馆未来所须放置的图书数量大为增加，现有馆舍不敷使用，需要大加扩充。不过，虽然扩充计划已经定妥，连图纸都已经绘制完毕，"计于现有图书馆两侧，各加特别阅览室及杂志阅览室各一所，面积与现有阅览室约相等；书库后面，亦增加书库一所，面积较现在书库大三倍"，但是，因为学校改组未成，经费无着，无法立刻实行^⑩。

1928 年 12 月 22 日，《清华周刊》第 448 期（第 30 卷第 7 期）又载："吾校图

---

① 叶茂煦．经典的背后——叶茂煦访谈录[C]// 北京市规划委员会，北京城市规划学会．北京十大建筑设计．天津：天津大学出版社，2002：56.

② 苏云峰．从清华学堂到清华大学（1911—1929）——近代中国高等教育研究[M]．北京：生活·读书·新知三联书店，2001：103.

③ 吴汉章．图书馆概况[J]．清华周刊，1925（S11）：77.

④ 苏云峰．从清华学堂到清华大学（1911—1929）——近代中国高等教育研究[M]．北京：生活·读书·新知三联书店，2001：103.

⑤ 吴汉章．图书馆概况[J]．清华周刊，1925（S11）：77.

⑥ 韦庆媛．图书馆学家戴志骞的激情与无奈[J]．大学图书馆学报，2010（3）：21.

⑦ 戴志骞．清华学校图书馆之过去，现在，及将来[J]．清华周刊，1927（408）：550.

⑧ 吴汉章．图书馆概况[J]．清华周刊，1925（S11）：78.

⑨ 伸．与图书馆主任谈话记[J]．清华周刊，1925（358）：23-24.

⑩ 球．图书馆[J]．清华周刊，1926（372）：298.

书馆建筑上虽美丽,而二阅览室所容纳之座位,只能容一百七十余人,位少人多,迟到图书馆者不免向隅,至于书库内图书已满架,尤形拥挤,于是有推扩建筑图书馆之议,闻罗校长曾与图书馆主任计议拟在图书馆后面添造,照原屋放大,加造三层,预各学系读书研究室,并设二个大阅览室:一为杂志阅览室,将所有中西杂志放在一处,一为新闻报章阅览室,以便于参阅,其它为地图室,特别书室等等一一皆预为列入,刻闻董事会对于动用基金一层,暂缓议,恐此计图亦受无形影响矣。”① 此处的“罗校长”系指于1928年9月受命担任清华大学校长一职的罗家伦。此时,戴志骞被迫辞职,洪有丰接掌清华大学图书馆。因此,罗家伦乃是跟洪有丰商讨扩建图书馆之事。但从其扩建计划的内容来看,基本上与戴志骞的设想相同。

显然,戴志骞筹划扩充清华学校图书馆已久,并且做了大量工作。而且,有理由相信,戴志骞深入参与了清华学校图书馆二期建筑的设计与规划,因为他自己就是这方面的专家:“戴志骞先生迩来迭受各方面邀请计划兴建图书馆事宜,极形忙碌。如北京高等师范、东南大学、上海总商会等处之图书馆均由戴先生计划一切。”②

可惜的是,由于经费等方面的问题,直到他辞职离开清华大学,他的计划依旧未能成真。直到1931年,由杨廷宝设计的清华学校图书馆二期建筑才终于落成,总面积7 700平方米,与原有建筑浑然一体,堪称经典③。但不管怎么说,戴志骞对于清华学校图书馆一期、二期建筑的规划与建成出力甚大。

第四节　戴志骞与清华学校图书馆的馆员队伍建设

建设一支合格甚或优秀的馆员队伍是图书馆得以存在与进一步发展的又一个重要条件。戴志骞在这方面下了不小的工夫,为清华学校图书馆引进了一批优秀馆员,为该馆的发展提供了人才基础。

---

① 图书馆消息[J]. 清华周刊,1928(448):40-41.

② 图书馆消息[J]. 清华周刊,1921(225):26.

③ 叶茂煦. 经典的背后——叶茂煦访谈录[C]// 北京市规划委员会,北京城市规划学会. 北京十大建筑设计. 天津:天津大学出版社,2002:56.

在戴志骞第一次赴美深造期间,代理清华学校图书馆主任一职的是北京大学预科毕业、刚刚受聘到清华学校工作的袁同礼①。尽管没能找到直接证据,但可以断定,戴志骞在袁同礼到清华学校图书馆工作这件事情上起到了重要作用。设想一下,如果没有征求戴志骞的意见,学校当局怎么可能让袁同礼这样一个新聘人员代理图书馆主任一职? 而且,从袁同礼后来在图书馆管理与图书馆学研究方面取得的巨大成就来看,戴志骞可谓慧眼识珠。

此外,据韦庆媛的考察,在戴志骞掌管清华学校图书馆的 11 年间(不含他两次赴美留学的大约三年时间),该馆聘任的工作人员至少有 18 人(详见表 11-1)②。

表 11-1　戴志骞时期清华学校图书馆职员一览表

姓名/次章	受聘时间	学　历
余光宗/岱东	1920 年 8 月	北京大学预科毕业
吴汉章	1920 年 9 月	上海圣约翰大学学士
孔敏中	1920 年 9 月	
毕庶滋/树棠	1921 年 8 月	山东第一师范毕业,尚实英文学校肄业
唐贯方/蔚谋	1921 年 8 月	上海青年会商科毕业
查修/士修、修梅	1922 年 7 月	武昌文华大学学士兼图书科毕业
戴超夫人	1922 年 9 月	挪威克烈斯丁逊大学校毕业,纽约州立大学图书馆学校学士
刘中藩/华垣	1923 年 3 月	清华学校肄业
刘廷藩/定寰	1923 年 8 月	金陵大学文学士,文华大学图书科毕业
田宝琛/献廷	1923 年 9 月	山东乐陵县师范及北京银行讲习所毕业
顾子刚	1924 年 9 月	上海圣约翰大学毕业
曾宪三/省盦	1925 年 8 月	武昌文华大学图书科毕业
茅宗藩/介人	1925 年 10 月	
柳哲铭	1926 年 3 月	燕京大学毕业
徐家麟/行健	1927 年	武昌文华大学图书科毕业
章新民	1927 年	武昌文华大学文学士兼图书科毕业
吴钰祥/瑞堂	1927 年	
马文珍/君玠	1927 年	北平财政商业专门学校毕业

---

① 新聘人物[J]. 清华周刊,1916(80):15;图书增加[J]. 清华周刊,1916(80):16-17.

② 韦庆媛. 民国时期清华图书馆员的大动荡及启示[J]. 河南图书学刊,2010(5):136-137.

在上述 18 人当中,仅孔敏中、茅宗藩、吴钰祥三人的求学经历不详,而其余 15 人至少都具有在专门学校(如师范学校、财政商业专门学校)及更高级学校求学的经历。值得一提的是,其中有 1 人(戴超夫人)毕业于纽约州立大学图书馆学校(即纽约州立图书馆学校),5 人(查修、刘廷藩、曾宪三、徐家麟与章新民)毕业于文华图书科,都是经过精心培养与训练的图书馆专门人才。他们占到戴志骞一手引进的 18 人的三分之一,是清华学校图书馆采访、分类、编目等专业性较强的岗位工作的承担者,为该馆的现代化转型立下了汗马功劳。

在戴志骞所聘 18 人当中,不少人都是一时人杰,在不同领域取得了突出成绩。比如,毕庶滋(树棠)虽非图书馆专业出身,并无图书馆学理论著述问世,却在书报介绍、书目索引编撰、书评撰写、地方文献收集整理等方面做出了一番业绩[1]。他不仅精通多国语言,著译成就颇为显著,还学识广博,为很多清华师生提供过帮助,被誉为"活字典"[2]。又如,查修后来于 1927 年秋赴美国伊利诺伊大学深造,获得政治学博士学位;归国后先后在文华图专、暨南大学图书馆、交通大学图书馆等处工作,并在图书分类法、目录学等领域发表了一系列著译成果,是中国现代著名的图书馆学家[3]。查修的几个同门师弟兼同事徐家麟、章新民、顾子刚等在图书馆学研究方面也颇有成就。这些足可表明,戴志骞颇有识人之明。

第五节 余论

如上所见,在其执掌清华学校图书馆的大约 11 年间,戴志骞对该馆馆藏建设、馆舍建设与馆员队伍建设作出了重大贡献。但是,戴志骞对清华学校图书馆的贡献绝不仅仅局限于这三大方面。

比如,戴志骞还是清华学校图书馆馆藏图书分编工作的肇始者。根据《清华周刊》的记载,戴志骞至迟在 1916 年 9 月就已经开始对馆藏图书进行初步的分编,以方便读者查阅:"本年九月、十月内新到本校英文书籍,已由图书室主任戴先生将书名用字母分类,另作一表,悬于图书室内。同学欲阅何书,即可由表

---

① 郑锦怀. 略谈毕树棠的图书馆生涯[J]. 农业图书情报学刊, 2009(11):154-156.

② 方继孝. 毕树棠与清华大学图书馆[C]// 方继孝. 旧墨四记·文学家卷(上). 北京:国家图书馆出版社, 2009:201.

③ 郑锦怀. 查修的生平与图书馆学成就考察[J]. 大学图书馆学报, 2011(3):118-125.

中得知其所置处,直往取阅,甚资利便。"① 1919 年秋,戴志骞聘请美国威斯康星大学图书馆学校毕业生狄玛夫人担任清华学校图书馆英文书籍编目员②。在狄玛夫人的建议下,该馆开始采用杜威分类法,对中西文书籍进行编号分类,并着手编制书目③。1921 年暑假,狄玛夫人因故辞职④,使得该馆的分编工作陷入停顿。次年,戴志骞设法聘到文华图书科毕业生查修来馆负责中文图书的分编工作,另请妻子担任名誉职员,负责西文图书的分编工作⑤。在众人的齐心努力之下,清华学校图书馆将杜威十类法修订为《杜威书目十类法补编》,并以之指导馆藏中文图书的分编,最终编成《清华学校图书馆中文书籍目录》。

再如,戴志骞对清华学校图书馆的制度建设也颇有贡献。自他执掌清华学校图书馆起,该馆十分注重馆务公开工作,经常为《清华周刊》提供资料,由该刊登载了大量"图书增加""书籍增加""借书报告""图书新到""图书报告""赠书鸣谢""图书汇志""图书室报告"之类的简短信息,方便读者了解图书馆的最新动态。而在戴志骞离开清华学校图书馆以后,《清华周刊》上刊登的与图书馆相关的信息却屈指可数。

第一次留美归来以后,戴志骞又在清华学校图书馆内施行民主治馆,于 1923 年年初开创了图书馆职员常会制度。全馆职员每月召开一次常会,集体讨论图书馆管理事宜,群策群力,共谋发展⑥。这种常会(或称例会)制度在当今的中国图书馆界已经十分普遍,在当时却颇为难得。但在戴志骞离开清华学校图书馆之后,这一立意良好的管理制度似乎就被废弃不用,再未能在《清华周刊》上找到相关报道。

---

① 图书汇志[J]. 清华周刊, 1916(86):20.

② 志图书馆[J]. 清华周刊, 1919(173):4-5.

③ 图书馆[J]. 清华周刊, 1920(S6):17-18.

④ 图书馆[J]. 清华周刊, 1921(223):113.

⑤ 图书馆消息[J]. 清华周刊, 1922(250):37.

⑥ 图书馆新闻[J]. 清华周刊, 1923(271):30.

第十二章

戴志骞时期清华学校图书馆参考服务研究

第一节　引　言

  1876年10月，美国图书馆协会在费城（Philadelphia）举行成立大会，著名图书馆学家萨缪尔·格林（Samuel Green）在会上发表了题为《馆员与读者之间的人际关系》（"Personal Relations Between Librarians and Readers"）的讲演。这份讲稿后来刊登在1876年11月出版的《美国图书馆杂志》（*American Library Journal*）第1卷第2期合刊上。格林指出，馆员与读者之间的互动是有益而不可或缺的[①]；馆员不应仅限于为读者提供现有的书目、索引与参考书籍，还应当为读者提供更为广泛的帮助，包括帮助读者学会使用图书与获取所需信息等[②]。格林提出的这种"帮助读者"的观念在美国图书馆界产生了深远而广泛的影响，被认为是"参考服务"观念的初步萌芽。

  较之美国，中国图书馆界对参考服务的思考与实践要迟了许多年。康有为于1895年向光绪帝上呈《上清帝请大开便殿，广陈图书书》，建议设置"开馆顾问……皇上翻阅图书，随宜咨问，……令尽所知能，无有避讳"[③]。有学者将康有

---

①　Green, Samuel. Personal Relations Between Librarians and Readers[J]. *American Library Journal*, 1876, 1(2/3): 79.

②　Green, Samuel. Personal Relations Between Librarians and Readers[J]. *American Library Journal*, 1876, 1(2/3): 75.

③　康有为. 上清帝请大开便殿，广陈图书书[C]// 李希泌，张椒华. 中国古代藏书与近代图书馆史料（春秋至五四前后）. 北京：中华书局，1982：88-89.

为此论视为中国参考咨询思想的启蒙①。但是，康有为所谓的"开馆顾问"跟唐代始设的侍读学士并无多大差别，都是专为皇帝释疑解惑的官员，而他们的工作也不是现代意义上的参考服务。

1918年，《京师图书馆分馆民国七年度年终工作报告》提到："馆中对于阅览人，向属谨慎周妥，取纳书籍必求迅速，茶水火炉，必求温洁，遇有质问，必婉词答复。凡馆中未备之书，只在阅览人之要求正当，决无不速为购买或设法介绍。"②李凡认为"遇有质问，必婉词答复"即是参考咨询工作。但根据原文语境，"质问"似指读者"（带着情绪）责问"，所以馆员才必须语气委婉地加以回应。因此，"遇有质问，必婉词答复"不过是京师图书馆分馆对馆员与读者之间可能出现言语冲突时如何处理而做出的一项规定（或提出的一种处理方法），而不是该馆对参考服务的真实描述。

即便到了1923年，"自十二年三月二十一日奉部令批准施行"的《京师图书馆办事规章》规定目录课需掌"关于阅览人之招待及统计事项"、庋藏课需掌"关于阅览人之引导事项"③，但这两项也只是普通的读者服务，而不是专门的参考服务。

此前，学界一般认为，中国图书馆界真正意义上的参考服务始于20世纪20年代，而清华学校图书馆则是中国第一家设置了参考部以专门开展参考服务的图书馆。比如，戚志芬在其《参考工作与参考工具书》一书中提到："清华大学图书馆可谓先驱，在二十年代初就有参考部的设立。"④又如，彭桂源与张涵为《中国大百科全书·图书馆学　情报学　档案学》撰写的"参考咨询"词条称："20世纪20年代初参考咨询理论传入中国，清华大学图书馆首先成立参考部。"⑤而且，学界公认，清华图书馆参考部的设置跟戴志骞有着密切关系。比如，詹德优在其《20世纪中国参考咨询服务：发展历程、成就与局限》一文中指出："戴志骞，自美国学习图书馆归来，乃改弦更张，把清华学校图书馆办成学校参考图书馆。馆长和副馆长下设六个部：参考部，职员一人，由副馆长兼理……"⑥又如，邹谨在其

① 邹谨. 信息咨询[M]. 北京：北京交通大学出版社，2011：9.

② 李凡. 我国图书馆参考工作起源及相关问题考辨[J]. 图书情报工作，2012（23）：38.

③ 京师图书馆. 京师图书馆办事规章[M]. 北平：京师图书馆，1923：未标页码.

④ 戚志芬. 参考工作与参考工具书[M]. 北京：书目文献出版社，1988：6.

⑤ 中国大百科全书出版社编辑部. 中国大百科全书·图书馆学　情报学　档案学[M]. 北京：中国大百科全书出版社，1993：23.

⑥ 詹德优. 20世纪中国参考咨询服务：发展历程、成就与局限[J]. 高校图书馆工作，2000（1）：1.

《信息咨询》一书中提出:"清华学校图书馆馆长戴志骞自美国学习图书馆归来后,在清华图书馆设立参考部(六部之一),职员一个,由副馆长兼理。"[①]

但到了 2012 年,李凡在其《我国图书馆参考工作起源及相关问题考辨》一文中却认为:"清华学校图书馆参考部虽然名为'参考',却没有真正开展参考工作中答复咨询这一核心业务,更多地是履行着保存和管理参考书的职责。"他由此否认清华图书馆参考部是中国第一个专门开展参考服务的机构[②]。

那么,戴志骞缘何会在清华学校图书馆首先设置参考部?其职能是什么?它到底有没有开展参考服务?又取得过何种成绩?

第二节　戴志骞对参考服务的认识过程

1917 年 8 月,戴志骞赴美深造,先在纽约州立图书馆学校攻读图书馆学一年,于 1918 年 6 月获图书馆学学士学位。在该校就读期间,戴志骞所学必修课程包括"图书参考"与"公刊参考",选修课程则有"法律图书参考""图书参考法"与"图书参考实习"[③]。由此,戴志骞初步了解了当时美国最为先进的参考服务理论与方法。

从纽约州立图书馆学校毕业之后,戴志骞并未立即回国,而是利用暑假的时间去美国各地图书馆参观与考察。他发现,在美国高校图书馆中,流通的重要性要次于参考与研究工作,而这些图书馆一般都会为学生提供书籍利用与图书馆组织等方面的指导,以便提高他们利用图书馆资源的能力[④]。他还发现,欧美图书馆为了适应读者的需要,要么在图书馆内设参考部、儿童部、工程学部、历史部等专门部门,要么就设立专门图书馆[⑤]。1918 年 10 月至 1919 年 6 月,戴志骞又到纽约厄普顿军营图书馆工作。通过考察与工作,戴志骞收获了对图书馆参考服

---

① 邹谨. 信息咨询 [M]. 北京:北京交通大学出版社,2011:9.

② 李凡. 我国图书馆参考工作起源及相关问题考辨[J]. 图书情报工作,2012(23):38.

③ 戴志骞. 图书馆学简说[J]. 新教育,1923,7(4):227-238;戴志骞讲,毕树棠记. 图书馆学[J]. 清华周刊,1924(305):42-50.

④ Tai, T. C. The Immediate Need of Librarian in China[J]. *The Chinese Students' Christian Journal*, 1919, 6(2):69.

⑤ 戴志骞. 图书馆学简说[J]. 新教育,1923,7(4):228-229.

务的直观认识与实践经验。

大约在 1919 年 8 月，戴志骞带着在美国期间获取的专业知识、直观认识与实践经验回到中国，重掌清华学校图书馆。从那以后，戴志骞开始致力于对新图书馆思想的宣传与实践，其中不时会阐述他对参考服务的认识与思考。

1920 年 8 月 2—31 日，北京高师举办暑期图书馆讲习会。戴志骞应邀在讲习会上授课，并将西文图书学著作编译成纲要式讲义。这份讲义后来以《图书馆学术讲稿》为题，载于《教育丛刊》第三卷第六集，内容十分丰富，分为"图书馆组织法""图书馆管理法""图书馆之建筑""论美国图书馆""图书馆分类法"与"图书馆编目法"六章，另有"序言"与附录"附图书目录编纂规则"。在第二章"图书馆管理法"中，戴志骞首先介绍了"大图书馆管理事务之组织"。他认为，大图书馆可以下设"管理部"与"顾问部"。管理部下设图书馆馆长，馆长之下设参考主任、编目主任等 12 个职位，顾问部下设参考科馆员、儿童图书科馆员、出纳科馆员、阅览室馆员等职位[①]。参考主任与参考科馆员应当都是从事参考服务的图书馆馆员。可惜这份讲义过于简略，无法从中了解戴志骞对于这两个职位的岗位职责有何描述与评价，但戴志骞在实际授课过程当中应当会有所发挥，有所延伸。

1923 年 11 月，戴志骞在《新教育》第 7 卷第 4 期上发表了《图书馆学简说》一文，其中提到："图书馆则既无时期之限制，且无阶级之判别，上自博士工程师，下逮一般艺徒工匠，莫不以图书馆为供给知识之渊薮。应用图书馆者既如是之多，图书馆若无完善之参考部，实不足应其要求。学校图书馆之设参考部，所以供学生及各教授之研究者也。通俗图书馆设有职业参考部，亦所以供研究职业教育之参考者也。"[②] 可见，戴志骞认为，参考部是图书馆的重要组成部分，参考部的设立与参考服务的提供其实都是以服务读者为根本宗旨，意在促进学术研究。

1931 年 9 月，戴志骞在《文华图书科季刊》第 3 卷第 3 期发表了旨在向韦棣华女士致敬的《图书馆员职业之研究》一文。他在文中指出了合格的图书馆员所应具有的七种品质，而其中有三种似乎就是为参考馆员而量身度制的。关于第一种品质"有丰富之常识"，戴志骞认为："图书馆员兼有指导阅览人之职务，若非己身常识丰富，何能指导他人？"[③]也就是说，参考馆员必须拥有丰富的常识，才

---

① 戴志骞. 图书馆学术讲稿[J]. 教育丛刊，1923，3(6)：6-7.

② 戴志骞. 图书馆学简说[J]. 新教育，1923，7(4)：228.

③ 戴超. 图书馆员职业之研究[J]. 文华图书科季刊，1931，3(3)：300.

能够指导读者。否则,要是一问三不知,参考馆员又如何为读者提供参考服务?
关于第六种品质"能具有为人服务之热诚",戴志骞认为:"阅览人有所询问,纵极
怱忙,必罄其所知以告之,无畏难,无惧烦;即使图书馆偶缺此书,亦当代谋替品,
使人入宝山,非同空返,……"① 可以清楚地看到,"阅览人有所询问,纵极怱忙,
必罄其所知以告之"与"即使图书馆偶缺此书,亦当代谋替品"这两条就是专为
参考馆员而设的,因为他们就是要对前来寻求咨询的读者有问必答,想方设法地
帮助读者找到其所需的书刊或信息。关于第七种品质"宜以和蔼可亲之面目引
人入胜",戴志骞指出:"故为图书馆员者,不第孜孜焉尽其本职而已也;必须循循
善诱,使人乐于亲近而不自知,然后闻风翕集,文化可昌;否则誳誳拒人,人将远
避,何必设此图书馆?"② 这一条当然适用于所有图书馆员,但参考馆员最应注意
这一点,因为他们最常与读者直接面对面地进行交流,其态度最易影响读者对整
个图书馆服务水平的观感。

第三节 清华学校图书馆参考部的设置时间辨析

1914 年 3 月创刊、1937 年 5 月停刊的《清华周刊》是清华历史上最为重要
的一份刊物,总共出版了 676 期。该刊创刊伊始,便辟有"校闻"栏目,栏目名称
后来或有所变化,但性质不变。从校长到学生,清华校内发生的大事小情,无不
纳入其登载范围,图书馆当然也不例外。在 1910—1930 年(基本上就是在戴志
骞掌馆期间)的《清华周刊》上,经常可以读到"图书馆""志图书馆""图书馆汇
志""图书馆消息""图书馆新闻""图书馆纪事"之类的短小消息。这些消息及
时地记录了清华学校图书馆的发展历程,较为可信。

目前看来,《清华周刊》上刊载的图书馆消息里很早就提到"参考"一词。但
该词从一开始都是跟"书"连用在一起,如"近由美国购来参考之新书四箱"③,
"本校图书室新购到中国各种参考书四十余卷"④,等等。该刊所载第一条涉及

---

① 戴超. 图书馆员职业之研究[J]. 文华图书科季刊, 1931, 3(3):301.

② 戴超. 图书馆员职业之研究[J]. 文华图书科季刊, 1931, 3(3):301.

③ 图书增加[J]. 清华周刊, 1916(65):16.

④ 又添书籍[J]. 清华周刊, 1916(75):16.

"参考部"的记载出现在 1921 年 3 月 11 日出版的《清华周刊》第 211 期上。该期"图书馆纪事"有载:"扩充参考部:本校图书馆对于专门参考书籍素称缺乏,兹拟于馆内组织一参考部,以收纳此项书籍。闻已订购德法最新百科全书及各项专门书籍多种,下学期开始,均可到校云。"① 可以清楚地看到,这条消息中"扩充参考部"与"拟于馆内组织一参考部"两种表述相互矛盾:前者表明参考部早就已经成立了,而后者则表明参考部还有待设置。那么,在 1921 年 3 月,清华学校图书馆参考部是否已经存在,还是仍有待设置?

对此,另有三条间接史料可以互相对照。其一,民国时期,清华学校曾经编印了一本《清华学校一览》。虽然未能找到《清华学校一览》原书(或其缩微胶片、复印本等),但该书所载《清华学校图书馆概略》一文后来收入李希泌与张椒华合编的《中国古代藏书与近代图书馆史料(春秋至五四前后)》一书中。《清华学校图书馆概略》指出,该馆被确定为参考图书馆,馆中设置了参考部、购置部、编目部、出纳部、登录部与装订部六个部门;其中,参考部仅有职员一人,由副主任兼理。可惜的是,该文没有明确指出该馆设置参考部的具体时间。不过,文中的"历年藏书一览"表记录了从"元年"到"十年四月止"历年间清华学校图书馆的"西文书册数""中文书册数"与"中西书籍总数"②。由此可知,《清华学校图书馆概略》应当是撰写于 1921 年 5 月,而《清华学校一览》的刊印时间也大致如此。也就是说,清华学校图书馆参考部在 1921 年 5 月之前就已经成立了。

其二,1922 年 1 月,清华学生刘聪强在《新教育》第 4 卷第 1 期上发表了《清华图书馆》一文。该文提供了"图书馆现在的组织方法"图表一份。据之可知在该文写作时,清华学校图书馆下设六个部门,即庶务部、装订部、杂志部、购置部、借书部、目录部与参考部 ③。此外,文末标有"五,二八,二十"字样,即该文完成于 1920 年 5 月 28 日 ④。由此,可以将清华学校图书馆参考部的设置时间提前到 1920 年 5 月之前。

其三,1931 年 5 月,时任国立清华大学图书馆主任的洪有丰在《国立清华大学二十周年纪念刊》上发表《二十年之清华图书馆》一文,回顾了清华学校图书馆自创建之后 20 年间的发展情况,并且附上该馆最新的组织关系图,其中包括

---

① 图书馆纪事[J]. 清华周刊, 1921(211):23.

② 清华学校图书馆概略[C] // 李希泌, 张椒华. 中国古代藏书与近代图书馆史料(春秋至五四前后). 北京:中华书局, 1982:357-358.

③ 刘聪强. 清华图书馆[J]. 新教育, 1922, 4(1):123.

④ 刘聪强. 清华图书馆[J]. 新教育, 1922, 4(1):124.

参考股①。

可以看到,前引三文均未明确说明清华学校图书馆参考部的成立时间。但综合分析、仔细揣摩"迨八年秋,主任戴志骞先生自美国习得图书馆学归来,乃改弦更张"②"一九一九年秋,戴志骞先生由美回国,复任图书馆馆长,对于管理上,大加振顿……"③与"民国八年秋,前主任戴志骞先生,乃改弦更张,厘订组织"④这三句话的文字与语气,可以认为,在 1919 年秋季开学后,戴志骞重掌清华学校图书馆,立即根据其留美期间所学,对该馆的组织与管理大加改革,其中就包括设置参考部。如此看来,1921 年 3 月 11 日出版的《清华周刊》第 211 期"图书馆纪事"中"扩充参考部"与"拟于馆内组织一参考部"之矛盾当是周刊记者粗心大意之下导致的表述错误。事实是,在 1921 年 3 月,清华学校图书馆早已设有参考部,而图书馆正计划对其进行扩充,以适应图书馆的发展需要。

不过,在此有必要指出,早在参考部成立之前,清华学校图书馆其实就已经开展过参考服务了。1919 年 2 月,尚在纽约厄普顿军营图书馆服务的戴志骞在美国《公共图书馆》第 24 卷第 2 期("学校图书馆号")上发表了《中国图书馆现状》一文。戴志骞在文中举例介绍了中国具有代表性的社团图书馆、大学图书馆与公共图书馆,包括皇家亚洲文会北中国支会图书馆、文华公书林、上海圣约翰大学罗氏图书馆、清华学校图书馆、京师图书馆等,以此管窥中国图书馆事业的发展状况。在介绍清华学校图书馆时,戴志骞这样提到:"由于学校的快速发展与师生参考咨询数量的急剧增加,该馆曾经是,过去一直是,现在仍然总是对新书无比热望。"⑤可见,至迟在 1919 年 2 月之前,甚至可以说是在戴志骞第一次留美以前,清华学校图书馆就已经为学校教师与学生的咨询与求助提供帮助,即在事实上开展了参考服务。

---

① 洪有丰. 二十年之清华图书馆[C]// 清华大学校史研究室. 清华大学史料选编·第一卷(1911—1928). 北京:清华大学出版社,1991:451-452.

② 清华学校图书馆概略[C]// 李希泌,张椒华. 中国古代藏书与近代图书馆史料(春秋至五四前后). 北京:中华书局,1982:357.

③ 刘聪强. 清华图书馆[J]. 新教育,1922,4(1):118.

④ 洪有丰. 二十年之清华图书馆[C]// 清华大学校史研究室. 清华大学史料选编·第一卷(1911—1928). 北京:清华大学出版社,1991:451.

⑤ Tai, T. C. Present Library Conditions in China[J]. *Public Libraries*, 1919, 24(2):38.

第四节　清华学校图书馆参考部名称与
职能的演变

如上所述,清华学校图书馆于 1919 年秋设置了参考部。自那以后,其名称与职能曾经发生过几次变化。

关于参考部诞生之初的职能问题,未见明确记载。不过,戴志骞曾在 1921 年 2 月出版的日本杂志《跨越太平洋》(*The Trans-Pacific*)中发表过《图书馆助力中国教育事业》("Libraries Aid in Educating China")一文。该文跟《中国图书馆现状》有不少雷同之处,亦是分社团图书馆、大学图书馆与公共图书馆三类介绍中国图书馆事业的发展情况。在介绍清华学校图书馆时,戴志骞指出:"该馆不仅为师生提供参考便利,还回答京津各校教师及散处各地的清华校友提出的许多参考问题。"[①] 尽管戴志骞没有明确说明,但从中即可知道,"提供参考便利"与"回答……参考问题"就是清华学校图书馆参考部的职能之一;而且,参考部十分开放,不但对本校师生提供服务,也乐于为北京、天津各所学校的教师与毕业后散处各地工作的清华校友提供服务。

此外,如前文所示,1921 年 3 月 11 日出版的《清华周刊》第 211 期"图书馆纪事"提到:"本校图书馆对于专门参考书籍素称缺乏,兹拟于馆内组织一参考部,以收纳此项书籍。"[②] 从中可见,参考部亦负责参考书籍的管理工作。

1925 年 6 月,曾经代理清华学校图书馆主任一职的吴汉章为《清华周刊》第十一次增刊(清华介绍)撰写了《图书馆概况》一文。吴汉章指出,清华学校图书馆下设总务、参考、购置、登录、编目、杂志及新闻纸、装订等七部。其中,参考部的职责如下:"为参考书籍者解答各种疑问,兼监察阅览室及书库之布置。新到书籍与教员指定参考书,随时由本部揭晓于布告板。(借书处附于此部之下。)"[③] 可见,此时参考部的职能增为四种,分别是提供参考服务、监察阅览室与书库布置、发布新书到馆消息、图书出纳。

1926 年 1 月,戴志骞曾在《图书馆学季刊》第 1 卷第 1 期发表《清华学校图书馆概况》一文。据文中"清华学校图书馆管理之组织"表,该馆下设四个部门,即参考股、西文编目股、中文编目股、管理股。综合该文与前引吴汉章文的发表

---

① Tai, T. C. Libraries Aid in Educating China[J]. *The Trans-Pacific*, 1921, 4(2): 66.

② 图书馆纪事[J]. 清华周刊, 1921(211): 23.

③ 吴汉章. 图书馆概况[J]. 清华周刊, 1925(S11): 77.

时间,可以推断,该馆应当是在 1926 年秋季开学后进行组织机构改革,将参考部改为参考股。但奇怪的是,虽然戴志骞列出了参考股的三种职责,即"整理杂志及书库""书籍之出纳""管理教员指定参考书及普通参考书",却未将其实际提供的参考服务列入其中 ①。

　　1927 年 4 月 29 日,戴志骞又在《清华周刊》第 27 卷第 11 期(总第 408 期)发表了《清华学校图书馆之过去,现在,及将来》一文。据该文可知,清华学校图书馆此时已将参考股改为"参考出纳股",其职能包括四种,即整理书库及佳本书籍室、管理杂志报告及各种图表、书籍之出纳、管理教师指定参考书及普通参考书 ②,但仍然未将参考服务列入其中。

　　大概是在清华学校升格为清华大学而戴志骞也被迫辞职之后,清华大学图书馆"参考出纳股"再次改称"参考股"。据洪有丰在 1931 年 5 月发表的《二十年之清华图书馆》,该馆参考股主要履行五种职责,排在首位的是"参考指导",随后则为"典藏""借阅杂志""借阅图书"与"搜集参考资料" ③。

　　在此,有必要指出以下两点。其一,当前可资利用的清华学校(大学)校史资料很少提及图书馆职员的岗位分工。比如,1921 年出版的《清华年报》收录了一张当时清华学校图书馆职员的合影,并列出了职员的姓名与职务,却未指明全部职员的具体职责 ④。直到 1924 年 9 月,清华学校图书馆才"新聘顾子刚先生管理参考部一切事务" ⑤。至 1928 年 9 月,清华学校刚刚升格为清华大学,戴志骞就被迫辞职,顾子刚与曾宪三、徐家麟、孔敏中、柳哲铭、马文珍、吴钰祥等人也先后离开 ⑥,他留下的参考员职位则由沈学植继任 ⑦。可惜目前尚不清楚在顾子刚之前,究竟有谁曾在参考部专职服务,所以很难据此深入考察参考部的职能活动。

　　其二,尽管清华学校图书馆特地设置了参考部(参考股、参考咨询股)来负责参考服务,但专职的参考馆员极其有限,甚至可能仅有一人,因而很难将所有

---

① 戴志骞. 清华学校图书馆概况[J]. 图书馆学季刊, 1926, 1(1): 94-95.

② 戴志骞. 清华学校图书馆之过去,现在,及将来[J]. 清华周刊, 1927(408): 550-551.

③ 洪有丰. 二十年之清华图书馆[C] // 清华大学校史研究室. 清华大学史料选编·第一卷(1911—1928). 北京:清华大学出版社, 1991: 452.

④《百年清华图书馆》编写委员会. 百年清华图书馆[M]. 北京:清华大学出版社, 2012: 24-25.

⑤ 图书馆[J]. 清华周刊, 1924(319): 14.

⑥ 韦庆媛. 民国时期清华图书馆员的大动荡及启示[J]. 河南图书馆学刊, 2010(5): 138.

⑦ 韦庆媛. 洪有丰与国立清华大学图书馆[J]. 图书情报工作, 2010(11): 145.

范畴的参考服务都承担过去。事实上,任何图书馆的参考服务都不局限于有限的几个参考馆员所提供的服务,其他部门馆员提供的相关服务也都应包括进去。也正因为如此,下文将从整体上把握清华学校图书馆在发展参考服务方面采取的举措。

第五节 清华学校图书馆发展参考服务的举措

清华学校图书馆参考部一开始的工作重心并不是参考服务,反倒是参考书管理、书刊管理、图书出纳之类,以至于戴志骞与洪有丰在其介绍文章中对参考服务有所忽略与轻视,而李凡也据此认为清华学校图书馆参考部名不符实①。但如前所述,参考服务其实一直都是清华学校图书馆参考部的重要职能之一。自其成立以后,清华学校图书馆参考部一直致力于为读者提供更为优质的参考服务,"供学生及各教授之研究"②。只是由于经费不足、馆藏不多、人才缺乏、资源有限等现实因素的影响③,它在起步阶段尚无法将参考服务真正全面地发展起来。

不过,根据当前掌握的资料,清华学校图书馆在提供参考服务方面其实还是取得了不俗的成绩。这主要反映在以下几大方面。

一、参考资料的扩充与管理

丰富而全面的参考资料是任何一家图书馆得以提供优质的参考服务的物质基础。没有充足的参考资料,参考服务就成了无米之炊,参考馆员根本就无法为读者答疑解惑,提供帮助。对此,李小缘曾指出,参考部应"购置多种参考书籍如字典,辞典,年鉴,百科全书,手册,电话簿,索引,杂志索引等等……或报纸剪裁之新闻,凡可助解问题者,莫不搜集而珍惜之"④。

尽管"搜集参考资料"直到洪有丰时期才被列为该馆参考股的五大职责之一,但在戴志骞掌馆初期,该馆就在购置参考资料方面下了苦功。这主要是因为

---

① 李凡. 我国图书馆参考工作起源及相关问题考辨[J]. 图书情报工作,2012(23):38.

② 戴志骞. 图书馆学简说[J]. 新教育,1923,7(4):228.

③ 李凡. 我国图书馆参考工作起源及相关问题考辨[J]. 图书情报工作,2012(23):39.

④ 李小缘. 图书馆之意义[C]// 马先阵,倪波. 李小缘纪念文集. 南京:南京大学出版社,1988:80-81.

清华学堂(学校)是留美预备学校,多数课程均使用英文教材,教师通常都要求
学生预先阅读指定参考书。受此影响,清华图书馆十分重视教学参考书的购置
与管理,包括普通参考书(如百科全书、辞源、字典)和教师指定参考书等,以便为
学校的教学活动提供有力支撑①。该馆甚至在每年的购书经费中专门辟出一部
分用来购买教学参考书。比如,在1923—1924学年,该馆可用的购书预算共计
12 000元,"将用以购中文书及杂志,教科应用书及普通参考书三项"②。又如,在
1924—1925学年,该馆购书经费共计12 000元,其中专门用于购买教学参考书
的经费就多达3 100元,占到了四分之一强,其中包括"各科教员指定购买之课
本及参考书之费,占去三千一百元;……;普通参考书费,占去一千元"③。

　　在正常经费之余,清华图书馆还积极向学校当局申请资金,以购买各类极具
学术价值的大部头丛书、典籍等,以便读者参考。比如,在1923年,戴志骞就特
地向校长申请约600元,以购买商务印书馆影印的日本《续藏经》,因为它"内容
宏富,包含宗教,哲学,心理,及古昔中印风俗等等,为东方文化极有价值之参考
书"④。

　　清华图书馆十分重视参考资料购置的连续性、系统性。比如,在戴志骞掌馆
期间,该馆尤其重视购置与中国相关的西文图书,并且长期扩充不懈。早在1917
年6月16日,《清华周刊》"第三次临时增刊(附同学录)"就已经指出:"该馆现
方极力汇集西文书籍之有关中国事务者,已托上海及英美书坊代办此项书籍矣。
又该馆近搜得西文书籍之有关于中国日本者,六十有五种。"⑤1920—1921学年,
该馆专门在购书预算中辟出500元用于购买"关于中国的西文书"⑥。1921年3
月,清华图书馆积极求购已故英国驻华使馆律师阿兰的私人藏书,因为"所遗关
于中国文化参考书及批评之外国本国书籍极多",又专门"函致外国各大书局,购
求关于中国之书籍,以便参考之用"⑦。

　　在扩充之余,清华图书馆还十分重视参考资料的管理。这表现为三大方面。
其一,集中放置,专人管理。前文已经指出,清华图书馆参考部从一开始就负有

---

① 胡冉. 清华图书馆历史上的教学参考资料工作[J]. 图书馆,2013(3):141.

② 图书馆[J]. 清华周刊,1923(295):30.

③ 伸. 与图书馆主任谈话记[J]. 清华周刊,1925(358):23.

④ 图书馆新书[J]. 清华周刊,1923(274):20.

⑤ 记图书馆[J]. 清华周刊,1917(S3):9-10.

⑥ 图书馆[J]. 清华周刊,1920(S6):20.

⑦ 图书馆纪事[J]. 清华周刊,1921(213):25.

教师指定参考书与普通参考书的管理之责①。该馆还专门辟有"参考室"②"参考书架"③，将相关参考图书集中放置，以为方便师生读者取阅。比如，1923 年 10 月 5 日《清华周刊》第 288 期就提到："本学期中文教员应用课本参考书及指定学生之参考书，除少数因一时不及购备外，均已排列于书库第二层右边之第一排钢架上。闻其中如赵瑞侯先生所指定民国史之参考资料如《申报》，《东方杂志》及《民国新法令》等书，均罗列其间云。"④ 其二，改进管理方法。比如，1923 年 6 月，《清华周刊》第九次增刊就提到："教员指定参考书用者较前亦见增多，参考部已制定参考书管理方法以免一切弊病。"⑤ 可见，该馆会根据现实情况的变化，不时改进方法，提高管理水平。其三，编制参考书书目。刘国钧曾在 1931 年将编制参考书目列为参考部的三大任务之一⑥，可见其意义之大。随着时间推移，清华图书馆馆藏参考书逐渐变得多而杂，不利于读者的查找与利用。于是，在 1924 年 1 月 9 日，该馆议决尽快编定一本"中文参考书目"，以方便读者据之查阅参考书，节时省力⑦。

二、提供阅读指导

为读者提供阅读指导，是最为寻常的参考服务项目之一。在这一方面，清华图书馆采取的举措至少包括：

其一，积极撰写书评，向读者推荐书刊。这一工作主要是以《清华周刊》为依托。1922 年 3 月，在戴志骞的允许与支持下，《清华周刊》决定"将新到及旧有书籍之有特别价值者，介绍于同学，每周在本刊发表"⑧。1923 年 3 月起，该刊创办了《书报介绍副刊》，前后延续了两年半（至 1925 年 5 月为止），共出版 17 期，700 多页，登载书报评介文章 384 篇、近 40 万字，共评介图书 231 种，刊物 79 种，

---

① 戴志骞. 清华学校图书馆概况[J]. 图书馆学季刊, 1926, 1(1): 94-95; 戴志骞. 清华学校图书馆之过去, 现在, 及将来[J]. 清华周刊, 1927(408): 550-551.

② 图书馆[J]. 清华周刊, 1922(252): 19; 图书馆[J]. 清华周刊, 1922(255): 12-13; 图书馆[J]. 清华周刊, 1924(303): 49.

③ 球. 图书馆[J]. 清华周刊, 1926(372): 297.

④ 图书馆[J]. 清华周刊, 1923(288): 9-10.

⑤ 图书馆[J]. 清华周刊, 1923(S9): 33.

⑥ 刘国钧. 图书馆内之参考事业[M]// 刘国钧. 刘国钧图书馆学论文选集. 北京: 书目文献出版社, 1983: 65.

⑦ 图书馆[J]. 清华周刊, 1924(303): 49.

⑧ 周刊[J]. 清华周刊, 1922(242): 25.

论文 342 篇①。从第一期开始,清华图书馆的几位工作人员,包括戴志骞、毕树棠、余光宗、吴汉章等,积极参与该副刊的编撰工作,并亲自撰写书评,向读者介绍最新图书、报刊与文章。比如,在《书报介绍副刊》第一期中,"序言"与"征求校友意见"除外,正文包括四部分,即"介绍几种中文的定期刊物"(景)、"中文书报介绍"(毕树棠)、"英文杂志介绍"(志骞、光宗)、"西文书籍介绍"(志骞、光宗),而后三部分的供稿者均为清华图书馆工作人员。在以后几期中,清华图书馆工作人员仍然是《书报介绍副刊》供稿主力,为这份副刊的存续提供了重要助力,同时也为清华师生了解馆藏文献提供了一个便利途径。

此外,有必要指出,在袁同礼代理馆务期间,清华学校图书馆还曾在《清华周刊》发布了代售图书的广告,向读者推荐中西文图书。1917 年 10 月 4 日,《清华周刊》第 114 期向读者推荐了《人类历史》《心身试验》《科学本源》《兽思》《兽智》与《人类对于商业之能力》这六本西文图书,而负责接洽者居然是袁同礼本人②。1918 年 2 月 14 日,《清华周刊》第 128 期又向读者推荐了宋春舫所著法文版《海外劫灰记》③。1918 年 2 月 21 日,《清华周刊》第 129 期又向读者推荐了胡适的《近世欧洲名剧选刊》④。这些图书都是特价出售,质优价廉,对于经济拮据的学生来说颇为实惠。

其二,发布新书通报,编撰书目索引。早在 1916 年,戴志骞就将所购新书分类制表,以供读者据之查阅⑤。同时,他还将馆内订购杂志的篇目列成表格,也就是制成简易索引,方便读者据之检索⑥。1923 年 5 月起,清华图书馆每月刊印"分类新书单"两次,供读者查阅,颇为便利,以至于其他学校图书馆都前来索取参考⑦。

在戴志骞的领导下,经过多年的努力,查修等人终于编成《清华学校图书馆中文书籍目录》,戴罗瑜丽也编就《清华学校图书馆西文分类目录》,均于 1927 年刊印,为清华图书馆的馆员与读者提供了极大便利,意义重大。

---

① 任勇胜. "清华园里好读书" ——《清华周刊》的"书评"概述[J]. 中国图书评论, 2006(7):93.

② 出售书籍[J]. 清华周刊, 1917(114):19.

③ 名著出售[J]. 清华周刊, 1918(128):3.

④ 名著出售[J]. 清华周刊, 1918(129):6.

⑤ 图书汇志[J]. 清华周刊, 1916(86):20;图书室报告[J]. 清华周刊, 1916(90):21-22.

⑥ 图书室阅书新法[J]. 清华周刊, 1916(88):17.

⑦ 图书馆[J]. 清华周刊, 1923(281):16.

其三,图书馆利用指导。早在 1922 年 3 月,戴志骞就为各级学生讲演《应用参考书之方法》,以提高学生对于图书馆的利用水平[①]。1925 年 11 月,戴志骞为清华学校大学普通科讲演《如何利用图书馆》,主要介绍了清华图书馆的发展历史、下属各部门的概况、重要工具书的内容与使用方法及索引的编撰与使用方法等[②]。除此之外,相信戴志骞等人还曾开展其他指导活动,以提高读者利用图书馆的水平与能力,可惜未见载于史料。

三、对外服务,馆际互借

经过戴志骞等人的多年努力,清华学校图书馆在馆藏建设方面取得了重大进展,其馆藏数量与质量在当时中国乃至亚洲图书馆界都是首屈一指,尤其是西文藏书很多,参考书籍齐全,可资利用。因此,清华学校图书馆渐渐开始对外开放,为各地清华校友、他校人员乃至政府部门等提供帮助。比如,戴志骞在 1924 年就提到:"财政部调查各国统计到我们清华图书馆来请问,结果都查得了,而他处则无法可想。其次为北京各大学校的学员也到我们这里来查参考资料。"[③]

再后,清华学校图书馆还开创性地与其他图书馆进行合作,开展馆际互借服务。1925 年 11 月 6 日,《清华周刊》第 24 卷第 9 期(总第 358 期)刊登了学生记者对戴志骞的访谈录《与图书馆主任谈话记》。戴志骞就在访谈中指出了外国图书馆开展馆际合作的益处:"外国图书馆,多是专门性质,管理与组织,无大困难,且外国互相邻近之图书馆,皆互通声气,互相利用,此馆所有,则彼馆可缺,彼馆所有,则此馆可缺,至为方便。"受此启发,清华学校图书馆当时就在积极"与北京大学,燕京大学,协和医学校等商酌互用图书馆事,大概将来北大采买中国文献的书籍,燕京采购讲中国事情之西文书,协和采买医学书籍,清华采买各国文参考书,此事若成,则北京教育界,受益不浅矣"[④]。

在其实际开展过程中,不仅是清华学校图书馆、北平协和医学院图书馆等高校图书馆,连北京图书馆(先后改名为北平北海图书馆、国立北平图书馆)这种公共图书馆,及中国政治学会图书馆这类社团图书馆都参与了进来。对此,北京图书馆(北平北海图书馆、国立北平图书馆)的馆务报告中多有提及。1927 年出版的《北京图书馆第一年度报告(十五年七月至十六年六月)》未见载有与馆际互

---

① 图书馆[J]. 清华周刊,1922(239):16.

② 大学普通科[J]. 清华周刊,1925(361):19.

③ 戴志骞讲,毕树棠记. 图书馆学[J]. 清华周刊,1924(305):50.

④ 伸. 与图书馆主任谈话记[J]. 清华周刊,1925(358):21-22.

借相关的文字,可见此时北京各馆还未协调一致,正式开展馆际互借服务。1928年,《北京图书馆第二年度报告(十六年七月至十七年六月)》提到:"本馆为专门学者谋便利起见,与其它图书馆相约施行图书馆间互贷办法,如专门学者有所需而为馆所未藏者,得由本馆向他馆借出供应之,他馆遇有此等需要时亦由本馆贷之。"① 1929年,《北平北海图书馆第三年度报告(十七年七月至十八年九月)》有载:"图书馆间互相借贷图书之法颇收功效,本馆常借得他馆书以饷阅者,多称便利。而本馆贷与他馆者亦甚频繁。"② 1931年,《国立北平图书馆馆务报告(十九年七月至二十年六月)》指出:"北平各图书馆间互借书籍本年度日渐进展。各图书馆向本馆借书者几于无日无之,而本馆亦屡向协和清华政治学会图书馆借阅书籍,兹谨在本报告内特对于上列各图书馆表示谢意焉。"③ 由此可见,大约从1927年下半年开始,清华学校图书馆与国立北平图书馆、北平协和医学院图书馆、中国政治学会图书馆等联合开展了馆际互借服务,且收效颇显,获得了读者的高度赞誉。

此外,虽然北洋政府教育部在1919年5月2日就已经核准通过《京师图书馆与分馆交换阅览图书简则》与《阅览互借图书暂行规则》④,至1921年9月15日又核准中央公园图书阅览所援照《京师图书馆与分馆阅览互借图书暂行规则》互借图书⑤,但直到1929年1月28日至2月1日召开的中华图书馆协会第一次年会,李继先与曹祖彬才分别提出了《规定图书馆互借法条例案》和《各图书馆互借书籍法案》,并被议决通过,汇并为第106条《各图书馆互借书籍法案》,拟由协会制定标准条例,由全国各图书馆视情况酌量实行⑥。而且,这一务虚成果其实并未全面转化为中国图书馆界的广泛行动,因为据沈祖荣所见,直到1933年秋,

① 北京图书馆. 北京图书馆第二年度报告(十六年七月至十七年六月)[M]. 北平:北京图书馆,1928:23.

② 北平北海图书馆. 北平北海图书馆第三年度报告(十七年七月至十八年九月)[M]. 北平:北平北海图书馆,1929:29.

③ 国立北平图书馆. 国立北平图书馆馆务报告(十九年七月至二十年六月)[M]. 北平:国立北平图书馆,1931:35.

④ 李致忠. 中国国家图书馆百年纪事(1909—2009)[M]. 北京:国家图书馆出版社,2009:5.

⑤ 李致忠. 中国国家图书馆百年纪事(1909—2009)[M]. 北京:国家图书馆出版社,2009:8.

⑥ 中华图书馆协会执行委员会. 中华图书馆协会第一次年会报告[M]. 北平:中华图书馆协会事务所,1929:88-89.

除北平各馆以外,竟然还只有金陵大学与金陵女子大学之间订立了馆藏互借办法①。由此也可以看到,戴志骞领导下的清华学校图书馆颇有一种敢为天下先的魄力,勇于开拓进取。

第六节 余论

在留美学习与工作了两年之后,戴志骞对参考服务的理论与方法有了较深的理解,并且收获了一定的实践经验。他认识到参考服务对于图书馆、对于教育的重要性,于是在归国重掌清华学校图书馆之后,马上就在馆内设置了参考部。受各种不利因素的影响,清华学校图书馆参考部没能将参考服务当成工作重心真正开展起来,以至于各种史料中都少有记载。这其实也就是民国期间其他高校图书馆参考部的真实命运。

试以金陵大学图书馆参考部为例。据 1925 年 11 月《金陵光》第 14 卷第 2 期所载陈长伟的《金陵大学图书馆》一文,该馆当时已设有参考部,但其仅负责购置参考书及提供阅览服务,且不知是否派有专人负责②。再看金陵大学图书馆于 1929 年编印的《金陵大学图书馆概况》:"(三)添设参考部……本馆前曾试行,以限于人力止。现虽仍尽力答复阅者之问,穷为时间所限,未能周到。亟宜特设参考部。"③显然,金陵大学图书馆于 1925 年设置的参考部当属试办性质,不仅没有提供真正的参考咨询服务,后来不知什么时候就撤掉了。至 1929 年,金陵大学图书馆又计划设置参考部,提供包括"答复阅者之问"在内的参考咨询服务。但直到 1948 年,《金陵大学六十周年纪念册》仍称:"将来计划:……4. 成立参考部……按参考部之目的,在训练学生利用参考书,及解答学术上各种问题。现除已着手大量补充各科普通参考用书外,今后当先行征集各类专家及权威,参加协助。一俟筹备就绪,即行添设此部。惟此种工作虽在国外图书馆,已司空见惯,成效卓著,然在我国图书馆界尚未充分提倡,本馆拟今后特别注重此项参考工

① 沈祖荣. 中国图书馆及图书馆教育调查报告 [M] // 沈祖荣. 中国图书馆界先驱沈祖荣先生文集(1918—1944 年). 杭州:杭州大学出版社,1991:176.

② 陈长伟. 金陵大学图书馆[C] //《南大百年实录》编辑组. 南大百年实录·中卷·金陵大学史料选. 南京:南京大学出版社,2002:335.

③ 金陵大学图书馆. 金陵大学图书馆概况[M]. 南京:金陵大学图书馆,1929:21.

作。"① 可见,经过 20 多年的准备与努力,金陵大学图书馆直到 1948 年仍未正式成立参考部,并向读者提供真正意义上的参考咨询服务。

金陵大学图书馆参考部的坎坷命运既反映了民国时期高校图书馆开展参考服务之不易,同时也从侧面凸显了戴志骞领导下的清华学校图书馆的难能可贵。毕竟,它在中国第一个设置了参考部,并且确实面向校内外读者开展了参考服务。其参考服务实践,尤其是与其他图书馆联合开展的馆际互借服务,对中国现代图书馆界起到了一定的引导与示范作用,在中国现代图书馆事业史上意义重大。

---

① 金陵大学. 金陵大学六十周年纪念册 [M]. 南京:金陵大学,1948:62.

第十三章

戴志骞与中美图书馆专业团体关系考略①

第一节　戴志骞与美国图书馆专业团体

戴志骞从 1909 年 9 月开始进入图书馆界服务②,至 1930 年才基本上脱离了中国图书馆界③。尽管多年从事图书馆管理工作,但在 1918 年以前,戴志骞都还只是一个极其普通的图书馆管理者,未曾发文阐述他对图书馆与图书馆学的思考与认识。

戴志骞之所以能够从一个实践者转变为一个思想者,从一个管理者转变为一个组织者,关键就在于他的第一次留美经历。1917 年 8 月至 1918 年 6 月,他进入纽约州立图书馆学校攻读图书馆学学士学位,从而比较系统地掌握了美国最新的图书馆学理论与方法。1918 年 10 月至 1919 年 6 月,戴志骞在纽约厄普顿军营图书馆服务了大约 8 个月,直接参与了美国图书馆的运营与管理,收获了宝贵的亲身体验④。其间,他还曾四处游历,参观或考察了若干图书馆,对美国图书馆发展状况形成了较为直观具体的认识。

1918 年 7 月 1—6 日,美国图书馆协会在纽约州萨拉托加温泉城举行第 40

---

① 本章原载《图书馆论坛》2014 年第 7 期,收入本书时有改动。

② Wong, V. L. Low Library: A History（1894-1923）[J]. *St. John's Echo*, 1924, 35（2）: 62.

③ 顾烨青,郑锦怀,曹海霞. 探究图书馆学家戴志骞转行与归宿之谜——戴志骞生平再考[J]. 大学图书馆学报, 2013（1）: 117.

④ New York State Library School. *New York State Library School Register, 1887-1926*[M]. New York: New York State Library Schools Association, Inc., 1928: 138.

次年会,戴志骞受邀参加①。他"默察该会会员之精神,皆悉心擘画图书管理法,会员互相切实砥砺",而且该会"每年有年会一次,以互相研究图书管理法,而以普及教育为目的。故现今美国图书馆之发达,而人民得无限之利益者,均此会之力也"②。同年,他又应纽约州图书馆协会(New York Library Association)之邀,参加了该会在宁静湖(Lake Placid)举办的会议。他发现:"该会会员之团结精神,互相砥磨研究图书管理之法,实令人崇拜。该会之种种出版物,关于该省之图书管理法,亦详细研究,且助各图书馆改正管理上之缺点。"③ 1919 年 6 月 23—27 日,美国图书馆协会在新泽西州阿斯伯里公园城举行第 41 次年会,戴志骞再次受邀与会④。

　　通过参加这三次会议,戴志骞近距离接触了美国的图书馆专业团体,对其形成较为深刻的认识。戴志骞甚至还加入了美国图书馆协会,成为该会屈指可数的几个中国籍会员之一,其会员编号为 7752⑤。也正因为如此,戴志骞回国之后便积极推动中国图书馆专业团体的创建工作,用以推动中国图书馆事业的快速发展。

第二节　戴志骞与中华教育改进社图书馆教育委员会

　　1921 年 12 月,新教育共进社、新教育杂志社与实际教育调查社决定改组为中华教育改进社⑥。1922 年 7 月,中华教育改进社在济南召开第一届年会,下设 22 种分组会议,其中的第 18 个分组即为"图书馆教育组"⑦。图书馆教育组在年会事务所应接室举行了四次分组会议。戴志骞担任第一、第四次会议的主席(主持人),另外两次则因病缺席,由沈祖荣代为主席。戴志骞此次提交了四个议案,

---

① Attendance Register[J]. *Bulletin of the American Library Association*,1918,12(4):378.

② 戴志骞. 论美国图书馆[J]. 中国留美学生季报,1918,5(4):123.

③ 戴志骞. 论美国图书馆[J]. 中国留美学生季报,1918,5(4):123-124.

④ Attendance Register[J]. *Bulletin of the American Library Association*,1919,13(3):425.

⑤ List of Members[J]. *Bulletin of the American Library Association*,1920,14(4):480.

⑥ 中华教育改进社成立纪要[J]. 新教育,1922,4(2):304-305.

⑦ 中华教育改进社年会规程[J]. 新教育,1922,5(3):348-349.

分别是《中国师范学校及高等师范学校应增设图书馆管理科案》《通俗图书馆内应设儿童图书部案》《组织图书馆管理学会案》与《各学校应有图书馆讲演案》。在第二次会议上，洪有丰代表戴志骞将这四个议案提交讨论，结果《中国师范学校及高等师范学校应增设图书馆管理科案》获得通过，《各学校应有图书馆讲演案》并入洪有丰的一个相似议案，《通俗图书馆内应设儿童图书部案》与《组织图书馆管理学会案》则未获附议，暂不讨论。在第四次会议上，戴志骞还提交了《请中华教育改进社组织图书馆教育研究委员会案》，经众人讨论后通过①。

大约在 1923 年 1 月，戴志骞提议设立的"图书馆教育委员会"正式成立②，有时称"图书馆教育研究委员会"③，成为中华教育改进社之下一个全国性的以研究图书馆学与推动图书馆事业为主要职能的二级机构。在新成立的图书馆教育委员会当中，戴志骞为主任，洪有丰为副主任，程时煃为书记，且在 1924 年 6 月之前一直如此④。

1923 年 8 月，中华教育改进社第二次年会在清华学校举行，戴志骞担任会务主任一职，出力甚巨，受到陶行知的高度评价⑤。图书馆教育组分组会议于 8 月 20 日、21 日、22 日与 24 日召开四次，共收到 14 件议案，其中 5 件通过、7 件保留、1 件移交、1 件未经讨论。在 8 月 22 日下午召开的第三次会议上，戴志骞将他的 2 件议案《组织各地方图书馆协会案》与《交换重本图书案》提交讨论。前者获多数通过，提请中华教育改进社办理，而后者则被保留。与此同时，戴志骞还极力支持文华大学图书科全体提议的《呈请中华教育改进社转请政府及美国政府以美国将要退还之庚子赔款三分之一作为扩充中国图书馆案》，使之获得通过，为后来中华教育文化基金董事会对中国图书馆事业的大力支持埋下了伏笔⑥。

1924 年 7 月，中华教育改进社在南京召开第三次年会。在此次年会上，图书馆教育组分组会议共召开了五次。其中，第一、第三、第五次会议由戴志骞主持，第二、第四次会议则由洪有丰主持。在第五次会议上，图书馆教育委员会成员改选，戴志骞仍为主任，洪有丰仍为副主任，朱家治为书记，委员则包括沈祖荣、胡

① 分组会议纪录·第十八　图书馆教育组[J]. 新教育，1922，5(3)：555-561.

② 中华教育改进社十二年度计划[J]. 新教育，1923，6(1)：57-58.

③ 分组会议纪录·第三十　图书馆教育组[J]. 新教育，1923，7(2/3)：301.

④ 陶行知. 中华教育改进社第三次社务报告[M]// 陶行知. 陶行知全集(第 12 卷). 成都：四川教育出版社，2005：113.

⑤ 陶行知. 中华教育改进社第二届年会筹备情形及各组事务报告[M]// 陶行知. 陶行知全集(第 1 卷). 成都：四川教育出版社，2005：465.

⑥ 分组会议纪录·第三十　图书馆教育组[J]. 新教育，1923，7(2/3)：295-307.

庆生、杜定友、程时煃、冯陈祖怡、查修、谭新嘉、陈长伟、何日章、冯绍苏、裘开明、王文山、施廷镛、袁同礼、章箴、吴汉章、许达聪、陈宗登。图书馆教育组还讨论了中华教育改进社议决刊行的《图书馆学季报》的创办方法，决定由沈祖荣与戴志骞分任编辑部正副主任①。此外，尽管戴志骞此次并未提交任何议案，但在他与陶行知等人的敦促之下，沈祖荣与胡庆生合撰《中学图书馆几个问题》，提交给与会者讨论②。

1925 年 8 月，中华教育改进社第四次年会在太原召开。由于戴志骞留美未归，图书馆教育组分组会议由袁同礼临时主席③。回国之后，戴志骞亦逐渐淡出了中华教育改进社，转而将精力放在新成立的中华图书馆协会上。

在此，似乎有必要厘清"图书馆教育组"与"图书馆教育委员会"两个名词。目前所见，前者只是中华教育改进社年会举办分组会议时的分组名称，而后者则是中华教育改进社下设的专门委员会之一。同时，也要注意，虽然戴志骞多次担任中华教育改进社图书馆教育组分组会议的"主席"，但此处的"主席"应当只是"会议主持人"之意，因为在第一次年会上戴志骞因病缺席时沈祖荣曾当过两次"主席"，洪有丰在第三次年会上也"主席"过两次会议。所以，戴志骞在中华教育改进社担任的职务应当只有"图书馆教育委员会主任"一种。

第三节　戴志骞与北京图书馆协会

早在 1918 年 12 月 3 日，北京中学以上学校图书馆主任在汇文大学开会，议决在北京筹备组织一个图书馆协会，并公推袁同礼、李大钊、葛飞伦、高德、李崇文与德韦思为筹备委员④。1918 年 12 月 28 日，北京图书馆协会在北京大学举行正式成立大会，袁同礼当选为会长，高德为副会长，李大钊与葛飞伦分任中文书记与西文书记⑤。这是中国历史上第一个地方性图书馆联合团体⑥，但很快就因故

---

① 分组会议纪录・第二十六　图书馆教育组［J］. 新教育，1924，9（3）：649-671.

② 沈祖荣，胡庆生. 中学图书馆几个问题［J］. 新教育，1924，9（1/2）：209.

③ 中华教育改进社第四次年会图书馆教育组议决案［J］. 中华图书馆协会会报，1925，11（3）：27.

④ 图书馆协会［J］. 清华周刊，1918（153）：5.

⑤ 图书馆协会［J］. 清华周刊，1919（156）：8.

⑥ 韦庆媛. 图书馆学家戴志骞的激情与无奈［J］. 大学图书馆学报，2010（3）：22.

解散了。

在中华教育改进社第二次年会的图书馆教育组分组会议上,戴志骞提交的《组织各地方图书馆协会案》获得通过。此后,中华教育改进社极力鼓励与推动各地创设地方图书馆协会。1924 年 3 月 26 日下午,中华教育改进社在该社总事务所召开北京图书馆协会筹备会,拟定《北京图书馆协会简章》8 条。同年 3 月 30 日,北京图书馆协会成立大会在中华教育改进社总事务所举行,共有 30 多人与会,所拟简章经修改后通过,戴志骞当选为会长,冯陈祖怡为副会长,查修为书记①。这是在中华教育改进社支持之下建立的第一个比较完备的地方图书馆协会,在中国图书馆史上具有相当重要的地位。

在戴志骞的领导下,北京图书馆协会成立之后,积极开展各种活动。1924 年 4 月 20 日和 5 月 18 日,该会在不到一个月的时间内两次召开常会,会员踊跃参加,在讨论相关会务之余,还举行图书馆学术演讲②。在 5 月 18 日的这次常会上,戴志骞就进行了题为《图书馆分类学的原则》的演讲③。冯陈祖怡也曾在该会发表题为《中文目录编制问题》的演讲④。此外,该会还出版了一期《北京图书馆协会会刊》,刊登图书馆界新闻、图书馆学术论文等,以加强会员之间的交流与了解。

1924 年秋至 1925 年夏,戴志骞第二次赴美深造。因此,1925 年间北京图书馆协会改选职员,袁同礼当选为会长,冯陈祖怡仍为副会长⑤。1929 年 12 月,北京图书馆协会改组为北平图书馆协会,并修订章程。

第四节　戴志骞与中华图书馆协会

自北京图书馆协会成立之后,南京图书馆协会、天津图书馆协会、开封图书

---

① 陶行知. 中华教育改进社第三次社务报告 [M] // 陶行知. 陶行知全集(第 12 卷). 成都:四川教育出版社,2005:115;图书馆 [J]. 清华周刊,1924(306):32.

② 陶行知. 中华教育改进社第三次社务报告 [M] // 陶行知. 陶行知全集(第 12 卷). 成都:四川教育出版社,2005:115.

③ 戴志骞. 图书分类法几条原则的商榷 [J]. 北京图书馆协会会刊,1924(1):48-54.

④ 冯陈祖怡. 中文目录编制问题 [J]. 北京图书馆协会会刊,1924(1):54-57.

⑤ 陈源蒸,等. 中国图书馆百年纪事(1840—2000)[M]. 北京:北京图书馆出版社,2004:36.

馆协会、南阳图书馆协会、浙江图书馆协会等相继成立[①]，这标志着组建一个全国性图书馆联合团体的条件已经基本成熟。

在中华教育改进社的推动下，中华图书馆协会于 1925 年 4 月 25 日在上海召开成立大会，6 月 2 日又在北京举行成立仪式。该会下设董事部与执行部，梁启超为董事部首任部长，袁同礼为首任书记，戴志骞则当选为执行部首任部长，杜定友与何日章副之[②]。当时戴志骞仍然身在国外，但他居然缺席当选为执行部部长，足见他在中国图书馆界地位之高、影响之大。

在戴志骞未曾回国之前，袁同礼受杜定友与何日章的委托代理执行部部长一职。1925 年 10 月，戴志骞回国，于 11 月开始正式履行执行部部长职责[③]。1926 年 7 月 12 日，中华图书馆协会职员改选结果出炉，戴志骞改任董事，袁同礼则当选为新任执行部部长[④]。此次戴志骞当选为中华图书馆协会董事，任期为三年。其间，1926 年 7 月—1927 年 6 月，他还曾担任过一年的董事部书记[⑤]。

1929 年 1 月 28 日至 2 月 1 日，中华图书馆协会在南京金陵大学举行第一次年会。此前，戴志骞已于 1928 年 10 月 28 日离开北京，南下担任国立中央大学图书馆馆长一职。南京变成了戴志骞的主场，而且他又交游广泛，跟许多政府官员、社会名流都有交情。因此，戴志骞在此次年会的筹办过程中发挥了重要作用。他不仅担任年会筹备会的委员、常务委员暨主席，主持召开了三次筹备会议，积极与各方联系，跟南京图书馆协会同人一起向教育当局接洽，由教育部转呈行政院，成功获拨 1 000 元补助费，还参加了年会的两个事务组，即议案组（负责审查提案）与论文组（负责征集论文与讲演），以及年会分组讨论会（建筑组）的组织工作[⑥]。

在 1 月 28 日的开幕典礼上，大会主席蔡元培因故不能出席，担任大会副主席的戴志骞临时代为致开幕词，足见他的声望之高[⑦]。在此次年会上，中华图书馆协会进行组织改革，取消董事部与执行部，改而设立了执行委员会和监察委员

---

① 陶行知. 中华教育改进社第三次社务报告[M]// 陶行知. 陶行知全集（第 12 卷）. 成都：四川教育出版社，2005：135.

② 会务纪要[J]. 中华图书馆协会会报，1925，1(1)：6.

③ 戴志骞先生接收部长职务[J]. 中华图书馆协会会报，1925，1(3)：22.

④ 中华图书馆协会本届选举结果[J]. 中华图书馆协会会报，1926，2(1)：13.

⑤ 严文郁. 中国图书馆发展史——自清末至抗战胜利[M]. 台北："中国图书馆学会"，1983：254-255.

⑥ 本会年会筹备会之进行[J]. 中华图书馆协会会报，1928，4(3)：22-24.

⑦ 中华图书馆协会第一次年会纪事[J]. 中华图书馆协会会报，1929，4(4)：5.

会①。2月1日,会务会议召开,戴志骞跟袁同礼、刘国钧、杜定友、李小缘等其他14人一同当选为第一届执行委员会委员②。同日,执行委员会举行第一次会议,推定戴志骞起草执行委员会细则,并由其与李小缘、刘国钧、万国鼎、朱家治一起负责年会结束事宜③。此次,执行委员会还组织成立了分类、编目、索引、检字、图书馆教育、编纂、建筑、宋元善本书调查、版片调查等九个专门委员会及季刊与会报编辑部,戴志骞兼任建筑委员会主席与图书馆教育委员会委员④。

1929年2月—1937年1月,戴志骞连选连任,一直都是中华图书馆协会执行委员⑤。其间,1931年2月—1932年1月,他还被推为常务委员⑥。1934年,中华图书馆协会向社会各界募集基金,戴志骞、刘国钧、洪有丰、周诒春与王文山五人受聘为基金保管委员会委员,戴志骞任主席⑦。1936年7月,中华图书馆协会在青岛举行第三次年会,议决将执行委员会改为理事会、监察委员会改为监事会,戴志骞当选为理事⑧,任期到1940年⑨。1944年11月29日,中华图书馆协会改选监理事,戴志骞依然当选为监事。

第五节　余论

在1930年前后,戴志骞可能还担任过南京图书馆协会的"主持人",亦即会长或主席⑩。这大概是因为戴志骞当时已经转到国立中央大学任职,所以加入了

---

① 中华图书馆协会组织大纲[J]. 中华图书馆协会会报,1929,4(4):4-5.

② 中华图书馆协会第一次年会纪事[J]. 中华图书馆协会会报,1929,4(4):13.

③ 本届执行委员会第一次会议[J]. 中华图书馆协会会报,1929,4(4):16.

④ 本会新组织之各委员会[J]. 中华图书馆协会会报,1929,4(5):26-27.

⑤ 严文郁. 中国图书馆发展史——自清末至抗战胜利[M]. 台北:"中国图书馆学会",1983:255-258.

⑥ 严文郁. 中国图书馆发展史——自清末至抗战胜利[M]. 台北:"中国图书馆学会",1983:256.

⑦ 基金保管委员会委员[J]. 中华图书馆协会会报,1934,10(1):3.

⑧ 执监委会改称理监事会[J]. 中华图书馆协会会报,1937,12(4):13.

⑨ 严文郁. 中国图书馆发展史——自清末至抗战胜利[M]. 台北:"中国图书馆学会",1983:259.

⑩ 京师学术团体调查　遵章登记者共十三处[J]. 山东教育行政周报,1930(95):61.

南京图书馆协会,并因其崇高威望而被同人们选为领导。

戴志骞首次留美期间,通过专业学习、管理实践、参观考察、参加会议等,深刻地认识到了图书馆协会对于美国图书馆事业所起到的重要作用。在他看来,图书馆协会的作用主要在于以下两点:其一,能够团结图书馆界同人,加强沟通与交流,群策群力,深入研究并解决图书馆运营当中出现的实际问题,推动图书馆事业的进一步发展;其二,出版各类专业书刊,为图书馆界同人发表图书馆学研究成果提供重要阵地,促进图书馆学成果的宣传、推广与转化①。

受此影响,戴志骞学成回国之后,就积极行动起来,采取了一系列相应举措,并取得了不小的成绩。

一方面,戴志骞牵头发起或参与发起成立了中华教育改进社图书馆教育委员会、北京图书馆协会与中华图书馆协会,一步一步地将中国图书馆界同人团结在一起。

可以看到,中华教育改进社图书馆教育委员会成员大多是在图书馆管理与图书馆学研究方面均颇有成就的专家,如戴志骞、沈祖荣、杜定友、洪有丰等人。在北京图书馆协会会员当中,不仅有戴志骞、冯陈祖怡、查修等图书馆管理专家、图书馆学家,更有普普通通的中小学图书馆与公共图书馆馆员。至于中华图书馆协会,不仅吸收了普通图书馆管理者、图书馆管理专家、图书馆学家,更极力邀得梁启超、蔡元培等社会名流的加入,以期借助其名望与人脉,移除障碍,加速中国图书馆事业的发展步伐。

另一方面,戴志骞及其他有识之士不仅鼓励中国图书馆界同人积极开展学术研究,还陆续创办了多种图书馆学专业刊物,为其提供了十分重要的交流平台。

在1922年7月召开的中华教育改进社第一次年会上,图书馆教育组分组会议通过了《请中华教育改进社组织图书馆教育研究委员会案》,其内容包括请社员分"图书馆行政与管理""征集中国图书""分类编目研究"与"图书审查"四组展开研究,而"研究成果暂由新教育发表"②。据统计,《新教育》52期中总共登载了20篇图书馆学论文及若干图书馆教育组的分组会议记录,而在这20篇论文当中,在中华教育改进社第一次年会召开以后发表的有13篇(第5卷第1-2期合刊及以后),作者包括朱家治、沈祖荣、洪有丰、刘国钧、戴志骞、黄维廉、查

---

① 戴志骞. 论美国图书馆[J]. 中国留美学生季报,1918,5(4):123-124.

② 分组会议纪录·第十八　图书馆教育组[J]. 新教育,1922,5(3):560-561.

修、胡庆生等名家①。在 1924 年 7 月召开的中华教育改进社第三次年会上，图书馆教育组分组会议又通过了《刊行图书馆学季报案》②。这份《图书馆学季报》虽未问世，但它就是后来中华图书馆协会机关刊物之一《图书馆学季刊》的前身。

1924 年 8 月，戴志骞领导下的北京图书馆协会刊印了《北京图书馆协会会刊》第 1 期，成为会员们了解会务、交流思想的重要平台。

至于中华图书馆协会，在其成立之后很快就创办了《中华图书馆协会会报》《图书馆学季刊》等机关刊物，并且推出了"中华图书馆协会丛书"（如《老子考》《国学论文索引》一至四编、《文学论文索引》一至三篇、《现代中国作家笔名录》等）、《中华图书馆协会概况》《中华图书馆协会第一次年会报告》《中华图书馆协会第二次年会报告》等一系列出版物。值得一提的是，《中华图书馆协会会报》与《图书馆学季刊》均刊登了大量图书馆界动态与图书馆学研究论文，跟《文华图书馆学专科学校季刊》（最初称《文华图书科季刊》）并称为民国时期三大图书馆学期刊，是中国现代图书馆界互通有无、交流学习与展示研究成果的重要阵地。

综上所述，戴志骞在留美期间深刻地认识到了图书馆专业组织的重要作用，于是在学成归国之后便积极联络与团结图书馆界同人，先后组织成立了中华教育改进社图书馆教育委员会、北京图书馆协会、中华图书馆协会等，采取各种得力措施，促进图书界同人之间的交流与合作，鼓励他们积极开展学术研究，以解决图书馆运营与管理中出现的实际问题，推动中国图书馆事业与图书馆学研究的进一步发展。戴志骞之功，不可谓不大矣！

---

① 李刚，叶继元. 中国现代图书馆专业化的一个重要源头——中华教育改进社图书馆教育组的历史考察[J]. 中国图书馆学报，2011(3)：80-81.

② 分组会议纪录·第二十六　图书馆教育组[J]. 新教育，1924，9(3)：660-662.

第十四章

戴志骞对中国现代图书馆事业的三种贡献

戴志骞从 1909 年起投身于中国图书馆界,至 1930 年才基本脱身于其外,但仍藕断丝连。1909—1930 年间,除留美期间曾在纽约厄普顿军营图书馆服务数月外,戴志骞主要是服务于上海圣约翰大学罗氏图书室、清华学校图书室(馆)与国立中央大学图书馆。他是这三大高校图书馆发展史上的重要领导者,为三馆的发展作出了不可磨灭的贡献。在此之外,他还先后发起成立了中华教育改进社图书馆教育委员会、北京图书馆协会、中华图书馆协会等图书馆专业团体,不仅有力地将图书馆界同人团结在一起,还直接或间接地推动了多种图书馆专业刊物的创办与一系列图书馆学著述的出版,为图书馆界同人互通有无与发表成果提供了重要阵地,推动了中国现代图书馆事业与图书馆学研究的迅速发展。

在此,试从助推中国现代图书馆专业人才的培养、助力其他图书馆的建设与发展,以及积极对外宣传中国图书馆事业三个角度出发,介绍戴志骞对中国现代图书馆事业作出的贡献。

第一节　助推中国图书馆专业人才的培养

1918 年 12 月,戴志骞在其《论美国图书馆》一文中指出:"现我国最缺少亦最要者,莫如管理良美之图书馆。"[1] 为了解决这一难题,戴志骞十分重视图书馆专业人才的培养与训练,并为之付出了大量的心血。其具体做法如下:

---

① 戴志骞. 论美国图书馆[J]. 中国留美学生季报, 1918, 5(4): 128.

一、引导国人学习图书馆学

戴志骞通过著述与演讲有意无意地引导更多中国人去学习图书馆学。比如，1923年11月，他在其《图书馆学简说》一文中介绍了美国图书馆学校类别及课程设置，以吸引读者对图书馆学教育的注意[①]。又如，1924年3月，戴志骞发表演讲，在介绍美国图书馆学校的发展现状与课程设置之余，还向听众指出，图书馆专业人才前途光明："因为中国现在尚缺少这样的人才。中国人在美国学图书的只有八个人。中国境内只有一个文华大学有图书馆科，造就的人也很有限。既少则贵，所以现在学图书馆学总有发展的余地。将来纵然不能发财，也不至于饿死。这是可以断言的。"[②]在动荡不安、民不聊生的民国时期，戴志骞的这种说法对一部分人来说还是颇有吸引力的。

二、参与中国图书馆专业人才培养

1920年8月，戴志骞担任北京高师举办的暑期图书馆学讲习会的授课教师，并为之编译了一份影响深远的讲义《图书馆学术讲稿》。这份讲义内容十分丰富，涵盖图书馆组织、管理、建筑、分类、编目等等诸多领域[③]，对于与会的各地公共图书馆与学校图书馆管理人员来说，助益极大。通过此次学习，有不少人提高了自己的图书馆学专业素养与图书馆管理能力，在学术上与管理上都颇有进步。比如，福建学员余超后来曾提议统一中国图书馆分类法，并著有《厦门图书馆分类法》一书。又如，天津学员严侗后来主持河北省立第一图书馆的工作[④]。

1932年，上海创制中学女子部设立了图书馆科，招收初中一年级的新生或二年级的插班生，培养中小学图书馆及公共图书馆实用人才。戴志骞与夫人戴罗瑜丽、杜定友、洪有丰、李小缘、沈祖荣、刘国钧七人受邀担任指导委员，为其发展作出了一定贡献[⑤]。

---

① 戴志骞. 图书馆学简说[J]. 新教育，1923，7(4)：227-238.

② 戴志骞讲，毕树棠记. 图书馆学[J]. 清华周刊，1924(305)：42-50.

③ 戴志骞. 图书馆学术讲稿[J]. 教育丛刊，1923，3(6)：1-67.

④ 北京师范大学图书馆. 北京师范大学图书馆百年馆庆纪念册[M]. 北京：北京师范大学出版社，2002：29.

⑤ 创制中学添设女子部及图书馆科[J]. 浙江省立图书馆月刊，1932，1(5/6)：192-193；萧林来. 解放前我国的图书馆学教育史料[J]. 图书馆学研究，1985(5)：66.

三、助力文华图专

1920年,韦棣华在文华大学创办了图书科(一般称"文华图书科")。1925年,文华大学改称"华中大学",文华图书科仍存。1927年,华中大学暂时停办,但文华图书科单独照常办学。1929年,文华图书科获教育部备案,改称"文华图书馆学专科学校"(简称"文华图专"),正式开始独立办学。

1926年6月,中华教育文化基金董事会在文华图书科设图书馆学助学金,并请中华图书馆协会一同办理招考事宜。戴志骞与刘国钧奉派与文华图书科共同组织考试委员会,在北京、上海、南京、武昌、广州五地同时举行招生考试,共录取九人,其中就包括后来成为图书馆学名家的钱亚新与毛坤[①]。

1929年,为顺利获得教育部备案,文华方面采取了多种措施,如邀请中外各界名流成立校董会,在美国成立"韦棣华女士基金会"募集办学经费等。作为中国图书馆界领袖之一,戴志骞亦受邀加入了文华图专校董会,与周诒春、袁同礼、孟良佐、韦棣华、沈祖荣等人并列其中[②]。

必须指出,文华图专设在武昌,而包括戴志骞在内的多位校董却身处其他城市,因此很难直接参与文华图专的相关活动,其作用较为有限。比如,1930年6月20日,文华图专校董会在武昌文华公书林举行,但北京的周诒春、袁同礼,南京的戴志骞、陈宗良,以及杭州的冯汉骥等五位校董却因为路途遥远而无法亲自与会,只能通过电报发表意见与建议[③]。又如,1933年6月21日,文华图专校董会在周苍柏家中举行,戴志骞、袁同礼等外地校董依旧无法亲自与会,只能拍电报请沈祖荣代表出席[④]。

尽管如此,戴志骞确实十分关心文华图专的发展。比如,在1936年秋,考虑到文华图专当年招收的学生较多,教学仪器不敷使用,戴志骞特地向该校捐赠了一架特等新式打字机,供文华学生实习之用[⑤]。

---

① 中华图书馆协会第二周年报告[J]. 中华图书馆协会会报,1927,3(2):4.

② 彭斐章,彭敏惠. 从文华图书科到文华图书馆学专科学校[C]// 陈传夫. 图书馆学研究进展. 武汉:武汉大学出版社,2010:10.

③ 本科消息[J]. 文华图书科季刊,1930,2(2):271.

④ 校闻[J] 文华图书馆学专科学校季刊,1933,5(2):249.

⑤ 戴志骞捐赠打字机[J]. 文华图书馆学专科学校季刊,1936,8(4):600.

第二节　助力其他图书馆的建设与发展

一、通过多种途径帮助其他图书馆提高管理水平

执掌清华图书馆期间，戴志骞不仅注意提升本馆工作人员的专业素养，还乐于帮助其他图书馆培训馆员，提升管理水平。1920年12月，清华图书馆接收南开大学图书室助理艾某来馆学习。寒假期间，又接收北京高师教员兼图书管理员曹配言来馆学习图书管理法①。1921年5月，燕京大学拟派人到清华图书馆实习一年，学习管理与编目等事宜，但由于实习名额已满，清华图书馆请对方下学期再行派人②。1923年4月，清华图书馆又接收上海第一商业学校田豫钧来馆实习。该馆安排田豫钧学习书籍出纳、排架等等③。同年，中华教育改进社也拟派一女性来馆实习，但因寄宿不便而不得不作罢④。

清华图书馆还热情接待外馆人员来馆参观考察，以便他们从中学有所得，提高自我。1921年2月28日，北京铁路职工学校图书管理科学生与北京高等女师学生分别来清华图书馆参观，戴志骞还专门为前者讲演了图书馆管理办法⑤。1922年2月1日，河南开封的张中孚来清华图书馆参观，并与馆内人员一同讨论分类与编目问题⑥。1923年秋季开学前后，圣约翰大学图书馆主任海司女士、东吴大学图书馆主任琅珰女士、东南大学图书馆朱某、金陵大学图书馆赵某等人先后到清华图书馆参观。戴志骞还跟海司女士和琅珰女士一起探讨了图书馆管理事宜⑦。1924年寒假期间，河南中州大学理科主任曹明銮、湖北省立图书馆馆长王式玉、湖南第一师范校长兼图书馆馆长李济民等人先后参观了清华图书馆，都受到戴志骞的热情接待⑧。

此外，随着清华图书馆的日益规范与发展，不时有外校图书馆向该馆索取章

---

① 学习图书管理[J]. 清华周刊, 1921(207): 36.

② 图书馆[J]. 清华周刊, 1921(220): 22.

③ 图书馆新闻[J]. 清华周刊, 1923(277): 13.

④ 图书馆[J]. 清华周刊, 1923(S9): 34.

⑤ 图书馆纪事[J]. 清华周刊, 1921(211): 23.

⑥ 图书馆新闻[J]. 清华周刊, 1922(235): 21.

⑦ 图书馆新闻[J]. 清华周刊, 1923(286): 23.

⑧ 图书馆[J]. 清华周刊, 1924(303): 50.

程、目录、书单等材料,以便学习仿效。比如,在 1921 年春,北京扶轮公学图书馆、山东济南公立通俗图书馆均曾向清华图书馆索要章程、目录等材料[1]。又如,1923 年,清华图书馆每月编印两次分类新书单,有不少外校图书馆向其索取,以资参考[2]。再如,1924 年,亦有不少机构致函清华图书馆,向其索取章程等物[3]。而清华图书馆也都尽力满足对方的要求,以帮助对方提高自己的图书馆管理水平。

二、帮助其他图书馆规划建设

1921 年 1 月 11 日《清华周刊》称:"主任戴志骞先生迩来迭受各方面邀请计划兴建图书馆事宜,极形忙碌。如北京高等师范、东南大学、上海总商会等处之图书馆均由戴先生计划一切。闻戴先生云上海总商会之图书馆将成为中国第一宏大之商务图书馆云。"[4] 就目前所见,《清华周刊》所载并非虚妄之语。除协助规划东南大学图书馆(当是"孟芳图书馆")一事暂未找到相关记载外,已有颇多史料表明戴志骞确实为北京高师新图书馆与上海总商会图书馆的规划建设提供帮助。

关于戴志骞协助规划北京高师新图书馆一事,于 1920 年 12 月代理北京高师校长一职的邓萃英就称:"迨萃英承乏斯校,觉图书馆新建建筑之不容或缓,百计筹措四万金,商诸图书馆专家戴志骞先生,戴氏慨然允尽义务,代为设计,并以方略指示工程师,费少额金钱,获最大效率者,戴氏之力居多。"[5] 曾任北京高师图书馆主任的冯陈祖怡也称:"当是时邓芝园先生长高师,以为本校图书馆与学生及教育前途,均有密切关系,思所以扩大之。乃于每月行政费下竭力撙节得三万余元,以规定新图书馆之计划。建筑上之设施,得清华图书馆主任戴志骞先生襄赞之力为多。"[6] 可见,应邓萃英之请,戴志骞帮助北京高师设计新馆图样,并积极跟工程师进行沟通,以节省费用、提高效率。在戴志骞等人的努力下,北京高师图书馆新馆舍于 1922 年 10 月落成,其规模宏大、设计超前,引起了很大轰动,不仅成为该校的标志性建筑,也引得许多社会人士来校参观[7]。

---

① 图书馆纪事[J]. 清华周刊,1921(213):25.

② 图书馆[J]. 清华周刊,1923(281):16.

③ 图书馆[J]. 清华周刊,1924(S10):6.

④ 图书馆消息[J]. 清华周刊,1921(225):26.

⑤ 邓萃英. 北京高师新图书馆开幕纪念词[J]. 教育丛刊,1923,3(6):1.

⑥ 冯陈祖怡. 北京高师图书馆沿革纪略及新图书馆[J]. 教育丛刊,1923,3(6):4.

⑦ 北京师范大学图书馆. 北京师范大学图书馆百年馆庆纪念册[M]. 北京:北京师范大学出版社,2002:31.

关于戴志骞协助规划上海总商会图书馆一事,尽管《上海图书馆史》(胡道静,1935)、《上海图书馆事业志》(朱庆祚,1996)、《民国时期商会图书馆》(冯佳,2010)等很多文献都未曾提及戴志骞的贡献,但据 1921 年 11 月《上海总商会月报》第 1 卷第 5 号"会务记载":"图书馆基金现已筹定,急宜规划进行,当由本会延请北京清华学校图书馆主任戴君志骞来会筹办,经公同拟定开办经费及常年经费预算表各一份,又图书馆章及阅览室章程各一份,均经先交由图书馆委员会照章核议。……至图书馆地点,戴君原拟以常会室移用,本会因此举诸多窒碍,拟改为现在二层楼之公断处、会计处、收掌室、道契处腾出拨用。"① 可见,戴志骞确实为上海总商会图书馆的规划与建设出了力。

三、在其他图书馆兼任职务,出谋划策

戴志骞还曾在多所图书馆兼任职务,为其出谋划策。1919—1922 年,戴志骞担任天津南开大学图书馆的顾问②,多次到该馆发表演讲,宣传新图书馆思想。大概在 1921 年 1 月初,他在南开大学发表了题为《如何用图书馆及参考书》("How to Use the Library and Reserved Books")的长篇演讲③。同年 11 月,他又应邀去该校三次演讲"图书馆之利用法",并用幻灯片展示了若干幅西方各国图书馆照片④。

20 世纪 20 年代,中华教育文化基金董事会自办北京图书馆,后改名为北平图书馆、北平北海图书馆等,最后与他馆合并为国立北平图书馆,即今国家图书馆前身。戴志骞先后担任过北京图书馆委员会委员、北京图书馆建筑委员会委员、北平北海图书馆购书委员会委员等职,为其发展作出了一定贡献⑤。

1925 年,戴志骞担任松坡图书馆的维持员⑥。这是一种名誉职务,并不支取

---

① 上海市工商业联合会,复旦大学历史系. 上海总商会组织史资料汇编(下)[C]. 上海: 上海古籍出版社,2004:761.

② Kaiser, John Boynton. Introduction[M] // Tai, Tse-chien. *Professional Education for Librarianship*. New York: The H. W. Wilson Company,1925:4.

③ 图书馆消息[J]. 清华周刊,1921(225):26.

④ 天津市图书馆志编修委员会. 天津市图书馆志[M]. 天津:天津人民出版社,1996: 353.

⑤ 顾烨青,郑锦怀,曹海霞. 探究图书馆学家戴志骞转行与归宿之谜——戴志骞生平再考[J]. 大学图书馆学报,2013(1):120-121.

⑥ 郭一梅选. 梁启超等创办松坡图书馆史料一组[J]. 北京档案史料,1994(3):36-37.

薪水 ①。1926—1928 年间,戴志骞担任松坡图书馆馆务委员会委员 ②。

1935 年 4 月 1 日,上海市图书馆博物馆临时董事会在上海市政府举行成立大会,而出席成立大会的上海市图书馆临时董事会董事当中便有戴志骞 ③。

抗战胜利后,邓葆光任组长的国民政府上海敌产处理局逆产组从日本驻上海领事馆、伪满铁事务所上海办事处、上海日本工会议所及周佛海等汉奸处接收了大约 20 万册图书档案资料 ④。邓葆光本身是一位经济学家,又曾筹建并担任东方经济研究所所长。于是,他从中挑选了一大批经济参考书籍、经济名著及经济调查书籍等,创办了东方经济图书馆,即为当时东方惟一的一所专门性质的经济图书馆。至 1947 年 6 月 19 日,东方经济图书馆举行董事会成立大会,戴志骞受聘成为董事 ⑤。

第三节　对外宣传中国图书馆事业

戴志骞还积极向全世界图书馆界同人宣传中国图书馆事业的发展状况,增进中外图书馆界之间的交流与了解。他主要采取了以下两种方式。

一、在国外杂志发表英文著述

早在 1919 年 2 月,戴志骞就在美国《公共图书馆》第 24 卷第 2 期("学校图书馆号")上发表了《中国图书馆现状》一文。戴志骞在文中主要是举例介绍了一些具有代表性的社团图书馆、大学图书馆与公共图书馆,包括皇家亚洲文会北中国支会图书馆、文华公书林、上海圣约翰大学罗氏图书馆、清华学校图书馆、京师图书馆等,以此管窥中国图书馆事业的发展状况 ⑥。

---

① 松坡图书馆. 松坡图书馆概况[M]. 北平:松坡图书馆,1930:17.

② 顾烨青,郑锦怀,曹海霞. 探究图书馆学家戴志骞转行与归宿之谜——戴志骞生平再考[J]. 大学图书馆学报,2013(1):120.

③ 市图书博物两馆临时董事会昨日成立[N]. 申报,1935-04-02(13).

④ 陈源蒸,等. 中国图书馆百年纪事(1840—2000)[M]. 北京:北京图书馆出版社,2004:99;文闻. 抗战胜利后受降与接收秘档[M]. 北京:中国文史出版社,2007:187-188.

⑤ 东方经济图书馆收藏世界经济珍本下月正式开放[N]. 申报,1947-06-20(5).

⑥ Tai,T. C. Present Library Conditions in China[J]. *Public Libraries*,1919,24(2):37-40.

1919 年 7 月,戴志骞在美国最为著名的《图书馆杂志》第 44 卷第 7 期上发表了《中国图书馆一览》。戴志骞在文中将中国图书馆史分为黄帝至秦始皇、秦末至隋代、唐代、宋元明清、晚清、民国六个时期,并简要地介绍了各个时期中国图书馆事业的发展状况与基本特征 [①]。

1919 年 11 月,戴志骞在《中国基督徒留学生杂志》第 6 卷第 2 期上发表了《中国急需图书馆员》("The Immediate Need of Librarian in China")一文。戴志骞在文中将中国与欧美各国特别是美国的图书馆事业进行简单对比,指出中国图书馆事业还十分落后,急待发展,而这需要各界的共同努力。戴志骞还在文末提到了确实推动中国图书馆事业发展的几种可行方法,如鼓励学校图书馆对公共开放、建立图书馆协会等 [②]。

1921 年 1 月,戴志骞在《美国图书馆协会会报》(*Bulletin of the American Library Association*)第 15 卷第 1 期上发表了《中国之图书馆运动》("Library Movement in China")一文。戴志骞在文中介绍了中国图书馆发展概况,尤其是皇家亚洲文会北中国支会图书馆、中国社会政治学会图书馆、清华学校图书馆等,并阐述了组织中华图书馆协会、创办图书馆学校等设想 [③]。

1921 年 2 月,戴志骞在日本《跨越太平洋》杂志第 4 卷第 2 期上发表了《图书馆助力中国教育事业》一文。该文亦是按社团图书馆、大学图书馆与公共图书馆三类来介绍中国图书馆事业的发展情况 [④]。很快,美国《特殊图书馆》(*Special Library*)第 12 卷第 1 期对该文进行了简要评论 [⑤],《基督中国》(*Christian China*,原名《中国基督徒留学生杂志》)第 7 卷第 4 期也概略介绍了该文 [⑥]。

1925 年 2 月,戴志骞在《公共图书馆》第 30 卷上发表了《高等图书馆学校——课程宗旨》("An Advanced School of Librarianship—Aim of Curriculum")

---

① Tai, T. C. A Brief Sketch of Chinese Libraries[J]. *The Library Journal*, 1919, 44(7): 423-429.

② Tai, T. C. The Immediate Need of Librarian in China[J]. *The Chinese Students' Christian Journal*, 1919, 6(2): 67-72.

③ Tai, T. C. Library Movement in China[J]. *Bulletin of the American Library Association*, 1921, 15(1): 58-63.

④ Tai, T. C. Libraries Aid in Educating China[J]. *The Trans-Pacific*, 1921, 4(2): 63-66.

⑤ Tai, T. C. Libraries Aid in Educating China[J]. *Special Library*, 1921, 12(1): 30-31.

⑥ Tai, T. C. Libraries Aid in Educating China[J]. *Christian China*, 1921, 7(4): 174.

一文,阐述他对于高等图书馆学校课程设置的认识①。

1926 年,戴志骞在《图书馆员与图书世界》(*The Librarian and Book World*)第 15 卷上发表了《中国之图书馆运动》("Library Movement in China")同题论文,但内容有所不同②。

1927 年,戴志骞在《中国社会与政治科学报》(*The Chinese Social and Political Science Review*)第 11 卷上发表了《现代图书馆发展及其与学术的关系》("Modern Library Development and Its Relation to Scholarship")一文。该文是戴志骞于 1926 年 11 月 4 日在北京文友会(Wen Yu Hui, Peking)上发表的演讲③。

二、向国际会议提交英文论文

1923 年 6 月 28 日—7 月 6 日,世界教育联合会在美国夏威夷举行成立大会。中华教育改进社组织一批社员向该会提交了一系列材料与演说词,其中就包括戴志骞的《中国之图书馆运动》④。对此,陶行知所录《本社为中国代表带赴万国教育会议准备之印刷品一览表》也有记载:"二十、中国之图书馆　戴志骞　北京清华学校。"⑤戴志骞的这份材料应当就是他用英文撰写的 "Library Movement in China" 一文,初载中华教育改进社(*The Chinese National Association for the Advancement of Education*)编印的《中华教育改进社通报》第 2 卷第 3 期(Bulletin 3 Volume II),后收入商务印书馆于 1923 年 6 月出版的《英文中国最近教育状况(1923)》(*Bulletins on Chinese Education 1923*)。戴志骞在文中介绍了中国政府对于图书馆事业的态度、图书馆的类别、图书馆学校、图书馆会议、美国图书馆学校毕业生等。该文的不少内容跟他以前发表的英文论文(尤其是两篇同题论文)

---

① Tai, T. C. An Advanced School of Librarianship—Aim of Curriculum[J]. *Public Libraries*, 1925, Vol. 30: 59-61.

② Tai, T. C. Library Movement in China[J]. *The Librarian and Book World*, 1926, Vol. 15: 364-369.

③ Tai, T. C. Modern Library Development and Its Relation to Scholarship[J]. *The Chinese Social and Political Science Review*, 1927, Vol. 11: 124-132.

④ 汪楚雄. 启新与拓域——中国新教育运动研究(1912—1930)[M]. 济南:山东教育出版社, 2010:199.

⑤ 陶行知. 本社为中国代表带赴万国教育会议准备之印刷品一览表[M]//陶行知. 陶行知全集(第 1 卷). 成都:四川教育出版社, 2005:447.

有所重复,但亦存在不同之处 ①。

1929 年 3 月初,中华图书馆协会组织会员向即将召开的国际图书馆大会提交论文。由于时间较紧,最后仅有戴志骞、沈祖荣、胡庆生与顾子刚四人向该会提交了自己撰写的英文论文,并汇集成册,以《中国图书馆概况》("Libraries in China")为书名,带到国际图书馆大会与国外同行进行交流。其中,戴志骞提交的论文为《中国现代图书馆之发展》("Development of Modern Libraries in China"),沈祖荣的论文题为《中国文字索引法》("Indexing Systems in China"),胡庆生的论文题为《中国之图书馆员教育》("Training of Librarianship in China"),顾子刚的论文题为《中国图书制度之变迁》("Evolution of the Chinese Book") ②。

1930 年 12 月 26—30 日,全亚教育会议(All Asia Educational Conference)在印度东北部城市瓦腊纳西(Benares)举行。戴志骞提交了《中国现代图书馆之发展》("Development of Modern Libraries in China")一文,内容基本不变。1931 年,D. P. 卡特里(D. P. Khattry)主编、印度出版社(The Indian Press)在阿拉哈巴德(Allahabad)出版的《全亚教育会议(1930 年 12 月 26-30 日)报告》(*Report of All Asia Educational Conference*(*Benares, December 26-30, 1930*))收录了该文 ③,以及胡庆生撰写的《中国的图书馆培训》("Library Training in China")一文 ④。

由上可以看到,虽然戴志骞先后执掌着三大高校图书馆,职责重要、压力巨大,但他从来都是放眼全国,心怀全局。他通过演讲宣传图书馆专业人才的重要性,通过北京高师暑期图书馆学讲习会提高了一批学员的专业素养与管理水平,又积极帮助文华图书科(文华图专)与上海创制中学女子部图书馆科培养图书馆专业人才。他通过多种途径帮助其他图书馆改进管理,协助规划建设了北京高师新图书馆与上海总商会图书馆,并在多家重要图书馆兼任职务,为其发展出谋

---

① Tai, T. C. Library Movement in China[C]// The Chinese National Association for the Advancement of Education. *Bulletins on Chinese Education 1923*. Shanghai: The Commercial Press, 1923: 1-20.

② 参加国际图书馆大会筹备报告[J]. 中华图书馆协会会报, 1929, 4(5): 11-12.

③ Tai, T. C. Development of Modern Libraries in China[C]// Khattry, D. P. *Report of All Asia Educational Conference*(*Benares, December 26-30, 1930*). Allahabad: The Indian Press, 1931: 658-664.

④ Hu, Thomas C. S. Library Training in China [C]// Khattry, D. P. *Report of All Asia Educational Conference*(*Benares, December 26-30, 1930*). Allahabad: The Indian Press, 1931: 664-674.

划策。他还积极对外宣传中国图书馆事业,促进了中外图书馆界之间的交流与了解。总而言之,戴志骞虽然未曾终老于图书馆界,但他为中国现代图书馆事业作出的贡献却是全方位的,不可估量的。他不愧是中国现代图书馆事业的重要先驱之一。

第十五章

戴罗瑜丽生平及其在华图书馆事业成就①

第一节　戴罗瑜丽早年生平

"戴罗瑜丽""戴超夫人"与"戴志骞夫人"是同人异称,均指戴志骞的第二任夫人。她既是戴志骞身后的那个贤妻,亦是一位性格独立的现代女性,在图书馆管理与图书馆学研究方面均取得了不小的成就,是中国现代图书馆史上为数不多的杰出女性之一。

一、戴罗瑜丽的中英文姓名

戴罗瑜丽原名"Julie Rummelhoff"（音译为"茱莉·鲁梅尔霍夫"）,或被误写成"Jilie Rummlehoff"②。与戴志骞结婚后,她被称为"Mrs. T. C. Tai"③ "Mrs. Julie Rummelhoff Tai"④ "Julie R. Tai"⑤ 等。尽管她取了"戴罗瑜丽"这个中文名,

---

① 本章原载《图书馆论坛》2015 年第 11 期,收入本书时略有改动。

② 韦庆媛. 图书馆学家戴志骞的激情与无奈[J]. 大学图书馆学报,2010(3):24.

③ New York State Library School. *New York State Library School Register*, *1887-1926*[M]. New York: New York State Library Schools Association, Inc., 1928:143; Journals Wanted[J]. *American Journal of Nursing*, 1931, 31(11):1320; New York State Library School. *New York State Library School Register*, *1887-1926* (*James I. Wyer Memorial Edition*)[M]. New York: New York State Library Schools Association, Inc., 1959:126.

④ News Notes for Members[J]. *Bulletin of the Medical Library Association*, 1934, 22(3):169.

⑤ Doe, Janet. *A Handbook of Medical Library Practice*[M]. Chicago: American Library Association, 1943:41.

但在正式场合或报刊文章中,人们一般称之为"戴超夫人"[①]或"戴志骞夫人"[②]。

1947 年 11 月 15 日,戴罗瑜丽向江苏省青浦县提交了入籍申请,至 1948 年 1 月 6 日获得批准,正式加入了中国国籍[③]。不过,在其入籍文件上,她改用了新的中文姓名"戴卢菊丽"[④]。

二、戴罗瑜丽的出生日期与地点

此前,学界对戴罗瑜丽的出生情况知之不详,有的称她"约生于 1897 年,挪威人"[⑤],有的称她为"挪威籍人""约生于 1887 年"[⑥]。这两种说法均有误。事实上,戴罗瑜丽于 1896 年 12 月 16 日[⑦]出生在挪威西部松恩-菲尤拉讷郡埃德自治市(Eid, Sogn og Fjordane County, Norway)[⑧]。埃德自治市地处风景怡人的旅游胜地北峡湾地区(Nordfjord),所以戴罗瑜丽曾在美国入境登记表的出生地一栏直接填写上"北峡湾地区埃德自治市"(Nordfjord-eid)[⑨],也有资料直接称戴罗瑜丽的出生地就是北峡湾地区[⑩]。

众所周知,西方人涉及年龄时一般使用周岁(实岁)。1917 年 9 月,戴罗瑜丽赴美留学,从纽约入境,当时她填写了一份编号为"P51022-0"的登记材料,上面

---

① 分组会议纪录·第十八　图书馆教育组[J]. 新教育,1922,5(3):556-557.

② 清华学校. 清华年报(1925—1926)[M]. 北京:清华学校,1926:29.

③ 韦庆媛. 戴志骞先生传略[C]// 韦庆媛,邓景康. 戴志骞文集(上). 北京:国家图书馆出版社,2015:14.

④ 详见《戴志骞文集》上册卷首登载的戴卢菊丽入籍文件。

⑤ 韦庆媛. 图书馆学家戴志骞的激情与无奈[J]. 大学图书馆学报,2010(3):24.

⑥ 王宗欣,葛红梅,徐晶晶. 北京协和医学院图书馆小史[C]// 中华医学会医史学分会. 中华医学会医史学分会第十四届一次学术年会论文集. 太原:中华医学会医史学分会,2014:287.

⑦ Bibliotekarer[J]. *Meldinger Fra Norges Landbrukshøgskole*,1934,Vol. 14:615;Rummelhoff[EB/OL]. [2015-05-05]. digitalarkivet. arkivverket. no/en-gb/gen/vis/8/pe00000001158616.

⑧ Julie Rummelhoff(born 1896)[EB/OL]. [2015-05-05]. www. ancientfaces. com/person/julie-rummelhoff/169651285.

⑨ 检索自 www.familysearch.org。

⑩ Bibliotekarer[J]. *Meldinger Fra Norges Landbrukshøgskole*,1934,Vol. 14:615.

登记的年龄为 20 周岁[①]。1924 年 8 月，戴罗瑜丽随戴志骞第二次赴美，其入境登记表上填写的年龄为 27 岁零 8 个月[②]。1933 年 4 月，戴罗瑜丽第三次赴美，其入境登记表上填写的年龄为 36 周岁[③]。认真推算后可以知道，这三个年龄均能与前述戴罗瑜丽的出生时间 1896 年 12 月 16 日遥相呼应。戴罗瑜丽并非生于 1897 年，更不可能生于 1887 年。

三、早年求学经历

迄今为止，戴罗瑜丽青少年时代的求学经历仍然不甚清晰。只知道她于 1915 年在克里斯蒂安桑兹天主教学校（Kristiansands kathedralskole）获得"文科文凭"（Eksamen artium）[④]。据查，"文科文凭"是丹麦与挪威两国特有的学历文凭。在挪威，想要获得"文科文凭"，先要接受九制义务教育，然后再学习三年。"文科文凭"课程分为挪威语、数学、历史、英语、体育、自然科学的某一分支学科等不同方向，其侧重点各不相同。学生的成绩既看课堂表现，也看考试（笔试、口试、论文等）成绩。获得"文科文凭"者就有资格升入本国大学或者出国留学深造[⑤]。

1917 年 9 月 7 日，戴罗瑜丽乘坐"卑尔根峡湾号"（Bergensfjord，简写为"Bergensfj."）远洋客轮从克里斯蒂安尼亚城（Kristiania，现称"奥斯陆"（Oslo））出发前往美国[⑥]，于 9 月 22 日抵达纽约[⑦]。她进入位于纽约州阿尔巴尼城的纽约州立图书馆学校攻读图书馆学，恰与戴志骞同班。不过，戴罗瑜丽需从低年级课

---

① Passenger Julie Rummelhoff[EB/OL]. [2013-08-01]. http://www. ellisisland. org/search/FormatPassRec.asp?ID=610220020068&BN=P51022-0&sship=Bergensfjord&lineship-id=NaN.

② 检索自 www.familysearch.org。

③ 检索自 www.familysearch.org。

④ New York State Library School. *New York State Library School Register, 1887-1926*[M]. New York: New York State Library Schools Association, Inc., 1928: 143; New York State Library School. *New York State Library School Register, 1887-1926*（*James I. Wyer Memorial Edition*）[M]. New York: New York State Library Schools Association, Inc., 1959: 126.

⑤ Examen artium[EB/OL]. [2013-08-01]. http://en.wikipedia.org/wiki/Examen_artium.

⑥ Rummelhoff[EB/OL]. [2015-05-05].digitalarkivet. arkivverket.no/en-gb/gen/vis/8/pe00000001158616.

⑦ Passenger Julie Rummelhoff[EB/OL]. [2013-08-01]. http://www.ellisisland.org/search/FormatPassRec.asp?ID=610220020068&BN=P51022-0&sship=Bergensfjord&lineshipid=NaN.

程开始学起,戴志骞则被寄予厚望,有望在一年之内就读完所有课程[①]。结果确实如此,戴志骞在 1918 年夏即从该校毕业[②],戴罗瑜丽则到 1919 年夏才毕业[③],两人都获得了图书馆学学士学位。此后戴罗瑜丽未再深造。

四、早年工作履历

戴罗瑜丽于 1915 年获得"文科文凭"后,并没有马上进入大学继续深造,而是开始工作。1915 年 9 月—1916 年 7 月,她在克里斯蒂安桑兹公共图书馆(Kristiansands folkebibliotek)当学徒(即实习馆员)。1916 年 9 月—1917 年 9 月,她在同城的戴希曼公共图书馆(Deichmanske bibliotek)担任助理馆员[④]。

在纽约州立图书馆学校就读时,她曾于 1918 年 7—8 月暑假前往纽约公共图书馆实习,在参考-编目部担任助理馆员。1919 年夏毕业后,她回国在挪威国立农业专科学校图书馆(Norges landbruk-hoiskole)担任馆员,直到她辞职前往中国与戴志骞汇合[⑤]。后一段工作时间为 1919 年 9 月 1 日到 1922 年 1 月 9 日[⑥]。

① Library Schools[J]. *Public Libraries*,1917,22(12):443.

② New York State Library School. *New York State Library School Register,1887-1926*[M]. New York:New York State Library Schools Association,Inc.,1928:138;New York State Library School. *New York State Library School Register,1887-1926(James I. Wyer Memorial Edition)*[M]. New York:New York State Library Schools Association,Inc.,1959:121.

③ New York State Library School. *New York State Library School Register,1887-1926*[M]. New York:New York State Library Schools Association,Inc.,1928:143;New York State Library School. *New York State Library School Register,1887-1926(James I. Wyer Memorial Edition)*[M]. New York:New York State Library Schools Association,Inc.,1959:126.

④ New York State Library School. *New York State Library School Register,1887-1926*[M]. New York:New York State Library Schools Association,Inc.,1928:143;New York State Library School. *New York State Library School Register,1887-1926(James I. Wyer Memorial Edition)*[M]. New York:New York State Library Schools Association,Inc.,1959:126.

⑤ New York State Library School. *New York State Library School Register,1887-1926*[M]. New York:New York State Library Schools Association,Inc.,1928:143;New York State Library School. *New York State Library School Register,1887-1926(James I. Wyer Memorial Edition)*[M]. New York:New York State Library Schools Association,Inc.,1959:126.

⑥ Bibliotekarer[J]. *Meldinger Fra Norges Landbrukshøgskole*,1934,Vol. 14:615.

第二节 戴罗瑜丽在中国

一、戴罗瑜丽与戴志骞的婚恋

目前,尚不清楚戴志骞与戴罗瑜丽具体于何时开始相恋,并最终结成伉俪。不过,从留存至今的戴志骞照片可以发现,他相当帅气,又文质彬彬。同时,他在纽约州立图书馆学校就读期间又表现得聪明而勤奋,用了不到 12 个月就克服语言障碍,修完了一般需要两年才能学完的专业训练课程[①]。不难想象,又帅气又有才的戴志骞对戴罗瑜丽产生了极大的吸引力,两人逐渐坠入情网。1918 年夏,先毕业的戴志骞到纽约厄普顿军营图书馆服务一年,戴罗瑜丽则继续学业。1919年夏,戴罗瑜丽毕业,返回挪威;戴志骞离美返华,重掌清华学校图书馆。两人就此分离了一段时间,但两人仍然鸿雁传情。

其实,戴志骞未赴美留学前就已结婚生女。此前韦庆媛在介绍戴志骞与戴罗瑜丽的婚姻时提到:"据清华周刊记载,1916 年 5 月戴志骞曾新添一女,此应为第二次结婚。"[②] 据此查知,1916 年 5 月 17 日出版的《清华周刊》第 77 期有如下报道:"弄瓦有喜 图书室管理员戴志骞先生于星期五新添一女。书此志贺。"[③]由此可以推算,戴志骞的这个女儿出生于 1916 年 5 月 12 日。当时戴志骞尚未赴美留学,当然不可能认识远在挪威的戴罗瑜丽,所以这个女儿乃是他与原配妻子所生。可惜的是,目前无从查知戴志骞原配妻子的姓名、背景、生平事迹等。

大概是在 1921 年的某个时间,戴志骞的原配妻子过世[④]。1921 年 10 月 11 日,《阿克什胡斯郡报》(*Akershus Amtstidende*)第二版报道称:"挪威国立农业专科学校图书馆馆员茱莉•鲁梅尔霍夫小姐已跟北京清华学校图书馆馆长戴志骞先生订婚。"[⑤] 1922 年 1 月 9 日,戴罗瑜丽正式辞职离开了挪威国立农业专科学校图书馆,随即不远万里前往中国。1922 年 4 月 26 日,戴志骞与戴罗瑜丽二人在上

---

① 顾烨青,郑锦怀,曹海霞. 探究图书馆学家戴志骞转行与归宿之谜——戴志骞生平再考[J]. 大学图书馆学报,2013(1):120.

② 韦庆媛. 图书馆学家戴志骞的激情与无奈[J]. 大学图书馆学报,2010(3):24.

③ 弄瓦有喜[J]. 清华周刊,1916(77):21.

④ 桂老师口述记录(一) [EB/OL]. [2008-05-15]. http://blog. sina. com. cn/s/blog_4dbfe-f410100a48k. html.

⑤ Forlovelse[N]. *Akershus Amtstidende*,1921-10-11(2).

海完婚,至 1947 年 4 月 26 日庆祝银婚(结婚 25 周年)[1]。他们之所以选择在上海举办婚礼,大概有以下三个原因:

其一,戴罗瑜丽从挪威乘船而来,正好在上海上岸,免得奔波劳累[2]。

其二,戴志骞的家乡江苏省青浦县朱家角镇离上海很近,他可以很方便地邀请亲朋前来参加婚礼[3]。

其三,1922 年 4 月 4—8 日,世界基督教学生同盟在清华学校举办第十一届大会,以推动中国基督教会和基督教青年会的发展。穆德亲自来华主持大会,并做讲话。5 月,为期八天的(中国)全国基督教大会将在上海举行,而穆德也将莅临。因此,戴志骞正好可以邀请穆德顺便为其证婚[4]。

二、戴罗瑜丽在清华图书馆

1922 年 5 月,戴志骞携戴罗瑜丽从上海返回清华学校。同年 9 月,戴罗瑜丽因"对于图书管理亦深有渊源"而被清华学校聘为名誉职员[5],帮忙管理图书馆英文编目部[6],享受事务员待遇[7]。

1924 年 8 月,戴志骞获准休假一年,携戴罗瑜丽赴美[8]。他们于 8 月 22 日乘坐"杰弗逊总统号"轮船从上海出发[9],9 月 7 日抵达美国华盛顿州西雅图市[10],然后转赴爱荷华市。戴志骞入爱荷华大学继续深造,于 1925 年 5 月获得教育管

---

① 卞白眉.卞白眉日记(第三卷)[M].天津:天津古籍出版社,2008:74.

② 韦庆媛.戴志骞先生传略[C]//韦庆媛,邓景康.戴志骞文集(上).北京:国家图书馆出版社,2015:3.

③ 韦庆媛.戴志骞先生传略[C]//韦庆媛,邓景康.戴志骞文集(上).北京:国家图书馆出版社,2015:3.

④ 韦庆媛.戴志骞先生传略[C]//韦庆媛,邓景康.戴志骞文集(上).北京:国家图书馆出版社,2015:3;顾长声.从马礼逊到司徒雷登——来华新教传教士评传[M].上海:上海书店出版社,2005:408.

⑤ 新聘名誉女教职员[J].清华周刊,1922(250):36.

⑥ 编目部[J].清华周刊,1922(250):37.

⑦ 韦庆媛.图书馆学家戴志骞的激情与无奈[J].大学图书馆学报,2010(3):24.

⑧ Kaiser, John Boynton. Introduction[M]// Tai, Tse-chien. *Professional Education for Librarianship*. New York: The H. W. Wilson Company, 1925: 6.

⑨ 检索自 www.familysearch.org。

⑩ 检索自 www.familysearch.org。

理学专业的哲学博士学位^①。戴罗瑜丽原本计划到纽约公共图书馆服务一年^②，但最终选择夫唱妇随，来到爱荷华大学图书馆担任了一年的助理编目员，年薪为1 325美元^③。1925年夏，戴志骞夫妇结束各自的学习与工作，一同考察美国、英国、法国、比利时、荷兰、挪威、瑞典、丹麦、德国、苏联、日本等国的图书馆事业，同年10月回国。回国后，戴罗瑜丽继续主持清华图书馆西文编目部。1928年9月3日，清华学生会校务改进委员会发动"清校运动"，议决驱逐戴志骞等五人^④。戴志骞被迫辞职，戴罗瑜丽也离开清华图书馆。

三、戴罗瑜丽在北平协和医学院图书馆

1929年10月28日，戴志骞南下，到南京就任国立中央大学图书馆馆长^⑤。戴罗瑜丽则留在北平，从9月起受聘为北平协和医学院图书馆主任^⑥。关于戴罗瑜丽何时离开北平协和医学院图书馆，主要有三种说法。

其一，曾跟戴罗瑜丽在北平协和医学院图书馆共事多年的赵庭范回忆称："1935年至1936年，经馆长提名，我被学院派往美国哥伦比亚大学图书馆系学习一年，同时在纽约医学科学院图书馆实习。这年冬天，经中文系研究医学历史的李涛教授介绍，协和图书馆购进了一批中医医书……为了这批书的事，院长胡恒德和图书馆馆长戴志骞夫人发生了矛盾，戴馆长辞职了。胡院长委派图书馆委员会的主任委员何博礼担任名誉馆长（这时图书馆委员会的委员均为教授担任）。我亦于1936年7月被召回国，负责图书馆的日常工作。"^⑦赵庭范未直接说明戴罗瑜丽的辞职时间，但可以推断应是在1935年冬天至1936年7月之间。

---

① Tai, Tse-chien. Preface[M]// Tai, Tse-chien. *Professional Education for Librarianship*. New York: The H. W. Wilson Company, 1925: viii.

② Kaiser, John Boynton. Introduction[M]// Tai, Tse-chien. *Professional Education for Librarianship*. New York: The H. W. Wilson Company, 1925: 6; 教职员留美[J]. 清华周刊, 1924(316): 18-19.

③ State of Iowa. *Report of the Iowa State Board of Education for the Biennial Period Ending June 30, 1926(Ninth Biennial Report)*[M]. Des Moines: The State of Iowa, 1926: 142.

④ 韦庆媛. 民国时期清华图书馆员的大动荡及启示[J]. 河南图书馆学刊, 2010(5): 137-138.

⑤ 韦庆媛. 图书馆学家戴志骞的激情与无奈[J]. 大学图书馆学报, 2010(3): 23.

⑥ 李钟履. 北平协和医学院图书馆馆况实录[M]. 北京: 北平协和医学院, 1933: 3; 韦庆媛. 民国时期清华图书馆员的大动荡及启示[J]. 河南图书馆学刊, 2010(5): 138.

⑦ 赵庭范. 独具风格的协和图书馆[C]// 政协北京委员会文史资料研究会. 话说老协和. 北京: 中国文史出版社, 1987: 413.

其二,1959 年出版的《纽约州立图书馆学校学生登记簿(1887—1926)(詹姆斯•I. 韦尔纪念版)》(New York State Library School Register, 1887-1926 (James I. Wyer Memorial Edition))指出,1928 年 9 月—1936 年 9 月,戴罗瑜丽担任北平协和医学院图书馆主任 ①。也就是说,戴罗瑜丽于 1936 年 9 月辞职。

其三,韦庆媛称戴罗瑜丽于"1936 年 10 月"因故从北平协和医学院图书馆辞职 ②。

那么,哪种说法正确呢?据查,1936 年 10 月 31 日出版的《中华图书馆协会会报》第 12 卷第 2 期公布了戴罗瑜丽的辞职消息,称她于"今年十月因故辞职南旋"③,而同年 8 月 31 日出版的该刊第 12 卷第 1 期未曾报道此事。此外,1937 年《中华医学杂志》第 23 卷第 2 期所载"本会消息(会务报告　一九三六年十月至一九三七年一月)"已经称戴罗瑜丽为"前协和医学院图书馆主任戴志骞夫人"④。结合这两种史料可知,戴罗瑜丽应当是在 1936 年 10 月辞去北平协和医学院图书馆主任一职。

在北平协和医学院图书馆任职期间,戴罗瑜丽有时会南下跟戴志骞团聚。比如,1934 年 5 月 13 日的《字林西报》就报道称:"戴罗瑜丽,即中国银行戴博士的夫人,昨晨从北平来沪。当日下午,夫妇二人便前往杭州度个短假。"⑤

此外,从 1933 年 4 月 1 日到 11 月 15 日,戴罗瑜丽休假⑥。1933 年 3 月 22 日,西奥多•索伦森夫妇(Mr. and Mrs. Theodore Sorenson)就在北京举办茶话会为戴罗瑜丽送行。1933 年 3 月 30 日的《字林西报》为此发表了一则短迅,其中提到戴罗瑜丽将从上海乘船去温哥华,再赴美国考察其图书馆体系,然后前往挪威的克里斯蒂安桑兹跟她的母亲一起生活一段时间⑦。

① New York State Library School. *New York State Library School Register, 1887-1926 (James I. Wyer Memorial Edition)*[M]. New York: New York State Library Schools Association, Inc., 1959: 126.

② 韦庆媛. 图书馆学家戴志骞的激情与无奈[J]. 大学图书馆学报, 2010(3): 24.

③ 北平协和图书馆主任易人[J]. 中华图书馆协会会报, 1936, 12(2): 29.

④ 本会消息(会务报告　一九三六年十月至一九三七年一月)[J]. 中华医学杂志, 1937, 23(2): 230.

⑤ Personal Notes[N]. *The North-China Daily News*, 1934-05-13(14).

⑥ News Notes for Members[J]. *Bulletin of the Medical Library Association*, 1934, 22(3): 169.

⑦ From Day to Day[N]. *The North-China Daily News*, 1933-03-30(6).

大约在 1933 年 4 月初，戴罗瑜丽抵达上海①。1933 年 4 月 15 日，她乘坐"麦金莱总统号"轮船（S. S. President McKinley）从上海出发②，5 月 3 日抵达旧金山③。然后前往纽约，一路参观各地的医学图书馆，再返回挪威住了 3 个月，并参加 8 月 24—27 日在奥斯陆举行的第三届斯堪的纳维亚图书馆大会，最后经德国、意大利、苏伊士运河返回中国④。对此，李钟履自撰并于 1933 年 12 月 1 日作序的《北平协和医学院图书馆馆况实录》也有所提及："民国十七年九月至今日 Mrs. T. C. Tai 戴夫人于今年四月初休假出国（年底仍回馆），现由赵廷范先生（副主任）代理。"⑤

四、晚年情况

目前所见，从北平协和医学院图书馆辞职后的多年间，戴罗瑜丽一直跟随在戴志骞身边，而未再就业。

解放战争后期，由于时事变迁，戴罗瑜丽于 1948 年 12 月 28 日先行来到香港⑥。1951 年 4—7 月，她曾在香港大学担任助理馆员⑦。戴志骞则于 1949 年 2 月 24 日抵达香港，3 月 5 日乘船前往上海处理公务，4 月初再抵香港。此后一段时间，戴志骞基本上呆在香港，仍旧为中国银行服务，但有时也要奔波各处，包括到中国银行新加坡分行处理人事问题⑧。

1950 年戴志骞退休⑨。大约在 1951 年 7 月下旬，戴志骞夫妇离开香港，前往

① Personal Notes[N]. *The North-China Daily News*, 1933-04-04（12）；Personal Notes[N]. *The North-China Daily News*, 1933-04-05（17）.

② Personal Notes[N]. *The North-China Daily News*，1933-04-16（14）；检索自 www.familysearch.org。

③ 检索自 www.familysearch.org。

④ News Notes for Members[J]. *Bulletin of the Medical Library Association*, 1934, 22（3）：168-169.

⑤ 李钟履. 北平协和医学院图书馆馆况实录[M]. 北京：北平协和医学院，1933：3.

⑥ 卞白眉. 卞白眉日记（第三卷）[M]. 天津：天津古籍出版社，2008：143.

⑦ New York State Library School. *New York State Library School Register*, *1887-1926*（*James I. Wyer Memorial Edition*）[M]. New York：New York State Library Schools Association, Inc., 1959：126.

⑧ 卞白眉. 卞白眉日记（第三卷）[M]. 天津：天津古籍出版社，2008：151-160.

⑨ Lowe, Chuan-hua. *Notable Books on Chinese Studies*：*An Updated, Annotated, and Topical Bibliographic Guide*（*2nd and enl. ed.*）[M]. San Francisco：House of Overflowing Felicities, 1988：65.

阿根廷①,在阿根廷首都布宜诺斯艾利斯安顿下来。戴志骞过起悠闲的退休生活,甚至开始学习西班牙语,偶尔还会写点东西②,直到 1963 年 3 月 19 日离开人世③。戴罗瑜丽则从 1952 年 4 月起到美洲社区学校任图书馆馆员④,直到 1958 年退休⑤。

第三节　戴罗瑜丽对中国现代图书馆事业的贡献

一、对清华图书馆西文分编工作的贡献

清华学堂是清政府于 1911 年利用美国政府退还的部分"庚子赔款"建立的留美预备学校,1912 年改称"清华学校",1925 年设立大学部与国学门,1928 年更名为"国立清华大学",成为中国现代史上最好的文理工兼设的综合性大学之一⑥。但不管如何改名与变革,该校历届学生大都以出国留学为重要目标,外文(主要是英文)教学因此一直在课程体系中占据重要位置。

为配合学校教学工作,清华图书馆从一开始就在西文(主要是英文)书刊的采购方面下了很大功夫,不仅拨有美金专款用于购买西文图书⑦,还向欧美各国订阅大量西文杂志⑧。据戴志骞所撰《清华学校图书馆概况》,该馆西文馆藏在

---

① 卞白眉. 卞白眉日记(第三卷)[M]. 天津:天津古籍出版社,2008:245-246.

② Tai,T. C. A Letter from T. C. Tai in October 1954[J]. *Library Service News*,1955,17(1):3.

③ Lowe,Chuan-hua. *Notable Books on Chinese Studies:An Updated,Annotated,and Topical Bibliographic Guide(2nd and enl. ed.)*[M]. San Francisco:House of Overflowing Felicities,1988:65.

④ New York State Library School. *New York State Library School Register,1887-1926(James I. Wyer Memorial Edition)*[M]. New York:New York State Library Schools Association,Inc.,1959:126.

⑤ Tu,Kuang-Pei. *Transformation and Dissemination of Western Knowledge and Values:the Shaping of Library Service in Early Twentieth Century China*[D]. Los Angeles:University of California,1996:425.

⑥ 吴清军. 清华传奇[M]. 北京:新世界出版社,2011:3.

⑦ 图书馆报告[J]. 清华周刊,1917(99):22.

⑧ 志图书馆[J]. 清华周刊,1917(103):22.

1915年只有约1 000册，但1925年增加到约29 000册[①]。读者也热衷于借阅西文图书。早期，在读者借出书籍当中，西文书籍甚至远远多于中文书籍。比如，在1916年10月该馆共借出书籍969本，其中中文书籍仅299本，西文书籍则多达670本[②]。

在这种情况下，西文书籍的分类与编目就显得非常重要。戴志骞在1916年或更早就对所购英文书籍进行分类，"将书名用字母分类，另作一表，悬于图书室内"，以方便读者检索[③]。1919年，戴志骞聘请毕业于美国威斯康星图书馆学校的狄玛夫人担任"英文书籍目录编辑员"[④]，按照杜威十进分类法，对英文书籍进行编号分类[⑤]。1921年暑假，狄玛夫人因家人过世而辞职回美，导致无人接手清华图书馆的西文分编工作[⑥]。

戴罗瑜丽在1922年9月受聘负责清华图书馆西文编目部，无疑解决了该馆缺乏人手的难题，而她也确实为该馆西文图书的分编工作作出了巨大贡献。在她努力下，该馆于1927年编印《清华学校图书馆西文分类目录》，为清华图书馆馆员与读者提供了极大便利。正因为如此，当时的清华学校校长曹云祥(Y. S. Tsao)于1927年7月25日专门为其撰写一篇英文"前言"(Foreword)[⑦]，戴志骞也为其撰写一篇英文"序言"(Preface)[⑧]，以示重视与赞誉。

必须指出，这本目录的编印绝非戴罗瑜丽一人之功。正如戴志骞在序言中所说，最早启动清华图书馆西文编目工作的人是狄玛夫人，而叶企孙(C. S. Yeh)、谭唐等来自清华学校各系的教授也对与其专业相关的图书分类进行了增订。尽管戴罗瑜丽组建了西文编目部，并监管全部工作，但如果没有其他职员的努力，这本目录绝对不可能这么快就编印完毕[⑨]。

---

① 戴志骞. 清华学校图书馆概况[J]. 图书馆学季刊，1926，1(1)：100.

② 图书汇志[J]. 清华周刊，1916(86)：20.

③ 图书汇志[J]. 清华周刊，1916(86)：20.

④ 志图书馆[J]. 清华周刊，1919(173)：4-5.

⑤ 图书馆[J]. 清华周刊，1920(S6)：17.

⑥ 图书馆[J]. 清华周刊，1921(223)：113.

⑦ Tsao, Y. S. Foreword[M]// Tai, Julie Rummelhoff. *Classified Catalog of the Tsing Hua College Library*. Peking：Tsing Hua College, 1927：V-VI.

⑧ Tai, Tse-chien. Preface[M]// Tai, Julie Rummelhoff. *Classified Catalog of the Tsing Hua College Library*. Peking：Tsing Hua College, 1927：VII-VIII.

⑨ Tai, Tse-chien. Preface[M]// Tai, Julie Rummelhoff. *Classified Catalog of the Tsing Hua College Library*. Peking：Tsing Hua College, 1927：VII-VIII.

这本目录依据的是杜威十进分类法。戴罗瑜丽及其同事意识到,杜威十进分类法的各个部分,尤其是"100 哲学"(100 Philosophy)与"570 生物学"(570 Biology)两个部分已完全过时。但他们认为,最好等到图书馆界期待已久、改进良多的杜威十进分类法第十二版问世,再重新整理馆藏。因此,他们只对杜威十进分类法进行了少许修改与扩充[①]。由于编目人员短缺,而工作量太大,这本目录远非完美无缺。但值得注意的是,它还包含一份著者索引,较好地弥补了书本式目录单一排列的缺点,因此被后来者称赞为"很好地体现了我馆在书目控制过程中中西编目传统结合的特点"[②]。

二、对北平协和医学院图书馆的贡献

从 1928 年 9 月到 1936 年 9 月,戴罗瑜丽执掌北平协和医学院图书馆达 8 年之久。囿于资料,无法细数戴罗瑜丽执掌该馆期间采取的具体举措及其取得的成效。不过,从李钟履所撰《北平协和医学院图书馆馆况实录》一书可略窥戴罗瑜丽的功绩。该书内容丰富,特别是介绍了北平协和医学院图书馆购书、分类、编目、庋藏、流通、参考、杂志管理、装订、淘汰书籍与失书处理、交换图书与赠书处理等方面的相关规定、处理程序与处理方法等[③]。作为图书馆主任,戴罗瑜丽不可能没有参与此类制度建设。

此外,沈祖荣在 1933 年 10 月 30 日出版的《中华图书馆协会会报》第 9 卷第 2 期发表的《中国图书馆及图书馆教育调查报告》一文中提到:"协和医学院图书馆馆长戴志骞夫人,管理有方,分类编目,秩序井然。其分类系统,乃根据波士顿医科大学图书馆之分类法。该馆除藏极丰富之医学书籍外,并藏有无数整部之医学杂志,有数小阅览室。"[④] 1936 年 10 月 31 日,《中华图书馆协会会报》第 12 卷第 2 期在发布戴罗瑜丽辞职消息时也对其评价颇高:"北平协和医学院图书馆,自民国十七年起,即由戴志骞夫人主持,迄今已八年之久,该馆内部组织,以及管理方法均极完善,在吾国医学图书馆中堪称首屈一指,此等成绩皆戴夫人苦

① Tai, Julie Rummelhoff. Introduction[M]// Tai, Julie Rummelhoff. *Classified Catalog of the Tsing Hua College Library*. Peking: Tsing Hua College, 1927: IX.

② 刘春美,史瑞英,牛雅利,张静. 清华大学图书馆西文书目控制研究[J]. 图书馆建设, 2006(1): 39.

③ 李钟履. 北平协和医学院图书馆馆况实录[M]. 北京: 北平协和医学院, 1933: 1-66.

④ 沈祖荣. 中国图书馆及图书馆教育调查报告[J]. 中华图书馆协会会报, 1933, 9(2): 2.

心孤诣惨淡经营所至。"① 简言之,戴罗瑜丽对于北平协和医学院图书馆的组织与管理,特别是医学类馆藏的建设、分类、编目等方面作出了巨大贡献。

戴罗瑜丽还曾在1931年9月《美国护理杂志》(*American Journal of Nursing*)第31卷总第1320期上求购1900—1903年、1906年9月、1910年与1924年12月出版的全部各期《美国护理杂志》②。戴罗瑜丽并非护理专业出身,所以她此次不可能是为自己求购《美国护理杂志》,而应当是为北平协和医学院图书馆所藏《美国护理杂志》补缺补漏。由小见大,可知她是何等尽职尽责。

此外,在北平协和医学院图书馆工作期间,戴罗瑜丽还曾应国立北平图书馆之请,为该馆编撰的《北平各图书馆馆藏西文图书联合目录》(*Union Catalogue of Books in European Languages in Peiping Libraries*)修订了大部分德文条目③。该联合目录一套四册,前三册为图书著者目录,第四册则为期刊目录,共收录北平29所图书馆与学术机关所藏的总共85 000余种西文书刊④,具有很高的实用价值。

三、戴罗瑜丽与中国图书馆专业团体

1922年7月3—7日,中华教育改进社在济南召开第一次年会。初到中国不久的戴罗瑜丽以"戴超夫人"的身份参加了图书馆教育组的分组会议,与戴超(戴志骞)、杜定友、沈祖荣、洪有丰、朱家治、孙心磐并列为七位正式代表⑤。7月4—7日分组会议总共召开四次。戴罗瑜丽并未提交任何议案,主因是初来乍到,不熟悉情况。但她除缺席第二次会议外,其余三次均出席并参与讨论,为完善图书馆教育组议决通过的各项议案尽了一份力量⑥。

1923年8月19—24日,中华教育改进社第二次年会在北京清华学校举行。戴罗瑜丽再次随戴超(戴志骞)参加这次年会,是图书馆教育组分组会议的23位

① 北平协和图书馆主任易人[J]. 中华图书馆协会会报,1936,12(2):29.

② Journals Wanted[J]. *American Journal of Nursing*,1931,31(11):1320.

③ Yuan, T. L. Preface[M]// The National Library of Peiping. *Union Catalogue of Books in European Languages in Peiping Libraries. Volume One(A-G)*. Peiping:The National Library of Peiping and the National Academy of Peiping,1931:1-2.

④ 谢灼华. 中国图书和图书馆史(修订版)[M]. 武汉:武汉大学出版社,2005:387.

⑤ 分组会议纪录·第十八 图书馆教育组[J]. 新教育,1922,5(3):555-557;顾烨青. 民国时期图书馆学会考略[J]. 山东图书馆学刊,2009(6):19.

⑥ 分组会议纪录·第十八 图书馆教育组[J]. 新教育,1922,5(3):555-561.

代表之一①。此后,她还当选中华教育改进社图书馆教育委员会委员②。

在中华教育改进社的鼓动与支持下,北京图书馆协会于 1924 年 3 月 30 日在中华教育改进社总事务所正式成立。戴志骞与戴罗瑜丽均为该会个人会员③,戴志骞还当选为首任会长。

1935 年,中华图书馆协会适逢成立十周年,于是发起征集十周年纪念论文。戴罗瑜丽应邀用英文撰写"Medical Libraries in China"(《中国之医学图书馆》),后收入该会于同年汇编刊印的《中国图书馆事业:中华图书馆协会十周年纪念论文集》(*Libraries in China: Papers Prepared on the Occasion of the Tenth Anniversary of the Library Association of China*)一书。该文还以"A Survey of Medical Libraries in China"(《中国医学图书馆考察》)为题,载于 1935 年出版的《中华医学杂志》(*Chinese Medical Journal*)英文版总第 49 期上④。这既为国外图书馆同人了解中国医学图书馆事业提供了一个窗口,也为中国图书馆界的对外宣传与交流作出了自己的贡献。

第四节　余论

从 1922 年初来到中国,到 1951 年 7 月底离开香港,戴罗瑜丽前后在中国大地上工作生活了将近 30 年。她积极参与中国图书馆界的交流与合作,努力融入其中,为中国现代图书馆事业与图书馆学研究的发展作出了自己的贡献。在近现代中国图书馆界,服务经年的外国人并不算少,女性所占比例也不低,但戴罗瑜丽显得颇为特别。

(1)来华外国籍图书馆员基本上都集中在几所教会大学;戴罗瑜丽服务过的清华学校与北平协和医学院虽然跟美国关系密切,却只能算是普通高校。戴罗瑜丽之所以来华,纯粹是为了与爱侣戴志骞团聚,而非抱着到中国播洒福音的

① 分组会议纪录·第三十　图书馆教育组[J]. 新教育,1923,7(2/3):229.

② 中华教育改进社. 中华教育改进社同社录[M]. 北京:中华教育改进社,1924:131.

③ 会员调查[J]. 北京图书馆协会会刊,1924(1):47.

④ Doe, Janet. *A Handbook of Medical Library Practice*[M]. Chicago: American Library Association,1943:41.

宗教目的。

（2）来华外国籍图书馆员绝大多数是美国人，也有少数几位是加拿大人[①]；戴罗瑜丽则是来自北欧的挪威，极为罕见。甚至可以说，她充当了中国与北欧之间的文化交流使者。比如，大约在 1930 年 12 月底，戴罗瑜丽应天津国际妇女俱乐部邀请，在利顺得饭店演讲《北欧四大女文豪的传略》，介绍楷密拉·柯莱脱（Camilla Collett，现一般译为"卡米拉·科莱特"）、爱伦·凯（Ellen Key）、西玛·莱葛洛芙（Selma Legerlof，现一般译为"塞尔玛·拉格洛夫"）与锡葛立特·恩特赛（Gigrid Undset，现一般译为"西格丽德·温塞特"）这四位北欧著名女作家的生平与成就。她的演讲内容经蒋逸霄记录与翻译，以《北欧四大女文豪》为题，载于 1931 年 1 月 1 日出版的《新闻周报》第 8 卷第 1 期上[②]。这无疑有助于中国读者更好地了解北欧文学。

（3）在为数众多的来华外国籍图书馆员中，除了被誉为"中国现代图书馆运动之皇后"的文华公书林创始人韦棣华与戴罗瑜丽，很少有人著书立说或积极主动地跟中国图书馆界同仁进行交流与合作。除参加中华教育改进社、北京图书馆协会与中华图书馆协会的相关活动外，戴罗瑜丽还曾应邀担任 1932 年 7 月创办的上海创制中学女子部图书馆科的指导委员，积极为中小学与公共图书馆馆员的培养出力[③]。即便是从北平协和医学院图书馆辞职以后，她仍然十分关心中国的医学图书馆事业。大约从 1936 年 10 月起，她为中华医学会图书馆提供业务指导[④]。1937 年 7 月起，她更是受聘为中华医学会图书馆图书委员会顾问[⑤]。1939 年 4 月 6 日，她参加中华医学会图书馆委员会举办的聚餐会议[⑥]。

总体而言，尽管不像韦棣华那样举世闻名、中外共赞，但戴罗瑜丽同样是来华外国籍图书馆员积极融入中国图书馆界的楷模，同样作出了不可磨灭的贡献。

---

① 孟雪梅. 近代中国教会大学图书馆研究［M］. 北京：国家图书馆出版社，2009：240-253.

② 戴志骞夫人讲，蒋逸霄译. 北欧四大女文豪［J］. 新闻周报，1931，8（1）：1-8.

③ 创制中学添设女子部及图书馆科［J］. 浙江省立图书馆月刊，1932，1（5/6）：192-193；萧林来. 解放前我国的图书馆学教育史料［J］. 图书馆学研究，1985（5）：66.

④ 本会消息（会务报告 一九三六年十月至一九三七年一月）［J］. 中华医学杂志，1937，23（2）：230.

⑤ 中华医学会图书馆报告（一九三七年七月一日至十二月三十一日）［J］. 中华医学杂志，1938，25（3）：177-178.

⑥ 本会消息（一九三九年四月份会务报告）［J］. 中华医学杂志，1939，25（6）：393-395.

遗憾的是,在中华人民共和国成立前后,戴罗瑜丽与戴志骞两人先是迁至香港,后又移民阿根廷,基本上与中国大陆图书馆界失去了联系。而由于文献检索与获取渠道不畅,尚无法查阅他们在国外留下的各种第一手档案文献。戴罗瑜丽的晚年生活究竟如何,她在戴志骞逝世之后是否依然留在阿根廷,她又于何时离开人世等问题,都值得进一步研究与探讨。

下 编

史料译编

第十六章

戴志骞著《论图书馆员职业教育》选译 ①

第一节 戴志骞自序 ②

本研究主要涉及美国的图书馆员职业教育问题。1919 年,受卡内基基金会(the Carnegie Corporation)的委托,查尔斯•C. 威廉姆森博士(Dr. Charles C. Williamson)发表了题为《图书馆服务培训》("Training for Library Service")的报告,至 1923 年又正式出版。自那时起,美国图书馆界对于职业图书馆员的培训问题已经讨论得很多了。图书馆的发展、决定图书馆服务之性质的支配要素及过往与当前的图书馆员培训和教育(包括职业图书馆学校的发展)之间存在着复杂的互动关系,但无论是针对威廉姆森报告的批评与评论,还是随之而来的范围广泛的一般讨论,均非基于对这些互动关系的正确认识。

本研究采用的方法包括:首先,对过去及现在仍然对图书馆的发展、图书馆服务的性质和图书馆员职业教育的性质起着支配作用的社会、教育与知识因素进行理论分析。

这是因为,对于几乎其他每一种得到认可的职业来说,都有反映其从古到今的科学与文化发展情况及其专业人才培训与教育情况的信史可查。但在图书馆员(职业)教育领域,情况却并非如此。我们不知道,从古到今,在该职业发展的不同阶段,图书馆员需要具备什么资格条件。我们也未确切知道,不同国家的职

---

① 原书题为 *Professional Education for Librarianship*,由美国纽约的 H. 威尔逊公司(The H. Wilson Company)于 1925 年 11 月出版,该书由戴志骞博士学位论文的略加增订而成。

② Tai, Tse-chien. Preface[M]// Tai, Tse-chien. *Professional Education for Librarianship*. New York: The H. Wilson Company, 1925: v-viii.

业图书馆学校的创办原因及其源头与发展过程。这也就难怪,我们甚至没有合适的工具来查明当前改变着人们对于图书馆员及其受教育要求的各种因素。对于历史的系统研究,可以为当前图书馆员职业的发展指明方向;而对现实的细致分析,也可以为我们通往未来照亮道路。

这种历史方法用来对图书馆员的培训与教育,以及职业图书馆学校在欧洲大陆、英国与美国的源头与发展过程进行系统研究,尤其是对美国职业图书馆学校的优缺点与长短处进行批判分析。这构成了本研究的第二部分。

本研究的第一部分是对图书馆员职业发展中的社会、教育与知识因素进行理论分析,第二部分是对图书馆员职业的源头与发展过程,以及职业图书馆培训机构进行历史分析,再后则是对未来计划进行系统而确切的阐述。该计划详细阐述了在爱荷华州立大学创办一所图书馆学校的具体方案。这项计划,包括附录1中的课程体系与附录2中的资金预算,构成了本研究的第三部分。阅读后面这些章节时,读者可能会觉得,在这样一部探讨图书馆员职业教育的专著中,用于描述古今各类图书馆的篇幅实在是太长了。但是,请牢记,为了呈现不同时期图书馆员均不得不接受职业教育而后才能从事的这种服务的性质,这是很有必要的。

在引用各个学术权威的著述时,无论作者赞同与否,本研究从始至终几乎全部使用直接引文。这样做有如下两个明确目的:(1)避免作者的无意曲解;(2)给予本研究所涉特定问题的研究先驱们以应得的荣誉。

在此,作者希望向女性图书馆员们表示歉意。在需要使用代词的时候,作者一般都是使用表示男性的"他"字,但这并不意味着作者忽略了女性对于这个职业作出的可贵贡献。作者还可以肯定,不管"图书馆员"一词用于何处,它都涵盖了男性与女性。

在此,作者谨向他引用过其著述或意见者表示感谢。在这方面有所贡献的人是如此之多,所以作者无法一一列举出来。但是,作者有必要向以下诸人,包括爱荷华州立大学图书馆馆长约翰•博因顿•凯泽教授(Professor John Boynton Kaiser)、爱荷华大学教育学院的院长保罗•克利弗德•佩克尔(Dean Paul Clifford Packer)及弗里斯特•C. 恩赛因教授(Professor Forest C. Ensign)表示特别的谢意,因为本研究听取了他们的建议。作者还需要向约翰•博因顿•凯泽博士表达更多的谢意,因为他不仅在研究程序方面提出了宝贵的建议,在研究进程中提出了有益的批评,更对全书的修改付出了不懈的努力。没有他的密切关注与不断帮助,这项任务不可能已经完成。

在此,作者还想指出,爱荷华州立大学研究生院具有宽容开明的科学态度与学术氛围。研究生院领导卡尔·爱弥尔·希绍尔院长(Dean Carl Emil Seashore)及其同事,包括 G. T. W. 帕特里克教授(G. T. W. Patrick)、卡尔·F. 陶什教授(Carl F. Taeusch)、翟理斯·M. 鲁赫教授(Giles M. Ruch),以及研究生院的其他成员,就是其典型代表。他们一直都是作者的灵感来源。作者一直都清楚地知道,人们对他有所期待,而他也一直都最为努力地朝着目标奋进。

作者需要向美国图书馆协会图书馆员教育委员会(The Board of Education for Librarianship of the American Library Association)表示感谢。该委员会让作者有机会参加了它组织的两次会议。恰恰是在这两次会议上,作者得以从这个国家这个职业(即美国图书馆界)的领军人物们身上获得了众多灵感与大量资讯。作者还需要向为其提供了便捷服务的爱荷华州立大学图书馆工作人员们表示特别的感谢。

约翰·F. 洛克夫人(Mrs John F. Loeck)好心地校阅了部分手稿,爱荷华大学院系分馆主管(Superintendent of Departmental Libraries of the University of Iowa)杰克逊·E. 陶恩先生(Mr. Jackson E. Towne)则耐心地校阅了全部手稿,并且做了许多极有价值的修改,尤其是在英语习语的使用方面。作者在此向他们表示衷心的感谢。最后,作者还要向妻子茱莉·鲁梅尔霍夫·戴(戴罗瑜丽)表示最深挚的谢意。没有她在核对德文书刊译文时付出的始终如一的专注、激情与有条不紊的努力,以及她在校阅最终打印稿时的呕心沥血,这本书不可能是现在这种状况。

戴志骞

1925 年 5 月 11 日

于爱荷华州爱荷华城

第二节 约翰·博因顿·凯泽导论 ①

戴(志骞)博士其实已经在其"自序"中介绍了他的研究主题。如果还需要做更多了解的话,那么不妨去读一下最近发布的《美国图书馆协会图书馆员教

---

① Kaiser, John Boynton. Introduction[M]// Tai, Tse-chien. *Professional Education for Librarianship*. New York: The H. W. Wilson Company, 1925: 1-12.

育委员会第一次年度报告》。在这份报告中,图书馆员教育委员会表示,它深信:"人们一再断言,合格的图书馆员供不应求。这绝非夸大其辞。"事实上,本书似乎就是对图书馆员教育委员会观点的直接回答。它论及了图书馆员稀缺带来的影响,以及为社会各界增加合格图书馆员所必须采取的措施等问题,令人十分信服。当然,戴博士的结论跟图书馆员教育委员会专家的意见略有不同,但他巧妙地为自己的立场做了辩护。其他人当然也可能会秉持求实与理性的态度,力争跟他们双方保持差异。但是,对于这样一个正处于转型阶段,而且对全国的经济、文化与教育事业都具有如此巨大潜在意义的研究主题来说,这与其说是一件坏事,还不如说是一件好事。

我们正处在一个职业教育蓬勃发展的阶段,而美国在此领域早已公认是世界领先。值此,戴博士从东方来到我们面前,给我们带来了现在是而且在今后一段时间内仍然可能是最为丰富、最为完备、最为振奋人心的历史介绍与主观评论。为此,本书的读者自然会对这样一个外国人的生平与人格产生特别的兴趣。

1888 年 2 月 27 日,戴志骞出生于中国江苏朱家角镇。其早年受教育经历如下:1894—1903 年,上私塾。1904—1907 年,就读于上海圣约翰大学备馆。毕业之时,因成绩优异而获得伦贝子奖牌,同时因演说最为出色而获得圣约翰大学联旧会金牌。他早年所受教育包括对中国典籍与史册的研习,这在当时的中国十分平常。那时,中国处在清王朝的统治之下,所以戴志骞志在参加科举考试。随后的 1907—1909 年,戴志骞在温州瑞安公立中学堂教授历史和文法。1909年,他(再次)进入上海圣约翰大学就读,并且成为该校图书室助理。1912 年,他从圣约翰大学获得学士学位,并再次因为演说出色而获得奖牌(圣约翰大学同学会金牌)。随后一年中,他继续在此攻读研究生课程,同时担任该校图书室主任。他接受的研究生教育包括哲学、社会学与教育学领域的专门研究。1913 年年底,他的健康状况变得如此之差,以至于不得不暂时放弃继续攻读研究生课程的想法。

1908 年,西奥多·罗斯福正担任美国总统,伊莱休·鲁特正担任美国国务卿。恰恰在这一年,美国政府决定将美国所得部分庚子赔款归还给中国。中国对此事件的评价是:"这是一项优雅正当的国际行动。"中国政府意识到美国在这一事件中体现出来的友好精神,因此决定将美国所退庚款用来遣派学生到美国高校留学深造。"因此而设立的机构名叫'留美学生监督处'。当时,它见证了伟大的西方共和国(美利坚共和国)对其东方姐妹共和国(中华民国)的友好态度。从一开始,人们就意识到,由于中国大学师资匮乏,因此有必要建立一所留学预备学校。这样一来,清华学堂就应运而生了。"①1914 年,戴先生受聘为清华学校图书室主任。

1917 年,戴先生作为留美学生监督处秘书首次出访美国。同年晚些时候,他进入位于阿尔巴尼城的纽约州立图书馆学校就读,并在不到 12 个月的时间内克服语言方面的困难,修完了原本需要两年时间的专业训练课程,获得了图书馆学学士学位。在我们(美国)本国人当中,很少有人能做到这一点。当被问及首次来美能否讲英语时,戴先生天真地说道(其目光炯炯有神。每当东方人前来,你都能看见那种目光):"喔,是的!但没人听得懂!"1919 年秋天,戴先生重返清华学校图书馆主任这一岗位;现在,他继续担任该职。他还是该校评议会评议员与校务委员会委员。该校的迷人校园离紫禁城西直门②约七英里,而图书馆在校园内独自占据了一栋漂亮的大楼。

一个人,如果想要具备著书探讨图书馆员教育的权威性,不但应当接受过该领域最好的教育,还应当在图书馆界各个领域以及其他教育领域都有过工作经验。戴先生恰恰满足了这些要求。1920 年,他担任北京高等师范学校暑期图书馆讲习会的负责人。次年,他创办了上海总商会商业图书馆。1919—1922 年,他担任天津南开大学图书馆的顾问。在过去的五年中,他也在北京蔡松坡将军纪念图书馆(松坡图书馆)担任了类似职务。戴先生还是中华民国总统委任的即将在北京创办的国立北平图书馆③的筹备委员会的七位委员之一,其他委员则均为中华民国的现任或前任内阁成员。最近在美国期间,他闻知自己被选为新成立的中华图书馆协会执行部部长,而该执行部多由政治家、大学校长及其他教育界领袖组成。1923 年,丹麦国王陛下授予戴先生丹尼勃罗格骑士勋位,以表彰他为丹麦政府提供的特殊服务。

戴先生两次当选为北京图书馆协会会长,1922 年至今一直担任中华教育改

---

① 1909 年 7 月 7 日,清政府利用美国退还的部分庚子赔款正式在北京创办了游美学务处及其附设"肄业馆",同时在美国首都华盛顿设有"留美学生监督处"(The Chinese Educational Mission);1911 年 2 月,肄业馆改称"清华学堂"(Tsing Hua College);1912 年 5 月 1 日,清华学堂改名为"清华学校"(Tsing Hua College),游美学务处被裁撤,留美学生监督处则继续存在;1928 年 8 月 17 日,清华学校正式改名为"清华大学"(Tsing Hua University),但留美学生监督处仍继续存在多年。

② 原文为"the Northwestern Gate of Peking",直译为"北京城西北大门"。查看地图,该门应当是位于紫禁城内城西北角的西直门。

③ 原文为"Chinese National Library",直译为"中国国家图书馆"。经查,该馆当时称为"国立北平图书馆"。

进社图书馆教育委员会主任。这进一步证明了他在(中国)国内(图书馆界)同行心中的崇高地位。他已经加入美国图书馆协会六年之久,而且一直跟这个国家(美国)的图书馆界保持着充分联系。他对其他领域的兴趣体现在:他已经加入中国科学社大约七年之久;他还加入了北京的欧美同学会、中国国防会顾问委员会、北京文友会及北京的美国大学俱乐部。戴先生还是美国长老会中国差会成员。

　　上面这份个人履历并非想要表明,本书作者就是他所探讨的这个主题的权威,故而他有权著书立说,因为这本著作本身就已经证明了这一点。它首先可以当作(戴志骞的)个人传记,其次则是想要表明,如果将书中提到的(中国)地名与机构名改为美国的地名与机构名,那么我们可以看到,作者自身的人生阅历几乎跟美国图书馆界许多领袖人物的人生阅历相似。换句话说,我们无需因为那是一位外国作者的著作而怀疑书中所述。事实上,本书对我们极有益处,正如托克维尔[①]与布莱斯[②]的著述具有同等价值一样。

　　本书已经随作者绕行了四分之一个的地球——他经由英国、欧洲大陆、俄国与西伯利亚,最终返回中国。途中,他在挪威写信给我,让我为他写一篇序言。所以,在此介绍一下我们之间的密切关系或可谅解。在 1911 年,清华学堂初办之时,我的同学兼朋友麻伦教授(Professor Carroll B. Malone)就前往中国,成为该校最早的一批教职员工之一。当时,戴先生还在圣约翰大学。很快,麻伦教授寄信回来,要求提供一些资讯与书籍,以指导新教职员工按照美国方法办好这所新建学校的图书馆。他获得了一些建议与若干专业出版物,多数是由我们(美国)图书馆界各个时期重要著述中的某几本的作者本人慷慨捐赠而来。几年以后,在 1917 年,一条图书馆界消息声称,清华学校图书馆主任(戴志骞)入读纽约州立图书馆学校。此事自然引起了我的极大兴趣。我很快就跟他取得了联系。后来,我们(美国)加入了战争(一战),美国图书馆协会的图书馆战时服务也得以发展起来。1919 年 1 月,当我到达厄普顿军营担任军营图书馆馆长时,我惊喜地在那里发现了戴志骞。他在去年 10 月就加入了该图书馆的职员队伍。熟识之花

---

① 托克维尔(De Tocqueville, 即 Alexis de Tocqueville, 1805-1859),法国政治思想家和历史学家,著有《论美国的民主》(*De la démocratie en Amérique*, 1835)、《旧制度与大革命》(*L'Ancien Régime et la Révolution*, 1856)等。他对于民主、自由与平等的阐述对西方社会产生了深远影响。

② 布莱斯(Bryce, 即 James Bryce, 1838-1922),英国学者、自由主义政治家,著有《汉密尔顿与托克维尔的预见》(*The Predictions of Hamilton and De Tocqueville*, 1887)等。

很快就结成了友谊之果。事实表明,戴先生一直以来的勤劳、才干与良好的服务精神为他赢得了军营图书馆所有同事的真诚赞誉。在许多个欢乐的午夜,我们围着篝火聊起儒家学说、汉字演化及其他东方主题。现在,一想起那些,我仍然会觉得无比快乐。1919 年 6 月,戴先生也在阿斯伯里公园大会上协助美国图书馆协会展示其图书馆战时服务成果。同年晚些时候,他穿过太平洋,回到中国。1924 年 8 月起,经清华学校同意,他可以休假一年。他跟妻子(茱莉·鲁梅尔霍夫,纽约州立图书馆学校 1919 届图书馆学学士)一起来到美国,进行为期一年的专业训练与学习。旅行途中,戴先生负责照料清华学校的留美新生队伍,大约有 130 人之多。戴氏夫妇的计划有点不确定。戴先生可能希望到某所大学讲授东方文学,戴夫人却预定在纽约公共图书馆编目部工作。事实证明,这一安排最终可能发生了改变。主要是在爱荷华大学杰瑟普校长的建议之下,戴先生来到该校继续攻读研究生课程。他学习的课程包括教育统计、心理测量、学校管理、大学管理、现代哲学与图书馆教育。他准备的学位论文就是我们手头拿到的这本书。尽管爱荷华大学原本打算即刻出版这本学位论文,但随着事态发展,他最终决定通过商业渠道出版它。

我们一度认为,论文原稿可能最好要稍微修改一下,以便面向大众发行,因为它包含了在爱荷华大学创办一所图书馆学校的具体方案。但是,对这个问题考虑得越多,认为无需修改的信念就越发明确。因为,文中阐述的一般原则都是普遍可行的,而那份具体方案只不过是详细阐述了当这些原则获得认同时,任何一所大学可以怎样具体运用它们(去创办一所图书馆学校),或者现有的图书馆学校可以怎样对其进行变通,以便修订自己的课程体系。对于单个图书馆、未来的图书馆学校学生及其他许多机构与个人来说,这份方案都具有非凡的价值,因为其内容非常具体,特别详细。

正如前文早已指出的那样,在接下去的篇幅中,戴博士与美国图书馆协会图书馆员教育委员会对于后者建议重新制定的图书馆员职业教育方案持不同意见。图书馆员教育委员会提议建立一种四级教育体系,包括若干图书馆本科学校(招收大学三、四年级学生,也可以培养研究生),以及一所高级研究生院。戴志骞则推荐在大学内部建立一所图书馆学校,跟其他大多数学院同等建置,下设一个本科系与一个研究生系。这种图书馆学校规定学生从大学三年级起开始学习图书馆学,一直持续到大学四年级;学校可以颁发文学士(B. A.)与理学士(B. S.)学位,还将额外开设可以授予文学硕士(M. A.)与哲学博士(Ph. D.)学位的研究生课程。但是,公正起见,我们应当指出,戴博士的批评意见涉及的是图书馆员教育委员会于 1925 年 4 月概略阐述以供人们讨论与批评的《图书馆学校暂定最低标准》（*Provisional Minimum Standards for Library Schools*），而非同年 6 月 20 日正式发布的《美国图书馆协会图书馆员教育委员会第一次年度报告》当中的最终版本。毕竟，戴博士的论文完成于 5 月初。但是，图书馆员教育委员会的《图书馆学校暂定最低标准》与后来提交的最终版本之间的差异极小，所以我们完全可以认定，即便到了现在，戴博士的批评意见也不会有大的变动。我们还应当进一步指出，图书馆员教育委员会的建议与戴博士的建议之间的相同之处与相异之处同样令人关注，同样意义重大。

罗伯特·J. 莱昂纳德教授（Professor Robert J. Leonard）坚持认为，在职业教育当中，应当对最高层次的专业组与中间层次的职业组进行适当区分。他还声称，法学、牙科、工程学、农学、商业管理学与教育学等其他学科一直没有进行这样的区分，是一大错误。我们可以看到，戴博士相当重视莱昂纳德教授的这种观点，并且暗示，图书馆员教育当中同样没有进行这样的区分，犯下了跟其他学科一样的大错。莱昂纳德教授后来曾经（撰文）探讨过两年制专科学校的职业教育问题①，但那发生在（戴博士）本书完成之后。如果有人想去探究一下，莱昂纳德教授文中是否包括一些建议，而这些建议如果被采纳实施的话，又是否会给针对某些"低层次"图书馆员的教育带来益处，那将十分有趣。

不论我们是否接受这种分层理论及其在图书馆员教育中的应用，一段时间以来，显而易见的是，虽然任何一所图书馆中肯定都有不同类型的工作岗位，而这预示着培训当中肯定存在着与之相应的差异，但图书馆员、图书馆教育界人士与那些使用图书馆的人都没有对其进行足够的区分。

图书馆工作至少可以分为专业的与半专业的两种，这对所有人来说可能都十分明显。几乎同样显而易见的是，任何工作都可以分为机械性的、文书性的、技术性的与职业性的四种。从逻辑上来说，这种四分法也可以被图书馆采用，并且协调并存，尽管在某些岗位上可能会有所重叠。1923 年，哥伦比亚特区图书馆协会（the District of Columbia Library Association）下属的一个政府图书馆员委员会向美国图书馆协会图书馆人事分级委员会（Personnel Classification Board）提交了一份《联邦政府图书馆服务概要与规范》（*The Brief and Specifications for Library Service in the Federal Government*），建议实行如下这种相当具体的图书

---

① 原注：载 1925 年 5 月《师范学院纪事》第 26 卷第 724-733 页（*Teachers College Record. 26: 724-733. May, 1925*）。

馆员工分级方法，并且概述了各类员工相应的职责、任职资格与薪资待遇（前两类除外）：

一、管护服务（Custodial Service）

二、文书服务（Clerical Service）

三、半专业的图书馆服务（Sub-professional Library Service）

低级图书馆副助理（Minor Library Assistant）	1级
下级图书馆助理（Under Library Assistant）	2级
初级图书馆助理（Junior Library Assistant）	3级
图书馆助理（Library Assistant）	4级
资深图书馆助理（Main Library Assistant）	5级

四、专业科学的图书馆服务（Professional and Scientific Library Service）

（一）图书馆行政管理（Library Administration）

初级行政图书馆员（Junior Administrative Librarian）	1级
助理行政图书馆员（Assistant Administrative Librarian）	2级
副行政图书馆员（Associate Administrative Librarian）	3级
行政图书馆员（Administrative Librarian）	4级
高级行政图书馆员（Senior Administrative Librarian）	5级
高级行政顾问图书馆员（Senior Administrative Consulting Librarian）	5级
首席行政图书馆员（Chief Administrative Librarian）	6级
哥伦比亚特区公共图书馆馆长；国会图书馆副馆长（Librarian, Public Library, District of Columbia; Assistant Librarian of Congress）	
特别行政图书馆长（Special Administrative Librarian）	7级

（二）参考咨询、研究与书目服务（Reference, Research and Bibliography）

初级参考咨询馆员（Junior Reference Librarian）	1级
助理参考咨询馆员（Assistant Reference Librarian）	2级
副参考咨询馆员（Associate Reference Librarian）	3级
副参考书目馆员（Associate Bibliographical Librarian）	3级
参考咨询馆员（Reference Librarian）	4级

（三）技术性工作（Technical）

初级馆员（Junior Librarian）	1级
初级编目馆员（Junior Cataloging Librarian）	2级
助理编目馆员（Assistant Cataloging Librarian）	3级

副编目馆员（Associate Cataloging Librarian） 4 级

（四）特殊工作（Special Work）

初级儿童馆员（Junior Children's Librarian） 1 级

在美国图书馆协会职业分类委员会（Personnel Classification Board）于 1924 年颁布的《图书馆服务部门岗位分类规范》（*Class Specifications for Positions in the Departmental Service*）中，图书馆岗位分类几乎没有变动，只有术语方面略有变化。"半专业"组变成了"图书馆助理"组，原本的五个级别（1—5 级）改为七个级别（1—7 级）；"专业科学"组改为"图书馆员"组，前文所列级别划分改为六个级别（1—6 级）。

如果所有这些关于图书馆岗位分类的内容显得有些遥远的话，那么请允许我立刻指出，这不过是一个开始，还有更多内容有待阐述，而其中许多已经在进行之中。事实上，人事管理专家们告诉我们，如果我们接受他们对"种类"一词所下的定义，那么在公共图书馆、大学图书馆、师范学校图书馆与中学图书馆里，会有至少 250 种现实存在的图书馆职位。对于在图书馆员培养领域中制定政策与安排细节的那些人来说，所有这些已经够多，足可以让他们省下许多脑筋了。

事实上，图书馆员教育是一个涉及四大层次的问题。首先涉及的是我们对图书馆在社会结构体系中的地位与作用的理解问题，以及我们对已经发展成熟、能够满足人类需求的各类图书馆的具体功能的认识问题。其次，我们必须正确认识每个图书馆职员应尽的职责，以确保图书馆在各个方面都能够正常运作；同时，我们还需要选择最适合的人去执行下文即将提到的这几种任务。最后，我们必须构建一个最适应未来图书馆员各自任务要求的教学课程体系。换句话说，就是要有对（图书馆）工作的哲学研究与工作分析，对未来图书馆员候选人的教育，以及候选人自己对他所能够做得最好的那份"（图书馆）工作"的准备与适应。

去年，《全国教育协会会刊》（*The Bulletin of the National Education Association*）的编辑表示，我们每年很容易就能吸引 7 000 名新人到图书馆就业。但数月前克利夫兰基金会（Cleveland Foundation）发布的《克利夫兰高等教育考察报告》（Survey of Higher Education in Cleveland）中的"图书馆教育"一章指出，当前仅有 4 400 多位美国图书馆学校毕业生在在美国与加拿大的全部大约 9 000 或 10 000 所图书馆中实际从事图书馆工作。这个数字并不包括已经返回各自祖国从事图书馆工作的少数外国学生。

从最宽泛的意义上来说,在帮助实现教育的全部社会目标的过程中,图书馆发挥着一个越来越重要的作用。威廉·S. 莱尼德博士(Dr. William S. Learned)最近将图书馆员描述为"新型心灵牧师"与"社区智力服务者"。几年前,奥斯勒博士(Dr. Osler)①,一位广受爱戴的医生兼目录学家,提议授予图书馆员以"解惑医生/博士"(doctor perplexorum)的称号(或学位?)。从某种程度上来说,这些称号暗示了图书馆员跟社区及个人之间的关系。两年前,中国正处于动乱之中(至今仍未结束),本书作者在给我的一封信中这样说:"我和朋友们都相信,中国未来的惟一出路就是解决普罗大众的教育问题。"那难道不是到处都有的民主问题吗?为此,无论是图书馆,还是培养图书馆员的机构,都必须准备应对一大挑战。

爱默生(Emerson)说过:"一成不变是卑微者的心魔!"② 这句话对我来说是一种安慰。我在前文已经坦率地指出,戴博士自己之前已经提供了一份简历,而我现在又续上了一篇更加详细的介绍文字。这是因为,作者的邀请实在是盛情难却。我得承认,生性谦逊的作者原本不会允许我前面说过的某些东西出现在本书序言里。但是,我们之间山水相隔,这使得作者只能听任我自作主张。而且,事实上,我还可以说上更多。

最后,我想说:在向最为广泛的潜在读者竭诚推荐本书时,我多少有点儿死刑犯帮助刽子手调整自己颈上绞索的那种感觉。三大权威——美国大学协会(The Association of American Universities)、美国图书馆协会图书馆员教育委员会以及我的朋友戴博士——现在一致认为我仅有的两个专业学位都应当丢掉了。不过,且让我们回想一下麦卡锡(McCarthy)——《威斯康星思想》(*The Wisconsin*

---

① 奥斯勒博士(Dr. Osler,即 William Osler, 1849-1919)是加拿大籍医生暨约翰·霍普金斯医院(Johns Hopkins Hospital)的四位创院教授之一,同时也是目录学家、历史学家、作家。

② 本句的对应英文为"Consistency is the hobgoblin of little minds!",而爱默生(Ralph Waldo Emerson, 1803-1882)的原话是"A foolish consistency is the hobgoblin of little minds, adored by little statesmen and philosophers and divines.",或译成:"愚蠢的一贯性是渺小的心灵上的恶鬼,受到小政客、小哲学家和小牧师的顶礼膜拜。"(见 [美] 爱默生. 爱默生随笔全集[M]. 北京:国际文化出版公司, 2006:31.)

Idea)一书的作者麦卡锡①。他,麦卡锡,创建了成就斐然的立法咨询局(Legislative Reference Bureau),并且成功地掌控了这么多年。但是,他却兴致勃勃地为一位愤怒的议员起草了一份关于废除立法咨询局的议案。毕竟,人生如戏②。因此,让我们充满喜悦地向本书作者致敬吧③!

约翰·博因顿·凯泽

---

① 全名查尔斯·麦卡锡(Charles McCarthy)。他于 1912 年出版了《威斯康星思想》一书,对当时威斯康星大学系统(University of Wisconsin System)奉行的教育理念进行了总结与诠释。

② 原文为"The play is the thing!",出自英国作家莎士比亚(William Shakespeare)的剧作《哈姆莱特》(*Hamlet*),可直译为"这件事只是一场戏而已"。

③ 原文为"Morituri te salutamus",源自古罗马历史学家苏维托尼乌斯(Suetonius)所说的"Ave, Imperator, morituri te salutant."(英译为"Hail, Emperor, those who are about to die salute you."),大概意思是:"陛下,随时准备捐躯的我们向您致敬!"凯泽此处应当是要向戴志骞致敬。

第十七章

戴志骞夫妇主要简历

第一节　戴志骞主要简历①

1918 年

英文：

Tai, T. C. （Chih-chien Tai）Peking, China. B. A. St John's University, Shanghai, 1912; librarian, St. John's University Library, 1909-14; chief librarian, Tsing Hua College, Peking, 1914-date.②

中译：

戴志骞，中国北京。1912 年，获上海圣约翰大学文学士学位。1909—1914 年，任圣约翰大学图书室主任。1914 至今，任北京清华学校图书室（馆）主任。

1923 年

英文：

TAI CHIH-CHIEN,（Tse-chien Tai）（ 戴 志 骞 ）.— Kiangsu. Born 1888. Graduate, St. John's University, Shanghai, 1912. A. B. University of the State of New York, Albany Library School, 1918. B. L. S. Teacher to a middle school in Wenchow, 1907. Librarian, St. John's Uniersity, 1904-14. Assistant Librarian, Camp Upton Library, Camp Upton, Long Island, N. Y. , 1918-19. Librarian, Tsing

---

① 各个时期简历格式有别，收入本书时未作统一，保持原貌。

② Thirty-Second Annual Report of the New York State Library School, from August 1, 1917 to July 31, 1918[J]. *University of the State of New York Bulletin*, 1918（673）: 8.

Hua College, Peking, 1914 to date. Acting Business Manager, Tsing Hua College, 1922. Author of Bibliography of 250 books on China with descriptive and critical notes; and many magazine articles.

Tai, Tse-chien, see Tai Chih-chien. [①]

中译：

戴志骞,江苏人,生于 1888 年。1912 年,毕业于上海圣约翰大学。1918 年,获纽约州立大学阿尔巴尼图书馆学校文学士学位。1907 年,在温州一所中学执教。1904—1914 年,任圣约翰大学图书室主任。1918—1919 年,任纽约州长岛厄普顿军营图书馆副馆长。1914 年至今,任北京清华学校图书室(馆)主任(馆长)。1922 年,任清华学校代理庶务长。撰有《中国书目 250 种》及许多杂志文章。

1925 年

英文：

Born in Chuchiakoh, Kiangsu, China, February 27, 1888.

Under private tutors, Shanghai. 1894-1903.

Graduate St. John's Preparatory College, Shanghai, 1904-1907.

Prince Pu's Medal for Excellent Scholarship, June, 1907.

St. John's Alumni Medal for the best Oration, 1907.

Instructor in History and Grammar, Jui-An High School, Wenchow. 1907-1909.

Assistant Librarian, St. John's University, Shanghai. 1909-1912.

St. John's Alumni Medal for the best Oration. 1912.

Graduate Student, St. John's University, Shanghai, Sept. 1912- June, 1913.

Librarian, St. John's University, Low Library, Shanghai, 1912-1914.

Librarian, Tsing Hua College, Peking. 1914-1917.

New York State Library School, Albany. 1917- Aug. 1918.

Assistant Librarian, American Library Association War Service, Camp Upton, New York. Oct. 1918-June, 1919.

Departmental Editor, *Chinese Students' Monthly*, New York. Oct. 1918-June, 1919.

---

① Woodhead, H. G. W. *The China Year Book 1923*[M]. London: G. Routledge & Sons, 1923: 894.

Director of Library Science School (Summer Course), National Teachers' University, Peking. Summer, 1920.

Organizer of the Commercial Library of Chinese General Chamber of Commerce, Shanghai. 1921.

Adviser to the Nankai University Library, Tientsin. 1919-1922.

Adviser to the General Tsai-Soong-Po Memorial Library, Peking. 1921-date.

Chief Librarian, Tsing Hua College, Peking. 1919-date.

Member of the Organization Committee of Chinese National Library, Peking. April 1924-date. (Appointed by the President of the Chinese Republic)

Member of American Library Association, 1919-date; American College Club, Peking. 1919-date. Executive Committee. 1923-1924; Science Society, China, 1919-date; Wen Yu Hui, Peking (Peking Literary Club) 1920-date; Peking Library Association, Peking, President, 1920; President, 1924-date; and the Chinese National Association for the Advancement of Education, President of Library Education Committee, 1922-date. [1]

中译:

1888 年 2 月 27 日:出生在中国江苏朱家角镇。

1894—1903 年:在上海接受私塾教育。

1904—1907 年:就读于上海圣约翰学校(1906 年后改称圣约翰大学)备馆(预科)。

1907 年 6 月:因学业出色而获得伦贝子奖牌。

1907 年:因演讲出众而获得圣约翰大学联旧会金牌。

1907—1909 年:任温州瑞安公立中学堂历史与文法教员。

1909—1912 年:任上海圣约翰大学图书室助理。

1912 年:因演讲出众而获得圣约翰大学同门会金牌。

1912 年 9 月—1913 年 6 月:在上海圣约翰大学攻读研究生课程。

1912—1914 年:任上海圣约翰大学罗氏图书室主任。

1914—1917:任北京清华学校图书室(馆)主任。

1917—1918 年 8 月:就读于阿尔巴尼城的纽约州立图书馆学校。

1918 年 10 月—1919 年 6 月:任纽约厄普顿军营图书馆副馆长。

① University of Iowa. *Programs Announcing Candidates for Higher Degrees (July 1, 1925 to July 1, 1926)* [M]. Iowa City: University of Iowa Press, 1926.

1918 年 10 月—1919 年 6 月:任《中国留美学生月报》栏目编辑。

1920 年夏天:任北平高等师范学校暑期图书馆讲习会讲师。

1921 年:负责组建上海总商会图书馆。

1919—1922 年:任天津南开大学图书馆顾问。

1921 年至今:任北京蔡松坡纪念图书馆(松坡图书馆)顾问。

1919 年至今:任北京清华学校图书馆馆长。

1924 年 4 月至今:任国立北平图书馆筹备委员会委员(由中华民国总统委任)。

1919 年至今:美国图书馆协会会员。

1919 年至今:美国大学俱乐部会员;执行委员会委员(1923—1924 年)。

1919 年至今:中国科学社社员。

1920 年至今:文友会会员。

1920 年 /1924 年至今:北京图书馆协会会长。

1922 年至今:中华教育改进社图书馆教育委员会主任。

1928 年

英文:

Tai, T. C. (Tse-chien Tai) B. L. S. 1918. L. S. 1917-18.

Peking, China; St John's univ. , Shanghai, B. A. '12; State univ. of Iowa, Ph. D. '25.

Librn St John's univ. lib. '09-14; chief librn Tsing Hua col. lib. '14- date.

A. L. A. war service, Oct. '18-June '19. (A. L. A. asst librn Camp Upton, N. Y.)

Departmental ed. Current literature section, *Chinese Students' Monthly*, Oct. '18-June '19; pres. Peking lib. Assn '20, '22; Chairman exec. Board Chinese lib. Assn '25-26, mem. of board '26-date; mem. of board of Peking Metropolitan lib. '26-date; mem. of board of General Tsai Soong Poo mem. lib. '22-date.

Author: Recent literature on China; Library movement in China; Professional education for librarianship; contributor to periodicals.

Present address: Tsing Hua College Library, Peking, China. [①]

---

① New York State Library School. *New York State Library School Register, 1887-1926*[M]. New York: New York State Library Schools Association, Inc. , 1928:138.

中译：

戴志骞,1918 年,获图书馆学学士学位。1917—1918 年,就读于纽约州立图书馆学校。

北京,中国。1912 年,获上海圣约翰大学文学士学位。1925 年,获爱荷华州立大学哲学博士学位。

1909—1914 年,任圣约翰大学图书室主任。1914 年至今,任清华学校图书室(馆)主任(馆长)。

1918 年 10 月—1919 年 6 月,参加美国图书馆协会组织的战时服务。(任美国图书馆协会纽约厄普顿军营图书馆副馆长)。

1918 年 10 月—1919 年 6 月,任《留美学生月报》"最新文献版"编辑。1920 年、1922 年,任北京图书馆协会会长。1925—1926 年,任中华图书馆协会执行部部长。1926 年至今,任中华图书馆协会执行委员。1926 年至今,任国立北平图书馆馆务委员会委员(实为建筑委员会委员)。1922 年至今,任松坡图书馆馆务委员会委员(实为名誉职员)。

著有《关于中国的最新文献》《中国的图书馆运动》《论图书馆员职业教育》,并在多种期刊上发表文章。

当前通讯地址:清华学校图书馆,北京,中国。

1928 年

戴先生系纽约州立图书馆学校学士,爱我华大学教育院哲学博士,美国哥伦比亚图书馆参考部职员,纽约曷不顿军营图书馆副馆长,清华大学图书馆主任,北京师大图书馆学校暑期学校主任,丹麦王家图书馆顾问,北平北海图书馆委员[①]。

1929 年

英文:

TAI CH'AO,(戴 超).——Courtesy name:Chih-ch'ien(志 骞). Prefers to sign himself:T. C. Tai,(Tse-chien Tai). Born 1888 in and native of Tsingpu, Kiangsu. 1912, B. A.（St. John's). 1918, Bachelor of Library Science（New York State Library School). 1924, Ph. D.（Iowa). 1909-14, Librarian, St. John's University. 1918-1919, assistant librarian, Camp Upton Library, New York. 1914-

---

① 十二月十七日总理纪念周志略[J]. 国立中央大学教育行政周刊,1928（73）:18.

1928, librarian, Tsing Hua College, Peiping. 1928, director, National Central University Library, Nanking. January-April 1929, director of higher education, Kiangsu University District, Nanking. Vice-Chancellor, National Central University, Nanking, since May, 1929. 1923, Order of Knighthood of Dannebroge conferred by the King of Denmark for special services. 1922-6, president, Peking Library Association. 1925-6, chairman, Library Association of China. 1926-9, member, board of management, Metropolitan Library, Peiping. 1928-9, member, Commission for editing the "Gazetteer of Kiangsu Province". Author of "Professional Education for Librarianship" (doctoral dissertation) and "Library Movement in China". [1]

中译:

戴超,字志骞,自署"T. C. Tai（Tse-chien Tai）"。1888 年,生于江苏青浦。1912 年,获圣约翰大学文学士学位。1918 年,获纽约州立图书馆学校图书馆学学士学位。1924 年,获爱荷华大学哲学博士学位。1909—1914 年,任圣约翰大学图书室主任。1918—1919 年,任纽约厄普顿军营图书馆副馆长。1914—1928年,任北京清华学校图书室（馆）主任（馆长）。1928 年,任南京国立中央大学图书馆馆长。1929 年 1—4 月,任江苏大学区高等教育处处长。1929 年 5 月起任南京国立中央大学副校长。1923 年,因其特殊贡献而获得丹麦国王颁发的丹尼勃罗格骑士勋位。1922—1926 年,任北京图书馆协会会长。1925—1926 年,任中华图书馆协会会长。1926—1929 年,北平图书馆委员会委员。1928—1929 年,《江苏通志》编纂委员会编纂。著有《论图书馆员职业教育》（博士学位论文）与《中国图书馆运动》。

1930 年

戴子名超,字志骞,为我国现代学图书馆专家之一,兹将其学历履历职务作品等四项分述如左:

履历　曾任温州瑞安中学英文教员,上海圣约翰大学图书馆主任,北平清华大学图书馆馆长,北平师范大学图书馆暑期图书馆学校教员,北平松坡图书馆名誉职员,天津南开大学图书馆顾问,美国纽约哥伦比亚大学图书馆职员,美国纽约爱布顿军营图书馆参考部主任,曾往欧美调查图书馆管理及教育行政事宜,丹

---

[1] Woodhead, H. G. W. *The China Year Book 1929-30* [M]. Tientsin: Tientsin Press, Limited, 1929: 978.

麦国勋章 Order of Knighthood of Dannebroge,国立中央大学图书馆馆长,中央大学区行政院督学及高等教育处处长。

职务 现任国立中央大学副校长,江苏通志编纂委员会编纂,国立北平图书馆建筑委员会委员,教育部教育方案编制专门委员,中华图书馆协会会员,南京图书馆协会中国科学社等会会员。

作品

Ⅰ中文

(1)图书馆职业;(2)图书馆与民众教育;(3)图书馆学讲义;(4)图书馆学与师范教育;(5)分类图书的几条原则。

Ⅱ英文

(1) Recent Literature in China with Annotations;(2) Library Movement in China;(3) Brief Sketch of Chinese Libraries;(4) Present Library Conditions in China;(5) Development of Modern Libraries in China;(6) Library Excitements—A Short Story;(7) An Advanced School of Librarianship;(8) Professional Education for Librarianship.[①]

1931 年

戴超,字志骞,年四十三岁,江苏青浦人。美国纽约州立图书馆学校图书馆学学士及爱我华大学哲学博士。历任上海圣约翰大学图书馆主任、北京清华学校图书馆主任、国立中央大学图书馆馆长、中央大学区教育行政院督学及高等教育处处长、国立中央大学副校长。有中央文图书馆学著作多种。[②]

1935 年

英文:

TAI CH'AO 戴超

Courtesy name:Chih-ch'ien 志骞

Prefers English rendering:T. C. Tai. Born 1888;native of Tsingpu, Kiangsu. B. L. S.(N. Y. State Library School). PH. D.(Iowa). 1929–30, vice-chancellor, Central University, Nanking. Chief, personnel division, Bank of China, since October, 1931. Author,"Professional Education for Librarianship"(doctoral

① 宋景祁. 中国图书馆名人录[M]. 上海:上海图书馆协会, 1930:161-162.
② 樊荫南. 当代中国名人录[M]. 上海:上海良友图书印刷公司, 1931:439.

thesis). ①

中译：

戴超，字志骞，英文名多写作"T. C. Tai"。1888 年，生于江苏青浦。先后获纽约州立图书馆学校图书馆学学士学位、爱荷华大学哲学博士学位。1929—1930 年，任南京国立中央大学副校长。1931 年 10 月起，任中国银行人事室主任。著有《论图书馆员职业教育》（博士学位论文）。

1935 年

戴超，字志骞，青浦人。永久通讯处为江苏朱街阁。年四十五，上海圣约翰大学文学士，美国纽约州立大学图书馆管理学士，美国爱我华大学哲学博士。曾任温州瑞安中学英文教员、上海圣约翰大学图书馆主任、北平清华大学图书馆馆长、北平师范大学暑期图书馆学校教员、北平松坡图书馆名誉职员、美国纽约哥伦比亚大学图书馆职员、美国纽约爱布顿军营图书馆参考部主任。曾往欧美调查图书馆管理及教育行政事宜，丹麦国勋章 Order of Knighthood of Dannebroge，江苏通志编纂委员会编纂，国立北平图书馆建筑委员会委员，教育部教育方案编制专门委员，国立中央大学图书馆长，中央大学区教育行政院督学及高等教育处处长，国立中央大学副校长，中华图书馆协会南京北平图书馆协会北平国际扶轮社中国科学社中国工商管理协会等委员。现任中国银行人事室主任，兼代总秘书。著有（中文）图书馆职业，图书馆与民众教育，图书馆学讲义，图书馆学与师范教育，分类图书馆的几条原则，（英文）Recent Literature in China with Annotations, Library Movement in China, Brief Sketch of Chinese Libraries, Present Library Conditions in China, Development of Modern Libraries in China, Library Excitements：A Short Story, An Advanced School of Librarianship, Professional Education for Librarianship, N. Y. Wilson Co. ②

1936 年

英文：

Tai Tse-chien（Tai Chi-chien）

戴超字志骞

---

① Woodhead, H. G. W. *The China Year Book 1935*[M]. Shanghai：The North-China Daily News & Herald, Ltd., 1935：404.

② 杨家骆. 图书年鉴（上册・中国图书馆事业志）（四版）[M]. 南京：词典馆，1935：（第三编　全国图书馆概况）246-247.

TAI TSE-CHIEN, business man, library expert, and education administrator; born at Tsingpu, Kiangsu, 1888; 1912, B. A. St. John's University, Shanghai; 1918, Bachelor of Library Science, New York State Library School, Albany; 1925 Ph. D. University of Iowa, Iowa; 1909-1914, librarian, St. John's University; 1918-1919, assistant librarian, Camp Upton Library, N. Y.; 1924-1928, librarian, Tsing Hua College, Peiping; 1928, director, National Central University Library, Nanking; 1928-April 1929, Director of Higher Education, Kiangsu University District and con-currently dean of National Central University, Nanking; May 1929-July 1930, vice-chancellor, National Central University, Nanking; 1930, manager of the Industrial Enterprise, Ltd. , Harbin; 1931-34, chief of Personnel Department of the Bank of China; 1933 to date, chief Secretary of the Bank of China, Shanghai; 1923, Order of Knighthood of Dannebroge conferred by the King of Denmark for special service; 1922-26, president, Peking Library Association; 1925-26, chairman, Library Association of China; 1926-30, member of the Building Committee of the Metropolitan Library, Peiping; 1928-30, member, Commission for editing the "Gazetteer of Kiangsu Province"; author of "Professional Education for Librarianship" (doctoral dissertation) published by H. W. Wilson Co. , New York; "Library Movement in China" and many other articles in various journals of library and education; address: The Bank of China, Shanghai. [①]

中译:

戴超,字志骞。商人、图书馆专家、教育管理专家。1888 年,生于江苏青浦。1912 年,获上海圣约翰大学文学士学位;1918 年,获纽约州立图书馆学校图书馆学学士学位;1925 年,获爱荷华大学哲学博士学位。1909—1914 年,任圣约翰大学图书室主任;1918—1919 年,任纽约厄普顿军营图书馆副馆长;1924—1928年,任北京清华学校图书室(馆)主任(馆长);1928 年,任南京国立中央大学图书馆馆长;1928 年至 1929 年 4 月,任江苏大学区高等教育处处长,同时担任南京国立中央大学图书馆馆长;1929 年 5 月至 1930 年 7 月,任南京国立中央大学副校长;1930 年,任哈尔滨中国殖业股份有限公司经理;1931—1934 年,任中国银行人事课课长;1933 年至今,任中国银行总秘书。1923 年,因提供特别服务而获得丹麦国王颁发的丹尼勃罗格骑士勋位。1922—1926 年,任北京图书馆协会会长;

---

① *Who's Who in China. Biographies of Chinese Leaders* (*Fifth Edition*) [M]. Shanghai: The China Weekly Review, 1936: 217.

1925—1926 年,任中华图书馆协会执行部部长;1926—1930 年,任国立北平图书馆建筑委员会委员;1928—1930 年,任江苏通志编纂委员会编纂。著有《论图书馆员职业教育》(博士学位论文,由纽约 H.W. 威尔逊公司正式出版),在各种图书馆与教育期刊上发表《中国的图书馆运动》及其他许多文章。通讯地址:上海中国银行。

1936 年

戴志骞年四十九岁(公历一八八八年生)。江苏青浦人。圣约翰大学毕业、美国州立图书馆学校学士、Iowa 大学博士。曾任圣约翰大学、清华大学、国立中央大学等图书馆馆长、中央大学副校长。现为中国银行总秘书①。

1937 年

日文:

戴超(志睿)Tai Chao(Chih-chien)江蘇省青浦県人。一八八八年生。元国立中央大学副校長。圖書館学の権威者。上海聖約翰大学卒業後渡米し紐育州立大学圖書館学校、アイオワ大学(哲学博士)に学ぶ。一九二二年任北京圖書館協会長。一九二四年任北京清華学校圖書館主任。一九二五年任支那圖書館協会長。一九二八年任国立中央大学圖書館長。同年任中央大学区教育行政院督学兼高等教育處長。一九二九年任国立中央大学副校長。一九三〇年辞任し哈爾賓に赴き実業界に入れるも幾何もなくして東北邊防司令官公署参議庁顧問に任ぜられ、満州事変前に至る。②

中译:

戴超(志睿)Tai Chao(Chih-chien),江苏省青浦县人。1888 年出生。原国立中央大学副校长。图书馆学权威。上海圣约翰大学毕业后赴美,求学于纽约州立图书馆学校、爱荷华大学(获哲学博士)。1922 年任北京图书馆协会会长。1924 年任北京清华学校图书馆主任。1925 年任中华图书馆协会会长。1928 年任国立中央大学图书馆馆长。同年任中央大学区行政教育院督学兼高等教育处处长。1929 年任国立中央大学副校长。1930 年辞职后赴哈尔滨,进入实业界。不久,被任命为东北边防军司令长官公署参议厅顾问,直至九一八事变前夕。

---

① 中国征信所. 上海各界业名录[M]. 上海:中国征信所, 1936:190.

② [日]外务省情报部. 现代中华民国"满洲帝国"人名鉴[M]. 东京:东亚同文会, 1937:303-304. 另:原书误将"志骞"写为"志睿",此处照录。

1947 年

戴超

戴超先生,字志骞,江苏青浦人。现年六十岁。民国二年,毕业于圣约翰大学,得文学士学位。留学美国,得纽约州立图书馆学专科学校学士,及爱渥窪州立大学哲学博士等学位。返国后,曾任圣约翰大学,清华学校图书馆主任,国立中央大学图书馆馆长,江苏省大学区高等教育处处长,中央大学教务长,嗣任副校长。民国廿年,入中国银行,历任人事课课长,总秘书,赴外稽核,代理天津分行经理,现任总秘书兼人事室主任。著有中国之财政与经理,及(Professional Education For Librarianship)等。先生长于图书馆学,其造诣堪称国内独步云①。

1949 年

戴超:字志骞,江苏青浦人,现年六十一岁。民国二年毕业于圣约翰大学,得文学士学位;留学美国,得纽约州立图书馆学专科学校学士,及爱渥窪州立大学哲学博士等学位。返国后曾任圣约翰大学、清华学校图书馆主任,国立中央大学图书馆馆长,江苏省大学区高等教育处处长,中央大学教务长,嗣任副校长。民国二十年入中国银行,历任人事课课长、总秘书、赴外稽核、代理天津分行经理;现任总秘书兼人事室主任。②

民国时期(时间不详)

戴志骞　江苏籍,文学士,图书馆管理学士,哲学博士,约翰图书馆主任,爱希顿军营图书馆参考部主任,清华图书馆主任,国立中央大学图书馆馆长,高等教育处处长,中央大学区副校长,著作:图书馆员专门教育,中国图书馆史,中国图书馆运动,图书馆管理。

住址通讯处:北平东城大方家胡同廿七号办事通讯处,南京国立中央大学。③

1959 年

英文:

---

① 戚再玉. 上海时人志[M]. 上海:展望出版社,1947:224.

② 江南问题研究会. 四行二局一库调查资料之二·中国银行[M]. 南京:江南问题研究会,1949:83.

③ 圣约翰大学. 圣约翰大学 1895 至 1920 年毕业校友录[B]. 上海:上海档案馆(全宗号:Q243,馆编号:Q243-1-1031):137. 另:《圣约翰大学 1895 至 1920 年毕业校友录》是上海档案信息公共服务平台开放档案一站式查询系统提供的档案题名,但原档标注的题名实为《圣约翰大学校友录(一)1895—1920》。

Tai, T. C.（Tse-chien Tai）B. L. S. 1918. L. S. 1917-18.

Peking, China; St John's univ. , Shanghai, B. A. '12; State univ. of Iowa, Ph. D. '25.

Chief librn Tsing Hua col. lib. '14- 1928; Libr Central Univ. lib. , Nanking, China, Aug. '28-29; dir. of higher educ. , Central univ. , Nanking, China, '29- May '30, vice-chancellor '29-Aug. '30; dir. of personnel dept. , head office, Bank of China, Shanghai, Aug. '31-33, sec. general for Shanghai, Hankow, Chungking, '33-50.

A. L. A. war service, Oct. '18-June '19.

Departmental ed. Current literature section, Chinese Students' Monthly, Oct. '18-June '19; pres. Peking lib. Assn '20, '22; Chairman exec. Board Chinese lib. Assn '25-26, mem. of board '26-28; mem. of board of Peking Metropolitan lib. '26-28; mem. of board of General Tsai Soong Poo mem. lib. '22-28.

Author: Recent literature on China; Library movement in China; Professional education for librarianship; contributor to periodicals.

Present address: R. S. Pena 851 Fondo, Olivos FCNGBM, Buenos Aires, Argentina. [1]

中译：

戴志骞：1918 年,获图书馆学学士学位;1917—1918 年,就读于纽约州立图书馆学校。

北京,中国。1912 年,获上海圣约翰大学文学士学位;1925 年,获爱荷华州立大学哲学博士学位。

1914—1928 年,任清华学校图书室(馆)主任(馆长)。

1909—1914 年,任圣约翰大学图书室主任;1914 年至今,任清华学校图书室(馆)主任(馆长);1928 年 8 月—1929 年,任南京国立中央大学图书馆馆长;1929 年—1930 年 5 月,任中央大学区高等教育处处长;1929—1930 年 8 月,任南京国立中央大学副校长;1931 年 8 月—1933 年,任上海中国银行总管理处人事课课长;1933—1950 年,任中国银行总管理处(先后设在上海、汉口、重庆)总秘书。

1918 年 10 月—1919 年 6 月,参加美国图书馆协会组织的战时服务。

① New York State Library School. *New York State Library School Register*, *1887-1926*（*James I. Wyer Memorial Edition*）[M]. New York: New York State Library Schools Association, Inc. , 1959: 121.

1918 年 10 月—1919 年 6 月,任《留美学生月报》"最新文献版"编辑;1920、1922 年,任北京图书馆协会会长;1925—1926 年,任中华图书馆协会执行部部长;1926—1928 年,任中华图书馆协会执行委员;1926—1928 年,任国立北平图书馆馆务委员会委员(实为建筑委员会委员);1922—1928 年,任松坡图书馆馆务委员会委员(实为名誉职员)。

著有《关于中国的最新文献》《中国的图书馆运动》《论图书馆员职业教育》,并在多种期刊上发表文章。

当前通讯地址:布宜诺斯艾利斯,阿根廷。

1971 年 [①]

戴志骞 1888—江苏人。1912 年获圣约翰大学学士学位。1918 年获美国阿尔班尼图书馆学院图书馆学学士学位。1924 年获依阿华大学博士学位。1904—1914 年在圣约翰大学图书馆工作。1924—1928 任清华大学图书馆馆员。1922—1926 年任北京图书馆协会会长;1925—1926 年中国图书馆协会会长。1928—1930 年在南京图书馆和教育部门任要职,包括中央大学副校长。1931 年起任职于人事部门,后来又任职于中国银行?(资料有些相互矛盾)[②]

1988 年

英文:

Tai Tse-chien(戴志骞),1888-1963, was one of the very first Chinese who studied library science outside his native land. In fact, he was the first entry in Library science dissertations, 1925-1972: an annotated bibliography. A graduate of St. John's University in Shanghai in 1912, he earned a B. L. S. degree in New York State Library School, Albany, in 1918. After serving as chief librarian first in St. John's and later in Tsing Hua College in Peking for a total of six years, Tai returned to the U. S. to finish his Ph. D. work at the University of Iowa. His dissertation(Professional education for librarianship: a proposal for a library school at the University of Iowa) submitted in June, 1925, and published by H. W. Wilson the following year was reported to have aroused widespread interest in American

---

① 这份目录完成于 1971 年,后来才译成中文,载于章开沅与马敏主编的《社会转型与教会大学》(武汉:湖北教育出版社,1998:369-486)。

② 贝德士辑. 中国基督徒名录[C]// 章开沅,马敏. 社会转型与教会大学. 武汉:湖北教育出版社,1998:423.

academic and library circles. A professor in Iowa City said that "never had he read a more masterly dissertation," and E. C. Richardson, former Princeton University librarian, described it as "an excellent and useful work" in the *Library Journal*, Feb. 15, 1926.

At least two of Dr. Tai's findings deserve mentioning here. First, he found that American library schools at that time, about 23 in number, were not too well-equipped or staffed to train professional librarians to meet the nation's changing and growing needs, and were unevenly distributed geographically. So he advocated the opening of a new library school in Iowa to give both undergraduate and graduate courses of study. Secondly, after examing the curricula in the library schools of his time he proposed their improvement in a variety of ways. Today, the basic requirements and curricula being offered by more than 380 academic institutions in America appear essentially what Dr. Tai envisaged 60 years ago. While the University of Iowa had conducted summer schools for training school librarians much earlier, it did not launch a graduate school of library science until 1967.

Upon his return to China, Dr. Tai resumed his post as chief librarian in Tsing Hua until August, 1928, when he became chief librarian and later director of higher education and vice-chancellor of Central University in Nanking. In l931, he joined the Bank of China as director of its personnel department, and in 1933 he served concurrently as the bank's secretary-general. Upon his retirement in 1950 he moved to Argentina and died in Buenos Aires on March 19, 1963. His name and work will be long remembered, for—besides other contributions—he authored at least 18 titles in Chinese, English, and French. [1]

中译：

戴志骞(1888—1963)是最早到海外攻读图书馆学的中国人之一。事实上，《图书馆学博士学位论文目录附题解(1925—1972)》中的第一个条目就是他[2]。

---

① Lowe, Chuan-hua. *Notable Books on Chinese Studies: An Updated, Annotated, and Topical Bibliographic Guide (2nd and enl. ed.)* [M]. San Francisco: House of Overflowing Felicities, 1988: 64-65.

② 事实上，在《图书馆学博士学位论文目录附题解(1925—1972)》的第 200 个条目才是戴志骞。按我们的理解，原文应当是说，在《图书馆学博士学位论文目录附题解(1925—1972)》收录的由中国人完成的图书馆学博士学位论文中，戴志骞的博士学位论文是完成时间最早的一篇。

作为 1912 年上海圣约翰大学的一名毕业生,他于 1918 年在纽约州立图书馆学校获得了图书馆学学士学位。他先任圣约翰大学图书室主任,后任北京清华学校图书室(馆)主任(馆长)整整六年之久,然后返回美国,在爱荷华大学完成了博士学业。他的博士学位论文《论图书馆员职业教育:关于在爱荷华大学创办一所图书馆学校的建议》提交于 1925 年 6 月,隔年①又由 H.W. 威尔逊公司正式出版,据称在美国学术界与图书馆界引起了广泛关注。爱荷华城的一位教授称"他从未读过比那更加精妙的博士学位论文",前普林斯顿大学图书馆馆长 E.C. 理查德森则在 1926 年 2 月 15 日出版的《图书馆杂志》中将其描述为"一部优秀的、有用的著作"。

戴博士的研究成果中至少有两项值得我们在此提及。首先,他发现,当时的美国图书馆学校大约有 23 所,但其教学设施与师资力量并不完备,所以无法培养出职业图书馆员,以适应美国不断增长变化的需求;而且,这 23 所图书馆学校并非按地理位置均衡分布。因此,他倡议在爱荷华州创办一所新的图书馆学校,同时提供本科与研究生课程。第二,在考查当时各所图书馆学校的课程体系之后,他建议从各个方面对其加以改进提高。实际上,现在有 380 多家美国学术机构的课程体系与基本要求似乎就是戴博士 60 年前的设想。尽管爱荷华大学很早以前就开办暑期班来训练学校图书馆员,但它直到 1967 年才创办了图书馆学研究生院。

回到中国后,戴博士马上复任清华学校图书馆馆长。1928 年 8 月②,他改任位于南京的(国立)中央大学图书馆馆长,其后历任(江苏大学区)高等教育处处长、(国立中央大学)副校长。1931 年,他加入中国银行,担任人事室主任,至 1933 年同时担任中国银行总秘书。1950 年退休后,他移民阿根廷,至 1963 年 3 月 19 日在布宜诺斯艾利斯逝世。他的名字与著述将会为我们所永远铭记,因为——除开其他贡献——他至少署名发表了 18 种中文、英文与法文著述。

1991 年

[戴超](生卒年不详)字志骞,现代图书馆学专家。上海圣约翰大学文学士,美国纽约州立大学图书馆管理学士,美国爱俄华大学哲学博士。曾任上海圣约翰大学图书馆主任、清华大学图书馆馆长、美国纽约哥伦比亚大学图书馆职员、

---

① 事实上,该书在 1925 年 11 月即已正式出版。

② 实际上,1928 年 9 月 3 日,清华学生会发动"清校运动",以"把持校务"的罪名议决驱逐戴志骞等五人。戴志骞被迫辞职,于 10 月 28 日乘坐火车南下国立中央大学,受聘为该校图书馆馆长。

国立中央大学图书馆馆长、中央大学副校长。著有《图书馆职业》《图书馆与民众教育》《图书馆学讲义》《图书馆学与师范教育》《分类图书的几条原则》等及英文著作多种[①]。

1991 年

戴超(1888—),字志骞,江苏青浦(今属上海)人,1888 年(清光绪十四年)生。毕业于上海圣约翰大学,后赴美国留学,入纽约州立图书馆学校,获学士学位。后入依阿华大学,获哲学博士学位。归国后,任上海圣约翰大学图书馆主任。1922 年任北京图书馆协会会长。1924 年任北京清华学校图书馆主任。1925 年任中国图书馆协会会长。1928 年任国立中央大学图书馆馆长;同年任中央大学区教育行政院督学兼高等教育处处长。1929 年任国立中央大学副校长,1930 年去职。后任东北边防军司令长官公署参议厅顾问[②]。

1994 年

戴超(字志骞,一八八八—?)是清华图书馆的第一任主任。他是江苏津埔人,一九一二年上海圣约翰大学毕业,曾任圣大图书馆主任,一九一四年,到清华任职。一九一七年,亦就是图书馆工程正在进行之时,戴氏去纽约州立图书馆专科学校进修,一九一八年获学士学位后曾在纽约 Camp Uptown Library 工作,一九二〇年返校,时新建图书馆已经完工。……[③]

1996 年

英文:

Tai, T. C.(Tse-Chien)(1888-1963)[Dai, Zhi-qian] 戴志骞

T. C. Tai entered the Preparatory Department of St. John's School in 1903, and earned his Bachelor's degree in 1912. Tai's connection with libraries began in his college freshman year when he started to work part-time at the St. John's School Library. After graduation, he became a full time librarian in the library.

Tai joined the Qinghua College Library in 1914, and remained with Qinghua

---

① 麦群忠,朱育培. 中国图书馆界名人辞典[M]. 沈阳:沈阳出版社,1991:645.

② 徐友春. 民国人物大辞典(下)[M]. 石家庄:河北人民出版社,1991:1597.

③ 苏云峰. 清华学校图书馆:中国大学图书馆现代化的先驱[C] // 王振鹄教授七秩荣庆祝寿论文集编辑小组. 当代图书馆事业集:庆祝王振鹄教授七秩荣庆祝寿文集. 台北:正中书局,1994:84. 另:苏云峰将"Upton"误写成"Uptown"。

until 1928. During his Qinghua years, he took two leaves to study in the States. First, he attended the Library School of the New York Public Library and worked in Camp Upton, New York, for the American Library Association War Service between 1917 and 1919. Then in 1924, he went to Iowa and studied for his doctoral degree at Iowa State University.

Right after Seng and Hu, Tai became the third Chinese librarian to receive professional training in the States. While Seng and Hu concentrated their efforts on the development of the Boone Library and the Boone Library School in Wuchnag[①], Tai's experience and knowledge became a valuable asset to the development of libraries in Beijing. During the summer of 1920, Tai offered the First Library Summer Workshop jointly sponsored by Qinghua and the Beijing Nonnal School in Beijing. When the Chinese National Association for the Advancement of Education was fonned in Beijing in 1922, he chaired its Library Education Committee. He also founded the Beijing Library Association in 1924, and served as its President. In addition, he served as a special lecturer at the Boone Library School, and as the consultant to various planning committees for new libraries, including Nankai University Library, the Soong Po Memorial Library, and the Shanghai Chamber of Commerce Library.

When Tai went to the University of Iowa in 1924, he worked for a doctorate in Education Administration. In his dissertation entitled "Professional Education for Librarianship: a proposal for a library school at the university of Iowa," Tai proposed an ideal blueprint for library education which would include the training of library educators as well as librarians.

Tai returned to Qinghua in 1925. Few of the theories or practices outlined in his dissertation were of use in China. Tai's dissertation, though it was the first that was ever written on library science in the States, and later published by H. W. Wilson in 1925, received little attention in his home country. The professional output of Tai, including about two dozen publications, both in English and in Chinese, were mostly published before 1924. His Chinese pieces included short essays or the lecture notes he prepared for the library workshops he taught. His English works, in addition to the published dissertation, included the short pieces he wrote for the *Library Journal*

①　"Wuchnag" 有误，当为 "Wuchang"。

and *Public Libraries* concerning the library situation in China.

A combination of poor health and his doctorate degree in Education Administration eventually drew Tai away from his library career. Tai's doctorate degree in Education Administration brought him job offers of an administrative nature. Tai left Qinghua in 1927 and served briefly as the Library Director of the Central University Library in Nanking. Then, in October 1928, Tai accepted the government's appointment to serve as the Director of Higher Education of the Jiangsu Province. Later the same year, he accepted another appointment as the vice-chancellor of the National Central University. For a brief period, Tai seemed to gear his career development toward education administration, and was getting one good job offer after another. Unfortunately, he was forced to resign in 1930 because of poor health.

Later, in May 1931, after Tai recuperated from his illness, he became the Staff Manager of the Personnel Department and concurrently the Acting Secretary-general of the Bank of China; a major government bank. Tai seemed happy in his new career as banker and financial developer. He found it fascinating being "a pioneer in finance and investment in the wildness of those four northeastern frontier provinces of Manchuria." He described his career transition as follows: "Since the autumn of 1928 I have been separated from the sphere of library administration to educational administration and now I am at bank administration. From library to university and from university to banking, the walks of life are far apart, but all the time dealing with human elements in administration. " Tai remained on the board of Chancellors of the Boone Library School as late as 1937 though offering nothing more than cable messages during the scheduled board meetings.

Tai's wife, the former Miss Julie Rummelhoff, whom Tai met when he was in library school, devoted most of her professional career to Chinese libraries. A native of Norway, and a graduate of the Library School of the New York State Library, class of 1919, Mrs. Tai came to China in 1922 when she first married T. C. She worked as the cataloger of the Qinghua University Library between 1922 and 1928, and then worked as the librarian at the Beijing Union Medical College from 1928 to 1936. The Beijing Union Medical College was the first medical school which the Rockefeller Foundation financed and supported in China. With a lengthy career at the Beijing Union Medical College Library, Mrs. Tai became an expert in medical librarianship in China. She published professionally and organized meetings with medical librarians in China. The Tais left China and moved to Argentina in 1951 where T. C. nursed his poor health and Mrs. Tai worked for another seven years in the American Community School Library before she retired in 1958.

T. C. Tai's devotion to promoting library innovation and professionalism, though short, is significant. Tai was instrumental in urging the establishment of the first professional library organization under the Chinese National Association for the Advancement of Education as early as 1921. His continued efforts resulted in the establishment of several regional library associations all over China. [①]

中译:

戴志骞(1888—1963)。1903 年,戴志骞入读于圣约翰学校备馆,1912 年获文学士学位。戴志骞跟图书馆界的因缘始于大一,当时他开始在圣约翰学校[②]图书室兼职。毕业后,他成为一名全职图书室主任。

1914 年,戴志骞加入了清华学校图书馆,并且一直在那里工作到 1928 年。在其清华岁月中,他两次休假并赴美深造。第一次是在 1917—1919 年。他先就读于纽约公共图书馆附属图书馆学校[③],然后又到纽约厄普顿军营图书馆工作,参与了美国图书馆协会组织的(图书馆)战时服务。第二次则是在 1924 年。他前往爱荷华城,在爱荷华州立大学攻读博士学位。

继沈祖荣与胡庆生之后,戴志骞成为第三位在美国接受过(图书馆)专业训练的中国图书馆员。沈祖荣与胡庆生致力于发展位于武昌的文华公书林与文华图书科(后改称"文华图书馆学专科学校"),而戴志骞的经验与学识则成为北京图书馆事业发展的宝贵资产。1920 年夏天,戴志骞主持了清华学校与北京高等师范学校在北京共同主办的第一次暑期图书馆学讲习会。1922 年,中华教育改进社在北京成立,戴志骞担任图书馆教育委员会主任。1924 年,他又创立了北京图书馆协会并担任会长。此外,他还担任了文华图书科(文华图书馆学专科学校)的特别讲师,以及包括南开大学图书馆、松坡图书馆与上海总商会图书馆在内的

---

① Tu, Kuang-Pei. *Transformation and Dissemination of Western Knowledge and Values the Shaping of Library Service in Early Twentieth Century China*[D]. Los Angeles: University of California, 1996: 421-426.

② 其实该校此时已经升格为圣约翰大学(St. John's University)。

③ 当时戴志骞其实就读于纽约州立图书馆学校(New York State Library School)。

多所新建图书馆的规划委员会顾问。

1924年,戴志骞前往爱荷华大学攻读教育管理专业的博士学位。在其题为《论图书馆员职业教育:关于在爱荷华大学创办图书馆学校的建议》的博士学位论文中,他描绘了一幅图书馆教育的理想蓝图,涵盖了对图书馆教育者与图书馆员的教育。

1925年,戴志骞返回清华学校。其博士学位论文中概略阐述的理论体系或实践方法几乎没有在中国获得应用。尽管这是美国图书馆学领域的第一篇博士学位论文,而且后来又由H.W.威尔逊公司于1925年正式出版,但它在戴志骞的祖国极少受到关注。戴志骞的专业著述,包括大约两打(24篇)中英文文章,大多发表在1924年以前。其中文著述包括短篇随笔或他为其主讲的图书馆讲习会准备的演讲笔记。除了正式出版的博士学位论文,其英文著述还包括他为《图书馆杂志》与《公共图书馆》撰写的介绍中国图书馆发展状况的短文。

戴志骞身体欠佳,而他又获得了教育管理专业的博士学位,两大因素结合在一起,使得他最终离开了图书馆事业。他获得的教育管理专业的博士学位给他带来了行政管理性质的工作机会。1927年,他离开清华学校,并且短暂地担任过南京国立中央大学图书馆馆长。其后,在1928年10月,戴志骞被政府任命为江苏省高等教育处处长[1]。同年晚些时候,他又被任命为国立中央大学副校长。短期内,戴志骞似乎将其职业发展路径转向了教育管理,并且一个接一个地找到好工作。不幸的是,由于身体欠佳,他被迫于1930年辞职。

1931年5月,在其恢复健康之后,戴志骞成为中国银行这家官办大银行的人事室主任,同时兼任该行的代理总秘书。对于这份作为银行家与金融家的新职业,戴志骞显得十分开心。他发现"在荒凉的'满洲'(东北)边疆四省充当一名金融与投资领域的拓荒者"极具吸引力。他对其转行描述如下:"1928年秋天以来,我一直都跟图书馆管理界和教育管理界断绝了联系。现在,我在银行界工作。从图书馆到大学,从大学到银行,这些行业差别很大,但我一直都是在管理工作当中跟人打交道。"直到1937年,戴志骞还一直担任文华图书馆学专科学校的校董。不过,每次预定召开校董会时,他除了发来电报(请假或请人代表出席),就没有作出什么贡献了。

戴志骞夫人原名茉莉·鲁梅尔霍夫。戴志骞在(纽约州立)图书馆学校求学时认识了她。其职业生涯的大部分时间都献给了中国图书馆事业。她是挪威人,1919年毕业于纽约州立图书馆学校。1922年,她来到中国并与戴志骞结婚。

---

[1] 实为中央大学区高等教育处处长。

1922—1928 年,她担任清华学校图书馆的编目员。1928—1936 年,她转任北平协和医学院图书馆主任。北平协和医学院是洛克菲勒基金会在中国出资创办与支持的第一家医学院。因为在北平协和医学院图书馆工作多年,她成为中国医学图书馆领域的专家。她发表过专业文章,还组织聚会,跟中国的医学图书馆员们进行交流。1951 年,戴志骞夫妇离开中国,移居阿根廷。戴志骞照料自己欠佳的身体,戴志骞夫人则又在美洲社区学校图书馆工作了七年,直到 1958 年退休。

戴志骞致力于推进图书馆的变革与职业化,虽然为时不长,却意义重大。早在 1921 年,他就推动在中华教育改进社下面成立了(中国)第一个图书馆专业团体(即图书馆教育委员会)。其不懈努力还使得中国各地成立了数个地方图书馆协会。

2000 年

戴超(1888—?),江苏青浦(今属上海)人。

曾任北京图书馆协会会长、中国图书馆协会会长、国立中央大学副校长、东北边防军司令长官公署参议厅顾问。

字:志骞①。

2005 年

戴超 Dai Chao(1888—?),别号志骞,江苏青浦(今属上海)人。生于 1888 年(清光绪十四年)。毕业于上海圣约翰大学,后留学美国,获纽约州立图书馆学校图书馆学学士和爱和华大学哲学博士学位。历任上海圣约翰大学图书馆主任、北京清华大学图书馆主任、国立中央大学图书馆馆长。1928 年任中央大学区教育行政督学及高等教育处处长。1929 年任国立中央大学副校长。1930 年后任东北边防军司令长官公署参议厅顾问②。

2006 年

戴超(志骞),江苏青浦人:清华津贴生,图书馆学:B.L.S(N.Y.S.U.)'18;图书馆及大学管理:Ph.D.(Lowa.Univ.)'25。中国银行总管理处总秘书③。

2008 年

---

① 周家珍. 20 世纪中华人物名字号辞典[M]. 北京:法律出版社,2000:112.

② 刘国铭. 中国国民党百年人物全书(下)[M]. 北京:团结出版社,2005:2446.

③ 孙大权. 中国经济学的成长——中国经济学社研究(1923—1953)[M]. 上海:上海三联书店,2006:408. 另:原书将"Iowa"误写作"Lowa",此处照录。

戴志骞:美国纽约图书馆学校获图书馆学学士学位。曾任清华大学图书馆主任,后任中央大学图书馆主任①。

2009 年

戴志骞,曾于 1909—1911 年在圣约翰大学图书馆任馆长,在其任职期间,增加了图书馆开放时间,丰富了图书馆馆藏。辞职后,曾任清华学校图书馆主任、馆长,是中华图书馆协会首任执行部部长,还是我国最早的地方性图书馆联合团体——北京图书馆协会会长,是"新图书馆运动"极为活跃的人物。1927 年,金陵大学图书馆学系成立,戴志骞被聘为教授。1928 后不久,戴志骞从政做了中央大学副校长②。

2012 年

戴超(1888—?),字志骞。江苏青浦人。早年毕业于上海圣约翰大学。后留学美国纽约州立图书馆专科学校,获学士学位。旋入爱荷华大学,获哲学博士学位。回国后任上海圣约翰大学图书馆主任。1922 年任北京图书馆协会会长。1924 年任清华学校图书馆主任。次年任中国图书馆协会会长。1928 年任国立中央大学图书馆馆长。同年任第四中山大学区教育行政院督学,兼高等教育处处长。1929 年任国立中央大学副校长。次年任东北边防军司令长官公署参议厅顾问③。

2014 年

戴超(1888—?),字志骞,江苏青浦(今属上海)人,清光绪十四年(1888 年)生。圣约翰大学文学士、美国纽约州立图书馆学专科学校学士、爱荷华州立大学哲学博士。曾任中国银行人事课课长、总秘书、赴外稽核、代理天津分行经理。1948 年时任中国银行总秘书兼人事室主任。著作有《中国之财政与金融》④。

当代(时间不详)

戴超 Dai Chao,1888 年出生,祖籍江苏青浦,字志骞。1912 年入上海圣约

---

① 张树华,张久珍. 20 世纪以来中国的图书馆事业[M]. 北京:北京大学出版社,2008:90.

② 孟雪梅. 近代中国教会大学图书馆研究[M]. 北京:国家图书馆出版社,2009:189.

③ 周川. 中国近现代高等教育人物辞典[M]. 福州:福建教育出版社,2012:660. 另:原书将"志骞"误写成"志骞",此处照录。

④ 姜建清. 近代中国银行业机构人名大辞典[M]. 上海:上海古籍出版社,2014:608.

翰大学获文学士;1918 年纽约州立图书馆学校获图书科学士;1925 年继在俄亥俄州伊阿华大学获博士学位。1909—14 年曾任圣约翰图书馆管理员;1918—19年任纽约州厄普顿图书馆管理员助理;1924—28 年任北平清华大学图书馆管理员;1928—29.4 任江苏大学地区的高等教育主任,同时任南京国立中央大学教务长;1928 年任南京国立中央大学图书馆馆长;1929.5—30.7 年任南京国立中央大学副校长;1930 年任哈尔滨中国实业股份有限公司经理;1931—34 年任中国银行人事部主任,1933 年任上海中国银行秘书长,1923 年戴氏荣获丹麦国王授予丹尼勃洛骑士勋章。1922—26 任年北京图书馆协会主席;1925—26 任年中国图书馆协会主席;1926—30 年任北京图书馆建设委员会会员;1928—30 年任《江苏省政府公报》编辑委员会成员;著作有《图书馆管理员的职业教育》(博士论文)、《中国的图书馆运动》;尚有不胜枚举的多种命题、关于图书馆及教育方面的文章登载于杂志①。

第二节　戴罗瑜丽主要简历

1928 年

英文:

Rummelhoff, Julie (Mrs T. C. Tai). B. L. S. 1919. L. S. 1917-19.

Kristiania (now Oslo), Norway;"Eksamen atrium" Kristiansands kathedralskole, '15, apprentice Kristiansands folkebibliotek, Sept. '15- July '16.

Asst Deichmanske bibliotek, Kristiania, Sept. '16-Sept. '17; temp, asst ref. - cat. section, New York p. l. July-Aug. '18; librn Norges landbruk-hoiskole, Aas, Sept. '19-22; catlgr State univ. of Iowa lib. '23-25; head catlgr non-oriental dept, Tsing Hua col. Lib. '22-date.

Married T. C. Tai.

Present address: Tsing Hua College Library, Peking, China. ②

---

① 上海圣约翰大学人物志·21 [EB/OL]. [2014-08-08]. http://www.lib.sju.edu.tw/school_history/stjohn5-1-21.asp.

② New York State Library School. *New York State Library School Register, 1887-1926*[M]. New York: New York State Library Schools Association, Inc., 1928: 143.

中译：

茉莉·鲁梅尔霍夫（戴志骞夫人）：1919 年，获图书馆学学士学位；1917—1919 年，就读于纽约州立图书馆学校。

克里斯蒂安尼亚（现名"奥斯陆"），挪威；1915 年，在克里斯蒂安桑兹天主教学校获文科文凭；1915 年 9 月—1916 年 7 月，在克里斯蒂安桑兹公共图书馆实习。

1916 年 9 月—1917 年 9 月，任克里斯蒂安尼亚戴希曼公共图书馆（今奥斯陆公共图书馆）助理；1918 年 7—8 月，任纽约公共图书馆参考-编目部临时助理；1919 年 9 月—1922 年，任挪威国立农业专科学校图书馆馆员；1923—1925 年，任爱荷华州立大学图书馆编目员；1922 年至今，任清华学校图书馆西文编目部主任。

丈夫：戴志骞。

当前通讯地址：清华学校图书馆，北京，中国。

1934 年

挪威文：

Tai, Julie Rummelhoff. Født i Nordfjord 16/12 1896. Student 1915. Ansatt ved Deichmanske bibliotek 1916-17. Studerte ved University of the State of New York, Albany（N. Y. State Library School）. 1917-19. Bachelor of Library Science 1919. Bibliotekar ved Norges landbrukshøiskole 1/9 1919-9/1 1922. Forestod den utenlandske katalogavdeling ved Tsing Hua College Library, Pei- ping, Kina, 1922-24 og 1925-28. Ansatt ved Iowa universitets-bibliotek 1924-25, og siden hosten 1928 chefsbibliotekar ved Peiping Union Medical College（Rockefeller medisinske institutt）Peiping. [1]

中译：

茉莉·鲁梅尔霍夫·戴（戴志骞夫人）：1896 年 12 月 16 日生于北峡湾地区。1915 年，学生。1916—1917 年，戴希曼公共图书馆（今奥斯陆公共图书馆）助理。1917—1919 年，阿尔巴尼城纽约州大学区（纽约州立图书馆学校）学生。1919 年，获图书馆学学士学位。1919 年 9 月 1 日—1922 年 1 月 9 日，挪威国立农业专科学校图书馆编目员。1922—1924 年、1925—1928 年，中国北平清华学校图书馆西文编目员。1924—1925 年，爱荷华大学图书馆编目员。1928 年至今，北平协和医学院（洛氏医学研究所）图书馆主任。

---

[1] Bibliotekarer[J]. *Meldinger Fra Norges Landbrukshøgskole*, 1934, Vol. 14: 615.

1959 年

英文：

Rummelhoff, Julie（Mrs T. C. Tai）. B. L. S. 1919. L. S. 1917–19.

Kristiania（now Oslo）, Norway；"Eksamen artium" Kristiansands kathedralskole, '15, apprentice Kristiansands folkebibliotek, Sept. '15– July '16.

Asst Deichmanske bibliotek, Kristiania, Sept. '16–Sept. '17；temp, asst ref. – cat. section, New York p. l. July–Aug. '18；librn Norges landbruk–hoiskole, Aas, Sept. '19–22；catlgr State univ. of Iowa lib. '23–25；head catlgr non–oriental dept, Tsing Hua col. Lib. '22–Aug. '28；librn Peking Union medical col. （Rockefeller medical sch. , Peking, China）, Sept. '28–Sept. '36；asst librn Univ. of Honkong lib. , Hong Kong, Apr. –July '51；librn American community sch. , Buenos Aires, Argentina, Apr. '52–date；married T. C. Tai.

Visited U. S. medical libs '33.

Present address：R. S. Pena 851 Fondo, Olivos FCNGBM, Buenos Aires, Argentina. ①

中译：

茉莉·鲁梅尔霍夫（戴志骞夫人），1919 年，获图书馆学学士学位；1917—1919 年，就读于纽约州立图书馆学校。

克里斯蒂安尼亚（现名"奥斯陆"），挪威；1915 年，在克里斯蒂安桑兹天主教学校获文科文凭；1915 年 9 月—1916 年 7 月，在克里斯蒂安桑兹公共图书馆实习。

1916 年 9 月—1917 年 9 月，任克里斯蒂安尼亚戴希曼公共图书馆（今奥斯陆公共图书馆）助理；1918 年 7—8 月，任纽约公共图书馆参考–编目部临时助理；1919 年 9 月—1922 年，任挪威国立农业专科学校图书馆馆员；1923—1925 年，任爱荷华州立大学图书馆编目员；1922 年—1928 年 8 月，任清华学校图书馆西文编目部主任；1928 年 9 月—1936 年 9 月，任北平协和医学院图书馆主任；1951 年 4—7 月，任香港大学图书馆助理馆员；1952 年 4 月至今，任阿根廷布宜诺斯艾利斯美洲社区学校图书馆馆员。

丈夫：戴志骞。

1933 年，参观美国多家医学图书馆。

---

① New York State Library School. *New York State Library School Register, 1887–1926（James I. Wyer Memorial Edition*）[M]. New York：New York State Library Schools Association, Inc. , 1959：126.

　　当前通讯地址:851 号,R.S. 佩尼亚街,方都镇,奥利沃斯县,布宜诺斯艾利斯,阿根廷。

　　注:R.S. 佩尼亚街旨在纪念 1910 年 10 月 12 日—1914 年 8 月 9 日担任阿根廷总统的罗克·萨恩斯·佩尼亚(Roque Sáenz Peña, 1951-1914)。

第十八章

戴志骞著述一览

表 18-1　戴志骞著述一览表（含戴志骞的工作报告、演讲或访谈概要、摄影作品等）

日期[①]	题名或书名	发表或出版情况	署　名	备　注
1912.5	《新中国之道德》	载《约翰声》(*St. John's Echo*)第 23 卷第 5 期（中文版第 12—17 页）	戴志骞	演讲稿，获得同门会金牌《约翰声》为上海圣约翰学校（圣约翰大学）校刊，1899 年创刊，1937 年停刊。
1913.5	《人与蚊之竞争》	载《约翰声》(*St. John's Echo*)第 24 卷第 4 期（中文版第 4—10 页）	戴志骞	该刊英文版封面标注"Special Alumni Number"。
1918.11	"Recent Literature on China"	载《中国留美学生月报》(*The Chinese Students' Monthly*),Vol. 14 No. 1（pp. 76-85）	T. C. Tai	载"Recent Literature"专栏，作者署名后标注"Assistant Librarian, Camp Library, Camp Upton, N. Y."。
1918.12	《论美国图书馆》	载《留美学生季报》(*The Chinese Students' Quarterly*)第 5 卷第 4 期（第 121—129 页）	戴志骞	前身为《留美学生年报》，1914 年 3 月改为《留美学生季报》，1928 年 6 月停刊。
1919.1	"250 English Books on china (Selected and annotated)"	载《中国留美学生月报》(*The Chinese Students' Monthly*),Vol. 14 No. 3（pp. 210-216.）	Tse-chien Tai	载"Recent Literature"专栏，作者署名后标注"B. A., B. L. S. Assistant Librarian, Camp Upton Library, Camp Upton. New York"。
1919.2	"Present Library Conditions in China"	*Public Libraries*, Vol. 24 No. 2（School Library Number）（pp. 37-40）	T. C. Tai	作者署名后标注"B. A., B. L. S.""Librarian of Tsing Hua College, Peking, China"。

① 此处以其发表或出版时间为准，并在备注中注明其写作、演讲或访谈时间。

日期	题名或书名	发表或出版情况	署　名	备　注
1919. 2	"Recent Literature on China"	载《中国留美学生月报》（*The Chinese Students' Monthly*），Vol. 14 No. 4（pp. 266-271）	T. C. Tai	载 "Recent Literature" 专栏，作者署名后标注 "Assistant Librarian, Camp Library, Camp Upton, N. Y. "。
1919. 2	"250 English Books on China（Selected and annotated）"（Continued from the January issue）"	载《中国留美学生月报》（*The Chinese Students' Monthly*），Vol. 14 No. 4（pp. 272-282）	Tse-chien Tai	载 "Recent Literature" 专栏，作者署名后标注 "B. A. , B. L. S. " "Assistant Librarian, Camp Upton Library, Camp Upton. New York"。
1919. 3	"250 English Books on China（Selected and annotated）"（Continued from the February issue）	载《中国留美学生月报》（*The Chinese Students' Monthly*），Vol. 14 No. 5（pp. 359-362）	Tse-chien Tai	载 "Recent Literature" 专栏，作者署名后标注 "B. A. , B. L. S. " "Assistant Librarian, Camp Upton Library, Camp Upton. New York"。
1919. 3	"250 English Books on china（Selected and annotated）"（Continued from the March issue）	载《中国留美学生月报》（*The Chinese Students' Monthly*），Vol. 14 No. 6（pp. 409-412）	Tse-chien Tai	载 "Recent Literature" 专栏，作者署名后标注 "B. A. , B. L. S. " "Assistant Librarian, Camp Upton Library, Camp Upton. New York"。
1919. 5	"Recent Literature on China"	载《中国留美学生月报》（*The Chinese Students' Monthly*），Vol. 14 No. 7（pp. 456-460）	T. C. Tai	载 "Recent Literature" 专栏，作者署名后标注 "Assistant Librarian, Camp Library, Camp Upton, N. Y. "。
1919. 7	"A Brief Sketch of Chinese Libraries"	*The Library Journal*, Vol. 44 No. 7（pp. 423-429）	T. C. Tai	作者署名后标注 "B. L. S. , Librarian of Tsing Hua College, Peking, China"。
1919. 11	"The Immediate Need of Librarian in China"	*The Chinese Students' Christian Journal*, Vol. 6 No. 2（pp. 67-72）	T. C. Tai	正文前有编者注 "Mr. Tai was librarian in Camp Upton during the war and is now librarian of Tsinghua College. —Ed. "。
1920. 2. 7	《戴志骞先生在本校图书馆演讲会的演讲辞》①	载《平民教育》第 17 号	戴志骞讲，予同记	《平民教育》由北京高等师范学校平民教育社主办。本文其实就是戴志骞在北京高等师范学校图书馆的演讲。

① 中共中央马克思、恩格斯、列宁、斯大林著作编译局研究室. 五四时期期刊介绍（一）[M]. 北京：生活·读书·新知三联书店，1978：813.

日期	题名或书名	发表或出版情况	署 名	备 注
1920.3.9	《图书馆与教育》	载1920年3月9日《民国日报·觉悟》(第13版)	戴志骞	题名后标注"戴志骞在北京高师图书馆演讲"。
1920.5.20	《图书馆学》	《约翰声》(*St. John's Echo*)第31卷第4期(中文版第20—27页)	无署名	该文内容跟戴志骞的《论美国图书馆》颇有相似之处,内含一份《爱希嗽军营图书馆及十七处分馆借出书籍统计表》,所以应当是出自戴志骞之手,或者至少是据戴志骞著述编选而成。
1920	*Bibliography on China: 1900–1918*	出版/印刷地点与出版/印刷机构不详	T. C. Tai	1920年12月9日,戴志骞写信给安东基督教青年会(Young Men's Christian Association, Antung, Manchuria)的保罗·H. 巴戈先生(Mr. Paul H. Baagoe),并附寄上这份目录。①这份目录的编撰与刊印时间不详,可能就是戴志骞在纽约州立图书馆学校完成的那份原创书目或其增订版。
1921.1	"Library Movement in China"	*Bulletin of the American Library Association*, Vol. 15 No. 1 (pp. 58-63)	T. C. Tai	作者署名后标注"Librarian of Tsing Hua College"。
1921.2	"Libraries Aid in Educating China. Movement to Convert Storehouse of Books into Univresities of the People Grows"	*The Trans-pacific*, Vol. 4 No. 2 (pp. 63-66)	T. C. Tai	作者署名后标注"Librarian of Tsing Hua College"。
1921.2	"Libraries Aid in Educating China"	*Special Library*, Vol. 12 No. 1 (pp. 30-31)	T. C. Tai	作者署名后标注"Librarian of Tsing Hua College"。本文虽然署名"T. C. Tai",但其实是对戴志骞在 *The Trans-pacific* 上发表的同名文章的短评。

---

① 韦庆媛,邓景康. 戴志骞文集(下)[C]. 北京:国家图书馆出版社,2015:346-423.

日期	题名或书名	发表或出版情况	署　名	备　注
1921. 2	"Libraries Aid in Educating China"	*Christian China*, Vol. 7 No. 4（p. 174）	T. C. Tai	作者署名后标注"*The Trans-Pacific*, February, 1921"。本文是对戴志骞在 *The Trans-pacific* 上概略介绍。
1921. 3	《图书馆与教育》	载《教育汇刊》第 1 集（第 16—19 页）	戴志骞先生讲，何兆清记	《教育汇刊》时由国立南京高等师范学校教育研究会创办、中华书局出版。本文是戴志骞在国立南京高等师范学校的演讲记录，内容跟他在北京高等师范学校图书馆的演讲略有不同。
1921. 7	《人与蚊之竞争》（未完）	载《新民报》（*The Chinese Illustrated News*）第 41 年第 7 期（新第 7 年第 7 期）（第 12 页）	戴志骞	题名后标注"录圣公会报"。《新民报》的前身为 1880 年 5 月创刊于上海的《画图新报》，1914 年改为《新民报》，1921 年停刊。
1922. 11. 14	《图书馆与学校》	载《北京高师周刊》第 176 期（第 3—4 版）	戴志骞	《北京高师周刊》时由北京高等师范学校编印。
1923. 1	《图书馆与学校》	载《教育丛刊》第 3 卷第 6 集（图书馆学术研究号［北京高师图书馆落成纪念］）（第 16—18 页）	戴志骞	《教育丛刊》时由北京高等师范学校编印。
1923. 1	《图书馆学术讲稿》	载《教育丛刊》第 3 卷第 6 集（图书馆学术研究号［北京高师图书馆落成纪念］）（独立编排页码，第 1—67 页）	戴志骞	《教育丛刊》由北京高等师范学校编印。
1923. 3. 1	《英文杂志介绍》	载《清华周刊》第 271 期所附"书报介绍副刊第一期"（第 12—18 页）	志骞，光宗	介绍了清华学校图书馆馆藏的总共 26 种西文期刊。
1923. 3. 1	《西文书籍介绍》	载《清华周刊》第 271 期所附"书报介绍副刊第一期"（第 18—23 页）	志骞，光宗	按科学、社会学、教育、政治、历史、传记、文学与小说八类介绍近年出版的、在英美十分盛行而文法又较为简单的英文图书。
1923. 3. 30	《图书馆学术研究号》（《教育丛刊》第 3 卷第 6 集）	载《清华周刊》第 275 期所附"书报介绍副刊第二期"之"中文定期刊物中的论文"栏目（第 11 页）	志骞	介绍《教育丛刊》第 3 卷第 6 集（图书馆学术研究号）的主要内容。

日期	题名或书名	发表或出版情况	署名	备注
1923. 3. 30	"Hutchinson, A. S. M. This Freedom. London, Hodder and Stoughton, 1922."	载《清华周刊》第275期所附"书报介绍副刊第二期"之"英文书籍"栏目"(一)长篇介绍"(第17页)	志骞	介绍 A. S. M. 哈金森(A. S. M. Hutchinson, 1880-1971)的《这种自由》(This Freedom)。
1923. 3. 30	"Paris, John, Pseud, Kimono. London, Collins, 1922"	载《清华周刊》第275期所附"书报介绍副刊第二期"之"英文书籍"栏目"(一)长篇介绍"(第17页)	志骞	介绍约翰·帕里斯(John Paris,笔名)的小说《和服》(Kimono)。
1923. 3. 30	《(1)北京社会状况》	载《清华周刊》第275期所附"书报介绍副刊第二期"之"英文书籍"栏目"(二)短篇介绍"(第18页)	志骞	介绍甘博(Sidney D. Gamble)与约翰·斯图尔特·步济时(John Stewart Burgess)合著的《北京社会调查》(Peking: A Social Survey)。
1923. 3. 30	《(2)中国风俗》	载《清华周刊》第275期所附"书报介绍副刊第二期"之"英文书籍"栏目"(二)短篇介绍"(第18页)	志骞	介绍科马克夫人(Mrs. Cormack)的《北京的生礼婚礼丧礼》(Chinese Births, Weddings and Deaths)。
1923. 3. 30	《(3)政治》	载《清华周刊》第275期所附"书报介绍副刊第二期"之"英文书籍"栏目"(二)短篇介绍"(第18—19页)	志骞	介绍 F. A. 奥格(F. A. Ogg)的《美国政府介绍》(Introduction to American Government),以及克拉勃(Hugo Krabbe)原著、萨拜因(George H. Sabine)与谢泼德(Walter J. Shepard)共同英译的《现代国家观念》(Modern Idea of State)。
1923. 3. 30	《(4)社会政治》	载《清华周刊》第275期所附"书报介绍副刊第二期"之"英文书籍"栏目"(二)短篇介绍"(第19—20页)	志骞	介绍 C. A. 比尔德(C. A. Beard)的《政治学的经济基础》(Economic Basis of Politics)、C. D. 彭斯(C. D. Burns)的《革命的原则》(Principles of Revolution),以及 J. E. 约翰逊(J. E. Johnsen)的《社会保险论文选》(Selected Articles on Social Insurance)。

续表

日期	题名或书名	发表或出版情况	署名	备注
1923. 3. 30	《(5)经济》	载《清华周刊》第 275 期所附"书报介绍副刊第二期"之"英文书籍"栏目"(二)短篇介绍"(第 20 页)	志骞	介绍李秉华(Mabel Ping-Hua Lee)的《中国经济史附农业史资料》(Economic History of China: With Special Reference to Agriculture)。
1923. 3. 30	《(10)日本海军》	载《清华周刊》第 275 期所附"书报介绍副刊第二期"之"英文书籍"栏目"(二)短篇介绍"(第 22 页)	志骞	介绍巴拉德(C. B. Ballard)的《海洋对日本政治史的影响》(Influence of the Sea on the Political History of Japan)。
1923. 6. 1	《一九二三年中华年鉴》	载《清华周刊》第 284 期("清华生活"批评号)所附"书报介绍副刊第四期"之"英文书籍"栏目(第 17—18 页)	志骞	目录页署名"戴志骞",正文署名"志骞"。 介绍伍海德(H. G. W. Woodhead)所编《一九二三年中华年鉴》(The China Year Book 1923)。巧合的是,该书的"名人录"("Who's Who")部分就列有"TAI CHIH-CHIEN,(Tse-chien Tai)(戴志骞)"词条。
1923. 6. 1	《中国戏剧》	载《清华周刊》第 284 期("清华生活"批评号)之"书报介绍副刊第四期"(第 18—19 页)	志骞	目录页署名"戴志骞",正文署名"志骞"。 介绍凯特·巴斯(Kate Buss)所著《中国戏剧研究》(Studies in Chinese Drama)。
1923. 6. 1	《游记》	载《清华周刊》第 284 期("清华生活"批评号)之"书报介绍副刊第四期"(第 19 页)	志骞	目录页没有标注该文,正文署名"志骞"。 介绍苏柯仁(Arthur de Carle Sowerby)所著《博物学家在满洲(第一卷)》(The Naturalist in Manchuraia. Vol. 1)。
1923. 6	《戴志骞先生序》	载杨昭悊著、上海商务印书馆出版的《图书馆学(上册)》(第 3—4 页)	戴超	文末标注"十,十二,二十 珠溪戴超序",即戴志骞此序其实写于 1921 年 12 月 20 日。杨昭悊所著《图书馆学》为"尚志学会丛书"之一种。

日期	题名或书名	发表或出版情况	署名	备注
1923.6	"Library Movement in China"	原载中华教育改进社(The Chinese National Association for the Advancement of Education)、商务印书馆(The Commercial Press)于1923年6月出版的《英文中国最近教育状况》(*Bulletins On Chinese Education 1923*)	T. C. Tai	作者署名后标注"B.L.S., Librarian of Tsing Hua College",及"Bulletin 3 1923 Volume II"。
1923.11	《图书馆学简说》	载《新教育》第7卷第4期(第227—238页)	戴志骞	
1923	"The Library"	载清华学校于1923年编印的《清华学校信息通讯1922—1923》(*Tsing Hua College Bulletin of Information 1922-1923*)	T. C. Tai	作者署名后标注"Librarian"。①
1924.3.14	《图书馆学》	载《清华周刊》第305期(第42—50页)	戴志骞讲,毕树棠记	
1924.6	《留别之言(一)》	载《清华周刊》第10次增刊(第23—25页)	戴超	
1924.6.6	《图书馆学书目》	载《清华周刊》第317期所附"书报介绍副刊第十二期"之"英文书籍介绍"栏目(第38—39页)	戴志骞先生	书目后附"铨识":"本刊曾请戴先生介绍关于图书馆学的书,以供同学有兴趣者阅读,先生以事忙,无暇多作,故仅将此书目寄示。此书目曾登《新教育》七卷四期先生所作《图书馆学简说》之后,此次稍有修改,取消三本书,又加入 Lrbrarp Economic Series,此类丛书,对于图书馆各项问题,均分类讨论,为参考最好资料。此书目中所列各书,大部分均为图书馆所未有,惟戴先生私人则完全购置,同学欲看者,可到戴先生家里借阅。"(文中的"Lrbrarp"当为"Library")

---

① 韦庆媛,邓景康. 戴志骞文集(上)[C]. 北京:国家图书馆出版社,2015:283-285.

日期	题名或书名	发表或出版情况	署　名	备　注
1924.8	《图书分类法几条原则的商榷》	载《北京图书馆协会会报》第1期(第48—54页)	戴志骞	题名后标注"十三年五月十八日在北京图书馆协会"。
1924.8.16	《图书馆学简说》	载《河南教育公报》第3卷第11—13期合刊(独立编排页码,第1—16页)	戴志骞	文末标注"录新教育"。
1924	《戴志骞序》	载查修编、清华学校图书馆刊印的《杜威书目十类法补编》(*Supplements to the Dewey's Decimal Classification & Relative Index*)	戴志骞	戴志骞自译。
1924	"Preface"	载查修编、清华学校图书馆刊印的《杜威书目十类法补编》(*Supplements to the Dewey's Decimal Classification & Relative Index*)	T. C. Tai	作者署名后标注"Librarian, Tsing Hua College Library, Peking, China"。
1925.2	"An Advanced School of Librarianship—Aim of Curriculum"	*Public Libraries*, Vol. 30(pp. 59-61)	T. C. Tai	作者署名后标注"Librarian, Tsing Hua College, Pekin, China"。
1925.5.20	*Professional Education for Librarianship: A Proposal for a Library School at the University of Iowa*	美国爱荷华大学博士学位论文(University of Iowa, Ph. D. Thesis)	Tse-Chien Tai	封面标注"1925年5月20日"(May 20, 1925),但书中戴志骞拟定的"前言"(Preface)最后标注"1925年5月11日"(May 11, 1925)。
1925.11.6	《与图书馆主任谈话记》	载《清华周刊》第358期(第24卷第9号)(第21—24页)	伸	1925年10月31日上午,戴志骞接受了《清华周刊》学生记者"伸"的采访。
1925.11	*Professional Education for Librarianship*	纽约:H.W. 威尔逊公司(New York:The H. W. Wilson Company)	Tse-Chien Tai	作者署名后标注"B.L.S., Ph. D. "、"Librarian, Tsing Hua University, Peking, China;Chairman of the Executive Board of the Chinese Library Association;Author of Recent Literature on China, etc. "。书中收有凯泽(John Boynton Kaiser)撰写的"导论"(Introduction)。

日期	题名或书名	发表或出版情况	署名	备注
1925.11.15	《戴序》*	载杜定友著、上海图书馆协会于1925年11月15日出版的《图书分类法》(第16—19页)		文末标注"十五年一月二十日——戴志骞",即戴志骞此序其实写于1926年1月20日。这跟杜定友著《图书分类法》版权页上的出版时间"民国十四年十一月十五日"(1925年11月15日)存在矛盾。不过,书中同样收有"中华民国十五年三月十日李小缘识"的《李序》、"乙丑十月商城何日章"的《何序》、"丙寅仲春新安洪有丰范五甫序于国立东南大学图书馆"的《洪序》、"民国十五年二月袁同礼书于北京"的《袁序》、"民国十五年五月上海姚明辉序于东南大学"的《姚序》、"时在中华民国十五年二月刘衡如"的《刘序》。
1925.12.29	《欧美图书馆概况》	载《晨报副刊》第51期所附"社会周刊第十二号"(第14—16页)	戴志骞博士讲,孔敏中先生记	文末标注"民十四,十二,十三,清华园",即戴志骞于1925年12月13日在北京清华学校发表了这番演讲。
1926.1.1	《欧美图书馆概况》(未完)	载《清华周刊》第366期(第24卷第17号)(第38—40页,总第998—1000页)	戴志骞博士讲,孔敏中先生记	文末标注"下期登欧洲及日本图书馆概况"。
1926.1.8	《欧美图书馆概况》(续)	载《清华周刊》第367期(第24卷第18号)(第58—61页,总第1062—1065页)	戴志骞博士讲,孔敏中先生记	文末标注"民十四,十二,北京",即戴志骞于1925年12月在北京发表了这番演讲。
1926.1	《清华学校图书馆概况》	载《图书馆学季刊》第1卷第1期(第93—102页)	戴志骞	
1926.3.26	《图书馆》	载《清华周刊》第372期(第25卷第5号)(第296—298页)	球	1926年3月12日下午,戴志骞接受《清华周刊》学生记者"球"的访谈。

日期	题名或书名	发表或出版情况	署　名	备　注
1926.4	《十五年来之中国图书馆事业》	载《清华周刊》十五周年纪念增刊（"学术之部"栏目第60—65页，总第88—93页）	戴志骞	该刊设有"学校之部""学术之部""文艺之部"栏目，每个栏目下若干文章，每篇文章有双重页码，右或左边侧的页码用中文大写，为该文章在所在栏目的页码（每个栏目的页码都重新编号，不连续），右或左底侧的页码为阿拉伯数字小写，从整个增刊第一页起连续编号。
1926.7.25	《服务图书馆的甘苦》	载《生活》第1卷第40期（第235—236页）	戴志骞	《生活》由生活周刊社编印，创刊于1925年。
1926	"Library Movement in China"	*The Librarian and Book World*, Vol. 15（pp. 364-369）	T. C. Tai	作者署名后标注"Ph. D." "Librarian of Tsing Hua College, Peking, China"。
1927.1.27	《上海图书馆协会欢迎戴博士》	载1927年1月27日《新闻报》（第16版）	不详	1927年1月24日（星期一下午）三时，上海图书馆协会在上海商科大学图书馆开茶话会欢迎戴志骞。戴志骞发表演讲，评介国内外图书馆发展现状。
1927.4.29	《清华学校图书馆之过去，现在，及将来》	载《清华周刊》第408期（第27卷第11号）（第550—556页）	戴志骞	目录页题名为《清华学校图书馆之过去现在与将来》
1927.6	《戴主任序》	载清华学校图书馆于1927年6月刊印的《清华学校图书馆中文书籍目录》（第2—3页）	戴志骞	书中还载有曹云祥于1927年6月写的《曹校长序》。
1927.10.14	《戴志骞先生演讲》	载《清华周刊》第416期（第28卷第4号）（第217—218页）	无署名	这是戴志骞1927年10月3日下午的演讲概要，当为《清华周刊》某个学生记者所记。
1927	"Preface"	载戴罗瑜丽编、清华学校于1927年出版的《清华学校图书馆西文分类目录》（*Classified Catalog of the Tsing Hua College Library*）（pp. vii-viii）	Tse-Chien Tai	作者署名后标注"Librarian" "July 1927"，即戴志骞此序写于1927年7月。

日期	题名或书名	发表或出版情况	署 名	备 注
1927	"Modern Library Development and Its Relation to Scholarship"	*The Chinese Social and Political Science Review*, Vol. 11（pp. 124-132）	T. C. Tai, Ph. D. （戴志骞）	正文前以括号标注"Paper read before the Wen Yu Hui, Peking, November 4th, 1926"，即该文是戴志骞于 1926 年 11 月 4 日在文友会上的演讲稿。
1928 年夏季	"A Letter from Mr. T. C. Tai, Librarian of Tsing Hua College Library, Peking"（原刊无题名，此处自拟）	载《图研究》第 1 卷 2 期（第 236 页）	T. C. Tai	《图研究》是日本青年图书馆员联盟机关刊物。
1928.8.26	《昨日欢迎两博士纪 中大副校长戴志骞 新自美归国沈公健博士》	载 1928 年 8 月 26 日《申报》（第 17 版）	戴志骞	1928 年 8 月 25 日下午，上海家庭日新会在霞飞路 1048 号周宅欢迎戴志骞与沈公健二人，戴志骞做了关于改造新家庭的欧美办法的演讲。此处仅为内容概要。
1928 年秋季	"A Letter from Mr. T. C. Tai, Librarian of the Tsing Hua College Library, Peking（June 1, 1928）"（原刊无题名，此处自拟）	载《图研究》第 1 卷第 3 期（第 504 页）	T. C. Tai	《图研究》是日本青年图书馆员联盟机关刊物。
1928.12.24	《十二月十七日总理纪念周志略》	载《国立中央大学教育行政周刊》第 73 期（第 18—20 页）	无署名	1928 年 12 月 17 日"戴志骞先生演讲大意"。
1928 年冬季	《戴志骞先生跋》	《图研究》第 1 卷第 4 期（第 547 页）	戴志骞	《图研究》第 1 卷第 4 期自《图书馆学季刊》转载了杜定友撰写的《图》一文，后附朱香晚、李小缘、胡朴安、陈伯逵（原刊误作"逵"）与戴志骞五人撰写的跋。

日期	题名或书名	发表或出版情况	署 名	备 注
1929.1.1	《对于〈国立中央大学日刊〉今后之希望》	载 1929 年 1 月 1 日《国立中央大学日刊》①	不详	
1929.3.11	《十八年三月四日总理纪念周记录》	载《国立中央大学教育行政周刊》第 83 期（第 23—24 页）	无署名	1929 年 3 月 4 日"戴志骞先生报告"。
1929.3.25	《三月十八日总理纪念周》	载《国立中央大学教育行政周刊》第 86 期（第 24—26 页）	无署名	1929 年 3 月 18 日"高等教育处处长戴志骞报告"。
1929.4.8	《四月一日总理纪念周记录》	载《国立中央大学教育行政周刊》第 88 期（第 23—26 页）	无署名	1929 年 4 月 1 日"主席戴志骞率领全体同学行礼如仪""主席报告"。
1929.4.22	《四月十五日总理纪念周志略》	载《国立中央大学教育行政周刊》第 90 期（第 13—15 页）	无署名	1929 年 4 月 15 日"主席戴志骞""主席报告"。
1929.4.29	《四月二十二日总理纪念周志略》	载《国立中央大学教育行政周刊》第 91 期（第 19—26 页）	无署名	1929 年 4 月 22 日"高等教育处长戴志骞先生主席""戴志骞先生报告校务"。
1929.5.6	《四月二十九日本校之纪念周纪略》	载《国立中央大学教育行政周刊》第 92 期（第 17—20 页）	无署名	1929 年 4 月 29 日"由高等教育处长戴志骞先生主席""戴志骞先生报告纪念日办法"。
1929.5.6	《在国立中央大学五三纪念仪式上的报告》	载 1929 年 5 月 6 日《国立中央大学日刊》	不详	1929 年 5 月 3 日,国立中央大学本部在体育馆举行五三（"五三惨案"）纪念仪式,戴志骞做此报告②
1929.5.6	《在国立中央大学双五节纪念大会上的致辞》	载 1929 年 5 月 6 日《国立中央大学日刊》	不详	1929 年 5 月 5 日是孙中山先生在广州就任非常大总统八周年纪念日,国立中央大学因此于本日上午在体育馆举行纪念大会,戴志骞主持并致开会辞③。

① 韦庆媛,邓景康. 戴志骞文集（上）[C]. 北京:国家图书馆出版社,2015:128.
② 韦庆媛,邓景康. 戴志骞文集（上）[C]. 北京:国家图书馆出版社,2015:134.
③ 韦庆媛,邓景康. 戴志骞文集（上）[C]. 北京:国家图书馆出版社,2015:136.

日 期	题名或书名	发表或出版情况	署 名	备 注
1929.5.7	《在国立中央大学纪念五四运动大会上的演讲》	载 1929 年 5 月 7 日《国立中央大学日刊》	不详	1929 年 5 月 4 日,国立中央大学及首都(南京)各学校联合会在国立中央大学举行五四纪念演讲大会,戴志骞在会上做此演讲[①]。
1929.5.7	《在国立中央大学总理纪念周上的报告》	载 1929 年 5 月 7 日《国立中央大学日刊》	不详	1929 年 5 月 6 日上午,国立中央大学本部在体育馆举行总理纪念周,戴志骞主持并做此报告[②]。
1929.5.12	《训政时期最切要的工作》	载《上海党声》第 10 期(第 1 版)	志骞	《上海党声》由中国国民党上海特别市执行委员会宣传部编辑。
1929.6.11	《五月六日本总理纪念周记录》	载《国立中央大学教育行政周刊》第 93 期(第 17—20 页)	无署名	1929 年 5 月 6 日"由戴志骞先生主席""主席报告"。
1929.6.24	《六月十一日总理纪念周记录》	载《国立中央大学教育行政周刊》第 98 期(第 20 页)	无署名	1929 年 6 月 11 日"主席副校长,率领全体同学,行礼如仪,并报告事项"。
1929.7.1	《六月廿四日总理纪念周记录》	载《国立中央大学教育行政周刊》第 100 期(第 16—18 页)	无署名	1929 年 6 月 24 日"戴副校长报告大学区制停试及十八年预算案情形""戴副校长之重要报告"。
1929.7.8	《七月一日总理纪念周志略》	载《国立中央大学教育行政周刊》第 101 期(第 21—22 页)	无署名	1929 年 7 月 1 日"由戴副校长报告"。
1929.7	《戴志骞先生开会辞》	载中华图书馆协会执行委员会编纂、中华图书馆协会事务所 1929 年 7 月刊印的《中华图书馆协会第一次年会报告》(第 7—8 页)	无署名	戴志骞在 1929 年 1 月 28 日下午中华图书馆协会第一次年会开幕式上做了这番讲话。
1929.7	《年会筹备主任报告》	载中华图书馆协会执行委员会编纂、中华图书馆协会事务所 1929 年 7 月刊印的《中华图书馆协会第一次年会报告》(第 23—24 页)	戴志骞先生	

① 韦庆媛,邓景康. 戴志骞文集(上)[C]. 北京:国家图书馆出版社,2015:135.
② 韦庆媛,邓景康. 戴志骞文集(上)[C]. 北京:国家图书馆出版社,2015:137.

续表

日期	题名或书名	发表或出版情况	署名	备注
1929. 10. 16	《发刊辞》	载《国立中央大学半月刊》第1卷第1期(未标注页码,封面与目录之间)	戴超	目录页题名为《发刊词》,无署名;正文题名为《发刊辞》,署名"戴超"。
1929. 10. 21	《在国立中央大学师长欢宴留京毕业同学大会上的致辞》	载1929年10月21日《国立中央大学日刊》	不详	1929年10月17日,国立中央大学校长张乃燕、副校长戴志骞等人在南京三牌楼国际联欢社宴请留京(南京)毕业同学会执行委员会部分委员,戴志骞致辞并号召毕业同学帮助母亲发展[①]。
1929. 10	《戴副校长来函(致柳诒徵)》	载中央大学国学图书馆于1929年10月编印的《中央大学国学图书馆第二年刊》"本年度案牍辑录"之"(二)请补发经费案"(第16页)	戴超	信末标注"一八,六,二〇",即该信写于1929年6月20日。
1929. 12. 10	《在国立中央大学总理纪念周上的报告》	载1929年12月10日《国立中央大学日刊》	不详	1929年12月9日,国立中央大学举行总理纪念周,戴志骞主持并做此报告[②]。
1929. 12. 31	《在国立中央大学总理纪念周上的报告》	载1929年12月31日《国立中央大学日刊》	不详	1929年12月30日,国立中央大学举行总理纪念周,副校长戴志骞主持并做此报告[③]。
1929	"Development of Modern Libraries in China"	载中华图书馆协会(Library Association of China)在北京编印的英文论文集《中国图书馆概况》(*Libraries in China*)(pp. 9-16)	T. C. Tai	作者署名后标注"B. A., B. L. S., PH. D." "Director of Higher Education, Kiangsu Educational District" "Dean of National Central University, Nanking" "Director of the National Central University Library, Nanking"。
1930. 3. 11	《在国立中央大学总理纪念周上的报告》	载1930年3月11日《国立中央大学日刊》	不详	1930年3月10日,国立中央大学举行总理纪念周,副校长戴志骞主持并做此报告[④]。

① 韦庆媛,邓景康. 戴志骞文集(上)[C]. 北京:国家图书馆出版社,2015:142.

② 韦庆媛,邓景康. 戴志骞文集(上)[C]. 北京:国家图书馆出版社,2015:143.

③ 韦庆媛,邓景康. 戴志骞文集(上)[C]. 北京:国家图书馆出版社,2015:144.

④ 韦庆媛,邓景康. 戴志骞文集(上)[C]. 北京:国家图书馆出版社,2015:145.

日期	题名或书名	发表或出版情况	署　名	备　注
1930.3.31	《戴序》	载宋景祁编、上海图书馆协会于 1930 年 3 月 31 日印行的《中国图书馆名人录》（又印作《中国图书馆界人名录》）（第 1—2 页）	戴超	文末标注"十九年一月戴超"，即戴志骞此序写于 1930 年 1 月。《中国图书馆名人录》的编辑主干为宋景祁，编辑员则有黄警顽、陈伯逵、冯陈祖怡、沈文华、孙心磐、金敏甫、马崇淦、王恂如。
1930.4.29	《在国立中央大学总理纪念周上的报告》	载 1930 年 4 月 29 日《国立中央大学日刊》	不详	1930 年 4 月 28 日，国立中央大学举行总理纪念周，副校长戴志骞主持并做此报告①。
1930.6②	《〈国立中央大学学生会刊〉序》	载《国立中央大学学生会刊》第 1 期（创刊号）	戴超	写于"中华民国十九年四月"③。
1931.8	T. C. Tai's "A Letter to John B. Kaiser"（原刊无标题，此处自拟）	*Library Service News*, Vol. 3 No. 1（p. 7）	T. C. Tai	凯泽（John B. Kaiser）时任美国加州奥克兰免费图书馆馆长（Librarian of the Oakland [Calif.] Free Library）。原刊未注明写信时间。
1931.9	《图书馆员职业之研究》	载《文华图书科季刊》第 3 卷第 3 期（第 209—302 页）	戴超	
1931.11.30	《有业者乐业的理论和实验——本能说的职业指导》	载《通问月刊》第 11 期的"职业指导"栏目（第 10—12 页）	戴子骞	《通问月刊》由上海中华职业教育社通问学塾与上海市商会商业学校通问班刊行。作者署名前标注"中国银行人事科长"。
1931.12	《戴子骞（超）论东北问题》（此处题目自拟）	载日本神原周平原著、潘文安与殷师竹合译、上海文艺书局出版的《日本经济与中国东北问题》一书中收入的潘文安于 1931 年 12 月 1 日撰写的序（第 1—5 页。）	戴子骞（超）博士	潘文安在文中称戴志骞为"戴子骞（超）博士"。潘文安在序中大段引用了戴志骞的谈话内容。

① 韦庆媛，邓景康. 戴志骞文集（上）[C]. 北京：国家图书馆出版社，2015：146.
② 上海图书馆. 上海图书馆馆藏近现代中文期刊总目[M]. 上海：上海科学技术文献出版社，2004：675.
③ 韦庆媛，邓景康. 戴志骞文集（上）[C]. 北京：国家图书馆出版社，2015：147.

日期	题名或书名	发表或出版情况	署　名	备　注
1931	"Development of Modern Libraries in China"	载 D. P. 卡 特 里（D. P. Khattry）主编、印度出版社（The Indian Press）在阿拉哈巴德（Allahabad）出版的《全亚教育会议（1930 年 12 月 26—30 日）报 告 》（*Report of All Asia Educational Conference*（*Benares，December 26-30，1930*））（pp. 658-664）	T. C. Tai	作者署名后标注"B. A.，B. L. S.，Ph. D."" Director of Higher Education, Kiangsu Educational District; Dean of National Central University, Nanking; Director of the National Central University Library, Nanking"。同书还载有胡庆生（Thomas C. S. Hu）所撰《中国的图书馆培训》（"Library Training in China"）一 文（pp. 664-674），作者署名后标注"B. A.，M. A.""Librarian, National Wuhan University, Wuchang"。
1932. 1. 1	《人与事》	载《机联会刊》第 49 期（新年特刊）的"职业指导"栏目（第 8—10 页）	戴子骞博士讲，陆贻记	《机联会刊》由上海机制国货工厂联合会编辑、出版、发行。文末标注"陆贻记"。
1932. 6. 3	《戴志骞刘焘关于在东北接洽关盐两税情形报告》	载中国第二历史档案馆编、江苏古籍出版社于 1994 年 6 月出版的《中华民国史档案资料汇编　第五辑　第一编　财政经济（二）》（第 48—51 页）	戴志骞、刘焘	该报告原藏于"海关总税务司署档案"，提交时间为 1932 年 6 月 3 日。
1932. 11	"T. C. Tai's Letter to Dorkas Fellows"（原刊无标题，此处自拟）	*Library Service News*，Vol. 4 No. 1（pp. 5-6）	T. C. Tai	1917—1918 学年，多克斯·菲娄兹（Dorkas Fellows）在纽约州立图书馆学校执教，与戴志骞相识。1921—1937 年，她担任《十进图书分类法》（*Dewey Decimal Classification*）的编辑。
1932. 10. 15	《本行对于练习生的期望——鲁行练习生谒师典礼训词之一》	载《中行生活》第 1 卷第 6 期（第 85—86 页）	戴志骞讲，曹尔龙记录	
1933. 5. 15	《同人眷属游锡摄影》（照片）	载《中行生活》第 13 期（周年纪念号）之"摄影专栏"（未标注页码）	戴志骞摄	照片下方有文字说明："同人眷属游锡摄影（自右至左余英杰夫人何墨林夫人夏屏方夫人汪椤伯夫人胡夫人刘攻芸夫人）"。

日期	题名或书名	发表或出版情况	署名	备注
1934.5.1	《戴志骞先生闽粤演讲录》	载《中行生活》第26期（第585—589页）	无署名	内含"银行员应有德性及学识之修养"（广东黄芷湘与叶绍棠记录）、"中国银行现在的精神和将来之趋势"（汕头支行记录）与"吾人要有科学的思想与合作的精神"（福建张纪歆记录）三份演讲记录。
1934.5.1	《戴志骞闽粤考察记》（原刊并无题名，此处自拟）	载《中行生活》第26期（第595—596页）	无署名	全文分为四节，各节文末分别标注"云寄""汕支行寄""公量来稿"与"杰寄"，最后还有"编者"撰写的附记。
1934.5.1	《潮州湘子桥》（照片）	载《中行生活》第26期之"摄影专栏"（未标注页码）	戴志骞摄	照片下方有文字说明："凡二十只墩每二墩之中以十八梭船联接而成桥之旁有铁牛二今仅存其一故谚云'十八梭船廿四洲二只生牛一只峰为肇架山韩文公庙在焉'。"
1934.5.1	《枫溪田野中》（照片）	载《中行生活》第26期之"摄影专栏"（未标注页码）	志骞摄	照片下方有文字说明："田陌中之路皆水泥筑成极为整洁"。
1934.9.1	《如何推进我行之业务：在宁行新屋落成典礼演讲》	载《中行生活》第30期（第724页）	戴志骞	
1935.2	《银行人事调查与训练》（人事管理学会第一次演讲会讲稿）	载《工商管理月刊》第2卷第2期（第85—90页）	戴志骞先生讲，朱钟正速记	《工商管理月刊》由中国工商管理协会出版。另据1934年10月17日《申报》，人事管理学会于1934年10月20日中午在八仙桥青年会九楼举行第一次演讲会，由该会名誉理事戴志骞进行演讲，题为《银行人事之调查与训练》。
1936	"China's Finance and Banking"	载上海美国大学俱乐部（The American University Club of Shanghai）编撰、商务证信印刷所（The Comacrib Press）于1936年出版的《中国的留美学人》（*American University Men in China*）（pp. 70–81）	T. C. Tai	该文介绍了在中国金融与银行界服务的几位留美学人，主要是陈锦涛（澜生）、陈辉德（光甫）、宋子文与孔祥熙。文末标注"Shanghai, June, 16, 1926"，即写于1936年6月16日。

日期	题名或书名	发表或出版情况	署名	备注
1940.7.15	《中心学校制度的理论与实施》（未完）	载《边声月刊》第1卷第2期（第14—19页）	戴超	
1941.6	《各国青年训练与我国青年训练之展望》	载《国立湖南大学期刊》新一号（第116—129页）	戴超	
1943.7.1	《银行界同人进修服务社工作简报——在三十四区党部党员代表大会报》	载《银行通讯》第2期（第13—16页）	戴超、徐柏园、范鹤言	文末标注"报告人 戴超 徐柏园 范鹤言"。
1946.5.27	《卅五年行务会议纪录·戴总秘书事务报告》	载中国银行总行与中国第二历史档案馆合编、档案出版社于1991年10月出版的《中国银行行史资料汇编·上编（1912—1949）（二）》（第1121—1123页）	戴总秘书	"档号：三九七（2）684"；"卅五年五月廿七日大会开幕"。
1946.5.27	《卅五年行务会议纪录·戴总秘书人事报告》	载中国银行总行与中国第二历史档案馆合编、档案出版社于1991年10月出版的《中国银行行史资料汇编·上编（1912—1949）（二）》（第1124—1125页）	戴总秘书	"档号：三九七（2）684"；"卅五年五月廿七日大会开幕"。
1947.6.5	《戴总秘书人事报告》	载中国银行于1947年6月刊印的《中国银行行务会议记录（三十六年六月）》（第A14—A16页）	戴总秘书	"卅六年六月五日上午行务会议开幕"。
1947.6.5	《戴总秘书事务报告》	载中国银行于1947年6月刊印的《中国银行行务会议记录（三十六年六月）》（第A16—A22页）	戴总秘书	"卅六年六月五日上午行务会议开幕"。

日期	题名或书名	发表或出版情况	署 名	备 注
1947.6.5	《人事事务组戴召集人志骞报告》	载中国银行于1947年6月刊印的《中国银行行务会议记录(三十六年六月)》(第B16—B26、C11—C15、C93—C128页)	戴召集人志骞	"卅六年六月五日上午行务会议开幕"。目录页题名为"人事事务组戴召集人志骞报告",正文题名为"人事事务各案"(B16—B26;分为制度、征用及训练、福利与事务四部分);"人事事务部分[分(1)制度及办法(2)征用及训练(3)福利(4)事务]"(C11—C15);"人事事务部分提案目录"(C93—C128)。
1948.4.6	《中国银行董事长孔庸之先生致股东总会报告书》	中国银行档案(未刊稿)	不详	1944年2月—1948年4月,孔祥熙担任中国银行董事长。1948年4月24日,中国银行计划召开第24届股东大会。1948年4月2日,远在美国的孔祥熙电告戴志骞,请他代为起草报告书。1948年4月16日,戴志骞拟好报告书,孔祥熙仅将第(六)(七)点对调,并在第(六)点中增加个人活动。可惜,1948年4月16日,蒋介石在南京召见宋汉章,要求对方接任中国银行董事长。因此,孔祥熙未能在股东大会上宣读戴志骞起草的这份报告①。

---

① 韦庆媛,邓景康. 戴志骞文集(上)[C]. 北京:国家图书馆出版社,2015:181-182.

参考文献

一、中文著、译、编（含学位论文）

[1] 《百年清华图书馆》编写委员会. 百年清华图书馆[M]. 北京：清华大学出版社，2012.

[2] 《南大百年实录》编辑组. 南大百年实录·上卷·中央大学史料选[C]. 南京：南京大学出版社，2002.

[3] 《南大百年实录》编辑组. 南大百年实录·中卷·金陵大学史料选[C]. 南京：南京大学出版社，2002.

[4] 《图行世界》编辑部. 中国最美100个古镇古村（全彩攻略增强版）[M]. 北京：中国旅游出版社，2011.

[5] （美）爱默生. 爱默生随笔全集[M]. 北京：国际文化出版公司，2006.

[6] 汪祖绶，金咏榴，戴克宽，等. 光绪青浦县志·民国青浦县续志[M]. 上海：上海书店，1991.

[7] 周郁滨. 珠里小志[M]. 上海：上海社会科学院出版社，2005.

[8] （日）神原周平. 日本经济与中国东北问题[M]. 上海：文艺书局，1932.

[9] （日）外务省情报部. 现代中华民国"满洲帝国"人名鉴[M]. 东京：东亚同文会，1937.

[10] （日）伊原泽周. 战后东北接收交涉纪实——以张嘉璈日记为中心[M]. 北京：中国人民大学出版社，2011.

[11] 安树芬，彭诗琅. 中华教育通史（第10卷）[M]. 北京：京华出版社，2010.

[12] 北京大学图书馆，北京李大钊研究会. 李大钊史事综录（1889—1927）[C]. 北京：北京大学出版社，1989.

[13] 北京清华学校. 游美同学录[M]. 北京：北京清华学校，1917.

[14] 北京师范大学图书馆. 北京师范大学图书馆百年馆庆纪念册[M]. 北京：北京师范大学出版社，2002.

[15] 北京市规划委员会，北京城市规划学会. 北京十大建筑设计[C]. 天津：天津大学出版社，2002.

[16] 北京图书馆. 北京图书馆第二年度报告(十六年七月至十七年六月)[M]. 北京:北京图书馆,1928.

[17] 北平北海图书馆. 北平北海图书馆第三年度报告(十七年七月至十八年九月)[M]. 北平:北平北海图书馆,1929.

[18] 卞白眉. 卞白眉日记(第三卷)[M]. 天津:天津古籍出版社,2008.

[19] 卞白眉. 卞白眉日记(第四卷)[M]. 天津:天津古籍出版社,2008.

[20] 蔡德贵. 清华之父曹云祥·传记篇[M]. 西安:陕西师范大学出版社,2011.

[21] 蔡莹,戴志骞. 图书馆简说·图书馆学术讲稿[M]. 北京:国家图书馆出版社,2014.

[22] 岑德彰. 上海租界略史[M]. 上海:劝业印刷所,1931.

[23] 陈传夫. 图书馆学研究进展[C]. 武汉:武汉大学出版社,2010.

[24] 陈达. 浪迹十年[M]. 上海:商务印书馆,1946.

[25] 陈雁. 颜惠庆传[M]. 石家庄:河北人民出版社,1999.

[26] 陈源蒸,等. 中国图书馆百年纪事(1840—2000)[M]. 北京:北京图书馆出版社,2004.

[27] 陈真. 中国近代工业史资料 第3辑 清政府、北洋政府和国民党控制官僚资本创办和垄断的工业[C]. 北京:生活·读书·新知三联书店,1961.

[28] 陈祖怡. 上海各图书馆概览[M]. 上海:世界书局,1934.

[29] 程焕文. 裘开明年谱[M]. 桂林:广西师范大学出版社,2008.

[30] 戴阿宝. 文字的幻景[M]. 南京:南京大学出版社,2012.

[31] 东南大学图书馆. 书林望道[C]. 南京:东南大学出版社,2008.

[32] 董朴垞. 瑞安文史资料第十九辑·孙诒让学记(选)[M]. 香港:香港天马图书有限公司,2000.

[33] 董玥. 戴志骞图书馆学思想研究[D]. 长春:东北师范大学,2016.

[34] 董昕. 中国银行上海分行研究(1912—1937)[M]. 上海:上海人民出版社,2009.

[35] 樊荫南. 当代中国名人录[M]. 上海:上海良友图书印刷公司,1931.

[36] 方继孝. 旧墨四记·文学家卷(上)[M]. 北京:国家图书馆出版社,2009.

[37] 傅任敢. 傅任敢教育文选[C]. 北京:教育科学出版社,1990.

[38] 葛兆光. 清华汉学研究(第二辑)[C]. 北京:清华大学出版社,1997.

[39] 顾良飞. 清华大学档案精品集[M]. 北京:清华大学出版社,2011.

[40] 顾长声. 从马礼逊到司徒雷登——来华新教传教士评传[M]. 上海:上海书店出版社,2005.

[41] 国立北平图书馆. 国立北平图书馆馆务报告(十九年七月至二十年六月)[M]. 北平:国立北平图书馆,1931.

[42] 国立清华大学校长办公室. 清华同学录[M]. 北京:国立清华大学校长办公室,1937.

[43] 国立中央大学秘书处编纂组. 国立中央大学沿革史[M]. 南京:国立中央大学秘书处编纂组,1930.

[44] 国立中央大学秘书处编纂组. 国立中央大学一年工作报告(十八年度)[M]. 南京:国立中央大学秘书处编纂组,1929.

[45] 国立中央大学图书馆. 国立中央大学图书馆概况[M]. 南京:国立中央大学图书馆,1937.

[46] 国立中央大学图书馆. 国立中央大学图书馆图书目录[M]. 南京:国立中央大学图书馆,1929.

[47] 国学图书馆. 国学图书馆第二年刊[C]. 南京:国学图书馆,1929.

[48] 胡道静. 胡道静文集——上海历史研究[M]. 上海:上海人民出版社,2011.

[49] 胡道静. 上海图书馆史[M]. 上海:上海市通志馆,1935.

[50] 黄维廉. 圣约翰大学罗氏图书馆概况[M]. 上海:圣约翰大学罗氏图书馆,1932.

[51] 黄炎培. 黄炎培日记·第4卷(1931.6—1934.11)[M]. 北京:华文出版社,2008.

[52] 江南问题研究会. 四行二局一库调查资料之二·中国银行[M]. 南京:江南问题研究会,1949.

[53] 姜建清. 近代中国银行业机构人名大辞典[M]. 上海:上海古籍出版社,2014.

[54] 姜龙飞. 档案里的金融春秋[C]. 上海:学林出版社,2012.

[55] 金陵大学. 金陵大学六十周年纪念册[M]. 南京:金陵大学,1948.

[56] 金陵大学图书馆. 金陵大学图书馆概况[M]. 南京:金陵大学图书馆,1929.

[57] 京师图书馆. 京师图书馆办事规章[M]. 北平:京师图书馆,1923.

[58] 来新夏,等. 中国图书事业史[M]. 上海:上海人民出版社,2009:331.

[59] 李大钊. 李大钊全集(第三卷)[C]. 石家庄:河北教育出版社,1999.

[60] 李婧. 金融创新与法律变革互动机制研究——来自上海的样本溯源[M]. 上海:上海三联书店,2012.

[61] 李希泌,张椒华. 中国古代藏书与近代图书馆史料(春秋至五四前后)[C]. 北京:中华书局,1982.

[62] 李占才. 十字路口:走还是留——民族资本家在1949[M]. 太原:山西人民出版社,2009.

[63] 李致忠. 中国国家图书馆百年纪事(1909—2009)[M]. 北京:国家图书馆出版社,2009.

[64] 李钟履. 北平协和医学院图书馆馆况实录[M]. 北京:北平协和医学院,1933.

[65] 林其锬,吕良弼. 五缘文化概论[M]. 福州:福建人民出版社,2003.

[66] 刘国铭. 中国国民党百年人物全书(下)[M]. 北京:团结出版社,2005.

[67] 刘炎生. 林语堂评传[M]. 南昌:百花洲文艺出版社,2010.

[68] 刘兆福. 天津通志·金融志[M]. 天津:天津社会科学院出版社,1995.

[69] 吕云龙. 百年中国教育与百位人物[M]. 北京:北京艺术与科学电子出版社,2005.

[70] 马先阵,倪波. 李小缘纪念文集[C]. 南京:南京大学出版社,1988.

[71] 麦群忠,朱育培. 中国图书馆界名人辞典[M]. 沈阳:沈阳出版社,1991.

[72] 孟雪梅. 近代中国教会大学图书馆研究[M]. 北京:国家图书馆出版社,2009.

[73] 戚再玉. 上海时人志[M]. 上海:展望出版社,1947.

[74] 戚志芬. 参考工作与参考工具书[M]. 北京:书目文献出版社,1988.

[75] 钱存训. 留美杂忆:六十年来美国生活的回顾[M]. 合肥:黄山书社,2008.

[76] 清华大学校史编写组. 清华大学校史稿[M]. 北京:中华书局,1981.

[77] 清华大学校史研究室. 清华大学史料选编·第1卷·清华学校时期(1911—1928)[C]. 北京:清华大学出版社,1991.

[78] 清华学校. 清华年报(1925—1926)[M]. 北京:清华学校,1926.

[79] 清华学校. 清华学校一览[M]. 北平:清华学校,1917.

[80] 瑞安市地方志编纂委员会. 瑞安市志(下)[M]. 北京:中华书局,2003.

[81] 上海女子研究中心. 幸福康乃馨——上海女性成才的心路历程 [M]. 上海：上海大学出版社, 2012.

[82] 上海圣约翰大学. 圣约翰大学四十年成绩志略[M]. 上海：上海圣约翰大学, 1919.

[83] 上海市档案馆. 陈光甫日记[M]. 上海：上海书店出版社, 2002.

[84] 上海市工商业联合会, 复旦大学历史系. 上海总商会组织史资料汇编（下）[C]. 上海：上海古籍出版社, 2004.

[85] 上海市青浦区教育局. 青浦教育志[M]. 上海：文汇出版社, 2006.

[86] 上海市青浦县县志编纂委员会. 青浦县志[M]. 上海：上海人民出版社, 1990.

[87] 上海通社. 上海研究资料续集[C]. 上海：上海书店出版社, 1992.

[88] 上海通志编纂委员会. 上海通志（第七册）[M]. 上海：上海社会科学院出版社, 2005.

[89] 上海图书馆. 上海图书馆馆藏近现代中文期刊总目[M]. 上海：上海科学技术文献出版社, 2004.

[90] 沈阳市人民银行, 沈阳市金融学会. 沈阳金融志（1840—1986）[M]. 沈阳：沈阳市人民银行, 沈阳市金融学会, 1992.

[91] 沈祖荣. 中国图书馆界先驱沈祖荣先生文集（1918—1944 年）[C]. 杭州：杭州大学出版社, 1991.

[92] 圣约翰大学. 圣约翰大学章程汇录（西历一九一六年九月至十七年七月）[M]. 上海：上海美华书馆, 1917.

[93] 圣约翰大学. 圣约翰大学章程汇录（西历一九一五年九月至十六年七月）[M]. 上海：上海美华书馆, 1916.

[94] 圣约翰大学. 圣约翰大学章程汇录（西历一千九百十三年九月起至十四年七月止）[M]. 上海：上海美华书馆, 1913 .

[95] 圣约翰大学. 圣约翰大学章程汇录（西历一千九百十三年九月起至十四年七月止）[M]. 上海：上海美华书馆, 1914.

[96] 圣约翰大学 . 圣约翰大学章程汇录（西历一千九百十四年九月起至十五年七月止）[M]. 上海：上海美华书馆, 1915.

[97] 圣约翰大学堂. 圣约翰大学堂章程汇录（西历一千九百十二年九月起至十三年七月止）[M]. 上海：上海美华书馆, 1912.

[98] 圣约翰大学大学生出版委员会. 圣约翰大学五十年史（一千八百七十九

年至一千九百廿九年)[M]. 上海:圣约翰大学,1929.

[99]　刘国钧. 刘国钧图书馆学论文选集[M]. 北京:书目文献出版社,1983.

[100]　松坡图书馆. 松坡图书馆概况[M]. 北平:松坡图书馆,1930.

[101]　宋景祁. 中国图书馆名人录[M]. 上海:上海图书馆协会,1930.

[102]　苏云峰. 从清华学堂到清华大学(1911—1929)——近代中国高等教育
　　　研究[M]. 北京:生活·读书·新知三联书店,2001.

[103]　孙大权. 中国经济学的成长——中国经济学社研究(1923—1953)[M].
　　　上海:上海三联书店,2006.

[104]　陶行知. 陶行知全集(第 1 卷)[M]. 成都:四川教育出版社,2005.

[105]　陶行知. 陶行知全集(第 12 卷)[M]. 成都:四川教育出版社,2005.

[106]　天津市地方志编修委员会办公室,天津图书馆.《益世报》天津资料点
　　　校汇编(三)[C]. 天津:天津社会科学院出版社,2001.

[107]　天津市图书馆志编修委员会. 天津市图书馆志 [M]. 天津:天津人民出
　　　版社,1996.

[108]　汪楚雄. 启新与拓域——中国新教育运动研究(1912—1930)[M]. 济南:
　　　山东教育出版社,2010.

[109]　王存诚. 韵藻清华:清华百年诗词辑录(上)[C]. 北京:清华大学出版社,
　　　2011.

[110]　王红曼. 伏线千里——抗战时期金融机构大迁移 [M]. 北京:商务印书
　　　馆,2015.

[111]　王振鹄教授七秩荣庆祝寿论文集编辑小组. 当代图书馆事业集:庆祝王
　　　振鹄教授七秩荣庆祝寿文集[C]. 台北:正中书局,1994.

[112]　韦庆媛,邓景康. 戴志骞文集(上)[C]. 北京:国家图书馆出版社,2015.

[113]　韦庆媛,邓景康. 戴志骞文集(下)[C]. 北京:国家图书馆出版社,2015.

[114]　韦庆媛,邓景康. 清华大学图书馆百年图史[M]. 北京:清华大学出版社,
　　　2013.

[115]　文昊. 我所知道的金融巨头[C]. 北京:中国文史出版社,2006.

[116]　文闻. 抗战胜利后受降与接收秘档[M]. 北京:中国文史出版社,2007.

[117]　吴洪成. 生斯长斯　吾爱吾庐——清华大学校长梅贻琦[M]. 济南:山
　　　东教育出版社,2004.

[118]　吴宓. 吴宓日记·第 1 册(1910—1915)[M]. 北京:生活·读书·新知
　　　三联书店,1998.

[119] 吴宓. 吴宓日记·第 4 册(1928—1929)[M]. 北京:生活·读书·新知三联书店,1998.

[120] 吴宓. 吴宓日记·第 3 册(1925—1927)[M]. 北京:生活·读书·新知三联书店,1998.

[121] 吴宓. 吴宓日记续编·第 1 册(1949—1953)[M]. 北京:生活·读书·新知三联书店,2006.

[122] 吴清军. 清华传奇[M]. 北京:新世界出版社,2011.

[123] 吴圳义. 上海租界问题[C]. 台北:正中书局,1981.

[124] 吴志伟. 上海租界研究[M]. 上海:学林出版社,2012.

[125] 吴仲强,等. 中国图书馆学史[M]. 长沙:湖南出版社,1991.

[126] 肖先治,何明扬. 贵州文化出版名人传略[M]. 贵阳:贵州民族出版社,1999.

[127] 谢灼华. 中国图书和图书馆史(修订版)[M]. 武汉:武汉大学出版社,2005.

[128] 熊月之,周武. 圣约翰大学史[M]. 上海:上海人民出版社,2007.

[129] 徐以骅. 上海圣约翰大学(1879—1952)[M]. 上海:上海人民出版社,2009.

[130] 徐友春. 民国人物大辞典(下)[M]. 石家庄:河北人民出版社,1991.

[131] 延陵缪. 第二次全国教育会议始末记[M]. 天津:江东书局,1930.

[132] 严鹤龄. 清华学校董事管理校务严鹤龄报告书[M]. 北京:清华学校,1920.

[133] 严文郁. 中国图书馆发展史——自清末至抗战胜利[M]. 台北:"中国"图书馆学会,1983.

[134] 阎振宇,宋大莉. 全国重点中学通览(第 1 卷)[M]. 北京:石油大学出版社,1996.

[135] 杨家骆. 图书年鉴(上册·中国图书馆事业志)(四版)[M]. 南京:词典馆,1935.

[136] 杨廷宝. 杨廷宝建筑设计作品选[M]. 北京:中国建筑工业出版社,2001.

[137] 姚昆遗,等. 漫游苏州河[M]. 上海:上海辞书出版社,2004.

[138] 姚崧龄. 张公权先生年谱初稿(上册)[M]. 台北:传记文学出版社,1982.

[139] 姚崧龄. 中国银行二十四年发展史[M]. 台北:传记文学出版社,1983.

[140] 姚崧龄. 中行服务记[M]. 台北:传记文学出版社,1968.

[141] 姚远. 上海公共租界特区法院研究[M]. 上海:上海人民出版社,2011.

[142] 叶继元. 南京大学百年学术精品·图书馆学卷[C]. 南京:南京大学出版社,2002.

[143] 张德龙. 大夏大学建校七十周年纪念[M]. 上海:上海大夏大学校友会,1994.

[144] 张棡. 杜隐园诗文辑存——张震轩选集之一[C]. 香港:香港出版社,2005.

[145] 张棡. 张棡日记[M]. 俞雄选. 上海:上海社会科学院出版社,2003.

[146] 张树华,张久珍. 20世纪以来中国的图书馆事业[M]. 北京:北京大学出版社,2008.

[147] 张元济. 张元济全集 第6卷 日记[M]. 北京:商务印书馆,2008.

[148] 张元济. 张元济全集 第7卷 日记[M]. 北京:商务印书馆,2008.

[149] 张长根. 走近老房子——上海长宁近代建筑鉴赏[M]. 上海:同济大学出版社,2004.

[150] 章开沅,马敏. 社会转型与教会大学[C]. 武汉:湖北教育出版社,1998.

[151] 郑登云. 中国近代教育史[M]. 上海:华东师范大学出版社,1994.

[152] 政协北京委员会文史资料研究会. 话说老协和[M]. 北京:中国文史出版社,1987.

[153] 政协瑞安市文史资料委员会. 瑞安文史资料 第29辑 瑞安旧联今读(上)[M]. 北京:中国文联出版社,2008.

[154] 中共中央马克思、恩格斯、列宁、斯大林著作编译局研究室. 五四时期期刊介绍(一)[M]. 北京:生活·读书·新知三联书店,1978.

[155] 中国大百科全书出版社编辑部. 中国大百科全书·图书馆学 情报学 档案学[M]. 北京:中国大百科全书出版社,1993.

[156] 中国第二历史档案馆. 中华民国史档案资料汇编 第五辑 第一编 财政经济(二)[C]. 南京:江苏古籍出版社,1994.

[157] 中国科学社. 中国科学社社员分股名录[M]. 上海:中国科学社,1933.

[158] 中国人民政治协商会议江苏省委员会文史资料研究委员会. 江苏文史资料选辑(第20辑)[C]. 南京:江苏古籍出版社,1987.

[159] 中国人民政治协商会议浙江省温州市委员会文史资料研究委员会. 温

州文史资料(创刊号)[C]. 温州:中国人民政治协商会议浙江省温州市委员会文史资料研究委员会,1985.

[160]　中国社科院近代史所民国史研究室,四川师范大学历史文化学院. 一九四〇年代的中国(上卷)[C]. 北京:社会科学文献出版社,2009.

[161]　中国图书馆学会. 百年文萃 空谷余音[C]. 北京:中国城市出版社, 2005.

[162]　中国银行行史编辑委员会. 中国银行行史(1912—1949年)(下)[M]. 北京:中国金融出版社,1995.

[163]　中国银行行史编辑委员会. 中国银行行史(1949—1992年)(上)[M]. 北京:中国金融出版社,2001.

[164]　中国银行辽宁省分行等. 中国银行东北地区行史资料汇编(1913—1948)[C]. 沈阳:中国银行辽宁省分行等,1996.

[165]　中国银行上海国际金融研究所行史编写组. 中国银行上海分行史(1929—1949)[M]. 北京:经济科学出版社,1991.

[166]　中国银行总管理处. 中国银行职员录[M]. 上海:中国银行总管理处, 1947.

[167]　中国银行总行,中国第二历史档案馆. 中国银行行史资料汇编·上编(1912—1949)(二)[C]. 北京:档案出版社,1991.

[168]　中国银行总行,中国第二历史档案馆. 中国银行行史资料汇编·上编(1912—1949)(三)[C]. 北京:档案出版社,1991.

[169]　中国银行总行,中国第二历史档案馆. 中国银行行史资料汇编·上编(1912—1949)(一)[C]. 北京:档案出版社,1991.

[170]　中国征信所. 上海各界业名录[M]. 上海:中国征信所,1936.

[171]　中华教育改进社. 中华教育改进社同社录[M]. 北京:中华教育改进社, 1924.

[172]　中华图书馆协会执行委员会. 中华图书馆协会第一次年会报告[M]. 北平:中华图书馆协会事务所,1929.

[173]　中华图协会执行委员会. 中华图协会第二次年会报告[C]. 北平:中华图协会事务所,1933.

[174]　中华医学会医史学分会. 中华医学会医史学分会第十四届一次学术年会论文集[C]. 太原:中华医学会医史学分会,2014.

[175]　重庆市档案馆,重庆市人民银行金融研究所. 四联总处史料(上)[C].

北京：档案出版社，1993.

[176]　周川. 中国近现代高等教育人物辞典[M]. 福州：福建教育出版社，2012.

[177]　周家珍. 20世纪中华人物名字号辞典[M]. 北京：法律出版社，2000.

[178]　朱有瓛，高时良. 中国近代学制史料（第4辑）[C]. 上海：华东师范大学出版社，1993.

[179]　竺可桢. 竺可桢日记·第1册（1936—1942）[M]. 北京：人民出版社，1984.

[180]　庄文亚. 全国文化机关一览[M]. 上海：世界书局，1934.

[181]　邹谨. 信息咨询[M]. 北京：北京交通大学出版社，2011.

二、中文报刊文章

[1]　八月十九日纪念周纪录[J]. 国立中央大学教育行政周刊，1929（107）：18-19.

[2]　北平图书馆协会报告[J]. 图书馆学季刊，1929，3（1/2）：271-273.

[3]　北平协和图书馆主任易人[J]. 中华图书馆协会会报，1936，12（2）：29.

[4]　本大学第二次本部行政会议纪录[J]. 国立中央大学教育行政周刊，1928（73）：20.

[5]　本大学第二届毕业典礼志盛[J]. 国立中央大学教育行政周刊，1929（101）：22-24.

[6]　本大学第十二次本部行政会议纪录[J]. 国立中央大学教育行政周刊，1929（102）：20.

[7]　本校第三次本部行政会议纪录[J]. 国立中央大学教育行政周刊，1929（76）：18-19.

[8]　本校第一次本部行政会议纪录[J]. 国立中央大学教育行政周刊，1928（72）：19-20.

[9]　本会会员消息[J]. 中华图书馆协会会报，1940，14（6）：16.

[10]　本会年会筹备会之进行[J]. 中华图书馆协会会报，1928，4（3）：22-24.

[11]　本会消息（会务报告　一九三六年十月至一九三七年一月）[J]. 中华医学杂志，1937，23（2）：229-236.

[12]　本会消息（一九三九年四月份会务报告）[J]. 中华医学杂志，1939，25（6）：393-396.

[13]　本会消息[J]. 中华图书馆协会会报，1939，13（4）：8-17.

[14]　本会消息[J]. 中华图书馆协会会报, 1942, 16(5/6): 14-19.

[15]　本会新组织之各委员会[J]. 中华图书馆协会会报, 1929, 4(5): 26-27.

[16]　本届执行委员会第一次会议[J]. 中华图书馆协会会报, 1929, 4(4): 16.

[17]　本科消息[J]. 文华图书科季刊, 1930, 2(2): 269-274.

[18]　本年三月总处戴志骞君因公南下留影于箄婆洞山上[J]. 中行生活, 1934
　　　(32): 摄影专栏(夹在第 786-787 页之间).

[19]　本校图书馆纪要[J]. 清华周刊, 1919(S5): 24-25.

[20]　编目部[J]. 清华周刊, 1922(250): 37.

[21]　辩论大观[J]. 清华周刊, 1916(70): 14.

[22]　卜舫济与中国友人来往书信选译(一)[J]. 档案与史学, 1999(4): 4-11.

[23]　参加国际图书馆大会筹备报告[J]. 中华图书馆协会会报, 1929, 4(5):
　　　4-25.

[24]　曹前校长辞职补志[J]. 清华周刊, 1928(428): 77.

[25]　出售书籍[J]. 清华周刊, 1917(114): 19.

[26]　创制女子部图书馆科新猷[N]. 申报, 1932-07-18(12).

[27]　创制中学添设女子部及图书馆科[J]. 浙江省立图书馆月刊, 1932, 1
　　　(5/6): 192-193.

[28]　大学本部第十次行政会议纪录[J]. 国立中央大学教育行政周刊, 1929
　　　(96): 13-15.

[29]　大学普通科[J]. 清华周刊, 1925(361): 18-19.

[30]　大学专门科筹备处[J]. 清华周刊, 1925(360): 15-16.

[31]　代理庶务[J]. 清华周刊, 1922(243): 24.

[32]　戴超. 图书馆员职业之研究[J]. 文华图书科季刊, 1931, 3(3): 299-302.

[33]　戴志骞. 论美国图书馆[J]. 中国留美学生季报, 1918, 5(4): 121-129.

[34]　戴志骞. 清华学校图书馆概况[J]. 图书馆学季刊, 1926, 1(1): 94-95.

[35]　戴志骞. 清华学校图书馆之过去, 现在, 及将来[J]. 清华周刊, 1927
　　　(408): 550-556.

[36]　戴志骞. 人与蚊之竞争[J]. 约翰声, 1913, 24(4): 4-10.

[37]　戴志骞. 如何推进我行之业务: 在宁行新屋落成典礼演讲[J]. 中行生活,
　　　1934(30): 724.

[38]　戴志骞. 图书分类法几条原则的商榷[J]. 北京图书馆协会会刊, 1924
　　　(1): 48-54.

[39] 戴志骞. 图书馆学简说[J]. 新教育，1923，7(4)：227-238.

[40] 戴志骞. 图书馆学术讲稿[J]. 教育丛刊，1923，3(6)：1-67.

[41] 戴志骞. 图书馆与教育[N]. 民国日报·觉悟，1920-03-09(13).

[42] 戴志骞. 图书馆与学校[J]. 北京高师周刊，1922(176)：3-4.

[43] 戴志骞. 图书馆与学校[J]. 教育丛刊，1923，3(6)：16-18.

[44] 戴志骞. 新中国之道德[J]. 约翰声，1912，23(5)：12-17.

[45] 戴志骞博士讲，孔敏中先生记. 欧美图书馆概况(续)[J]. 清华周刊，1926 (367)：58-61.

[46] 戴志骞博士讲，孔敏中先生记. 欧美图书馆概况[J]. 清华周刊，1926 (366)：38-40.

[47] 戴志骞夫人讲，蒋逸霄译. 北欧四大女文豪[J]. 新闻周报，1931，8(1)： 1-8.

[48] 戴志骞讲，毕树棠记. 图书馆学[J]. 清华周刊，1924(305)：42-50.

[49] 戴志骞讲，曹尔龙记录. 本行对于练习生的期望：鲁行练习生谒师典礼训 词之一[J]. 中行生活，1932，1(6)：85-86.

[50] 戴志骞讲，朱钟正速记. 银行人事调查与训练[J]. 工商管理月刊，1935， 2(2)：85-90.

[51] 戴志骞捐赠打字机[J]. 文华图书馆学专科学校季刊，1936，8(4)：600.

[52] 戴志骞先生讲，何兆清记. 图书馆与教育[J]. 教育汇刊，1921(1)：16- 19.

[53] 戴志骞先生接收部长职务[J]. 中华图书馆协会会报，1925，1(3)：22.

[54] 戴志骞先生闽粤演讲录[J]. 中行生活，1934(26)：585-589.

[55] 戴子骞. 有业者乐业的理论和实验——本能说的职业指导[J]. 通问月刊， 1931(11)：10-12.

[56] 戴子骞博士讲，陆贻记. 人与事[J]. 机联会刊，1932(49)：8-10.

[57] 邓萃英. 北京高师新图书馆开幕纪念词[J]. 教育丛刊，1923，3(6)：1.

[58] 第八次本部行政会议纪录[J]. 国立中央大学教育行政周刊，1929(92)： 20.

[59] 第二次国立中央大学区评议会纪录[J]. 国立中央大学教育行政周刊， 1929(81)：1-4.

[60] 第九次本部行政会议纪录[J]. 国立中央大学教育行政周刊，1929(94)： 16.

[61] 第六次本部行政会议[J]. 国立中央大学教育行政周刊, 1929(87):24.

[62] 东方经济图书馆收藏世界经济珍本下月正式开放[N]. 申报, 1947-06-20(5).

[63] 董事会议[J]. 清华周刊, 1915(57):6.

[64] 分组会议纪录·第二十六 图书馆教育组[J]. 新教育, 1924, 9(3):649-671.

[65] 分组会议纪录·第三十 图书馆教育组[J]. 新教育, 1923, 7(2/3):295-307.

[66] 分组会议纪录·第十八 图书馆教育组[J]. 新教育, 1922, 5(3):556-561.

[67] 冯陈祖怡. 北京高师图书馆沿革纪略及新图书馆[J]. 教育丛刊, 1923, 3(6):3-4.

[68] 冯陈祖怡. 中文目录编制问题[J]. 北京图书馆协会会刊, 1924(1):54-57.

[69] 赴美游学放洋志盛[J]. 寰球, 1917, 2(3):3-6.

[70] 改组委员会报告(此系暂拟尚待修正)[J]. 清华周刊, 1926(370):160-161.

[71] 高等教育处长农学院院长均已聘人代理[J]. 国立中央大学教育行政周刊, 1929(82):21.

[72] 工商管理协会聚餐讨论会[N]. 申报, 1931-07-26(16).

[73] 顾烨青, 郑锦怀, 曹海霞. 探究图书馆学家戴志骞转行与归宿之谜——戴志骞生平再考[J]. 大学图书馆学报, 2013(1):116-122.

[74] 顾烨青. 民国时期图书馆学会考略[J]. 山东图书馆学刊, 2009(6):19-23, 27.

[75] 郭一梅选. 梁启超等创办松坡图书馆史料一组[J]. 北京档案史料, 1994(3):33-38.

[76] 国防会今日开会[N]. 申报, 1919-08-28(10).

[77] 国府指令慰留张校长[J]. 国立中央大学教育行政周刊, 1929(101):21.

[78] 行厂纪事(三十四年九月份)[J]. 雍言, 1945, 5(10):74-76.

[79] 行厂纪事(三十五年五月份)[J]. 雍言, 1946, 6(6):53-55.

[80] 行务[J]. 雍言, 1942, 2(9/10):124-126.

[81] 行务会议摄影[J]. 中行生活, 1933(13):摄影专栏(夹在第 252-253 页之

间).

[82] 行政院慰留张校长[J]. 国立中央大学教育行政周刊,1929(102):18.

[83] 胡冉. 清华图书馆历史上的教学参考资料工作[J]. 图书馆,2013(3):141-143.

[84] 沪属机关之增攻[J]. 中行生活,1934(28):645.

[85] 寰球学生会欢送赴美学生[N]. 申报,1917-08-16(11).

[86] 会务纪要[J]. 中华图书馆协会会报,1925,1(1):6-15.

[87] 会员调查[J]. 北京图书馆协会会刊,1924(1):28-47.

[88] 基金保管委员会委员[J]. 中华图书馆协会会报,1934,10(1):3.

[89] 记图书馆[J]. 清华周刊,1917(S3):9-10.

[90] 记图书室[J]. 清华周刊,1920(192):38.

[91] 加. 佳作预告[J]. 清华周刊,1925(358):31.

[92] 江苏教育经费委员会第十六次会议纪录[J]. 江苏省政府公报,1929(270):7-9.

[93] 交换书籍[J]. 清华周刊,1918(137):4.

[94] 教授会议[J]. 清华周刊,1926(378):648-649.

[95] 教育经费委员会开会纪[J]. 国立中央大学教育行政周刊,1929(96):12-13.

[96] 教育学社[J]. 清华周刊,1923(290):22.

[97] 教职员第十次会议纪录[J]. 清华周刊,1926(376):559-561.

[98] 教职员第十一次会议纪录[J]. 清华周刊,1926(376):561-562.

[99] 教职员留美[J]. 清华周刊,1924(316):18-19.

[100] 结褵志庆[J]. 清华周刊,1918(144):6.

[101] 今日赴美学生中四人之略历[N]. 申报,1924-08-22(14).

[102] 京师学术团体调查 遵章登记者共十三处[J]. 山东教育行政周报,1930(95):61.

[103] 李凡. 我国图书馆参考工作起源及相关问题考辨[J]. 图书情报工作,2012(23):36-42.

[104] 李刚,叶继元. 中国现代图书馆专业化的一个重要源头——中华教育改进社图书馆教育组的历史考察[J]. 中国图书馆学报,2011(3):79-91.

[105] 李领事设筵欢宴戴志骞[N]. 南洋商报,1949-06-12(7).

[106] 刘春美,史瑞英,牛雅利,张静. 清华大学图书馆西文书目控制研究[J].

图书馆建设, 2006(1): 38-41.

[107] 刘聪强. 清华图书馆[J]. 新教育, 1922, 4(1): 117-124.

[108] 刘国钧. 现时中文图书馆学书籍评[J]. 图书馆学季刊, 1926, 1(2): 346-349.

[109] 刘亮, 付敏, 杨玉麟. 20 世纪新图书馆运动的重新审视与评价[J]. 江西图书馆学刊, 2011(5): 1-4.

[110] 六校辩论[J]. 清华周刊, 1915(51): 4.

[111] 六月初一至十九日第念次清单[N]. 申报, 1897-08-14(9).

[112] 六月二十五日下午三时第六十一次行政会议[J]. 国立中央大学教育行政周刊, 1929(100): 15-16.

[113] 六月廿四日总理纪念周记录[J]. 国立中央大学教育行政周刊, 1929(100): 16-18.

[114] 六月十九日下午三时开第六十次行政会议纪录[J]. 国立中央大学教育行政周刊, 1929(99): 20-21.

[115] 六月十五日下午三时临时行政会议记录[J]. 国立中央大学教育行政周刊, 1929(99): 19-20.

[116] 六月十一日总理纪念周纪录[J]. 国立中央大学教育行政周刊, 1929(98): 20.

[117] 鲁行举行练习生谒师典礼[J]. 中行生活, 1932, 1(6): 95.

[118] 名著出售[J]. 清华周刊, 1918(128): 3.

[119] 名著出售[J]. 清华周刊, 1918(129): 6.

[120] 弄瓦有喜[J]. 清华周刊, 1916(77): 21.

[121] 平保兴. 16 位图书馆学者事略与著述考录[J]. 山东图书馆学刊, 2012(1): 52-54.

[122] 评议会[J]. 清华周刊, 1926(378): 647-648.

[123] 普通教育处韦处长到校履新[J]. 国立中央大学教育行政周刊, 1929(94): 15.

[124] 七月一日总理纪念周志略[J]. 国立中央大学教育行政周刊, 1929(101): 21-22.

[125] 清华本届赴美学生姓名录[N]. 申报, 1924-07-03(14).

[126] 清华留美学生已抵旧金山[J]. 寰球, 1917, 2(3): (第 8 部分)9.

[127] 清华学生出洋留学之沪闻[N]. 申报, 1924-06-14(14).

[128] 清华学校组织大纲[J]. 清华周刊, 1926(376):557-559.

[129] 清华学校组织大纲[J]. 清华周刊, 1926(370):161-163.

[130] 清华学校组织大纲[J]. 清华周刊, 1927(408):492-496.

[131] 球. 图书馆[J]. 清华周刊, 1926(372):296-298.

[132] 饶玲一. 从"同年"到"同学"——圣约翰大学校友会与近代中国社会新型人际网络的建构[J]. 史林, 2010(6):141-149.

[133] 人事管理学会演讲[N]. 申报, 1934-10-17(11).

[134] 任勇胜. "清华园里好读书"——《清华周刊》的"书评"概述[J]. 中国图书评论, 2006(7):92-96.

[135] 三月十八日总理纪念周[J]. 国立中央大学教育行政周刊, 1929(86):24-26.

[136] 三月十一日总理纪念周礼志略[J]. 国立中央大学教育行政周刊, 1929(85):27-28.

[137] 伸. 与图书馆主任谈话记[J]. 清华周刊, 1925(358):21-24.

[138] 沈不沉. 张棡日记:半部温州戏剧史[N]. 温州日报, 2012-07-30(11).

[139] 沈祖荣,胡庆生. 中学图书馆几个问题[J]. 新教育, 1924,9(1/2):209-220.

[140] 沈祖荣. 中国图书馆及图书馆教育调查报告[J]. 中华图书馆协会会报, 1933,9(2):1-8.

[141] 圣约翰大学自编校史稿[J]. 档案与史学, 1997(1):5-14.

[142] 十八年三月四日总理纪念周纪录[J]. 国立中央大学教育行政周刊, 1929(83):23-24.

[143] 十二月十七日总理纪念周志略[J]. 国立中央大学教育行政周刊, 1928(73):18-20.

[144] 时昭云. 留美通信[J]. 清华周刊, 1923(278):18-28.

[145] 市图书博物两馆临时董事会昨日成立[N]. 申报, 1935-04-02(13).

[146] 售品所将成立[J]. 清华周刊, 1916(87):21-22.

[147] 书籍增加[J]. 清华周刊, 1916(66):16.

[148] 书库开放[J]. 清华周刊, 1923(279):27.

[149] 四月二十二日总理纪念周志略[J]. 国立中央大学教育行政周刊, 1929(91):19-22.

[150] 四月二十九日本校之纪念周纪略[J]. 国立中央大学教育行政周刊,

1929（92）：17-20.

[151] 四月十五日总理纪念周志略[J]. 国立中央大学教育行政周刊，1929（90）：23-25.

[152] 四月一日总理纪念周纪录[J]. 国立中央大学教育行政周刊，1929（88）：23-26.

[153] 苏教费委员会开会纪[J]. 国立中央大学教育行政周刊，1929（91）：17-19.

[154] 停止借书[J]. 清华周刊，1916（S2）：28.

[155] 同人消息[J]. 中行生活，1932，1（1）：12.

[156] 图书馆[J]. 清华周刊，1920（S6）：17-20.

[157] 图书馆[J]. 清华周刊，1921（216）：21.

[158] 图书馆[J]. 清华周刊，1921（220）：21-22.

[159] 图书馆[J]. 清华周刊，1921（223）：113.

[160] 图书馆[J]. 清华周刊，1922（234）：24.

[161] 图书馆[J]. 清华周刊，1922（239）：16.

[162] 图书馆[J]. 清华周刊，1922（252）：19.

[163] 图书馆[J]. 清华周刊，1922（255）：12-13.

[164] 图书馆[J]. 清华周刊，1923（281）：16.

[165] 图书馆[J]. 清华周刊，1923（288）：9-10.

[166] 图书馆[J]. 清华周刊，1923（295）：30.

[167] 图书馆[J]. 清华周刊，1923（S9）：33-34.

[168] 图书馆[J]. 清华周刊，1924（303）：49-50.

[169] 图书馆[J]. 清华周刊，1924（306）：32-33.

[170] 图书馆[J]. 清华周刊，1924（319）：14-15.

[171] 图书馆[J]. 清华周刊，1924（S10）：5-6.

[172] 图书馆[J]. 清华周刊，1925（358）：28.

[173] 图书馆[J]. 清华周刊，1925（360）：16-17.

[174] 图书馆[J]. 清华周刊，1925（364）：24-25.

[175] 图书馆[J]. 清华周刊，1926（368）：55-56.

[176] 图书馆[J]. 清华周刊，1926（371）：234.

[177] 图书馆[J]. 清华周刊，1926（375）：491.

[178] 图书馆报告[J]. 清华周刊，1917（99）：22.

[179]　图书馆汇志[J]. 清华周刊, 1921(229): 18-20.

[180]　图书馆纪事[J]. 清华周刊, 1917(112): 21-22.

[181]　图书馆纪事[J]. 清华周刊, 1918(128): 5.

[182]　图书馆纪事[J]. 清华周刊, 1921(211): 23.

[183]　图书馆纪事[J]. 清华周刊, 1921(213): 25-26.

[184]　图书馆消息[J]. 清华周刊, 1921(225): 26.

[185]　图书馆消息[J]. 清华周刊, 1922(250): 37-38.

[186]　图书馆消息[J]. 清华周刊, 1928(448): 40-41.

[187]　图书馆协会[J]. 清华周刊, 1918(153): 5.

[188]　图书馆协会[J]. 清华周刊, 1919(156): 8.

[189]　图书馆协会第二次年会[N]. 申报, 1933-07-18(16).

[190]　图书馆新书[J]. 清华周刊, 1923(274): 20.

[191]　图书馆新闻[J]. 清华周刊, 1922(235): 21.

[192]　图书馆新闻[J]. 清华周刊, 1922(263): 13-14.

[193]　图书馆新闻[J]. 清华周刊, 1923(271): 29-31.

[194]　图书馆新闻[J]. 清华周刊, 1923(273): 14-16.

[195]　图书馆新闻[J]. 清华周刊, 1923(277): 12-14.

[196]　图书馆新闻[J]. 清华周刊, 1923(286): 23-24.

[197]　图书馆新闻[J]. 清华周刊, 1924(332): 19-21.

[198]　图书管理增添人数[J]. 清华周刊, 1919(173): 3.

[199]　图书汇志[J]. 清华周刊, 1916(86): 20.

[200]　图书扩充[J]. 清华周刊, 1915(47): 5.

[201]　图书室报告[J]. 清华周刊, 1916(90): 21-22.

[202]　图书室阅书新法[J]. 清华周刊, 1916(88): 17.

[203]　图书委员[J]. 清华周刊, 1919(159): 3-4.

[204]　图书新到[J]. 清华周刊, 1916(68): 14.

[205]　图书增加[J]. 清华周刊, 1916(65): 16.

[206]　图书增加[J]. 清华周刊, 1916(80): 16-17.

[207]　皖省教育考察团昨抵沪[N]. 申报, 1934-11-24(14).

[208]　王成组. 王成组君自东大来函[J]. 清华周刊, 1923(293): 40.

[209]　韦庆媛. 戴志骞新图书馆思想与实践[J]. 图书馆, 2010(6): 58-61.

[210]　韦庆媛. 戴志骞研究史料辨析[J]. 大学图书馆学报, 2014(2): 111-117.

[211] 韦庆媛. 洪有丰与国立清华大学图书馆[J]. 图书情报工作, 2010(11): 144-148.

[212] 韦庆媛. 民国时期清华图书馆员的大动荡及启示[J]. 河南图书馆学刊, 2010(5): 136-139.

[213] 韦庆媛. 清华大学图书馆初创时期的几个关键问题述证[J]. 国家图书馆学刊, 2013(4): 76-82.

[214] 韦庆媛. 图书馆学家戴志骞的激情与无奈[J]. 大学图书馆学报, 2010(3): 21-26.

[215] 韦庆媛. 早期清华图书馆名称考[J]. 图书馆建设, 2000(3): 79-81.

[216] 我中国银行秘书长戴志骞由隆抵星 驻隆李总领事亦到机场送行[N]. 南洋商报, 1949-06-06(7).

[217] 吴汉章. 图书馆概况[J]. 清华周刊, 1925(S11): 77-78.

[218] 吴稌年. 论"新图书馆运动"的宣传期[J]. 图书馆, 2007(1): 33-36.

[219] 五月六日总理纪念周纪录[J]. 国立中央大学教育行政周刊, 1929(93): 23-26.

[220] 五月念七日总理纪念周纪录[J]. 国立中央大学教育行政周刊, 1929(96): 15-17.

[221] 萧林来. 解放前我国的图书馆学教育史料[J]. 图书馆学研究, 1985(5): 64-68.

[222] 校闻[J] 文华图书馆学专科学校季刊, 1933, 5(2): 249-251.

[223] 校务会议[J]. 清华周刊, 1925(360): 15.

[224] 校长辞职教部慰留 对于经费之支给亦有部电指示办法[J]. 国立中央大学教育行政周刊, 1929(100): 14-15.

[225] 新聘名誉女教职员[J]. 清华周刊, 1922(250): 36.

[226] 新聘人物[J]. 清华周刊, 1916(80): 36.

[227] 新书到校[J]. 清华周刊, 1916(81): 17.

[228] 新书到校[J]. 清华周刊, 1916(84): 24.

[229] 新校务会议成立[J]. 清华周刊, 1925(358): 24.

[230] 新校长尚未到任之清华大学现状[N]. 申报, 1928-09-11(11).

[231] 学习图书管理[J]. 清华周刊, 1921(207): 36.

[232] 研究院[J]. 清华周刊, 1925(353): 30-31.

[233] 吟秋. 全国图书馆年会花絮录[N]. 申报, 1929-02-04(19).

[234] 又添书籍[J]. 清华周刊, 1916(75): 16.

[235] 幼稚园成立[J]. 清华周刊, 1923(275): 19.

[236] 赠书鸣谢[J]. 清华周刊, 1918(152): 3-4.

[237] 赠书致谢[J]. 清华周刊, 1926(381): 789.

[238] 詹德优. 20 世纪中国参考咨询服务: 发展历程、成就与局限[J]. 高校图书馆工作, 2000(1): 1-7.

[239] 张君度. 共同生活中之共勉[J]. 中行生活, 1933(14): 276-277.

[240] 张校长对于中大区之进行[J]. 国立中央大学教育行政周刊, 1929(92): 17.

[241] 郑锦怀, 顾烨青. 戴志骞与中美图书馆专业团体关系考略[J]. 图书馆论坛, 2014(7): 136-140.

[242] 郑锦怀. 查修的生平与图书馆学成就考察[J]. 大学图书馆学报, 2011(3): 118-125.

[243] 郑锦怀. 戴罗瑜丽生平及其在华图书馆事业成就考察[J]. 图书馆论坛, 2015(11): 113-120.

[244] 郑锦怀. 戴志骞对清华图书馆的历史贡献[J]. 国家图书馆学刊, 2014(2): 100-106.

[245] 郑锦怀. 戴志骞生平与图书馆事业成就考察[J]. 中国图书馆学报, 2011(4): 115-122.

[246] 郑锦怀. 略谈毕树棠的图书馆生涯[J]. 农业图书情报学刊, 2009(11): 154-156.

[247] 郑锦怀. 中国现代图书馆学人对美国汉学的 3 种贡献[J]. 图书馆建设, 2013(9): 27-32.

[248] 郑丽芬. 筚路蓝缕　先驱之路——试论我国第一代图书馆学人留美经历[J]. 图书馆论坛, 2015(4): 24-29.

[249] 执监委会改称理监事会[J]. 中华图书馆协会会报, 1937, 12(4): 13.

[250] 职教社等发起人事管理学会昨成立[N]. 申报, 1934-05-27(11).

[251] 职员赴美[J]. 清华周刊, 1924(311): 39.

[252] 志图书馆[J]. 清华周刊, 1917(103): 22.

[253] 志图书馆[J]. 清华周刊, 1919(173): 4-5.

[254] 志图书馆[J]. 清华周刊, 1919(183): 6.

[255] 中国科学社记事(六年十一月)[J]. 科学, 1917, 3(12): 1336-1337.

[256] 中国科学社致全国各实业各教育机关函[N]. 申报, 1919-08-02(11).

[257] 中国银行总秘书戴志骞先生[J]. 银行通讯, 1947(19): 卷首(无页码).

[258] 中华教育改进社成立纪要[J]. 新教育, 1922, 4(2): 304-305.

[259] 中华教育改进社第四次年会图书馆教育组议决案[J]. 中华图书馆协会会报, 1925, 1(3): 27-28.

[260] 中华教育改进社年会规程[J]. 新教育, 1922, 5(3): 348-349.

[261] 中华教育改进社十二年度计划[J]. 新教育, 1923, 6(1): 57-58.

[262] 中华图书馆协会本届选举结果[J]. 中华图书馆协会会报, 1926, 2(1): 13.

[263] 中华图书馆协会第二周年报告[J]. 中华图书馆协会会报, 1927, 3(2): 3-5.

[264] 中华图书馆协会第六次年会第二次会议记录[J]. 中华图书馆协会会报, 1944, 18(4): 9-11.

[265] 中华图书馆协会第一次年会纪事[J]. 中华图书馆协会会报, 1929, 4(4): 5-14.

[266] 中华图书馆协会理监事联席会议纪录[J]. 中华图书馆协会会报, 1944, 18(5/6): 11-12.

[267] 中华图书馆协会募集基金启[J]. 中华图书馆协会会报, 1933, 9(4): 未标注页码.

[268] 中华图书馆协会年会[N]. 申报, 1933-08-31(16).

[269] 中华图书馆协会年会筹备处. 启示 [J]. 中华图书馆协会会报, 1928, 4(3): 2.

[270] 中华图书馆协会在京举行年会时摄影[J]. 华北画刊, 1929(8): 3.

[271] 中华图书馆协会组织大纲[J]. 中华图书馆协会会报, 1929, 4(4): 4-5.

[272] 中华医学会图书馆报告(一九三七年七月一日至十二月三十一日)[J]. 中华医学杂志, 1938, 25(3): 177-179.

[273] 中央大学区评议会第二次会议纪录[J]. 国立中央大学教育行政周刊, 1929(78): 14-16.

[274] 周刊[J]. 清华周刊, 1922(242): 25.

[275] 周年运动[J]. 清华周刊, 1917(104): 18-23.

[276] 最近经济杂讯[J]. 中央银行经济汇报, 1942, 6(8): 79.

[277] 最近新闻[J]. 清华周刊, 1926(369): 121-122.

三、外文著、译、编（含学位论文）

[1] Cody, W. Jeffrey. *Building in China:Henry K. Murphy's "Adaptive Architecture"*, 1914-1935[M]. Hong Kong:The Chinese University of Hong Kong, 2001.

[2] Columbia University. *Catalogue 1917-1918*[M]. New York:Columbia University, 1918.

[3] Doe, Janet. *A Handbook of Medical Library Practice*[M]. Chicago:American Library Association, 1943.

[4] Edkins, J. *A Vocabulary of the Shanghai Dialect*[M]. Shanghai:Presbyterian Mission Press, 1869.

[5] Khattry, D. P. *Report of All Asia Educational Conference*（*Benares, December 26-30, 1930*）[C]. Allahabad:The Indian Press, 1931.

[6] Koch, T. W. *War Service of the American Library Association*[M]. Washington, D. C. :Library of Congress, 1918.

[7] Library Association of China. *Libraries in China*[C]. Peping:Library Association of China, 1929.

[8] Lowe, Chuan-hua. *Notable Books on Chinese Studies:An Updated, Annotated, and Topical Bibliographic Guide*（*2nd and enl.ed.*）[M]. San Francisco:House of Overflowing Felicities, 1988.

[9] Muller, James Arthur. *Apostle of China, Samuel Isaac Joseph Schereschewsky*（*1831-1906*）[M]. New York & Milwaukee:Morehouse Publishing Co. , 1937.

[10] New York State Library School. *New York State Library School Register, 1887-1926*（*James I. Wyer Memorial Edition*）[M]. New York:New York State Library Schools Association, Inc, 1959.

[11] New York State Library School. *New York State Library School Register*（*1887-1926*）[M]. New York:New York State Library Schools Association, Inc, 1928.

[12] Pott, F. L. H. *A Short History of Shanghai*[M]. Shanghai:Kelly & Walsh, 1928.

[13] *Superior Public Library Twenty-fifth Annual Report, for the Year Ending June the Thirtieth Nineteen Hundred and Fourteen*[M]. Superior:Superior Public

Library, 1914.

[14] St. John's University. *Catalogue of the Officers and Students of St. John's University（February 1909-July 1909）and Rules and Regulations*[M]. Shanghai: North-China Daily News & Herald, 1909.

[15] St. John's University. *Catalogue of the Officers and Students of St. John's University（September 1910-July 1911）and Rules & Regulations*[M]. Shanghai: North-China Daily News & Herald, 1910.

[16] St. John's University. *Catalogue of the Officers and Students of St. John's University（September 1911-July 1912）and Rules & Regulations*[M]. Shanghai: North-China Daily News & Herald, 1911.

[17] St. John's University. *Catalogue of the Officers and Students of St. John's University（September 1912-July 1913）and Rules & Regulations*[M]. Shanghai: North-China Daily News & Herald, 1912.

[18] St. John's University. *Catalogue of the Officers and Students of St. John's University（September 1913-July 1914）and Rules & Regulations*[M]. Shanghai: North-China Daily News & Herald, 1913.

[19] St. John's University. *Catalogue of the Officers and Students of St. John's University（September 1914-July 1915）and Rules & Regulations*[M]. Shanghai: Published by the University, Printed at the Presbyterian Mission Press, 1914.

[20] St. John's University. *Catalogue of the Officers and Students of St. John's University（September 1915-July 1916）and Rules & Regulations*[M]. Shanghai: Published by the University, Printed at the Presbyterian Mission Press, 1915.

[21] St. John's University. *Catalogue of the St. John's University（1908-1909）and Rules and Regulations*[M]. Shanghai: North-China Daily News & Herald, 1908.

[22] St. John's University. *The St. John's Dragon Flag 1907*[M]. Shanghai: North-China Herald, 1907.

[23] State of Iowa. *Report of the Iowa State Board of Education for the Biennial Period Ending June 30, 1926（Ninth Biennial Report）*[M]. Des Moines: The State of Iowa, 1926.

[24] Tai, Julie Rummelhoff. *Classified Catalog of the Tsing Hua College Library*[M]. Peking: Tsing Hua College, 1927.

[25] Tai, Tse-chien. *Professional Education for Librarianship*[M]. New York: H. W. Wilson Company, 1925.

[26] Tai, Tse-chien. *Professional Education for Librarianship: A Proposal for a Library School at the University of Iowa*[D]. Iowa City: The University of Iowa, 1925.

[27] Tsing Hua College. *A Concrete Example of Chinese-American Friendship*[M]. Peking: Tsing Hua College, 1921.

[28] Tsing Hua College. *The 1916 Tsinghuapper*[M]. Peking: Tsing Hua College, 1916.

[29] Tsing Hua College. *The Tsing Hua College Bulletin of Information, 1913-1914*[M]. Peking: The Tsing Hua College, 1913.

[30] Tsing Hua College. *Tsing Hua College Bulletin of Information No. 3 (September 1915-September 1916)*[M]. Peking: Tsing Hua College, 1916.

[31] Tsing Hua College. *Tsinghuapper 1921*[M]. Peking: Tsinghua College, 1921.

[32] The Chinese National Association for the Advancement of Education. *Bulletins on Chinese Education 1923*[C]. Shanghai: The Commercial Press, Limited, 1923.

[33] The Education Directory of China Publishing Co. *The Educational Directory of China 1914*[M]. Shanghai: The Education Directory of China Publishing Co. , 1914.

[34] The National Library of Peiping. *Union Catalogue of Books in European Languages in Peiping Libraries. Volume One (A-G)*[M]. Peiping: The National Library of Peiping and the National Academy of Peiping, 1931.

[35] Tu, Kuang-Pei. *Transformation and Dissemination of Western Knowledge and Values the Shaping of Library Service in Early Twentieth Century China*[D]. Los Angeles: University of California, 1996.

[36] United States Court of Appeals for the Ninth Circuit. *Transcript of Record in Two Volumes. Volume II (Pages 401-502)*[C]. San Francisco: Philips & Van Orden Co. , 1952.

[37] University of Iowa. *Programs Announcing Candidates for Higher Degrees (July 1, 1925 to July 1, 1926)*[M]. Iowa City: University of Iowa Press, 1926.

[38] *Who's Who in China. Containing the Pictures and Biographies of China's Best Known Political, Financial, Business and Professional Men(Third Edition)*[M]. Shanghai: The China Weekly Review, 1925.

[39] *Who's Who in China. Biographies of Chinese Leaders(Fifth Edition)*[M]. Shanghai: The China Weekly Review, 1936.

[40] *Who's Who of the Chinese Students in America*[M]. Berkeley: Published by Lederer, Street & Zeus Company, 1921: 8

[41] Woodhead, H. G. W. *The China Year Book 1921-2*[M]. Tientsin: Tientsin Press, Limited, 1921.

[42] Woodhead, H. G. W. *The China Year Book 1923*[M]. London: G. Routledge & Sons, 1923.

[43] Woodhead, H. G. W. *The China Year Book 1924-5*[M]. Tientsin: Tientsin Press, Limited, 1924.

[44] Woodhead, H. G. W. *The China Year Book 1929-30*[M]. Tientsin: Tientsin Press, Limited, 1929.

[45] Woodhead, H. G. W. *The China Year Book 1935*[M]. Shanghai: The North-China Daily News & Herald, Ltd. , 1935.

[46] Yale University. *Alumni Directory of Yale University: Living Graduates and Non-graduates*[M]. New Haven: Issued for Private Distribution by Yale University, 1926.

[47] Yale University. *Catalogue of Yale University(1899-1900)*[M]. New Haven: The Tuttle, Morehouse & Taylor Press, 1899.

四、外文报刊文章

[1] Acknowledgements[J]. *The Spirit of Missions*, 1901, 66(4): 268-274.

[2] Alumni Notes[J]. *Wisconsin Library Bulletin*, 1910, 6(3): 74-75.

[3] Among the Alumni[J]. *Library Service News*, 1931, 3(1): 6-8.

[4] Among the Alumni[J]. *Library Service News*, 1932, 4(1): 5-6.

[5] Attendance Register[J]. *Bulletin of the American Library Association*, 1918, 12(3): 372-378.

[6] Attendance Register[J]. *Bulletin of the American Library Association*, 1919, 13(3):414-426.

[7] Bibliotekarer[J]. *Meldinger Fra Norges Landbrukshøgskole*, 1934, Vol. 14: 615.

[8] Chinese Librarian Comes to Iowa University to Study[N]. *Iowa City Press-Citizen*, 1924-09-16(2).

[9] City Briefs[N]. *Iowa City Press-Citizen*, 1925-06-05(9).

[10] Club and Personal News[J]. *The Chinese Students' Monthly*, 1914, 10(1): 45-50.

[11] Dr. Tai's Party[N]. *The North-China Daily News*, 1936-06-21(3).

[12] Educational News and Comment[J]. *American Education*, 1918, 22(2):74-82.

[13] Forlovelse[N]. *Akershus Amtstidende*, 1921-10-11(2).

[14] From Day to Day[N]. *The North-China Daily News*, 1933-03-30(6).

[15] Graduate Directs Chinese Libraries[N]. *The Daily Iowan*, 1926-08-06(1).

[16] Green, Samuel. Personal Relations Between Librarians and Readers[J]. *American Library Journal*, 1876, 1(2/3):74-81.

[17] Historic Sketch[J]. *State Library Bulletin*, 1891(1):3-8.

[18] Journals Wanted[J]. *American Journal of Nursing*, 1931, 31(11):1320.

[19] Library Schools[J]. *Public Libraries*, 1917, 22(12):442-446.

[20] Library Schools[J]. *The Library Journal*, 1918, 43(5):359-364.

[21] Library Schools[J]. *The Library Journal*, 1918, 43(6):437-442.

[22] List of Members[J]. *Bulletin of the American Library Association*, 1918, 12 (4):421-495.

[23] List of Members[J]. *Bulletin of the American Library Association*, 1920, 14 (4):395-491.

[24] Mr. and Mrs. Tai, Graduates of S. U. I. , to Sail for England[N]. *The Daily Iowan*, 1925-06-23(1).

[25] New York State Library School Notes[J]. *New York Libraries*, 1919, 6(8): 237-238.

[26] News Notes for Members[J]. *Bulletin of the Medical Library Association*, 1934, 22(3):168-169.

[27] Personal Notes[N]. *The North-China Daily News*, 1932-04-01(10).

[28] Personal Notes[N]. *The North-China Daily News*, 1933-04-04(12).

[29] Personal Notes[N]. *The North-China Daily News*, 1933-04-05(17).

[30] Personal Notes[N]. *The North-China Daily News*, 1933-04-16(14).

[31] Personal Notes[N]. *The North-China Daily News*, 1934-05-13(14).

[32] Personals[N]. *Iowa City Press-Citizen*, 1925-06-25(12).

[33] Prince Pu Lun at St. John's College, Shanghai[J]. *The Spirit of Missions*, 1904, 69(7):486-487.

[34] Prince Pu Lun's Medals at St. John's, Shanghai[J]. *The Spirit of Missions*, 1904, 69(8):636.

[35] Recent Assignments and Retirements in Camp[J]. *The Library Journal*, 1918, 43(10):820-821.

[36] Round the Circle. News and Notes Concerning Wisconsin Libraries and Librarians[J]. *Wisconsin Library Bulletin*, 1908, 4(1):19-20.

[37] Schereschewsky, Samuel I. J. The Rev. Dr. Schereschewsky's Appeal for Funds to Establish a Missionary College in China[J]. *The Spirit of Missions*, 1877, 42(6):307-308.

[38] Tai, T. C. A Letter from T. C. Tai in October 1954[J]. *Library Service News*, 1955, 17(1):3.

[39] Tai, T. C. A Letter from Mr. T. C. Tai, Librarian of the Tsing Hua College Library, Peking (June 1, 1928)[J]. 圖研究, 1928, 1(3):504.

[40] Tai, T. C. A Letter from Mr. T. C. Tai, Librarian of Tsing Hua College Library, Peking[J]. 圖研究, 1928, 1(2):236.

[41] Tai, T. C. T. C. Tai's Letter to Dorkas Fellows[J]. *Library Service News*, 1932, 4(1):5-6.

[42] Tai, T. C. A Brief Sketch of Chinese Libraries[J]. *The Library Journal*, 1919, 44(7):423-429.

[43] Tai, T. C. An Advanced School of Librarianship—Aim of Curriculum[J]. *Public Libraries*, 1925, Vol. 30:59-61.

[44] Tai, T. C. Libraries Aid in Educating China[J]. *Christian China*, 1921, 7(4):174.

[45] Tai, T. C. Libraries Aid in Educating China[J]. *Special Library*, 1921, 12

(1):30-31.

[46] Tai, T. C. Libraries Aid in Educating China[J]. *The Trans-Pacific*, 1921, 4 (2):63-66.

[47] Tai, T. C. Library Movement in China[J]. *Bulletin of the American Library Association*, 1921, 15(1):58-63.

[48] Tai, T. C. Library Movement in China[J]. *The Librarian and Book World*, 1926, Vol. 15:364-369.

[49] Tai, T. C. Modern Library Development and Its Relation to Scholarship[J]. *The Chinese Social and Political Science Review*, 1927, Vol. 11:124-132.

[50] Tai, T. C. Present Library Conditions in China[J]. *Public Libraries*, 1919, 24(2):37-40.

[51] Tai, T. C. Recent Literature on China[J]. *The Chinese Students' Monthly*, 1918, 14(1):76-85.

[52] Tai, T. C. Recent Literature on China[J]. *The Chinese Students' Monthly*, 1918, 14(7):266-271.

[53] Tai, T. C. Recent Literature on China[J]. *The Chinese Students' Monthly*, 1919, 14(4):456-460.

[54] Tai, T. C. The Immediate Need of Librarian in China[J]. *The Chinese Students' Christian Journal*, 1919, 6(2):67-72.

[55] Tai, Tse-chien. 250 English Books on China[J]. *The Chinese Students' Monthly*, 1919, 14(3):210-216.

[56] Tai, Tse-chien. 250 English Books on China[J]. *The Chinese Students' Monthly*, 1919, 14(4):272-282.

[57] Tai, Tse-chien. 250 English Books on China[J]. *The Chinese Students' Monthly*, 1919, 14(5):359-362.

[58] Tai, Tse-chien. 250 English Books on China[J]. *The Chinese Students' Monthly*, 1919, 14(6):409-412.

[59] The Opening of Yen Hall at St. John's College, Shanghai [J]. *The Spirit of Missions*, 1904, 69(11):903-904.

[60] The Student World[J]. *The Chinese Students' Christian Journal*, 1919, 6(1): 35-42.

[61] Theoop, Montgomery H. A Letter to George B. Utley, Esq. [J]. *Bulletin of*

the American Library Association, 1915, 9(4):239-240.

[62] Thirty-Second Annual Report of the New York State Library School, from August 1, 1917 to July 31, 1918[J]. *University of the State of New York Bulletin*, 1918(673):5-27.

[63] University Library Has 320,000 Books, 33 Workers This Year[N]. *Iowa City Press-Citizen*, 1924-09-02(5).

[64] Woman's Association Meeting[N]. *Iowa City Press-Citizen*, 1925-02-17 (7).

[65] Wong, V. L. Low Library:A History(1894-1923)[J]. *St. John's Echo*, 1924, 35(2):59-70.

五、中外文档案

[1] Columbia University. New York State Library School Records 1887-1967, Series III:1992 Box 68[B]. New York:Columbia University Rare Book & Manuscript Library.

[2] 圣约翰大学. 圣约翰大学1895至1920年毕业校友录[B]. 上海:上海档案馆(全宗号:Q243,馆编档号:Q243-1-1031).

[3] 圣约翰大学. 圣约翰大学1906至1908年学生成绩报告单存根(沈楚臣——袁连)[B]. 上海:上海档案馆(全宗号:Q243,馆编档号:Q243-1-1094).

六、中外文网络文献

[1] Examen artium[EB/OL]. [2013-08-01]. http://en. wikipedia. org/wiki/ Examen_artium.

[2] Folts, James D. History of the University of the State of New York and the State Education Department(1784-1996)[OL]. [2014-06-06]. http://www. nysl. nysed. gov/edocs/education/sedhist. htm.

[3] Julie Rummelhoff(born 1896)[EB/OL]. [2015-05-05]. www. ancientfaces. com/person/julie-rummelhoff/169651285.

[4] Passenger Julie Rummelhoff[EB/OL]. [2013-08-01]. http://www. ellisisland. org/search/FormatPassRec. asp?ID=610220020068&BN= P51022-0&sship=Bergensfjord&lineshipid=NaN.

[5] Rummelhoff[EB/OL]. [2015-05-05]. digitalarkivet. arkivverket. no/en-gb/ gen/vis/8/pe00000001158616.

[6] ［中华大事记・上编1912—1954］1921年［EB/OL］.［2011-12-20］. http：// juqing. zhbc. com. cn/web/c_0000003200060001/d_10213. htm.

[7] 古镇名人名士［EB/OL］.［2014-05-04］. http：//www. shtong. gov. cn/node2/ node71994/node72081/node72097/node72144/userobject1ai77695. html.

[8] 桂老师口述记录(一)［EB/OL］.［2008-05-15］. http：//blog. sina. com. cn/s/blog_4dbfef410100a48k. html.

[9] 江南古镇：朱家角［EB/OL］.［2014-05-04］. http：//www. shtong. gov. cn/node2/node71994/node72081/node72097/index. html.

[10] 商务印书馆总公司同人录(民国十二年一月)［EB/OL］.［2014-05-18］. http：//www. booyee. com. cn/bbs/thread. jsp?threadid=133087.

[11] 上海圣约翰大学人物志・21［EB/OL］.［2014-08-08］. http：//www. lib. sju. edu. tw/school_history/stjohn5-1-21. asp.

[12] 朱家角概况［EB/OL］.［2014-07-26］. http：//zhujj. shqp. gov. cn/gb/special/ node_2251. htm.

[13] 珠溪书院与民间藏书［EB/OL］.［2014-05-04］. http：//www. shtong. gov. cn/node2/node71994/node72081/node72097/node72144/userobject1 ai77694. html.

后　记

　　从小到大,我无数次设想过自己以后会从事何种职业,教师、公务员、飞行员、军人、医生……但在 2007 年以前,我就从未想过自己居然会成为一名图书馆员——虽然经常到图书馆看书借书,但这个职业离我实在是太遥远了。不过,命运实在是无比神奇!虽然学了七年的英语专业(大学本科四年、硕士研究生三年),中间又当了两年的高中英语教师,但实在没有英语天赋也没有教书激情的我最终还是于 2007 年 8 月进入泉州师范学院图书馆工作。

　　当前,图书馆员的社会地位不高。在很多人的眼中,我到图书馆工作实在是可惜,或曰自甘堕落。但是,冷暖自知。我感觉泉州师范学院图书馆没有太多的条条框框,生性懒散的我在这里如鱼得水,过得相当自在。工作之余,我可以自由地支配时间,做点自己想做的事情,尤其是翻译实践与翻译史研究。2007 年 8 月至今,我已跟读研时的导师岳峰教授一起完成了两本译著(《伦敦口译员》与《科迪的幻象》)和三本编著(《福建翻译史论》古近代卷、现代卷与当代卷),独撰了一本专著(《泉籍翻译家与中西交流》),并且独立或者跟师友合作在《外语教学与研究》《红楼梦学刊》《明清小说研究》《广西社会科学》等权威与核心刊物上发表了多篇论文。

　　不过,身在高校图书馆,我不得不参评图书资料系列的职称。最初,我设想将图书馆学(包括文献学、目录学、版本学等)方法引入翻译史研究,还尝试性地发表过几篇论文。但是,这些论文很难归入图书馆学领域,评职称时基本用不上。因此,我只能另想办法。2009 年,不经意间,我注意到一位长期在图书馆工作的翻译家毕树棠,撰写并发表了《略谈毕树棠的图书馆生涯》一文。从此,我进入了图书馆学史(尤其是近现代图书馆学人研究)领域。

　　2011 年暑假,我在《大学图书馆学报》上看到了清华大学图书馆副研究馆员韦庆媛女士撰写的《图书馆学家戴志骞的激情与无奈》一文。受其影响,我对戴志骞这位传奇人物产生了浓厚的兴趣。通过检索,我发现,戴志骞的许多情况仍未梳理清晰,还有许多史料需要进一步挖掘与利用。很快,我撰成《戴志骞生平与图书馆事业成就考察》,试着投给了中国图书馆界的权威刊物《中国图书馆学报》,结果被迅速录用了。现在看来,这篇论文实在是很不成熟,文中表述存有不少问题,所以我至今都对《中国图书馆学报》心怀愧疚,一直不敢再向它投稿。

不过,当时该文的录用确实给了我很大的鼓励。此后,我一发不可收拾,至今已在《中国图书馆学报》《大学图书馆学报》《国家图书馆学刊》《图书馆建设》《图书馆论坛》《图书馆理论与实践》等重要刊物上发表了十多篇近现代图书馆学人研究论文,其中多篇涉及戴志骞,在图书馆学史研究领域产生了一定的影响。

能够在戴志骞研究的道路上行走至今,除了我的父母、妻子与女儿,我最需要感谢江南大学图书馆馆员顾烨青。烨青是一个极有才华而又非常热心的有为青年。我跟他相隔千里,而且至今也没有机会面谈,但我们一直通过QQ、短信、微信等途径保持着密切联系。他很早就开始收集整理戴志骞史料,却因为追求完美而久未动笔撰文,以至落于人后。与我相识以后,他甘为人梯,主动为我提供了大量相关的史料与线索,并且加入了由我领衔的课题组。没有他的热心帮助和积极参与,我不可能成功申请到教育部人文社会科学研究青年基金项目"戴志骞外文著述整理、翻译与研究"(项目编号:13YJC870034),更不可能顺利完成研究任务并结题。

感谢课题组成员、华南师范大学图书馆副馆长郑永田博士。永田自称"广州阿华田",是著名的"图林五散人"之一。他多年前撰写的网文《国内图书馆学、情报学期刊点评》影响很大,在很长一段时间内都是图书馆界同人的投稿指南。2011年,通过其新浪博客,我结识了永田,然后又通过他拿到了烨青的联系方式,这才有了跟烨青的多年合作。

感谢课题组成员、上海大学图书情报档案系副教授刘宇博士。2012年,我通过烨青认识了刘宇,并且毫不客气地请正在美国访学的他帮忙查找史料。刘宇非常热心,在百忙中抽空帮我查到了多种重要史料,包括戴志骞在爱荷华大学申请博士学位时提交的材料,对于弄清戴志骞的早年经历极有帮助。

感谢课题组编外成员、中山大学资讯管理学院特聘副研究员肖鹏博士。肖鹏自称"XP""此方月",也是"图林五散人"之一。2016年,他利用赴美访学的机会到哥伦比亚大学查到并热心地提供了一份戴志骞档案,涵盖戴志骞在圣约翰大学读本科时的成绩单、他填写的纽约州立图书馆学校入学申请书、卜舫济与周诒春为其申请入读纽约州立图书馆学校撰写的推荐信、他在纽约州立图书馆学校的成绩单等,极具价值。

此外,我还要感谢多年来一直宽容待我的领导与同事,包括泉州师范学院图书馆馆长苏黎明教授、副馆长吴绮云副研究馆员、吴力群研究馆员、赵慧真副研究馆员、陈彬强副研究馆员等人。《中国图书馆学报》《大学图书馆学报》《国家图书馆学刊》《图书馆建设》与《图书馆论坛》等刊物为我发表相关成果提供了重要平台,严谨而又耐心的各刊编辑也为此付出大量心血。中国海洋大学的王明舜、邵成军编辑亦为本书的出版劳心费神。在此一并表示感谢。

人力有时而穷!尽管我已经在本书的撰写与编校上花费了大量时间与精力,但书中难免存在一些缺憾和错漏。恳请广大师友与读者不吝批评指正,以便今后加以修订和完善。

郑锦怀

2017 年 4 月 8 日